Rudolf Passian

Licht und Schatten der Esoterik

Das vorliegende Werk ist das Ergebnis eines langen meditativen Lebens, in dessen Zentrum die Beschäftigung mit der Esoterik steht, und eines zweijährigen intensiven Quellenstudiums von esoterischen Richtungen und Persönlichkeiten. Rudolf Passian bemüht sich in erster Linie um unparteiische Darlegung von Hintergrundwissen, das auch guten Kennern der Esoterik in vielen Fällen neu sein dürfte. Wenn der Autor esoterische Disziplinen und »Gurus« be-urteilt, läßt er sich hierbei von zwei Kriterien leiten: (christlicher) Nächstenliebe und der biblischen Weisheit »an ihren Früchten werdet ihr sie erkennen«.

Rudolf Passian wirft ein helles Licht auf mysterienumwobene Gestalten wie Gurdjieff, Madame Blavatsky und den Magier Aleister Crowley. Dabei wird deutlich, daß es sich bei vielen »esoterischen Größen« allenfalls um Meister des linken Pfades handelt, keinesfalls aber um liebende große Seelen.

Immer wieder betont Passian die individuelle Eigenverantwortung des Menschen im Gegensatz zu den Vermassungstendenzen des New Age und der für unsere Zeit typischen Grenzverwischung zwischen Gut und Böse.

Ein stellenweise unbequemes, aber notwendiges Buch – unentbehrlich für jeden, der im Labyrinth esoterischer Angebote festen Boden unter den Füßen haben will.

Rudolf Passian, Jahrgang 1924. Harte Kriegs- und Gefangenschaftserlebnisse veranlaßten ihn zur Beschäftigung mit dem Todesproblem. Drei Jahrzehnte intensiver Studien der Esoterik. Ausgedehnte Forschungsreisen, um parapsychologische Phänomene zu untersuchen.

Werke: »Abschied ohne Wiederkehr – Tod und Jenseits in parapsychologischer Sicht«; »Abenteuer PSI – Spiritismus, Wunderheiler, Umbanda-Kult, Magie«; »Neues Licht auf alte Wunder – PSI erklärt Bibelwunderstreit«; »Wiedergeburt – Ein Leben oder viele?«.

Esoterik

Herausgegeben von Gerhard Riemann

Originalausgabe Mai 1991
© 1991 Droemersche Verlagsanstalt Th. Knaur Nachf., München

Umschlaggestaltung Peter F. Strauss
Satz DTP (Ventura Publisher 2.0) br
Druck und Bindung Ebner Ulm
Printed in Germany
2 4 5 3 1
ISBN 3-426-04266-5

Es ist ganz natürlich, daß wir gegen jede neue Ansicht, über deren Gegenstand wir uns ein Urteil schon gebildet haben, uns abwehrend und verneinend verhalten. Denn sie dringt feindlich in das vorläufig abgeschlossene System unserer Überzeugungen ein, erschüttert die dadurch erlangte Beruhigung, mutet uns neue Bemühungen zu und erklärt alte für verloren. Demgemäß ist eine uns von Irrtümern zurückbringende Wahrheit einer Arznei zu vergleichen, sowohl durch ihren bitteren und widerlichen Geschmack als auch dadurch, daß sie nicht im Augenblick des Einnehmens, sondern erst nach einiger Zeit ihre Wirkung zeigt. Sehen wir also schon das Individuum hartnäckig im Festhalten seiner Irrtümer, so ist es die Masse der Menschen noch viel mehr: An ihren einmal gefaßten Meinungen können Erfahrung und Belehrung sich jahrhundertelang vergeblich abarbeiten.

Schopenhauer

Inhalt

Vorbemerkungen

Die im vorliegenden Buch zur Orientierungshilfe dienenden Beurteilungen beruhen a) weltanschaulich auf den ethischen Prinzipien der christlichen Lehre, wie sie mit dem Ausspruch »Was du nicht willst, das man dir tut, das füg auch keinem andern zu« verdeutlicht werden, und b) wissenschaftlich auf Forschungsergebnissen und daraus abgeleiteten Aspekten der Parapsychologie.

Zu a: Zugegebenermaßen stellt das Grundgebot der Nächstenliebe nichts spezifisch Christliches dar. Buddha und Konfuzius lehrten ähnlich schon Hunderte Jahre zuvor, und auch Sokrates, Plato und Aristoteles können als Vorläufer der christlichen Ethik gelten. Ja schon das um 3000 v. Chr. entstandene »Ägyptische Totenbuch« enthält im 125. Kapitel das Verbot des Tötens, Stehlens und Lügens. Somit wird man Kirchenvater Augustinus wohl kaum des Irrtums zeihen können, wenn er (in seinen »Retractiones«, I, 13) erklärt: »Das, was man jetzt die christliche Religion nennt, gab es schon bei den Alten und fehlte nie seit Anfang des Menschengeschlechts, bis Christus im Fleisch erschien; von wo man die wahre Religion, *die schon vorhanden war*, anfing, die christliche zu nennen.« All dies deutet auf eine überzeitliche Gültigkeit ethischer Prinzipien hin, wie sie auch die neuere Sterbeforschung aufzeigt.

Zu b: Esoterik ist primär Weltanschauung, Parapsychologie hingegen ist wissenschaftliche Forschung. Hier gebührt vor allem einem ihrer Teilbereiche erhöhte Aufmerksamkeit, den Studien zum Todesproblem, weil hier Lebenshilfe erwartet werden kann für jeden, der sich logischen Folgerungen nicht verschließt. Als deduktive Erfahrungs- und Experimentalwissenschaft liefert sie das, was man woanders vergeblich suchen wird, nämlich eine glaubwürdige Begründung ethischer Verhaltensnormen. Wer freilich alle Lebensäußerungen aus dem materialistisch eingeengten Blickwinkel »wertfreien« Hochschulwissens und der Froschperspektive mancher großmäuligen Journalisten zu ergründen sucht, wird über Marx und Freud schwerlich hinauskommen.

Im folgenden wird nun von einigen Persönlichkeiten und Gruppierungen die Rede sein, deren Wirken die Gegenwartsesoterik mehr oder weniger stark mitprägte. Grundsätzlich wäre es unwissenschaftlich und spräche für mindere Intelligenz, wollte man alles, was mit Esoterik und Okkultismus zusammenhängt, von vornherein – ungeprüft und unterschiedslos – in Bausch und Bogen verwerfen und dem Aberglauben oder dem Teufel zuordnen. Andererseits wäre es genauso verkehrt, unkritisch und gutgläubig all das für bare Münze zu nehmen, was unter der Flagge von »Geheimwissen« oder »New Age« segelt. Ähnlich wie in Politik und Geschichtsschreibung wird hier vieles behauptet, dessen Wahrheitsgehalt und Seriosität nur schwer oder auch gar nicht nachprüfbar ist; wer hat schon die Möglichkeiten und wäre bereit, sich der Mühe eines zeitraubenden Studiums schwierig zu beschaffenden Quellenmaterials zu unterziehen. Das nachfolgende Aufzeigen von Schattenseiten der Esoterik und ihrer Erscheinungsformen erfolgt im Pflichtbewußtsein wahrheitsgemäßer Berichterstattung und mit genauen Quellenangaben. Dabei bestand nicht die geringste Absicht, andere in ihrem Glauben verletzen zu wollen. Es soll auch nicht *ver*-, sondern *be*urteilt werden. Außerdem sind angeführten Tatsachen und Zitate vielfach für sich schon aussagekräftig genug, um eine eigene Urteilsbildung zu ermöglichen.

Auch für das Gebiet der Esoterik gilt die altbewährte Richtlinie: »Prüfet alles, und behaltet das Gute.« Wer einiges mehr über den Menschen und seine Bestimmung, über Sinnfragen unseres Daseins und metaphysisches Hintergrundgeschehen zu wissen begehrt als das, was Schulen, Kirchen und Massenmedien zu bieten haben, der kann im Bereich esoterischer Anschauungen und parapsychologischer Forschung zu einer beträchtlichen Horizonterweiterung gelangen. Der Esoteriker verträgt ja Wahrheiten im Klartext, während sie dem Exoteriker nur in Gleichnissen (Parabeln) und Beispielen (Analogien) begreiflich gemacht werden können.

Nach esoterischer Auffassung gibt es drei Wege zur Erkenntnis: den Weg des Glaubens, den des Forschens und den der meditativen Innenschau. Auf allen drei Wegen sind Wahrheiten zu finden, d. h. Kenntnisse und Erkenntnisse, die vom einzelnen – je nach Individualität und Motivation – in der Lebensgestaltung von bedeutendem Wert sein können. Damit ist aber zugleich die Relativität des persönlich als wahr Empfundenen angedeutet, denn abgesehen von gewissen Grundtatsachen bleibt die alte Frage »Was *ist* Wahrheit?« nach wie vor aktuell. Im Zusammenhang mit dem Leitspruch »Keine Religion ist höher als die Wahrheit« wird im Kapitel über Theosophie näher dazu Stellung genommen.

Es ist jedenfalls töricht, über Dinge und Ansichten streiten zu wollen, die sich jeder Kontrolle entziehen und somit Glaubenssache bleiben. Ein Weiser wird deshalb Streitgespräche weltanschaulicher Art tunlichst meiden, weil es ihm kindisch vorkäme, sein augenblickliches Wissen, das sich gegenüber dem Nichtwissen ohnehin verhält wie ein Tropfen Wasser zum Ozean, für unfehlbar und endgültig zu halten. Und was religiöse Sondergemeinschaften anbelangt, die man gern mit der diskriminierenden Bezeichnung »Sekten« belegt, so wäre festzuhalten, daß in ihnen prozentual oft viel mehr charakterlich wertvolle Menschen zu finden sind als in den Kreisen derer, die sich über jene erhaben dünken. Begann durch »Sekteneinfluß« auch nur ein einziger Mensch sein Leben bewußt spirituell positiv zu gestalten, so ist damit die

Existenzberechtigung seiner Glaubensgemeinschaft gegeben. Selbstverständlich gibt es auch auf religiösem und esoterischem Gebiet Gruppierungen, vor deren Praktiken und mehr oder weniger sorgfältig getarnten Zielen aufklärend gewarnt werden muß. Deren Verantwortliche freilich kann man getrost den Lebens- und Schicksalsgesetzen überlassen, die der Volksmund »Gottes Mühlen« nennt. Zu beneiden sind solche Leute keineswegs. Und daß es die vielbezweifelte ausgleichende Gerechtigkeit wirklich gibt, ist für den Wissenden längst kein blinder Glaube mehr. Letzterer wird auch ohne esoterische Studien hinfällig, wenn man die Ergebnisse moderner Todes- und Jenseitsforschung begreift und richtig zu interpretieren versteht.

Das im folgenden Dargelegte mag, trotz erkennbaren Bemühens um Objektivität, dem einen zu stark christlich orientiert, dem anderen zu spiritistisch sein, einem dritten aus diesem oder jenem Grunde mißfallen. Sei's drum! Niemand vermag es allen recht zu machen. – Dem wahrhaft Suchenden aber möge dieses Buch ein nützlicher Wegweiser sein!

Benutzte Abkürzungen bei den Anmerkungen

MuSch = »Mensch und Schicksal« (nach 1945 erschienene Zeitschrift).

PsStud = »Psychische Studien« (grenzwissenschaftliche Zeitschrift, erschien von 1874 bis 1934 in Leipzig).

RiGuG = »Die Religion in Geschichte und Gegenwart« (theologisches Nachschlagewerk, 2. Aufl., Tübingen 1927).

ZfO = »Zentralblatt für Okkultismus« (Leipzig, von 1907 bis 1932).

ZfS = »Zeitschrift für Seelenleben« (Leipzig, von 1915 bis 1939).

Zur Grundfrage nach Gott

Wenn man richtig zählen will, muß man logischerweise mit der Eins anfangen. Wollen wir ein Denkmodell entwerfen, welches unsere Herkunft und den Sinn unseres Daseins ergründen helfen soll, so müssen wir gleichfalls bei der Eins beginnen, in diesem Fall mit Gott; mit der Hypothese Gott als dem Urprinzip, dem dynamischen Mittelpunkt der sichtbaren wie auch der unsichtbaren Schöpfung, aus welchem unabänderliche Natur- und Geistesgesetze hervorgegangen sind. Dieser Mittelpunkt muß in sich selber absolut und unwandelbar sein, sonst wäre keine Beständigkeit der gesetzlichen Prinzipien gewährleistet. Friedrich Schiller faßte dies in die Worte:

Hoch über Zeit und Raum
webet lebendig der höchste Gedanke –
Ob auch alles im Wechsel kreist,
es beharret im Wechsel ein ruhiger Geist.

Alles Naturgeschehen mit seinen präzisen Abläufen im kleinen wie im großen, im Atom gleichermaßen wie im Weltall, läßt unschwer auf eine übergeordnete, ursächliche Intelligenz und Weisheit von höchster Potenz schließen. Zu einer solchen Annahme sieht man sich förmlich gezwungen. Solange uns die Wissenschaft den Ursprung des Lebens nicht überzeugend erklären kann und Naturkräfte bloß in ihren Wirkungen beschreibt, nicht aber ihr Wesen zu ergründen vermag, so lange müssen wir uns die Prinzipien des Lebens, des Lichtes und der Bewegung als von *Gott* ausgehend denken. Es sei denn, man gibt bequemlichkeitshalber der atheistisch-materialistischen Hypothese den Vorzug, wonach alles –

auch das denkende Geistige im Menschen – automatisch und im Wechselspiel von Zufall und Auslese von selber entstanden sei und Gott »nur eine Projektion von verbannten Wünschen oder verdrängten Ängsten« ist (Sigmund Freud).

Die Existenz bedeutender Religionsgemeinschaften und zahlreicher religiöser Kultformen ist an sich noch kein Faktum, um Gott zu »beweisen«. Mehr oder weniger wähnen sie ja alle, die Wahrheit zu besitzen, und meinen, ihre Lehre sei weder korrektur- noch ergänzungsbedürftig. Die Menschheit neigt aufgrund des Trägheitsgesetzes, das auch im geistigen Bereich gilt, seit eh und je zu dogmengesicherten Systemen, die das Denkvermögen nicht allzu stark beanspruchen. Heute jedoch scheinen mehr und mehr Menschen einzusehen, daß wir als Bewohnerschaft eines winzigen Planeten im All (unter Milliarden!) erkenntnismäßig noch zu unterentwickelt sind, um Dinge voll begreifen zu können, die unsere Fassungskraft überfordern.

Das Gottesbild jedes einzelnen, seine Gottesvorstellung (sofern er überhaupt eine hat), ist abhängig und geprägt von vielerlei Faktoren, insbesondere von der individuellen Bewußtseinsstufe. Dabei mag der Gottesbegriff als solcher bei Millionen Menschen derselbe oder ähnlich sein, doch die damit verbundenen Vorstellungen differieren schon von der Rasse her: Für die Weißen ist Gott selbstredend ein Weißer, für den Zentralafrikaner ist er dunkelhäutig. Und menschliche Eigenschaften werden Gott natürlich in höchster Vollendung zugeschrieben, sonst wäre er nicht Gott. In der Bibel heißt es: Gott schuf den Menschen nach seinem Bilde. Umgekehrt projiziert der Mensch sich selber in seinen Gottesbegriff hinein. »Gott schuf den Menschen, doch die Menschen schufen die Götter« (Schiller).

Könnte es nicht sein, daß unser Bewußtsein allein schon auf eine direkte Teilhabe am Absoluten hinweist? Dieser Aussage des Berliner Parapsychologen Prof. Dr. Christoph Schröder

(1871–1926) dürfte ebenso zuzustimmen sein wie der empfehlenswerten begrifflichen Unterscheidung von *Gott* und *Gottheit*. Als unpersönliche Gottheit wäre der Allgeist zu betrachten, das Brahman, das ursprüngliche All-Eine; die alles umfassende schöpferische Urkraft, das Urlicht und was man sich sonst noch vorstellen mag. Als Manifestation dieses Allgeistes wäre ein personaler Gott denkbar. Und als solcher wurde er auch zu allen Zeiten erfahren. Jeder wahre Mystiker kennt Gott durch höchstes inneres Erleben, durch die Visio Dei. In meditativer Versenkung kann Gott als Person wahrgenommen werden, mögen ihn auch manche als ihr »höheres Selbst« auffassen oder als ihren Schutzengel. Plato war von der Existenz Gottes überzeugt, weil die Struktur der Welt eine geistige ist, und ein alter Mathematiker definierte die Gottheit als eine überall fühlbare Zentralität ohne sichtbare Peripherie. Ernst Häckel hingegen meinte, Gott sei eine Art »gasförmiges Wirbeltier«.[1]

In der Unterscheidung der vom Gottesbegriff geprägten Glaubensarten gilt folgende theoretische Klassifizierung: *Deismus* ist die abstrakte Vorstellung einer höchsten weltschöpferischen Intelligenz von mehr oder weniger personenhaftem Gepräge. Ihr Vorhandensein gilt als beweisbar, sei es aus der Zweckordnung der Welt, sei es aus der strengen Naturgesetzlichkeit ihres Gefüges. Für Deisten thront Gott erhaben über allem Werden und Vergehen; er existiert irgendwo, greift aber nicht in unsere irdischen Belange ein.[2] Die *Theisten* können sich mit einem ruhenden, unbeweglichen und gleichgültigen Gott nicht abfinden. Für sie ist Gott wirkend, d. h. auf die Welt einwirkend, ein lebendiger Gott. Im *Atheismus* wird der Gottgedanke überhaupt abgelehnt und als menschliche Erfindung aufgefaßt.

---

[1] Die Anmerkungen (Quellenangaben und Ergänzungen) stehen jeweils am Ende der einzelnen Kapitel.

Der Gottglaube kann noch unterteilt werden in *Polytheismus* (Vielgötterei), *Monotheismus* (Eingottlehre) und *Monolatrie*[3] (Sondergottglehre). *Pantheismus* finden wir überwiegend in der Esoterik: Gott ist mit seiner Schöpfung wesenseins, ist mit ihr quasi identisch, er belebt und beseelt dieselbe. Dieser recht alten Anschauung begegnen wir in der Verdantaphilosopie und in der Bhagavadgita ebenso wie im Buddhismus, bei Laotse und in Ägypten. Späterhin bei Rosenkreuzern, Alchemisten und christlichen Mystikern, bei Spinoza, Schelling und Hegel, in der Blavatsky-Theosophie und bei Rudolf Steiner.[4] Im pantheistischen Denken steht der Mensch nicht, wie im Theismus, als Ich einem göttlichen Du gegenüber. Der Pantheismus, den es in etlichen Varianten gibt, verlegt, wie gesagt, Existenz, Macht und Wirken Gottes in die Materie. Dem wird seitens der christlichen Theologie eine Mißachtung des Kausalitätsprinzips vorgeworfen, indem man die Ursache von der Wirkung nicht zu trennen wisse. Andererseits neigen auch Wissenschaftler zu der Überzeugung, daß kein einziges Atom ohne innewohnenden Geist wirksam sein kann, wie immer man den Geist in seiner Funktion auch auffassen mag.[5] »Warum der ewig gleiche Geist in der Formenwelt des Mineralreiches noch am geringsten erkennbar ist, bei Pflanze und Tier immer deutlicher durchleuchtet, aber erst im Menschen als dem Grenzwesen zwischen Körper- und Geisteswelt völlig zum Durchbruch gelangt, lehrt nicht die Kirche, sondern die Geisteswissenschaft« alias Esoterik, argumentiert Kahir.

An dieser Stelle scheint mir der Hinweis auf eine kleine, unauffällige Bibelkorrektur, die dennoch von beträchtlicher Bedeutung ist, angebracht zu sein. Joh. 4,24 lautet in älteren Bibeln: »Gott ist *ein* Geist.« Das Wörtchen »ein« wird man in neueren Bibelausgaben vergeblich suchen. In einem auf dem Wege automatischer Schrift durch Adelma von Vay (1840–1925) empfangenen Kommentar zum Johannes-

Evangelium wird zum Vers 4,24 erklärt: »Gott ist *ein* Geist. Das Wort ›ein‹ schließt alle Teilung aus und macht Gott zum höchsten Wesen; es sagt euch eine unendlich herrliche große Wahrheit und macht alle pantheistischen Teilungslehren zunichte.«[6]

In den sogenannten Geheimlehren finden sich aber auch mancherlei Übereinstimmungen mit konfessionell-christlichen Anschauungen, so z. B., daß es ein rein geistiges Sein gab, bevor es zur materiellen Schöpfung kam. »Am Anfang war das Wort«, lautet der erste Vers des Johannes-Evangeliums, »und das Wort war bei Gott (oder göttlichen Wesens, laut Menge-Übersetzung), und Gott war das Wort« (griech. *lógos*). Der Begriff *lógos* bedeutet zugleich soviel wie Gedanke oder Idee. Nach einer griechischen Quelle soll Joh. 1,1 eigentlich lauten: »Am Anfang bestand ein Gedanke. Der Gedanke war bei einem Gotte, und ein Gott, das war der Gedanke.«[7] Dies halte ich für eine verständlichere Übersetzung, denn das gesprochene Wort ist ja bereits Folge einer vorangegangenen Ursache, nämlich des Gedankens. Man könnte auch sagen: Das Wort ist ein materialisierter Gedanke. Die Stelle Joh. 1,1 birgt jedenfalls eine erstaunlich prägnante Aussagekraft und ist geeignet, darüber zu meditieren. Für das uns anerzogene linkshirnige Verstandesdenken freilich wird das Erfassen geistiger Zusammenhänge und Fakten immer etwas schwierig sein, wenn nicht gar unmöglich. Kahir hat sicherlich recht, wenn er meint: »Nur das *Herzdenken*, das ist eine von Gemütskräften erhellte Vernunft, erweckt die innere Schauung für die Ursache und das Wesen der Schöpfung.« Aber auch das Herzdenken muß kapitulieren vor der allerletzten Frage: Wenn Gott eine Manifestation der Gottheit ist, woher kommt dann die Gottheit?

Meiner bescheidenen Einsichtsfähigkeit zufolge sind Allmacht und Allgegenwart des Weltgeistes als unpersönliche Gottheit erkennbar im Naturgeschehen, dessen Entwicklungsprinzipien gesetzmäßig vom Chaos zum Kosmos führen, vom Niederen zum Höheren. Sie bieten uns die Gewähr, daß das der Schöpfung offensichtlich innewohnende Entfaltungsziel erreicht wird, ohne nachträglich korrigierender Eingriffe zu bedürfen.

Begrifflich mehr zu erfassen wird rein verstandesmäßig wohl auch in Zukunft schwierig bleiben, obwohl bislang kein Mangel an gedanklich tiefschürfenden Büchern zum Thema Gott bestand. Doch auch im höherstufigen Jenseits bekennt man sich einmütig zum Gottglauben, und es besteht keinerlei Veranlassung, solche Bekundungen für Trug zu halten. Emanuel sagt: »Gottes Gesetze und deren Wirkungen sind so unendlich groß, daß auch ihr groß sein müßt, wollt ihr sie auch nur annähernd erfassen.«

Der Zweck jeder wahren Religion kann nur ein den Menschen veredelnder sein. Wie die Philosophie sollte sie zu sinnklärenden Erkenntnissen führen, zum »Erkenne dich selbst«. *Wie* der einzelne seinen Gott ahnen, erkennen oder benennen mag, bleibt im Grunde genommen einerlei. Ausschlaggebend ist, daß man überhaupt eine göttliche Macht anerkennt und Gut und Böse auseinanderzuhalten weiß. In diesem Sinne wäre derjenige »fromm« zu nennen, der ein ethisch erstrebenswertes Ideal hochhält und es auf der Basis des Liebegebotes nach Kräften zu erreichen sucht, mag er es im Christentum gefunden haben, im Buddhismus, in der Anthroposophie oder sonstwo. Paul de Lagarde (1827–1891) sah einen Beweis für die höhere Bestimmung des Individuums »in dem Plane, welcher im Leben jedes die Richtung auf das Gute einschlagenden Menschen sichtbar wird. Diesen Plan erkennen, ihm nachsinnen und verwirklichen, das heißt fromm sein.«

1 »Welträtsel«, 333. Zitiert nach PsStud 1913, S. 296.

2 RiGuG, Bd. 1, Sp. 1084.

3 Unter diesem Begriff versteht man die Anbetung einer Gottheit, die im Leben einer Gemeinschaft, eines Stammes, einer Stadt oder eines Volkes zu so hoher Bedeutung gelangt ist, daß sie das höchstvorstellbare Idealprinzip seiner Verehrerschaft darstellt (vgl. Passian, »Neues Licht auf alte Wunder«, St. Goar 1985, S. 259).

4 Nach einer 1961 von der Württembergischen Bibelanstalt, Stuttgart, der Menge-Bibel beigefügten Aufstellung sieht bezüglich ihrer Entstehungszeit die Reihenfolge der bekanntesten Religionen folgendermaßen aus: Vorgeschichtlichen Ursprungs ist der japanische Shintoismus. Um 3000 v.Chr. datiert der Hinduismus, während die mosaische Gesetzgebung in das 13. Jahrhundert v. Chr. fällt, also noch verhältnismäßig »jung« ist. Noch jüngeren Datums sind der im 6. Jahrhundert v. Chr. in Indien entstande Jainismus sowie der Buddhismus, in Persien die Religion der Avesta und in China der Konfuzianismus. Hier setzte 300 Jahre danach mit Laotse der Taoismus ein. Der Anfang des Christentums datiert um das Jahr 30. Der chinesische Zen-Buddhismus beginnt mit dem 6. Jahrhundert n.Chr., der Islam mit dem Jahr 622, der indische Sikhismus im 15. Jahrhundert und im 19. Jahrhundert im Iran die Bahai-Religion.

5 Vgl. Jean E. Charon, »Der Geist der Materie«, Berlin 1979. – »Die Entstehung des menschlichen Geistes ist ein Geheimnis, wissenschaftlich nicht erklärbar und damit Gottes Werk«, erklärte Medizin-Nobelpreisträger John C. Eccles vor über eintausend Wissenschaftlern 1988 in Hannover.

6 »Reformierende Blätter«, Budapest 1878, S. 35.

7 Karl Dworski, »Die Entdeckung eines arischen Evangeliums«, Stuttgart 1939, S. 43.

Zur Wesensstruktur des Menschen

Hier muß sogleich betont werden, daß man einheitliche Ansichten über die Wesensbeschaffenheit des Menschen in der Esoterik vergeblich suchen wird. Es gab aber schon immer weise Menschen, nicht bloß in Indien, die fähig waren, Naturgeheimnisse zu ergründen, die unserer Wissenschaft noch verborgen sind. Aber nicht etwa infolge philosophischer Grübeleien und Spekulationen, sondern aufgrund ihrer durch meditative Versenkung erworbenen Innenschau oder sonstiger Fähigkeiten außergewöhnlicher Art. Mensch und Weltall enthüllten sich ihnen in siebenfacher Gliederung (die Sieben spielt ja, ebenso wie die Drei, im Naturgeschehen eine wesentliche Rolle).

Solche, auf welche Art auch immer erworbenen Anschauungen wurden im Abendland zumeist nur im geheimen gelehrt und weitergegeben und gehören heute zum Weltanschauungsgut esoterischer Richtungen unterschiedlichster Art. Die einzelnen Bezeichnungen wie auch die Einteilung differieren teilweise erheblich. Rudolf Steiner z. B. erweiterte sein System auf *neun* Prinzipien, andere auf zwölf.

Zur Veranschaulichung wähle ich hier das von Surya vereinheitlichte System. Demnach besteht der Mensch aus einem sterblichen und einem unsterblichen Wesensteil. Der sterbliche Teil setzt sich aus vier Prinzipien zusammen, der unvergängliche aus drei:

1. Der materielle, grobstoffliche Körper, im Sanskrit *Sthula-Bhuta* genannt, ist während unseres Erdendaseins der Träger aller anderen Prinzipien.
2. *Linga-Sharira*, der Ätherleib oder Vitalkörper, ist der

Träger der Lebens- und Regenerationskraft und löst sich bald nach dem Tode auf.

3. *Kama-Rupa*, das ist der Astralkörper (von Paracelsus auch siderischer Leib genannt), der Empfindungs- und Begierdenkörper. Wie wir von der parapsychologischen Forschung her wissen, ist der Astralleib auch Träger der telepathischen Funktionen. Er reagiert auf Töne, Farben, Licht und auf Kraftfelder.

4. Der Mentalkörper, im Sanskrit *Kama-Manas* genannt, soll mit unserem Verstandesdenken zusammenhängen und wird deshalb noch zu den vergänglichen Bestandteilen des Menschen gerechnet. Unser Mentalleib stellt anscheinend ein feinstoffliches System dar, das sich durch unser Denken und die Art unseres Denkens ausbildet. Manas soll soviel wie Intellekt bedeuten und stellt das Verbindungsglied dar zur ersten Stufe unseres *un*vergänglichen Wesens. Damit kommen wir zu den drei höheren Prinzipien des Menschen.

5. Der Kausalkörper oder *Buddhi-Manas*, den man auch »Ursachenkörper« nennt, steht angeblich mit unserer Vernunft im Zusammenhang, die auszubilden zu unseren wichtigsten Lebensaufgaben gehört. Der Kausalkörper gilt als Träger unseres Höheren Selbst und damit unseres eigentlichen Ichbewußtseins. Astrologischen Einflüssen soll er nicht unterworfen sein.

6. *Buddhi* ist die himmlische oder Geist-Seele, und das

7. höchste Prinzip ist *Atma*, das Selbst, der göttliche Geist in uns.[1]

Der Wiener Forscher Dr. med. Heinrich Huber trifft folgende Einteilung:

1. Als erstes nennt er den physischen oder Ernährungskörper. Diesem eng verbunden ist

2. der Lebens- oder Energiekörper, auch Ätherleib, Vital-

oder Pranakörper genannt. Er gehört noch zum physischen Bereich.

3. Der Astralkörper beherbergt das Gefühlsleben, Gemütsbewegungen und Begierden. Es folgen
4. der Denk- oder Mentalkörper,
5. das Ego oder die Seele,
6. die geistige Monade und
7. das universelle Selbst.[2]

Am Energie- bzw. Vitalkörper, manche sagen am Astralkörper, auf jeden Fall aber im Bereich der feinstofflichen Strukturen des Menschen, befinden sich Energiezentren, die man *Chakras* nennt. In der meditativen Innenschau erscheinen sie als sich wirbelartig drehende »Räder« (Dr. Huber spricht von einer Art vierdimensionalem Wirbel); sie entsprechen im physischen Organismus gewissen Nervenkomplexen und den mit ihnen verbundenen Drüsen. Die Chakras gelten als Einströmventile und Transformatoren kosmischer Energien, die bewußt beeinflußt und entwickelt werden können. In Asien vergleicht man sie gern mit vielblättrigen Lotusblüten. Die sieben wichtigsten sind:

1. der vierblättrige Wurzellotos, das in der Steißbeinregion befindliche Wurzel- oder Basis-Chakra, auch Sakral-Chakra genannt,
2. das sechsblättrige (Sexus!) Geschlechts-Chakra, anderen Quellen zufolge das Milz-Chakra,
3. das Nabel- oder Sonnengeflechts-Chakra, zehnblättrig,
4. das zwölfblättrige Herz-Chakra,
5. das sechzehnblättrige Hals- oder Kehlkopf-Chakra, gefolgt vom
6. Stirn-Chakra und schließlich dem
7. »tausendblättrigen« Scheitel-Chakra.

Einheitliche Angaben fehlen auch zu diesem wichtigen Sektor esoterischen Wissens. Die Lage der Haupt-Chakras soll in etwa mit dem Sitz der erst zu Beginn des 20. Jahrhunderts näher bekannt gewordenen innersekretorischen Drüsen übereinstimmen, während 49 kleinere Zentren mit bestimmten Stellen der Akupunkturmeridiane zusammenhängen. Letztere stellen Energie*bahnen* dar, die Chakras hingegen Energie*zentren*. Hinzu kommen als drittes die Energie*felder*, aus denen sich die persönliche Aura zusammensetzt.

Die genannten Haupt-Chakras als Instrumente physiologischer Funktionen scheinen darüber hinaus mit unserer Bewußtseinsentwicklung in Wechselbeziehung zu stehen, besonders was die sogenannte Kundalinikraft anbelangt. Wohl kaum zu Unrecht sieht Dr. Huber einen Mißbrauch dieser schöpferischen Energie in der »sexuellen Inflation« unserer Zeit. Nicht nur er meint, man könne das Wesen dieser Schlangen- oder Kundalinikraft in Teilaspekten erleben oder in ihrer ganzen Stärke. Es käme, wenn sie von unten nach aufwärts steigt, zu einem Erleuchtungszustand, der im Yoga als Samadhi bezeichnet oder kosmisches Bewußtsein genannt wird. Im Kapitel über Yoga wird davon noch die Rede sein.

Mit der Aura ist jenes biologische Kraftfeld gemeint, das unseren Körper durchflutet, einhüllt und zum Teil über ihn hinausstrahlt. An sich besitzt alles eine Aura, ob Stein, Blume, Tier oder Mensch. Je höher die Entwicklungsstufe, desto komplizierter ist die Aura. Es besteht Grund zu der Annahme, daß jeder der uns innewohnenden feinstofflichen Körper sein eigenes Kraftfeld besitzt und sich die Aura aus ebendiesen Energiefeldern zusammensetzt.

Es gibt über die Auraforschung gute Literatur, weshalb ich hier nicht näher darauf eingehen will. Einige der wesentlichsten Aspekte enthält auch mein Buch »Neues Licht auf alte Wunder« (S. 91 ff.). Hier zur Ergänzung nur soviel: Beim Kleinkind ist die Aura einfacher, mit zunehmendem Alter wird sie differenzierter. Bei einer Schwangeren soll die Aura des Ungeborenen schon sechs Monate *vor* der Niederkunft in der mütterlichen Aura erkennbar sein. Tiere haben eine ähnliche Aura wie Menschen, aber unkomplizierter. Bei Herdentieren fließen die Kraftfelder zu einem großen Komplex zusammen, so daß von einer Gruppenaura gesprochen werden kann, welche möglicherweise den Träger des Kollektivbewußtseins darstellt. Die Aura höherentwickelter Tiere zeigt sich differenzierter, besonders bei unseren Haustieren, die sich ja infolge ihrer Gewöhnung an uns Menschen mehr oder weniger individualisieren können. Ein geübter Hellseher wie Gordon Turner vermag den Intelligenzgrad des einzelnen Tieres an seiner Aura zu erkennen. Der seelische Entwicklungsstand eines Tieres wäre somit gleichermaßen an der Aura ablesbar wie des Menschen geistig-seelische Stufe und Verfassung an der seinigen. Bei beiden ist ja auch der Sterbevorgang der gleiche: Nur jener Teil der Aura, der vom physischen Organismus ausgeht, erlischt mit der allmählichen Verwesung desselben; das übrige aurische Feld verbleibt beim Astral- bzw. Fluidalkörper. Während Tiere nur den Astral- und Vital- bzw. Ätherleib besitzen, ergab die Auraforschung beim Menschen eine Überlagerung mehrerer Prinzipien feinstofflicher Art, die auf das Vorhandensein unterschiedlicher Strukturen schließen lassen.

Nach dem sogenannten Tode nun werden wir lediglich auf den physischen Leib und das materiebezogene Leben verzichten müssen, alles andere bleibt erhalten. Dann wird unser Astralkörper das sein, was er gegenwärtig nur in Ausnahmefällen oder im Traumleben sein kann, nämlich Träger unserer Persönlichkeit. Mit jenen Ausnahmefällen ist das vielfach berichtete und auch experimentell vollzogene »Doppelgängerphänomen« gemeint, wenn wir mit dem inneren Leib den äußeren zeitweise verlassen. Das ist bewußt oder unbewußt möglich, sofern bestimmte physiologische Voraussetzungen gegeben sind.

Auch hier haben wir es mit einem komplexen Vorgang zu

tun, über den es viele Bücher und Abhandlungen gibt. Im Doppelgängerphänomen, diesem buchstäblichen »Außersichsein«, liegt nämlich die Lösung des Todesrätsels: Was bei einer außerkörperlichen Erfahrung, wenn man den physischen Leib wie tot daliegend bewußt wahrnimmt, bloß eine kurzfristige und zugegebenermaßen ungewöhnliche Erscheinung ist, bleibt nach dem Sterbevorgang ein Zustand auf Dauer! In beiden Fällen aber ist der uns schon jetzt innewohnende fluidische Körper, der dem fleischlichen vollkommen gleicht, Träger unserer Gesamtpersönlichkeit. Paracelsus und christliche Mystiker wußten ebenfalls um die hier skizzierte Beschaffenheit des Menschen, wir brauchen also nicht unbedingt bei den Indern nachzufragen. In der christlichen Mystik entspricht die unsterbliche Triade des Menschen (die obere Dreiheit Atma, Buddhi, Manas) der »Heiligen Dreifaltigkeit« im Menschen. Paracelsus nannte sie »den Engel in uns«. Die sterbliche Quaternität, die untere Vierheit, hingegen nannte er ein wenig derb, aber gar nicht so falsch »das Tier in uns«.

Der genannten siebenfachen Konstitution des Menschen entspricht im allgemeinen auch die esoterische Einteilung der kosmischen Grundkräfte oder Weltprinzipien bzw. der Seins- und Energieebenen. »Wie oben, so unten«, lautet bekanntlich der hermetische Grundsatz. Demnach kommen im kosmischen Maßstab dieselben Natur- und Entwicklungsgesetze, Vorgänge und Zustände zur Geltung wie im individuellen, nur sind die Grade und Maßstäbe entsprechend umfangreicher. Das bedeutet: Jedem menschlichen Seinsaspekt entspricht eine kosmische Bewußtseins- und Daseinsebene. Die am einfachsten verständliche Einteilung fand ich in den Rosenkreuzerlehren von Max Heindel: Nach der

1. physischen Ebene, unserer materiellen Welt, kommt die
2. Astral- oder Begierdewelt, indisch Kama-Loka. Dann

3. die Mentalebene oder Gedankenwelt (in der Theosophie soll das die Devachan-Ebene sein),
4. die Welt des Lebensgeistes (nach Heindel, worunter man sich wohl nur wenig vorstellen kann), theosophisch die »Maya-Ebene«,
5. die Welt des göttlichen Geistes, die Nirwana- oder Kumara-Ebene,
6. die Buddhi-Ebene, die Welt der sogenannten Urgeister (vermutlich der nicht gefallenen Erstlingsgeister), bei Alice A. Bailey die »Monadische Ebene«, und schließlich
7. die Welt Gottes, die eigentliche Welt des atmanischen Prinzips des Urlichtes. Sie entspricht dem Zustand höchster Vollkommenheit und des höchsterreichbaren kosmischen All-Einheitsbewußtseins göttlicher All-Liebe.

Nach allgemeiner esoterischer Ansicht sind diese sieben Weltprinzipien in der siebenfältigen Konstitution des Menschen wirksam und stehen – jeweils vom Höheren zum Niederen oder umgekehrt – miteinander in Wechselwirkung wie die ineinanderfließenden Farben eines Regenbogens. Dabei werden die einzelnen Ebenen allgemein nicht als räumliches Nebeneinander oder Übereinander gedacht, sondern alle sind gleichzeitig vorhanden und unterscheiden sich nur frequenzmäßig. Räumlich betrachtet müssen sie aber umfangreicher sein, zumal wenn sie, wie auch »von drüben« gesagt wird, den Erdball kugelschalenförmig umschließen, einer Zwiebel vergleichbar. Überhaupt wird das Ganze verständlicher oder zumindest vorstellbarer, wenn wir die verschiedene Seinsstufen, Prinzipien und Aggregatzustände als Manifestationen von Kraftfeldern unterschiedlicher Frequenz und Stärke auffassen. Leben und Lebensbedingungen müßten demzufolge der jeweiligen Frequenz angepaßt sein und umgekehrt.
Während dies vorstellungsmäßig erfaßt werden kann, wird

es bei der esoterischen Unterscheidung von *Ich* und *Selbst* schwieriger: Das in dieser Inkarnation gegenwärtig empfundene Ich wird als vergängliche Persönlichkeit betrachtet, während unser eigentliches »Höheres Selbst« die Summe aller unserer Inkarnationen speichert und unsere ureigentliche Individualität von Ewigkeit her darstellt. Kurz: Das Ich ist vergängliche Persönlichkeit, das Selbst ist unvergängliche Individualität.

In diesem Zusammenhang findet man in der Esoterik die buddhistisch-indische Anschauung, daß sich im Erdenleben jeweils nur ein »Teil-Ich« verkörpert, ein sogenannter Manas-Strahl des göttlichen Selbst. Dieses verbleibt währenddessen in lichten, höheren Seinsbereichen, und im Schlaf, wenn unser Teil-Ich den Körper vorübergehend verläßt, kann es angeblich zu Begegnungen mit dem Höheren Selbst kommen. Das würde freilich bedeuten, daß der uralte Schutzengelglauben auf einer falschen Annahme beruht: Der vermeintliche Schutzengel wäre in Wirklichkeit unser Höheres Selbst. »Gott ist unser Höheres Selbst«, heißt es in der »Geheimlehre« (Band I, S. 479) von Helena Petrowna Blavatsky. Von daher kommt der unter Esoterikern oft zu beobachtende Hang zur Selbstvergottung. Auf die Frage, was er vom Beten halte, antwortete der Leiter einer theosophischen Loge: »Beten? An wen können Sie denn Ihr Gebet richten? Sie werden doch nicht zu Ihrem eigenen Höheren Ich beten wollen?«[3]

Aus meiner Erfahrung heraus, soweit ich mir ein Urteil über solch komplexe Dinge erlauben darf, möchte ich die Unterscheidung zwischen Ich und Selbst nicht ungeprüft ablehnen, denn große Geister wie Plotin oder Friedrich Schiller neigten auch zu dieser Auffassung.

Der alexandrinischen Schule der Neuplatoniker zufolge besitzt der Mensch ein doppeltes Ich: das höhere, welches rein im Übersinnlichen lebt, und das niedere, das mit dem physischen Leib und seinen Funktionen verbunden ist. Dies scheinen gewisse »helle Augenblicke« zu bestätigen, die sich manchmal, zumeist zwischen Schlaf und Wachwerden, einstellen können. Das sind Momente, wo einem alles völlig klar ist, wo man von einem umfassenden Wissen in überwältigender Klarheit durchflutet wird – und im Bruchteil einer Sekunde ist alles wieder vorbei! Wer solches schon mal erlebte, der wird Schiller zuzustimmen geneigt sein:

Nur der Körper eignet jenen Mächten,
  die das ew'ge Schicksal flechten –
Aber fern von jeder Zeitgewalt,
  die Gespielin seliger Naturen,
wandelt oben in des Lichtes Fluren,
  göttlich unter Göttern die Gestalt.

Nach Surya gibt es im wesentlichen drei große Abstufungen des Daseins:

1. das Sein an sich, und zwar unbewußt, z.B. im Stein,
2. das Bewußtsein, wie Tiere es haben, und
3. das *Selbst*bewußtsein, das erst im Menschen auftritt. Nach erfolgter *Selbst*verwirklichung schließt sich
4. das Bewußtsein des Allverbundenseins bis hin zum kosmischen Bewußtsein an, was eine gewaltige Bewußtseins*erweiterung* darstellt.

Daß es ohne Selbsterkenntnis keine geistige Weiter- und Höherentwicklung geben kann, leuchtet ein. Deshalb ist das »Erkenne dich selbst« eine Grundforderung an denkende Menschen, eine zu erfüllende Grundvoraussetzung, um überhaupt Mensch zu werden.

Die erwähnten »hellen Augenblicke« allein sind es nicht, die auf ein höheres Bewußtsein in uns hindeuten. In der Parapsychologie kennen wir einen eigenartigen, außergewöhnlichen psychischen Zustand, der den Namen »Somnambulismus« erhielt, was soviel wie »Schlaf«- oder »Traumwandeln«

heißt. In diesem Zustand, der weder Hypnose noch Trance ist, kann der Mensch Einblicke in die jenseitige Welt gewinnen (in mediumistischer Trance ist es umgekehrt, da ragt die jenseitige Welt – mittels des Mediums – in die unsrige herein). Darüber hinaus kann ein Somnambuler genaue gesundheitliche Diagnosen für sich selbst oder andere stellen und therapeutische Empfehlungen geben, die, wenn man sie genau befolgt, immer zum Erfolg führen. Solche und andere Phänomene, die in der Parapsychologie bekannt sind, beweisen eine gewisse Unabhängigkeit des Ichs, des ichbewußten Geistes, vom Körper. Zugleich aber auch das Vorhandensein offenbar natürlicher Fähigkeiten, die in außergewöhnlichen psychischen Zuständen zum Vorschein kommen.

Die Eigenständigkeit des Ichs zeigt sich auch bei einem sehr merkwürdigen Phänomen, welches der Parapsychologie schon lange vor Beginn der modernen Sterbeforschung bekannt war: dem Ablaufen des sogenannten »Lebensfilmes« in Situationen der plötzlichen Todesnähe oder beim Sterben. Überrascht sieht man sich einer Lebensbilanz gegenübergestellt, bei der man jede noch so kleine Handlung, ja sogar gedankliche Überlegung, glasklar in ihren Zusammenhängen und Folgen erkennt und deren ethischen Wert ermißt. Tausende, die solches erlebten, sagen das gleiche, nämlich daß die ethische Beurteilung einzelner Begebenheiten, wie auch ihres Lebens als Ganzes durch sie *selbst* erfolgte. Herkunft, Alter, Geschlecht, Rasse oder Weltanschauung spielen hierbei überhaupt keine Rolle. In jedem Falle aber beruhte die Beurteilung auf einer Ethik, die zwar konfessionell unabhängig ist, aber dem entspricht, was jede wahre Religion seit jeher lehrt. So muß denn auch von dieser Seite auf ein höheres Bewußtsein in uns geschlossen werden, als es jenes ist, das im Alltag zur Geltung kommt. Vielleicht ist es richtiger, von einem *erweiterten* Bewußtsein zu reden als von einem höheren, das für sich gesondert existiert.

Übrigens gibt es auch hier eine Parallele: die moralische Selbstbeurteilung im Somnambulismus, die nämlich eine wesentlich andere ist als die während des normalen Wachbewußtseins. Eine Dirne z. B., in den entsprechenden Grad des Somnambulismus versetzt, wird ihre Lebensweise wohl zutiefst bedauern und darüber schockiert sein; aber nicht, weil ihr gewisse religionsgeprägte Moralauffassungen anerzogen worden wären, sondern weil jetzt das erweiterte, von Körperfunktionen unbeeinflußte Bewußtsein in ihr urteilt.

Wir sollten eben nie vergessen – und darauf deuten derlei Begebenheiten hin –, daß wir unserer eigentlichen Natur nach *Geister* sind, zur Zeit in der Materie befindlich, um hier zu lernen, uns zu bewähren, über den Sinn unseres Daseins nachzudenken. Wir sollen uns hier seelisch entwickeln und geistig entfalten, damit wir, wenn wir dereinst den Erdenkörper abgelegt haben, in eine höhere Seinsstufe eingehen können, als es jene war, aus der wir auf diese Erde kamen.

Was die Konstitution des Menschen anbelangt, so genügt an sich für uns Abendländer die herkömmliche Dreiteilung in Leib, Seele und Geist, die sogenannte Trichotomie, wie sie im ersten Brief des Paulus an die Thessalonicher (1. Thess. 5, 23) in Form eines Segenswunsches ausgesprochen ist. Von den Kirchen erfährt man leider nichts Genaueres, was es mit dieser Unterscheidung auf sich hat. Allenthalben stößt man auf mehr oder weniger verschwommene Vorstellungen, wobei Seele und Geist oft miteinander vermengt und nicht mehr klar unterschieden werden.

Das beginnt schon mit der Bibel und gewissen Übersetzungsschwierigkeiten. Im ersten Buch Mose finden sich zwei Schöpfungsgeschichten. 1. Mose 1,2 lautet, richtig übersetzt: »Finsternis lag über der Urflut, und der im Winde wehende Geist der Elohim schwebte brütend über den Wassern.« Also nicht »Gott«, sondern die *Elohim* waren es; doch wurde dies in den christlichen Bibeln bis heutigentags nicht berichtigt!

In der zweiten Schöpfungserzählung (1. Mose 2,7) heißt es dann: »Jahwe-Elohim (Elohim ist die Mehrzahl von El, Gott, also der El Jahwe) bildeten den Menschen aus Erde vom Ackerboden (*haphar min ha adamah*) und blies ihm den Lebensodem (*neschama*) in die Nase; so wurde der Mensch zu einem lebenden Seelenwesen (*nephisch*).« Luther übersetzte: »So wurde der Mensch zu einer lebendigen Seele.« – Auf Jahwe kommen wir später noch zurück.

Nun ist aber an vielen anderen Bibelstellen, speziell im Neuen Testament, auch vom *Geist* die Rede und von *Geistern.* Psalm 3,6 z. B. lautet: »In deine Hände befehle ich meinen Geist.« Luk. 8,55: »Und ihr Geist kam wieder, und sie stand alsobald auf.« Im Katholizismus spricht man zwar von »armen Seelen«, meint an sich aber die *Geister* jener Verstorbenen, die sich im Erdenleben belastet haben und deshalb »erdverhaftet« blieben, d. h. nicht loskommen vom seelischen Anziehungsbereich des Irdischen.

Im Jahre 869 geschah etwas, dessen Folgen im abendländischen Denken noch heute nachwirken: Beim VIII. Ökumenischen Konzil zu Konstantinopel wurde die alte Dreigliederung von Leib, Seele und Geist verworfen und der Geist als Wesensbestandteil des Menschen quasi »abgeschafft«. Der Mensch bestand nunmehr bloß noch aus dem Körper und einer sündigen Seele, und wollte er letztere für die Ewigkeit retten, so war er auf die kirchlich verwalteten Gnadenmittel angewiesen.

Dieser verhängnisvolle Konzilsbeschluß hatte schließlich auch die Trennung der Ostkirche von der Westkirche zur Folge.

Bei der wirklichkeitsfremden Zweigliederung des Menschen blieb es in der christlichen Theologie bis in die Gegenwart, und nur auf diesem Boden konnte die aller Erfahrung hohnsprechende materialistische »Ganztodtheorie« entstehen. In der Meinung, Körper und Seele seien eine untrennbare Einheit, besagt diese Theorie, daß der Mensch beim Tode total stirbt, samt Leib und Seele, und erst irgendwann einmal, am »Jüngsten Tage«, auferweckt wird, um gerichtet zu werden. Unterstützt wird diese Annahme dadurch, daß die Seele anatomisch noch nie nachgewiesen werden konnte. Deshalb wird sie von der Wissenschaft bestenfalls als Hypothese akzeptiert; aber auch nur im Sinne materialistischen Denkens, nämlich solange der Körper biologisch lebt.

Die alten Griechen sprachen von einem Soma physikon (Fleischkörper), vom Soma psychikon (Seelenkörper) und dem Soma pneumatikon (Geistkörper). Demgemäß unterscheiden sie drei menschliche Grundtypen: Pneumatiker (Geistmenschen), Psychiker (Seelenmenschen) und Sarkiker (Körpermenschen). Pneumatiker sind solche, deren Denken im Geistigen wurzelt. Bei Psychikern spielt sich das Wesentliche ihres Menschseins im Seelischen ab; sie sind weitgehend gefühlsbetont und vom Gefühlsleben abhängig, nicht wissend »daß nur die leidenschaftslos gewordene Seele dem Geistigen voll geöffnet ist.«[4] Die Sarkiker schließlich sind Leute, die sich zumeist für Realisten halten und versichern, nur das zu glauben, was sie sehen. Wenn sie einsehen würden, daß nur derjenige als wahrer Realist gelten kann, der auch den sinnlich nicht wahrnehmbaren Teil der Schöpfung mit in sein Weltbild einbezieht, würde ihnen ein »Licht« aufgehen.

Die Seele definieren zu wollen ist schwierig. Wenn wir bei der vereinfachenden Dreiteilung bleiben wollen, so ist unsere Seele vor allem als Bindeglied zu betrachten zwischen Geist und Körper. Dem recht aufschlußreichen »Buch Emanuel«[5] zufolge ist die Seele als Bindeglied zu verstehen, das es ermöglicht, daß der Geist sich mit der Materie zu einer Einheit, Mensch genannt, verbindet. »Ohne ein solches Bindeglied wäre die vollkommene Vereinigung von Geist und Materie ausgeschlossen.«

Unsere Seele dürfen wir ferner kennzeichnen als Summe der feinstofflichen Körper und Prinzipien, die wir in uns tragen und die Wesensbestandteile von uns sind. Daß der Seele darüber hinaus organisierende Fähigkeiten zukommen, wußten schon griechische Denker. Prof. Harold Burr stellte 1935 fest, daß alle lebende Materie, von der Keimzelle angefangen bis zum ganzen Menschen, von elektrodynamischen Feldern umgeben ist und durch sie kontrolliert wird. Diese Energiehülle ist eine Art elektronische Gußform. Während sich der Körper erneuert, sorgt dieses Kraftfeld dafür, daß die neuen Gewebe die geeignete Form annehmen. Unser Ich (Geist) kann das Kraftfeld um den Körper beeinflussen.[6] Damit fand sich bestätigt, was schon die Stoiker, die Epikureer, Homer, Origenes und viele andere als richtig empfanden, nämlich daß die Seele das organisierende Prinzip in jedem Lebewesen darstellt und von halb- bzw. feinmaterieller Beschaffenheit ist. Wissenschaftlich formuliert, wäre die Seele »ein persönlicher Komplex psychischer Energie mit selbsttätigem Informationsverarbeitungssystem«. So gewunden mußte man sich auch im Ostblock ausdrücken, wenn man die Seele, die es laut offizieller Lehre nicht gibt, umschreiben wollte: Sie ist ein »individueller energetischer Informationskomplex«.

Der russische Forscher Alexander Aksakow faßte die Seele nicht als bloße Funktion des physischen Organismus auf, sondern als selbständig vom Körper unterschiedene, über die Peripherie desselben hinauswirkende Substanz, die nicht Produkt, sondern Produzent des Körpers ist und der demzufolge Präexistenz und Postexistenz zugesprochen werden muß. Carl du Prel sagte: »Die Seele ist nicht identisch mit unserem Bewußtsein, sondern liegt außerhalb desselben; sie ist auch nicht bloß ein psychisches Element, sondern ein Kraftzentrum, welches sowohl denkt als auch organisiert.«[7] In einer Stellungnahme »von drüben« heißt es: »Wir verstehen unter Seele die Gesamtheit der bewegenden Kräfte; unter Geist die

Intelligenz. Dieser tritt im Schlaf, wie in jedem bewußtlosen Zustande, aus dem Körper heraus, während die Seele die Weiterführung der Körperfunktionen besorgt.«[8]

Anmerkungen
»Zur Wesensstruktur des Menschen«

1 Surya bemerkt hierzu, man könne diese sieben Prinzipien auch als sieben Oktaven eines Musikinstruments denken: Die ewige Melodie des unsterblichen Lebens klingt in den höheren Oktaven ungehindert weiter, wenn auch die unteren vier Oktaven zeitweise wegfallen. Dieses Gleichnis mit den Oktaven ist auch deshalb passend, weil jede Ebene des Universums – den Geheimlehren zufolge – wieder aus sieben Unterabteilungen besteht. Jedem Prinzip im Menschen (Mikrokosmos) entspricht ein gleiches im Makrokosmos. Mithin hat auch der Kosmos sieben Ebenen. (Surya, »Der Mensch im Spiegel der Schulweisheit und im Lichte der Geheimwissenschaft«, Lorch 1935, S. 75.)
2 IMAGO MUNDI, Band 6, »Paranormale Heilung«, Innsbruck 1977, S. 313.
3 Zitiert nach der »Zeitschrift für Spiritismus«, Jg. 1900, 8.
4 Arthur Schult, »Vom übersinnlichen Wesen des Menschen«, Bietigheim 1966, S. 70.
5 Bernhard Forsboom, »Das Buch Emanuel«, München o.J., S. 110.
6 Ostrander/Schroeder, »PSI«, München 1971, S. 78.
7 Carl du Prel, »Der Spiritismus«, Reclam-Universal-Bibliothek Nr. 3116, S. 36.
8 Robert Friese, »Stimmen aus dem Reich der Geister«, Leipzig, 2. Aufl. 1880, S. 26.

Schöpfungsgedanke und Seelenherkunft

Weltentstehung

Über die Entstehung unserer Welt und des Alls gibt es eine kaum überschaubare Vielfalt an Lehren und Mythologien. Beginnend mit noch heute ausgeübten Gottesdienstformen bei sogenannten primitiven Völkerschaften, reichen sie über alte Mysterienkulte bis in das Denken heutiger Hochreligionen hinein. So sind z. B. die beiden biblischen Schöpfungsberichte stark vom assyrisch-babylonischen Kulturkreis gefärbt und beruhen auf der im Altertum üblichen geozentrischen Weltvorstellung.

Ohne auch dieses Thema nur einigermaßen ausreichend behandeln zu können, möchte ich doch wenigstens einige Begriffserläuterungen und allgemeine Unterscheidungsmerkmale anführen: *Kosmogonie* ist die Lehre der Entstehung und dem Vergehen der Welt. *Kosmologie* hingegen ist die Lehre vom Weltganzen und seiner Ordnung, die Wissenschaft der Gesetze, die den Kosmos beherrschen, woraus sich eventuell auf eine letzte Ursache allen Seins und Geschehens schließen läßt. Die *Kosmobiologie* versucht, Lebensmöglichkeiten und -bedingungen außerhalb unseres Globus zu erforschen. Dieser Begriff findet neuerdings auch in der Astrologie Anwendung.

Unterschieden wird ferner zwischen einem Schöpfungswirken als Akt göttlicher Tatkraft und einer Kosmogonie als spontanem Werden und Wachsen des Alls aus sich heraus, zwischen Weltschöpfung und Weltwerdung also. In beiden Versionen aber geht aus einem strukturlosen Urzustand stufenweise ein geordnetes Sein hervor, und selbst wenn man der Hypothese »Gott« entbehren zu können glaubt und von innewohnenden Selbstgestaltungsprinzipien der Materie spricht, ist nicht viel gewonnen. Es bleiben nämlich die Fragen »Woher?« und »Warum so und nicht anders?« übrig. Genau besehen schildern die Schöpfungsmythen selten einen wirklichen Anfang. Das Entstehende ist vielmehr Erneuerung, Wiederholung. Erstaunlich ist, wie aus solch inkonsequentem Denken Religionen entstehen konnten. Griechische Denker waren anscheinend die ersten, die anstelle von dramatischen Göttermythologien die Macht des Geistes und des Gedankens (griech. *lógos*) setzten (Anaxagoras, um 500 v. Chr.).[1]

In Wissenschaftlerkreisen herrscht gegenwärtig die Urknalltheorie vor. Sie wird allerdings auch schon wieder in Frage gestellt. Demnach soll es vor schätzungsweise dreizehn bis achtzehn Milliarden Jahren einen entsetzlichen Knall gegeben haben und damit die Materie entstanden sein; nicht bloß unsere Erde, sondern unser ganzes Milchstraßensystem. Solche fiktiven Zahlenangaben setzen freilich voraus, daß unsere Zeitberechnung seit jeher die gleiche war.

Die ständige Ausdehnung des Universums seit dem Urknall wird neuerdings ebenfalls bezweifelt, und eine Theorie jagt die andere. Bislang glaubte man, unser Milchstraßensystem würde mit 500 Kilometern in der Sekunde einem neuentdeckten Galaxienhaufen entgegenrasen, der möglicherweise ein Drittel mehr Galaxien (Milchstraßensysteme) enthält als normale Ansammlungen solcher Art und der deshalb ein unermeßlich starkes Gravitationsfeld aufweist. Andererseits kennt man die »schwarzen Löcher«, in denen die Materiedichte bloß ein Zehntel der sonst im Universum üblichen betragen soll. In einem davon, welches in Richtung des Sternbildes Bootes (Bärenhüter) liegt und circa 300 Millionen Lichtjahre groß ist (ein Lichtjahr entspricht rund 9,5

Billionen Kilometern!), hätten gut zweitausend Galaxien mit Milliarden Sternen Platz! – Dies nur zur Veranschaulichung, wie lächerlich hiergegen erdenmenschliche Wichtigtuerei anmutet![2]

Für unsere Naturwissenschaft beginnt die Schöpfung erst mit dem Entstehen der Materie, also mit dem Urknall. Man erklärt uns, am Anfang habe es nur glutflüssige Materie gegeben, die noch nicht Träger von Leben sein konnte. Mit der Materie entstanden Raum und Zeit. Raum ist Form, Zeit ist Bewegung. »Der Urgrund alles Seins ist Bewegung«, bzw. alles Seiende ist Bewegung. Man könnte noch hinzufügen: und Wandlung. Ist es aber nicht so, daß Form und Wandlung nur denkbar sind, wenn der Stoff bestimmten Leitgesetzen – mithin geistigen Prinzipien – gehorcht?

Inzwischen sind Astrophysiker überzeugt, daß Sonnen, Planeten und Milchstraßensysteme nicht von ewiger, d. h. endloser Dauer sind. Bei Sternen, so sagen sie uns, beginnt der »Todeskampf« dann, wenn ihre Masse das 3,4fache der Sonnenmasse übersteigt. Sie durchlaufen dann das Explosionsstadium einer Supernova, stoßen Materie ab und ziehen sich im Verlöschen zu sogenannten »weißen Zwergen« zusammen. Mit zunehmend verkleinertem Radius werden sie zu Pulsaren. Nach ihrem Gravitationskollaps ist für unsere Wahrnehmungsfähigkeit nur noch ein »schwarzes Loch« feststellbar.

Wenn das stimmt, so stehen wir vor einem großen Schöpfungsgeheimnis, denn die ungeheuren Materiemassen, die von den »schwarzen Löchern« quasi geschluckt wurden, sind nicht bloß unsichtbar geworden, sondern auch elektromagnetisch nicht mehr feststellbar. Wohin sind sie entschwunden? Nahmen sie einen anderen Aggregatzustand an? Läuft die Zeit in den »schwarzen Löchern« vielleicht entgegengesetzt? Ist unser sichtbares Universum aus einem solchen unsichtbaren durch Umwandlung hervorgegangen? Wäre der Urknall lediglich ein explodierendes »schwarzes Loch«? Wußten die Weisen Indiens schon vor Jahrtausenden und ohne Beobachtungsinstrumente mehr über diese Zusammenhänge, wenn sie vom Ein- und Ausatmen Brahmas sprachen? – Fragen über Fragen!

Nach uralter arisch-indischer Auffassung ist das Schöpfungsgeschehen ein ewiger Kreislauf von Wiederholungen, in welchem die »Tage und Nächte Brahmas«, diese Perioden tätigen Seins und ruhenden Nichtseins, einander abwechseln. Die aktiven Etappen werden Manvantara genannt, die inaktiven Pralaya. Zusammen sollen sie ein Vielfaches der kosmischen Zahl 432 betragen, angeblich 4320 Millionen Jahre. Das ist dann ein Kalpa. Merkwürdigerweise hat unser Tag (12 mal 3600) 43 200 Sekunden. 432 000 Jahre soll das Zeitalter des Kali-Yuga, in dem wir uns angeblich befinden, umfassen. Wen mag es wundernehmen, wenn Esoteriker sich von einer solch gigantischen Weltschau mit ihren großzügigen Aspekten mehr angezogen fühlen als von der etwas kleinkariert wirkenden mosaischen Schöpfungsgeschichte und dem Alten Testament, das in seiner Gesamtaussage den Eindruck erweckt, als existiere das Weltall Israels wegen?

Beim Einatmen Brahmas vergeht scheinbar die Schöpfung, sie geht in einen Ruhezustand über, so wie (nach Jean Charon) die denkenden Elektronen des menschlichen Körpers nach dessen Tode in eine Art Grundzustand zurückfallen. In diesem Zustand verbleiben sie angeblich, bis »sie in die materielle Substanz einer anderen organisierten Struktur eingehen, sei es nun Pflanze, Tier oder Mensch«.[3]

Das ist übrigens, genau besehen, eine naturwissenschaftliche Begründung der umstrittenen Reinkarnationstheorie, der Lehre von den wiederholten Erdenleben, den mehrfachen Existenzen desselben Ichs in immer wieder anderen Körpern! »Der Tod wäre dann auch für einen Stern nichts anderes als der Übergang in einen anderen Zustand und damit in Wahrheit eine Wiedergeburt«, schreibt Charon. – Alle Akademiker und besonders Theologen, die noch in überholten Denkschablonen befangen sind, sollten Charons Buch »Der Geist der Materie« kennen und jenes von Werner Trautmann, »Naturwissenschaftler bestätigen Re-Inkarnation«, um den Anchluß an neue, alle Begrenztheit sprengende naturwissenschaftliche Denkmodelle nicht zu verpassen.

Jedenfalls bedeuten die biblischen Worte »von Ewigkeit zu Ewigkeit« (von Äon zu Äon) nichts anderes, als daß damit zwar sehr lange, aber keineswegs endlose Zeitspannen gemeint sind. »Von Manvantara zu Manvantara«, heißt es in den heiligen Schriften Indiens. Der Begriff »Zeitalter« wäre in der Übersetzung zutreffender bzw. verständlicher.

Die Seelenentwicklung

Wenn Seele und Geist zweierlei Dinge sind und wir annehmen dürfen, daß der ichbewußte menschliche Geist als Gottesfunke »von oben« kommend zu denken ist, so wäre zu fragen, woher denn die Seele stammt?

Obwohl es auch hier sehr gewagt erscheint, ein sich dem »Laborversuch« entziehendes Problem kurz und dennoch einigermaßen verständlich umreißen zu wollen, möchte ich es wenigstens andeutungsweise versuchen; denn ohne tiefere Kenntnis des bis hierher Dargelegten bleiben esoterische Lehren unverstehbar.

Die »Hypothese Gott« als gegeben hinnehmend, steht im »Buch Emanuel« von Bernhard Forsboom (S. 19): »Am Anfang war Gott. Gott ist Urleben, ist Schöpfungskraft, schöpferische Bewegung, die sich zu Geistindividualitäten kristallisieren mußte.« Die auf uns unerklärliche Weise aus Gott hervorgegangenen Urgeistwesen (Erstlinge) sollen befähigt gewesen sein, selber schöpferisch zu schaffen und andere Geistwesen, ihnen ähnlicher Art, ins Dasein zu rufen. Somit waren die Erstlinge gottebenbildlich, Gott relativ ähnlich, indessen die Geister der zweiten Schöpfung in Relativität zu den Erstlingen standen.

Nach dem österreichischen Mystiker Jakob Lorber (1800–1864) soll Gottes Erstschöpfung »Satana-Luzifer« gewesen sein, ursprünglich als weiblicher Aspekt gedacht, unter deren Leitung ein Teil der Urgeister infolge gegengesetzlich angewendeten Eigenwillens »fiel«.[4] Der Lorber-Interpret Dr. Walter Lutz schreibt hierzu: »Da jedoch nach ewiger Ordnung den Gottabtrünnigen die nährenden Lebensströme aus Gott versiegen mußten, so erstarrten sie gleichsam und verdichteten sich zu hilflosen Massen. So entstanden ... die Urnebel der Materie oder des Weltstoffes.« Gott schloß sodann, wie es in der von Adelma von Vay empfangenen Schöpfungsgeschichte »Geist, Kraft, Stoff« heißt, den infolge seiner Derotation (zum göttlichen Entwicklungsgesetz) erstarrten Gegensatz in das »Gesetz der Gnade« ein, nämlich in neue Naturgesetze, die es den gefallenen Wesen ermöglichen sollten, sich durch Eigenarbeit zu reinigen, zu potenzieren und ihre ursprüngliche Ausgangsposition im Laufe der bildenden Zeit wieder zu erlangen.

Helfer in diesem Rückführungsprozeß waren und sind vor allem die nichtgefallenen Erstlinge. »Mit Hilfe der treugebliebenen Engelsgeister entwickelte der Schöpfer aus den Urnebeln des Weltenstoffs, durch Gliederung und Neubelebung, den Bau des materiellen Universums« (Lutz). Damit habe Gott auf den zahllosen Weltsystemen und Weltkörpern, die als Gesamtheit den »verlorenen Sohn«, die Astralgestalt Luzifers, darstellen, eine Erlösung (Lösung) der in der Materie gebundenen Wesen eingeleitet. Kahir sagt es mit anderen Worten: »Das Irdisch-Seelische befindet sich noch in einem Zustand der Entwicklung und geistigen Reifung, da unsere menschlichen Seelenfunken aus dem astralen Lichtkleide des gefallenen Erstlingsgeistes Luzifers stammen. Sie können ihre Freiheit erst durch die Wiederverbindung (Re-ligio) mit dem ihnen neu eingehauchten Gottesfunken (dem ›Christus in uns‹) erlangen, um selbst wieder reiner Geist zu werden.« Und das 53. Kapitel in »Erde und Mond« verdeutlicht, »daß die ganze gefestete Erde eine Seele des Satans ist; ja nicht nur die Erde allein, sondern auch alle anderen zahllosen übrigen Weltkörper sind gestaltet aus dieser einen Seele, welche eben in diesen Weltkörpern schon in zahllose Kompendien geteilt wurde«. Die Seele ist somit teilbar. Demzufolge auch die Urseele des – nach Lorber – erstgeschaffenen Urgeistes, aus dessen Seelensubstanz fortwährend neue Seelen gewonnen werden.[5] »Der Geist aber ist nicht teilbar; sondern wo er als Einheit in eine große oder kleine Seele gelegt wurde, da bleibt er auch als eine Einheit.«

Die aus Myriaden von Lebensfunken zusammengesetzte menschliche Seele bzw. der Seelenkörper besteht dieser Quelle zufolge aus Elementen der Naturreiche (Mineral, Pflanze, Tier), die sie im Verlauf von Jahrmillionen durchwanderte. Ferner aus Substanzen siderischer Natur (siderisch oder astral heißt auf die Sterne bezüglich) sowie aus dem seelischen Erbgut des Elternpaares. An anderer Stelle heißt es: »Alles, was diese Erde von ihrem Mittelpunkt an bis weit über ihre höchste Luftregion hinaus enthält, ist Seelensubstanz.« Wenn wir diesen Angaben glauben wollen, so wäre demnach weder unser Seelenkörper als Konglomerat von Lebensfunken (Monaden) noch unser fleischlicher Leib eine Gottesschaffung; sie entstanden vielmehr und bildeten sich naturgesetzlich während ihres langen Weges über die Naturreiche.[6] Das alles ist und bleibt vorerst gewiß eine Sache des Glaubens, und später einmal, im Großen Licht, wird uns vielleicht manches anders erscheinen.

Der Jakob Lorber zugekommenen Lehre nach ist der Mensch

das Endziel der Entwicklung: »Die aus der luziferischen Materie aufgestiegene Menschenseele soll – unter dem Einfluß des ihr eingehauchten Gottgeistfunkens – sich im irdischen Leben bewähren. Durch freiwillige Erfüllung der Liebesgebote Gottes soll sich der Mensch immer höher, bis zur wahren Gotteskindschaft, entwickeln, um schließlich am Ziel der Vollendung zur wahren Freiheit und Seligkeit des ewigen Lebens einzugehen«, sagt Walter Lutz in seinen zehn Punkten zur Neuoffenbarung. Eine andere Quelle besagt, der Mensch habe zu begreifen, daß er der Anfang einer neuen, einer geistigen Entwicklungslinie in der Schöpfung ist und große Verantwortung trage.

Was mir persönlich beim Werk Lorbers, das zweifellos enorm viel Wahres enthält, weniger behagen will, ist die überragende Rolle Luzifers. Fast könnte man Verständnis bekommen für diejenigen, die sich einer Luzifer- und Materieverherrlichung hingeben.[7] Ob das richtig sein mag? Gemäß dem siebzehnten Kapitel im elften Band des »Großen Evangeliums« entstand aus Gott selbst überhaupt nur Luzifer, und dieser schuf alle anderen Geister. Der katholische Pfarrer Johannes Greber (1876–1944) hingegen wurde belehrt, daß *Christus* der Erstgeborene sei und daß aus ihm die übrige Geisterwelt »auf dem Wege der fortschreitenden geistigen Zeugung« ins Leben trat. Hier war bzw. ist Luzifer der zweite Sohn Gottes, nach Christus also, und die Auflehnung geschah nicht gegen Gott, sondern gegen Christus.[8] Hinwiederum heißt es in »Geist, Kraft, Stoff«, daß aus Gott direkt *viele* Erstlinge entstanden. Sie sollten Gott begreifen und erfassen lernen, um durch eigenes intelligentes Wirken eins zu werden mit ihm. Luzifer war einer dieser Erstlinge und wird indirekt als vorzüglichster bestätigt.

Es liegen also schon in den hier zitierten drei bedeutenden und christlich orientierten Offenbarungsquellen erhebliche Aussagenunterschiede vor.[9] Wollte man weitere Lehrsysteme berücksichtigen, einschließlich solcher aus dem nichtchristlichen Bereich, so ergäbe sich eine noch weit verwirrendere Vielfalt. – Was hat diese bedauerliche Tatsache zu besagen?

1. Wichtig sind die Übereinstimmungen, ihnen gebührt besondere Aufmerksamkeit. Die wesentlichste davon ist die einmütig bekundete Existenz Gottes als Ursprung aller Dinge. Eine andere, daß ein »Fall« in die Materie stattgefunden hat. Viel spricht für die Wahrheit dieser Lehre, denn das tief im Menschenherzen empfundene Sehnen nach Glück und Geborgenheit, nach einer heilen Welt in Frieden, Gerechtigkeit und bleibender Freude, entspringt anscheinend einer unterschwelligen Erinnerung an vormals erlebte paradiesische Zustände.

2. Beim Heruntertransformieren höherer Wahrheiten auf das irdische Niveau kommt es naturgemäß zu Verzerrungen. Die Ursachen hierzu können vielfältigster Art sein, wie jedem Parapsychologen bekannt sein dürfte. Außerdem müssen wir uns damit abfinden, daß uns zufließende Informationen nichtmenschlicher Herkunft aus sehr unterschiedlichen Ebenen (Sphären) der Astralwelt kommen und nur selten direkt aus höhergeistigen Bereichen. Daraus läßt sich für uns folgende Lehre ziehen:

3. Alles, was uns brauchbar dünkt und geeignet erscheint, als Lebenshilfe zu dienen und uns auf unserem »Heimweg ins Vaterhaus« vorwärtszubringen, ist gut. Wir sollten es dankbar und offenen Herzens entgegennehmen; dabei aber nicht in den Fehler verfallen, die Empfehlung »Prüfet alles, und das Gute behaltet« (1. Thess. 5,21) und »Prüfet die Geister, ob sie von Gott sind« (1. Joh. 4,1) zu vernachlässigen oder gar zu mißachten. Es ist erfahrungsgemäß riskant, einem einzelnen Lehrgebäude absolute Irrtumslosigkeit zuzubilligen, nur weil es von dieser oder jener Autorität stammt oder zu stammen vorgibt.

1 RiGuG Bd. 5, Sp. 225 und 228. Im allgemeinen wird der Begriff
Logos (*lógos*) in der Esoterik anders aufgefaßt als im Christentum.
Als oberstes schaffendes Prinzip gilt der »kosmische Ur-Logos« oder
Brahman, »welcher nach einer universalen Welten-Nacht (Pralaya)
immer wieder das Universum neu ins Leben ruft und erhält. Ihm
allein gebührt der Name ›Gott‹, weil alle Wesen (auch die Logoi)
seine Geschöpfe sind« (B. Flemming, »Kleines Lexikon und Register
für das theosophische Weltbild«, München 1976, S. 20). Die Logoi
sind demnach Manifestationen des kosmischen Logos, des Weltgeistes, und wirken als »Sonnen-Logoi«. Ein Sonnensystem ist gewissermaßen der sichtbare Leib eines Sonnen-Logos, eines Schöpfer-
gottes mit drei Aspekten, »der aus der Ursubstanz (Mulaprakriti)
ein Sonnensystem erschafft und eine Anzahl von Monaden aus dem
›Urgrund‹ dahineinverpflanzt, damit sie in langen Äonen einmal
seinen Status erreichen« (Flemming, a.a.O., S. 33). Mit »Urgrund«
bezeichnet der deutsche Mystiker Meister Ekkehart die unmanife-
stierte Gottheit.

2 Hierzu noch folgendes Beispiel: Der Stern VVCephei im Sternbild
des Cepheus in der Nähe des Großen Bären hat einen Durchmesser
von 2,2 Milliarden Kilometern. Wäre er an der Stelle unserer Sonne,
so würde er über die Umlaufbahnen der Planeten Merkur, Venus,
Erde, Mars und sogar Jupiter hinausreichen! Astronomen zählen
diesen gigantischen Himmelskörper zur Kategorie der Roten Riesen.

3 Jean E. Charon, »Der Geist der Materie«, Berlin 1979, S. 147.

4 Im 56.Kapitel von »Erde und Mond« wird gesagt, Satana als Geist
sei der Gottheit (hier wird der Begriff Gottheit verwendet statt Gott)
gegenübergestellt »wie das Weib gegenüber dem Mann«. Die Gottheit habe in das Wesen Satana-Luzifers »Ideen ohne Zahl hineinge-
zeugt, daß sie reif geworden wären in seinem gesammelten Lichte.
Und es wäre aus dem Lichte dieses Geistes eine Wesensschöpfung
von höchster Klarheit hervorgegangen, und die ganze Unendlichkeit
wäre fort und fort aus ebendiesem Lebenslichte stets mehr und mehr
bevölkert worden. Aber da dieser Geist eine so hohe Bestimmung
hatte, nahezu ein zweiter Gott neben dem Schöpfer zu sein, so mußte
er auch eine seiner Bestimmung entsprechende Freiheitsprobe bestehen, die er jedoch nicht bestanden hat, weil er sich über die Gottheit
erheben und diese sich unterwürfig machen wollte. Ein Rangstreit

also war es, was dieser Geist gegen die Gottheit verbrochen! Da aber die Gottheit ihm den Vorrang nicht erteilen konnte, so erbrannte er in seinem Grimm und wollte die Gottheit förmlich vernichten. Sie aber ergriff ihn in allen seinen Teilen, nahm ihm alle spezifischen Wesenheiten, *bildete daraus Weltkörper* und umhüllte den Geist dieser endlosen Wesensseele mit den allermächtigsten Banden in den Tiefen der Materie.« Und im Kapitel zuvor heißt es: »Und wollt ihr wissen, wo dieser allerböseste Geist mit seinem eigentlichen Ich oder Lebenszentrum seinen Aufenthaltsort hat, so kann euch dieses unschwer gesagt werden. Der Sitz oder Kerker dieses Geistes ist der eigentlich festeste Mittelpunkt *eurer Erde*, auf den alles eindrückt, auf daß der Gefangene sich nicht allzu gewaltig bewege und alles Wesen der Erde zerstöre.«

5 Kahir, in »Mensch und Schicksal«, 5. Jg., Nr. 9, 16. Das folgende Zitat entstammt »Erde und Mond«, 4. Aufl. 1953, S. 151.

6 »Monaden«: Dieser Begriff findet sich in der Leibnizschen Monadologie, wonach die Welt aus Monaden verschiedenen Vollkommenheitsgrades aufgebaut ist. Dabei ist z.B. jedem (aus zahllosen Monaden bestehenden) Körper eine Zentralmonade (Seele) zugeordnet. Lebensgrund aller Monaden ist die unendliche Zentralmonade der Welt (Gottheit). – Aus »Wörterbuch der Philosophie«, Berlin 1981, S. 162. Nach theosophischer Definition sind Monaden »die in der Urgottheit ruhenden ›göttlichen Funken‹, welche von einem Sonnen-Logos in sein System aufgenommen und nach äonenlanger Entwicklung in allen Bewußtseinsbereichen zu seinem eigenen Status gebracht werden«. Die »Monadische Ebene« gilt als zweithöchste Region eines Sonnensystems, wo die Monaden warten, um von einem Sonnen-Logos aufgenommen zu werden (Flemming, a.a.O., S. 24 f.).

7 Vgl. Pierre Teilhard de Chardin, »Hymne an die Materie«: »Du herrschest, Materie, in erhabenen Höhen, wo die Heiligen glauben, dir auszuweichen; so durchsichtiges und so bewegliches Fleisch, daß wir dich nicht mehr von einem Geist unterscheiden. Trage mich empor, Materie, durch das Bemühen, die Trennung und den Tod. Trage mich dorthin, wo es endlich möglich sein wird, das Universum keusch zu umarmen!« Wie immer Teilhard de Chardin, der von führenden New-Age-Leuten sehr geschätzt wird, diese Worte auch gemeint haben mag: Weder herrscht die Materie »in erhabenen Höhen«, noch vermag sie, uns irgendwohin zu tragen. Sie wurde uns notwendig als Schule, um unsere schwerwiegenden Irrtümer zu

erkennen und um einiges wiedergutzumachen; sie selber jedoch trägt Merkmale zweckgebundener Vergänglichkeit. Selbstverständlich fühlen wir uns der »Mutter Natur« in liebender Dankbarkeit verbunden für alles, was sie uns zum Leben schenkt und fernerhin schenken wird, sofern wir sie nicht kaputtmachen. Nur verwechseln wir bei alledem nicht das Erschaffene mit dem Schöpfer, sondern erkennen und bestaunen in ihren Wundern die vielfältigen Ausdrucksformen göttlichen Liebewirkens. »Alles Natürliche ist wunderbar, und alles Wunderbare ist natürlich!«

8 Johannes Greber, »Der Verkehr mit der Geisterwelt«, Teaneck/USA, 2. Aufl. 1932, S. 265 und 268. Obwohl in Grebers faszinierendem Buch nicht alles als letzte und absolute Wahrheit zu bewerten sein dürfte, halte ich doch die auf Luzifer bezogene Angabe für glaubwürdiger als bei Lorber. Landläufig ausgedrückt: Luzifer kann unmöglich so blöd gewesen sein, es mit Gott aufnehmen zu wollen!

9 Wozu noch Emanuel Swedenborg gehört. Zu ihm war gesagt worden, es gäbe keinen Teufel und keinen Engel oder Geist, der nicht Mensch gewesen wäre; alle hätten ihr Dasein als Mensch begonnen (»Himmel und Hölle«, Nr. 311–317).

Theosophie

Die Theosophische Gesellschaft

Bei der Theosophie haben wir es mit einer Art Grundströmung auf esoterischem Gebiet zu tun. Das Wort selbst bedeutet soviel wie »Gottesweisheit« bzw. »Weisheit von Gott«. Dieser Begriff findet sich schon in Platos »Dialogen« sowie bei den Neuplatonikern und Neupythagoreern (ca. 205–270 n. Chr.). Als Theosophen christlicher Ausrichtung gelten unter anderem der Mystiker Jakob Böhme (1575–1624), der protestantische Theologe Friedrich Christoph Oetinger (1702–1782), Emanuel Swedenborg (eigentlich Swedberg, 1688–1772) und Jakob Lorber (1800–1864). Des letzteren Anhänger wurden »Bietigheimer Theosophen« genannt, weil sich in Bietigheim die Verlagszentrale des Lorber-Schrifttums befand, was noch jetzt der Fall ist. Spricht man jedoch heute von Theosophie, so ist damit in der Regel die von Frau Blavatsky ausgehende Geistesrichtung gemeint, aus der eine Reihe okkult-esoterischer Gruppierungen hervorgegangen ist.

Helena (eigentlich Jelena) Petrowna Blavatsky (1831–1891), kurz HPB genannt, Tochter des russischen Generals von Hahn, gilt in Esoterikerkreisen als die Sphinx des 19. Jahrhunderts. Über ihr abenteuerliches Leben wurde viel geschrieben. Ihre Mutter, eine geborene Fadejew, starb bei der Geburt des zweiten Kindes, HPBs Schwester Vera.

Jahre hindurch fehlte es den beiden Schwestern an einer geregelten Erziehung. Mit dem Vater übersiedelten sie von Garnison zu Garnison. Helena war zwar von rascher Auffassungsgabe, suchte sich aber dem Zwange von Unterrichtsstunden nach Möglichkeit zu entziehen. Lieber tollte sie auf ungesatteltem Pferd, nach Männerart reitend, durch die Steppe oder verkroch sich in einen Winkel und träumte vor sich hin. Ihre Schwester Vera schrieb später: »Sie trug zwei deutlich unterschiedene Naturen in sich, so daß man dachte, es wären zwei Wesen in einem Körper: das eine schadenfroh, streitsüchtig und hartnäckig, in jeder Weise lasterhaft; das andere zum Mystischen und Metaphysischen neigend, gleich der Seherin von Prevorst.«[1] Der geringste Widerspruch konnte bei ihr leidenschaftliche Ausbrüche bewirken, die in konvulsivischen Zuckungen (Schüttelkrämpfen) endeten. Aufgrund besessenheitsartiger Erscheinungen wurde mehrfach Exorzismus angewendet.

Helena zeigte von Kindheit an nicht nur ein oft extrem zwiespältiges Wesen, sondern war auch stark medial veranlagt. Schon als Zwölfjährige begann sie automatisch zu schreiben und verfaßte Stöße von Manuskripten, die angeblich von einer gestorbenen Deutschrussin stammten. Als Kind von fünf Jahren hatte Helena mit Bildern und Briefen jener Dame gespielt und mag auch manches über sie gehört haben. Nach Jahren stellte sich jedoch heraus, daß die Frau noch lebte.

Fast alle, die später mit HPB in Berührung kamen, kennzeichnen ihr Wesen als »männliche Seele in einem weiblichen Körper«. Dieser männliche Wesenszug blieb während ihres ganzen Lebens vorherrschend.[2]

Im Alter von siebzehn Jahren heiratete sie den wesentlich älteren Staatsrat Blavatsky, dem sie sich als Frau jedoch verweigert haben will. Nach ihrer Hochzeit floh sie, als Schiffsheizer in Matrosenkleidung, nach Konstantinopel, dem heutigen Istanbul. Von dort aus erklärte sie ihrem Vater kategorisch, daß sie unter keinen Umständen zu ihrem Mann zurückkehren wolle. So ließ man sie denn ziehen. In Begleitung wechselnder Freundinnen reiste sie über Ägypten und

Griechenland nach Paris. Dort wollte ein Magnetopath sich ihrer paranormalen Fähigkeiten bedienen. HPB aber war anderen Sinnes und begab sich über London nach Nordamerika, das sie kreuz und quer durchreist zu haben behauptete, um – wie sie ihrem nachmaligen Mitarbeiter und Biograph A. P. Sinnett sagte – die Geheimnisse indianischer Medizinmänner und des Voodookultes zu studieren. Abgesehen davon, daß HPB außerstande war, diese Reisen dokumentarisch zu belegen, läßt ihre Erwähnung von Voodoo, dem Schwärzesten an Schwarzer Magie, ihr immerhin bemerkenswertes Interesse an solcherlei Praktiken erkennen.

Nach zehnjähriger Abwesenheit kehrte sie 1858 nach Rußland zurück und tauchte bei ihrer mittlerweile verheirateten Schwester Vera auf deren Landgut in Rugedowo bei Pskow (Pleskau, an der Grenze zu Estland) auf. Dort war sie infolge ihrer medialen Veranlagung bald gesellschaftlicher Mittelpunkt, zumal das Interesse am Spiritismus damals in allen Ländern der Zivilisation beträchtlich war. Es kam jedoch bei HPB zu erheblichen psychischen Störungen, und sie reiste zur Erholung in den Kaukasus. Dort, bei ihren Großeltern, trat das, was man heute »Persönlichkeitsspaltung« nennt, erneut auf. Das sich manifestierende »Spalt-Ich« gab sich als Mann. In diesem »Manne« meinte sie später einen Sendboten ihrer »Meister« erblicken zu dürfen. Im ganzen betrachtet, bot HPB das typische Bild wildwuchernder Medialität, deren Gefahren sie sich offenbar zuwenig oder gar nicht bewußt war.

Nach ihrer Genesung widmete sie sich eine Zeitlang geschäftlichen Interessen (Kunstblumen, Holzhandel, Tintenfabrikation) und ging 1863 nach Italien, wo sie unter Garibaldi gekämpft haben und in der Schlacht von Mentana verwundet worden sein will.

Markante Einzelheiten ihres weiteren Lebensweges müssen hier aus Platzgründen unerwähnt bleiben. Außerdem liegt manches im dunkeln, z. B. ihre Versuche, nach Tibet zu gelangen, und ihre Behauptung, dort gewesen zu sein. Miers schreibt in seinem »Lexikon des Geheimwissens«: »Über den Zeitraum von 1848 bis 1872 hat HPB selbst keine klaren Angaben hinterlassen, und ihr Biograph, A. P. Sinnett, verzweifelte fast an den widersprüchlichen Angaben, die sich nicht zusammenreimen ließen.«[3]

Im Juli 1873 traf HPB in den USA ein. Dort lernte sie im folgenden Jahr, in einem Spiritistenzirkel, den Journalisten Henry Steel Olcott (1832–1907) kennen, der fortan ihr treuer Begleiter wurde. Offenbar erkannte er ihre außerordentliche Medialität und gründete mit ihr den spiritistischen »Miracle-Club«. Infolge einiger Betrugsaffären kam aber der Spiritismus zu jener Zeit in den USA in Verruf, und so wurde dieser Kreis am 17. 4. 1875 umbenannt in »Theosophical Society«, Theosophische Gesellschaft (TG).[4]

Nach Miers studierte HPB während der folgenden zwei Jahren okkultistische Literatur und verfaßte sodann das umfangreiche Werk »Isis entschleiert«, das 1877 erschien. Dieses Buch fand Anerkennung teils auch bei Nichttheosophen, obwohl (oder vielleicht gerade weil) es eine kirchen- und wissenschaftsfeindliche Tendenz aufweist. Der ob seiner Fachkenntnisse und Objektivität geschätzte deutsche Parapsychologe General Josef Peter (1852–1939) schrieb: »Ich gebe zu, man mag mit manchen Folgerungen dieser Blätter nicht einverstanden sein; dies hindert jedoch nicht, daß das fesselnd geschriebene Werk tausend Anregungen gibt.« HPB selbst schrieb an ihre Angehörigen, man solle sie wegen der »Isis« nicht loben, denn sie empfinde das nicht als Arbeit. »Wenn ich gehalten bin zu schreiben, so sitze ich nieder und gehorche. Und dann schreibe ich leicht über alle Dinge wie Metaphysik, Psychologie, Philosophie, Religionsgeschichte, Zoologie, Naturwissenschaft oder was cs sei. Ich lege mir niemals die Frage vor: Kann ich über diesen Gegenstand schreiben? Oder: Bin ich dieser Arbeit gewachsen? Ich sitze einfach nieder und schreibe. Warum? Weil etwas, das alles weiß, mir diktiert.« In einem anderen Brief heißt es, sie würde in einer Art ständiger Bezauberung leben: mit Visionen und Gesichten, bei offenen Augen und im Normalzustand, ohne jede Trance oder Schlafzustände. Dabei spricht sie zuweilen von ihrem »inneren Ich«, von ihrem »erleuchteten Selbst«; wird dann aber wieder unsicher und schiebt schließlich alle Urheberschaft den »Meistern« zu.

Diese angeblichen Meister beginnen nunmehr eine immer stärker hervortretende Rolle im Schaffen HPBs zu spielen und wurden schließlich zu »Mahatmas« (Maha Atma = große Seele). Während der Niederschrift von »Isis entschleiert« traten sie erstmalig auf, und zwar ganz auf spiritistische Weise im Rahmen einer vorübergehenden Inbesitznahme des Mediums. Olcott zufolge ergriffen an einem Abend oft drei oder vier verschiedene männliche Typen von HPB Besitz und benahmen sich entsprechend unterschiedlich. Da es angeblich keines Tieftrancezustandes bedurfte, so muß sie solche Besessenheit mehr oder weniger bewußt erlebt haben. Solches ist in der Parapsychologie wie auch in der Psychiatrie hinreichend bekannt, wird aber meistens animistisch gedeutet. »Isis unveiled« wäre demnach als ein auf paranormale Weise entstandenes Werk einzustufen, deren es viele gibt. Inwieweit im Einzelfall das Unterbewußtsein des Mediums daran beteiligt ist, entzieht sich einer Nachprüfung; nur das Niveau des Gebotenen läßt Rückschlüsse auf die Urheberschaft zu.

Merkwürdig mutet allerdings an, daß in »Isis entschleiert« noch keine Rede ist von der siebenfachen Konstitution des Menschen, von Karmagesetz und Reinkarnation. Letztere wird (im 1. Band, S. 351) nicht als Regel, sondern nur als Ausnahme bezeichnet, bei Fehl- und Totgeburten, bei »Idioten und bei einem Messias«. Seit dem Erscheinen der »Geheimlehre« jedoch wurden die genannten Punkte zu einem theosophischen Dogma.[5]

Miers zufolge hatte sich die Theosophische Gesellschaft (TG) insgeheim mit der indischen Gesellschaft Arya Samaj zusammengetan, und als HPBs Schriftwechsel mit dem Gründer jener Gruppe, Swami Sarasvati, bekanntgeworden war, sei sie vor der zunehmenden Kritik, zusammen mit Olcott, nach Indien ausgewichen. Im Januar 1879 trafen sie in Bombay ein, wo beide zum Buddhismus übergetreten sein sollen. Ferner soll im Arya Samaj die Lehre von der Großen Weißen Bruderschaft von Tibet und die Geschichte von den Meistern erfunden worden sein.

In einer anderen Schilderung[6] ist nicht vom Swami Sarasvati die Rede, sondern vom Swami Dayanand, der die alte vedische Religion reformieren wollte. An diesen Swami hatte Olcott unter dem 18.2.1878 einen Brief gerichtet und ihn von der Existenz der TG in Kenntnis gesetzt. Olcott teilte mit, daß sich die Gründer der TG vom Christentum enttäuscht ab- und der Philosophie des Ostens zugewandt hätten. Die TG bekenne sich offen als direkter Feind der christlichen Religion. Um dieser *Tatsache* willen bitten sie um des Swamis Erleuchtung und um seinen Rat. Dayanand veröffentlichte diesen Brief, deshalb ist der genaue Wortlaut bekannt. Ein Kommentar zu Olcotts Bekenntnis dürfte sich erübrigen.

Swami Dayanand erwiderte Olcotts Brief mit seinem Segen und betonte seine Freude über die Abwendung vom christlichen Glauben. Zugleich erläuterte er die Grundsätze seiner Arya-Samaj-Gesellschaft und deren Glaubensbekenntnis. Dayanand war nämlich alles andere, bloß kein Atheist. Olcott erhielt noch eine ganze Reihe solcher Informationsbriefe. Dayanand war bereit, die TG in seine Gesellschaft aufzunehmen, wenn dieses Glaubensbekenntnis akzeptiert würde. Nachdem HPB und Olcott in Bombay angekommen und von Arya Samaj mit großem Aufwand festlich empfangen und bewirtet worden waren, kam es bald zu Differenzen. HPB erklärte dem Swami unumwunden »und in den denkbar stärksten Ausdrücken«, eine *Atheistin* zu sein. Daraufhin weigerte sich Dayanand, einer Vereinigung der beiden Gesellschaften zuzustimmen, gab jedoch seiner Hoffnung Ausdruck, HPB und Olcott doch noch zum Glauben an den unsichtbaren Gott bekehren zu können. Eine weitere Zusammenkunft war vereinbart worden, aber HPB und Olcott reisten ohne Verabschiedung ab. Sie waren ebenfalls enttäuscht, zumal sie in dem Swami einen indischen Wundertäter zu finden gehofft hatten. Nach Vorträgen in Allahabad und Benares schifften sie sich nach Ceylon (jetzt Sri Lanka) ein. Dort erst traten sie zum Buddhismus über.[7]

Vom Buddhismus in seinen verschiedenen Gruppierungen kann man zweifellos viel lernen; wie überhaupt die östlichen Philosophien schon deswegen den neueren westlichen überlegen sind, weil sie den außersinnlichen Wahrnehmungsbereich als Realität anerkennen. Dennoch bleibt der Buddhismus im wesentlichen eine atheistische Religion, obwohl das paradox ist, denn zur Religion gehört eine Gottesvorstellung. Entschuldigend wird mitunter gesagt, für den Buddhisten sei das höchste Prinzip zu erhaben, um mit Namen und Begriffen gekennzeichnet werden zu können.

Das mag schon sein, aber dem Buddhismus fehlt etwas ganz Wesentliches, nämlich die Hinwendungsmöglichkeit an ein religiöses Wesen, zu dem man Zuflucht nehmen kann in den Nöten des Alltags. Der buddhistische Mönch denkt nur an sich, an seine eigene Entwicklung. Er wendet sich von allem ab, was geeignet sein könnte, »Kamman« (Karma), d. h. neue Ursachen, zu schaffen. Selbst das Gedanken- und Empfindungsleben muß ständig überwacht werden. Das ist der Grund, weshalb buddhistische Mönche für andere nicht arbeiten dürfen (siehe Buddhas Lehrrede über die Früchte des Mönchtums), auch nicht in der Krankenpflege! Für das

Gebot tätiger Nächstenliebe gibt es da keine Grundlage. Der Mönch hat nur an sein eigenes Heil zu denken und mit sich selber genug zu tun, wenn er vom Samsara, dem ewig kreisenden Rad der Wiedergeburten, loskommen möchte. Es ist leicht einzusehen, daß eine solche Weltanschauung für Menschen mit Gemüt keinerlei Trost und inneren Halt zu vermitteln mag, bestenfalls Gleichmut und Gleichgültigkeit; letzteres natürlich nur dem Leid und den Problemen des anderen gegenüber. Auf buddhistischer Basis können auch theosophische und sonstige esoterische Lehren nur Edelmaterialisten und Egoisten erziehen. »Egoismus«, so erklärte der Theosoph Robert Blum, »ist die einzige Triebfeder des Kosmos, und deshalb stellt sich Altruismus (uneigennütziges Denken und Handeln) vom okkulten Standpunkt aus dar als zielbewußte Eigenliebe und raffinierter, intelligenter Egoismus«. Blum vermochte sich offenbar nicht vorzustellen, daß es jemanden geben könnte, der, ohne auf Belohnung zu spekulieren, etwas tut oder opfert.[8]

Ein denkender Mensch will wissen und einsehen können, *warum* er gut sein und anderen nichts Böses zufügen soll. Dem auf niederer Entwicklungsstufe Stehenden ist eine Drohung mit »Gottes Strafe« als Folge bösen Tuns angemessen. Bloß glaubt das heute kaum noch jemand. Auf mittleren Stufen, wenn die Erkenntnis zu erwachen beginnt, tut man Gutes, um gute Folgen ernten zu können. Ein solcher Mensch ist zwar noch lange nicht gut, aber er will es werden. Damit ist der Übergang erreicht zu höheren Bewußtseinsstufen, wo man das Gute um des Guten willen tut, weil man gar nicht anders kann. Strauchelt man noch, so geschieht das nicht aus bösem Willen heraus, sondern aus Mangel an Kraft und Selbstzucht. Friedrich Funcke bemerkt hierzu: »Der gute Mensch, der das Gute tut aus innerem Drang, darf um die guten Folgen wissen. Dies Wissen vermindert nicht den Wert seiner Tat, da er sie nicht der Folge wegen tut.«[9]

Doch kommen wir wieder zur Geschichte der Theosophischen Gesellschaft: 1882 wurde die Zentrale der TG nach Madras verlegt. Sie erlangte nunmehr Verbreitung in der ganzen Welt, wobei es im Laufe der Zeit zu allerlei Mißhelligkeiten und Abspaltungen kam. Zur Unterscheidung von den anderen Gruppierungen wurde und wird die ursprüngliche TG – nach einem Vorort von Madras – »Adyar-TG« genannt.

Miers zufolge war 1875 noch nichts bekannt von »tibetanischen Meistern«, die später im Mittelpunkt der Adyar-TG stehen und sogar die TG gegründet haben sollen.

Nun, ich persönlich bezweifle nicht im mindesten das Vorhandensein geistig hochentwickelter Persönlichkeiten im Menschenkörper, nur weigere ich mich, all das bedingungslos zu glauben, was auf diesem unkontrollierbaren Gebiet zu glauben zugemutet wird. Zweifellos gibt es sogenannte Adepten und Meister, d. h. Menschen von hohem Erkenntnisgrad. Es gibt solche sowohl der hellen als auch der dunklen Seite, des Rechten und des Linken Pfades, Brüder des Lichtes und solche des Schattens, deren unterschiedliches Wirken im täglichen Weltgeschehen unverkennbar ist. Bei den theosophischen »Meistern der Weisheit« soll es sich um »vollkommene Menschen« handeln, »welche freiwillig auf Erden verkörpert bleiben, um ihren ›Jüngeren Brüdern‹ beizustehen«. Daß es aber vollkommene Menschen schon auf dieser unserer Welt geben soll, wage ich sehr zu bezweifeln. Außerdem bin ich überzeugt: Auch Meister müssen sterben, wenn ihre Zeit um ist.

Die Meister der TG sollen sich auf verschiedenste Weise bemerkbar gemacht und oft in Diskussionen eingegriffen haben. Annie Besant zufolge kamen die »Meisterbotschaften« manchmal mit der Post, oder sie erschienen plötzlich auf dem Tisch oder in einer Schublade. »Am 10. 2. 1882 sah man einen Brief senkrecht zu Boden fallen, und zwar im Freien, zehn Schritte von Madame Blavatskys Stuhl entfernt und sieben von der kleinen Gesellschaft, die ihn fallen sah.« Zuweilen sollen die Meister sogar voll materialisiert erschienen sein. Charles W. Leadbeater erzählt, derartige Phänomene hätten sich mitunter auf dem flachen Dach des Hauptgebäudes gezeigt, manchmal in seinem eigenen Zimmer und zuweilen im Garten. »Die Materialisationen erhielten sich häufig zwanzig Minuten lang und bei wenigstens zwei Gelegenheiten beträchtlich länger als eine halbe Stunde.«[10]

Solcherlei Phänomene, wenn auch äußerst selten in ihrer Art, sind in der Parapsychologie bekannt und dokumentiert. Prinzipielle Zweifel an ihrer Möglichkeit verraten nur mangelnde Kenntnis diesbezüglicher Forschungen. Gegenüber den Angaben von HPB, Leadbeater und Besant sehe ich mich dennoch zu erheblicher Skepsis veranlaßt. Und meine Zweifel sind durchaus begründet, wenn man das Gesamtbild der TG, ihrer Geschichte und führenden Persönlichkeiten betrachtet; da ist wirklich nicht alles Gold, was glänzt, und es »menschelt« allenthalben gewaltig!

Einen schweren Rückschlag für HPB gab es durch die peinliche Affäre mit dem »Wunderschrein von Adyar«, einem Schränkchen, in welchem sich häufig geschriebene Mitteilungen der »Meister« fanden. Erstaunlicherweise sollen sie sich oft auf Probleme eines eben geführten Gesprächs bezogen haben. Als nun aufkam, daß jenes Möbelstück einen geheimen Zugang aufwies, gab es unliebsames Aufsehen, und HPB verließ Indien.[11]

Dr. Franz Hartmann (1838–1912), Gründer einer deutschen TG und hochrangiges Mitglied in etlichen Geheimlogen, befand sich seit Dezember 1893 in Aydar und begleitete HPB von dort auf ihrer Reise nach Europa. Hartmann, ein scharfsinniger und dennoch toleranter Verfechter der Adyar-Theosophie, gab in seiner 1906 erschienen Schrift »Wahrheit und Dichtung. Die theosophische Gesellschaft und der Wunderschrank von Adyar« den Schwindel ganz offen zu. Er wollte dies als »frommen Betrug« aufgefaßt wissen, dessen sich HPB bedient hatte, »um dem Abendland die Schätze altindischer Weisheit zu erschließen«. Auf Seite 16 ist sogar die Konstruktion des »Wunderschreins« abgebildet.

Bei aller Anerkennung des Wollens und der Leistungen HPBs wirft dies natürlich ein reichlich ungünstiges Licht auf ihre angeblichen »Meister«. Hat eine hehre Sache, der man dienen will, Tricks und Methoden nötig, die jeder ehrenwerte Mensch meiden würde? Aus dem mir vorliegenden, sehr umfangreichen Material geht hervor, daß weder Dr. Franz Hartmann jemals einen »Meister« zu Gesicht bekam noch Dr. Hübbe-Schleiden, obwohl beide als aktive Mitarbeiter längere Zeit in Adyar gewesen sind. Woran mag das gelegen haben?

Hartmann schien zwar an die »Meister« der HPB zu glauben, bedauerte aber in besagter Schrift, daß im Zusammenhang mit der TG überhaupt von Adepten und Mahatmas gesprochen werde. Er meinte, daß die menschliche Wundersucht »von gewisser Seite begünstigt wurde, bis eine unausbleibliche Entlarvung dem Unsinn ein Ende machte« (!), wobei nur zu bedauern sei, »daß HPB sich zum Sündenbock hergeben mußte«. Der im Verlagswesen damals bekannte Karl Rohm korrigierte Hartmanns Wortfolge: »Wobei zu bedauern ist, daß HPB diesen Schwindel geduldet hat und sich damit zumindest dafür verantwortlich gemacht hat.«[12]

Mabel Collins (1851–1927), eine der bekanntesten Autorinnen aus der Anfangszeit der TG, verlegte die Existenz der »Meister vom Himalaja« in die Seele des Menschen, was zum Bruch mit HPB und der TG führte. Karl Rohm bemerkt in diesem Zusammenhang, daß es um die Jahrhundertwende eine respektable Menge an englischsprachiger »Meister«-Literatur gab. Er war von Frau Collins 1910 um den Druck ihres Meister-Manuskripts vom »Jünger« in Englisch gebeten worden, »weil die große englische Theosoph. Verlagsanstalt zu sehr überhäuft war mit solchen Meistergeschichten, um alle drucken zu können«. Rohm hält denn auch all diese Erzählungen für dichterische Phantasie.[13]

Die Rede ist vor allem von den Meistern Koot Hoomi und Morya. Diese sollen sogar die TG gegründet haben. Der theosophische Kunstmaler Prof. Hermann Schmiechen, der HPB in London kennenlernte, malte Bildnisse dieser beiden Meister nach seiner Vorstellung. Miers zufolge (S. 363) habe er später erklärt, daß diese Meister niemals in persona existiert hätten, »sondern nur der mentalen Bewußtseinssphäre von HPB angehörten«. Für andere, beispielsweise für Prof. C. W. Sellin, stand fest, daß Koot Hoomi (geschrieben auch »Kut-Humi«) mit HPB identisch war.

In der Tat scheint es mir hinsichtlich der Blavatskyschen Meister ein Wagnis zu sein, sie unbesehen als Autoritäten zu akzeptieren. Wer in Tiefen- und Parapsychologie einigermaßen Bescheid weiß, wird da seine Bedenken haben. Selbst wenn wirklich Wesenheiten agieren, die personal vom Medium unabhängig sind, so kommt doch in jedem Falle das Gesetz der Anziehung des Ähnlichen zum Tragen. Mit anderen Worten: Über ein charakterlich und seelisch unausgeglichenes Medium werden sich ethisch hochentwickelte Wesen kaum manifestieren können und wollen, egal, ob man sie Geister oder Meister nennen will. HPB aber war, wie schon dargelegt, in ihrer Art von ausgeprägter Zwiespältigkeit und oft unberechenbar. Das bezeugen alle mir vorliegenden Biographien. In einer solchen von Dr. med. Franz Freudenberg heißt es u. a.: »Ihre Phantasie erfindet zügellos ... Ihre saloppe Haltung und ihre männlichen Allüren flößten der guten Gesellschaft von New York naturgemäß anfangs kein gelindes Grausen ein ... Ihre Briefe (an Olcott) unterzeichnet sie mit ›Jack‹, und auch in den späteren ›Mahatmabriefen‹ wird sie als ›unser Bruder HPB‹ bezeichnet.« Nach dem Tode

HPBs erwartete man folgerichtig ihre Wiederkehr als Mann, als »Bruder«. Annie Besant: »Möge der Meister, dem sie mit unerschütterlichem Mute, mit wankelloser Ergebenheit diente, uns den Bruder zurücksenden, den die Welt als HPB kennt.«[14]

HPBs zweite Ehe, die sie am 3. 4. 1875 mit dem Armenier Michael C. Betanelly unter der Bedingung einging, daß sie ihren Namen behält und der Gatte »keinen Anspruch auf die Privilegien der Hochzeitsnacht machen dürfe«, wurde bereits ein Jahr danach geschieden. HPB sei darüber herzlich froh gewesen und habe erklärt, »der Gedanke, in die Lage zu kommen, ihren Körper einem Manne preiszugeben, sei ihr so entsetzlich und unfaßbar, daß sie selber die von ihr gegebene Einwilligung in eine Scheinehe nur durch eine damalige Besessenheit erklären könne«![15]

Dieser von ihr selbst ausgesprochene Verdacht trifft möglicherweise nicht bloß auf jene Heirat zu. Er wird untermauert durch einen merkwürdigen Bericht von Subba Row, einem angeblich selbst paranormal begabten führenden Mitglied der TG. Charles W. Leadbeater, von dem noch zu sprechen sein wird, veröffentlichte den Bericht unter dem 14. 6. 1885. Subba Row mutmaßt bzw. behauptet nicht mehr und nicht weniger, als daß HPB »vor etwa 20 Jahren aus dem Erdenleben schied« und daß sich seitdem vier Wesenheiten ihres Körpers bemächtigten. Das würde erklären, warum »Madame so häufig leugnet, was sie wenige Stunden zuvor gesagt hat«![16]

Diese seltsame und unglaublich anmutende Ansicht, wonach sich des Körpers eines soeben Verstorbenen irgendwelche Fremdpersönlichkeiten bemächtigen und ihn biologisch am Leben erhalten können, ist theoretisch denkbar. Ob in der Praxis machbar, ist eine andere Frage. Unwillkürlich denkt man an die »Zombies« im Voodookult, doch hat dies nichts damit zu tun. Zur Deutung der Manifestation von vier

Spaltpersönlichkeiten bei HPB, darunter einer »übellaunigen, alten Tibetanerin«, genügt nämlich vollkommen die Annahme zeitweiliger mediumistischer Besessenheit ohne Trance. Da hilft unter Umständen auch die Anwesenheit von hellsichtigen Kontrollpersonen nicht vor dem Getäuschtwerden. Wenn die »Brüder des Linken Pfades« etwas Wichtiges in Szene setzen wollen, so verhalten sie sich keineswegs wie Einfaltspinsel. Es gibt zu denken, wenn HPB selber zugab: »Es ist furchtbar, daß mir zuweilen ein Mahatma erscheint, den ich für den wahren Meister halte, während ich später zu meinem Entsetzen erkennen muß, daß es ein Dämon war, der sich unter seiner Maske verbarg.«[17] Und wie oft mag sie es *nicht* gemerkt haben?

HPB war um ihre mediale Veranlagung gewiß nicht zu beneiden. Ihre jahrelange vulgärspiritistische Betätigung auf der Basis ihrer nicht in geregelte Bahnen geleiteten Medialität wirkte sich zwangsläufig zum Schaden ihres körperlichen und seelischen Wohlbefindens aus. Sie war ja auch fast immer leidend. Das sollte Medien in ähnlicher Lage zur Warnung dienen. Es ist hier wie bei der Magie: Nur reinstes Wollen und stetige Arbeit am eigenen Charakter sollten Grundlage sein zur Entfaltung jeglicher Medialität. Wer Medium, d. h. Mittler, sein will, trägt große Verantwortung[18]

Nach HPBs Weggang aus Indien, schon während der Schiffsreise, begann sie mit der Abfassung der »Geheimlehre«. Dies soll wiederum unter Mahatma-Einfluß erfolgt sein, vornehmlich durch einen Meister namens Djwal Kuhl alias Djawhal Kuhl (gesprochen »Dschall Kull«). Im Druck erschien das zweibändige Werk 1888 in London. Es enthält über weite Strecken Stellungnahmen und Auseinandersetzungen zu wissenschaftlichen und philosophischen Ansichten des 19. Jahrhunderts, die wohl wegen ihres Eintagsfliegencharakters längst vergessen sind. Einen dritten Band soll später Annie Besant aus nachgelassenen HPB-Schriften zusammengestellt haben.

HPBs Darlegungen in der »Geheimlehre« bestechen durch ein enormes Wissen. Allein schon die zahlreichen Quellenhinweise sind verblüffend. Es mutet unwahrscheinlich an, daß sie die Seitenzahlen von ihr gelesener Bücher aus dem Gedächtnis angeben konnte. Vielleicht holte sie das gelegentlich nach. Andererseits scheint ihr Erinnerungsvermögen mitunter bestens funktioniert zu haben, denn sie bemerkt zu einem ihrer Zitate: »Aus dem Gedächtnis, aber nahezu wörtlich.« Nur während ihrer mutmaßlichen Besessenheitszustände konnte es anscheinend passieren, daß sie sich an kurz zuvor Gesagtes nicht mehr zu erinnern schien. Übrigens gibt Hans Freimark die Quellen an, aus denen sie schöpfte.[19] Oder waren es die »Meister«? Beatrice Flemming zufolge schrieb HPB »durchweg unter Inspiration einiger Meister, die ihr auch astral die Bücher vorhielten, aus denen zu zitieren war«. Ein typischer Fall nachträglicher Glorifizierung.

HPB stützt ihre Geheimlehre auf ein rätselhaftes Buch, das sie mit meisterlicher Hilfe hellsichtig wahrgenommen haben will: das »Buch Dzyan«. Außer ihr selbst sah es kein Normalsterblicher. Das ist ähnlich wie beim Begründer der Mormonenkirche, Josef Smith (1805–1844), der beschriftete goldene Platten auf wunderbare Weise gefunden und übersetzt haben wollte. Platten, die dann wieder verschwanden. Auf diese Weise soll das Buch »Buch Mormon« entstanden sein.[20] In seinem »Kurzgefaßten Grundriß der Geheimlehre« schreibt Dr. Franz Hartmann, daß die Lehren von HPB weder erdichtet noch von »Geistern« mitgeteilt worden seien, »sondern sie sind *angeblich* einem der ältesten Manuskripte, dem Buche Dzyan (was ›Buch der geistigen Erkenntnis‹ heißen soll), entnommen, in welchem die Resultate der Forschungen der Adepten und Weisen zusammengestellt sind und dessen Original sich im Besitz der Meister der Weisheit in Tibet befinden *soll*«. Es spricht für die Redlichkeit Hartmanns, daß er die Worte »angeblich« und »soll« gebrauchte, die hier kursiv wiedergegeben sind.

Der Kosmogonie in der »Geheimlehre« werden sieben Strophen des Buches Dzyan zugrunde gelegt, der Entwicklung des Menschen (Anthropogenie) im zweiten Band zwölf Strophen. Diese selbst sind mirakelhaft dunkel gehalten, unverständlich und verwirrend für den, der sich vornimmt, das dickleibige Werk zu lesen – wozu sich die Beiziehung von Fremdwörterbüchern neueren und älteren Datums empfiehlt. Insonderheit befremden die zahlreichen Sanskritausdrücke. Dr. Hartmann gibt selber zu, daß für manche Sanskritworte die deutschen Begriffe fehlen. Ich frage mich: Wozu überhaupt so viele Fremdwörter? Da ist von Chohans und Dhyan Chohans die Rede, von Lipikas und Pitris, von Rakshasas, Arhats, Asuras, Kumaras und Chayas und was sonst noch alles, das mit den Schöpferkräften des Logos zusammenhängt oder zu tun haben soll. Kahir meint hierzu, das Studium der Adyar-Theosophie werde durch die vielen Sanskritausdrücke nicht gerade erleichtert. Zwar würden viele dieser Worte »Begriffsbezeichnungen präzisester Art darstellen, zu deren Übersetzung die geringere geistige Feinheit der modernen Sprachen nicht ausreicht«. Es sei jedoch nicht einzusehen, warum sich ein Schüler der Geisteswissenschaften »mit den vielen unverdaulichen Vokabeln belasten soll, zu deren innerem Verständnis zumeist jene geistige Brücke fehlt, für die die Sanskritsprache das Wort ›Antahkarana‹ geprägt hat«. Hinzu kommt noch die teils fehlerhafte Wiedergabe von Worten und Zitaten in Sanskrit, Griechisch und Latein in den Werken HPBs, worauf von Fachgelehrten schon vor 1900 hingewiesen worden war.[21]

Wie dem auch sein mag, die theosophischen Hauptlehren klingen auf den ersten Blick gar nicht so übel. Von Abweichungen einzelner Autoren abgesehen, dürfte die folgende

Aufzählung, die verschiedenen Quellen entstammt, der offiziellen Lehre entsprechen. Dabei kam ich auf sieben Hauptlehren (B. Flemming nennt sie »Meisterschlüssel des ewigen Wissens«), obwohl im allgemeinen bloß fünf genannt werden:

1. die Lehre von der Wesenseinheit aller Dinge, die Entstehung einer Vielheit von Welten aus dieser Wesenseinheit;

2. die Lehre von der Offenbarung dieser Wesenseinheit auf sieben Stufen oder Ebenen des Daseins, d. h. die Lehre von der siebenfältigen Konstitution des Menschens und des Weltalls;

3. die Lehre von der Göttlichkeit und Unsterblichkeit des Menschen;

4. die Lehre von der Entwicklung des Bewußtseins durch alle Naturreiche hindurch bis zum Menschen, dann weiter bis »zum Übermenschen und zu einem göttlichen Wesen«;

5. die Lehre von der periodischen Wiederkehr aller Dinge, besonders der Wiederverkörperung (Reinkarnation) als Mittel zur Höherentwicklung;

6. die Lehre vom Karma als dem Gesetz der ausgleichenden Gerechtigkeit, der Ursache und Wirkung, wodurch der Mensch zum Selbstgestalter seines Schicksals wird;

7. die Lehre vom Vorhandensein einer Adepten-Hierarchie, der sogenannten Meister bzw. Mahatmas, die gemeinsam eine »Große Weiße Bruderschaft« bilden. Ab einer bestimmten Entwicklungsstufe des Menschen geben sie sich ihm als Führer zu erkennen.

Als weiterer Hauptpunkt wird gewöhnlich die Lehre vom Ziel der Entwicklung angeführt und vom Weg, der zu diesem Ziele führt, nämlich dem »theosophischen Pfad«. Wohlweislich unerwähnt bleibt ein anderer Lehrsatz, wonach Luzifer/Satan als dem Schöpfer und Herrn der Materie gottähnliche Verehrung gebührt.

Lediglich zu Punkt 1 möchte ich einiges bemerken: Die Lehre von der Wesenseinheit aller Dinge mag im ersten Moment faszinierend klingen, aber sie kann sehr leicht zu einem verschwommenen Pantheismus und über diesen zu einem pantheistisch verbrämten Edelmaterialismus führen.

Der Pantheismus wird allerdings sowohl philosophisch als auch religionsgeschichtlich sehr verschieden definiert. In der Adyar-TG und ähnlichen Geistesrichtungen versteht man hierunter das Einssein Gottes mit seiner Schöpfung, genauer die Identifikation der unpersönlich gedachten Gottheit mit dem Weltall und der Natur, was logischerweise die Aufhebung, ja Unmöglichkeit eines persönlichen Verhältnisses zwischen Mensch und Gott bedeutet. Schopenhauer sprach denn auch in bezug auf den Pantheismus von einem »höflichen Atheismus«. Spinoza, Hegel, Schleiermacher, Goethe und Herder faßten ihn jeweils anders auf. Religionsgeschichtlich finden wir den Pantheismus besonders in den Veden, im Brahmanismus und in Griechenland, wo der Ausspruch »Hen kai Pan« geprägt wurde, des »All und Einen«, wonach alles eins ist, »alles der Götter voll«.

Ursprünglich schuf die Phantasie des Naturmenschen den Fetischglauben. Für den Fetischdiener steckt die Gottheit in irgendeinem Gegenstand. Die Naturgewalten fürchtet er als Mächte, die über Glück und Unglück, Leben und Tod gebieten. Darüber hinaus mag Hellsichtigkeit, die vorzeiten allgemeiner gewesen sein dürfte als heute, zur Verehrung von Naturwesenheiten geführt haben.

An diese Formen anschließend, tritt der materialistische Pantheismus auf, wie er uns im theosophischen Weltbild entgegentritt: Die sichtbare Welt als ursprünglich unsichtbare Einheit ist Gott, der sich in der geoffenbarten Vielheit tätig manifestiert. Alles Geistig-Seelische, wie Bewußtsein und Empfindung, gilt hier als Entwicklungsprodukt der Materie. Demnach ist menschliches Bewußtsein kein von Anfang an vorhandenes Wesensmerkmal des Menschen, sondern muß erst mühselig entwickelt werden, und zwar in der Materie. Hat demnach Hans Freimark recht mit seiner Feststellung, daß noch keine Lehre das im Menschen unzweifelhaft vorhandene Geistige in einem solchen Maße materialisiert habe, »als es die Adyar-Theosophie tut«?[22]

Hier haben wir jenen entscheidenden Punkt, der einen gottgläubigen Menschen unbefriedigt lassen muß: Wenn nämlich unser Bewußtsein lediglich ein Arbeitsprodukt darstellt, so kann man sich schwerlich an den Beginn alles Seins einen persönlichen Gott gemäß christlicher Schau vorstellen. Wenn das Göttliche nur und ausschließlich im Entwicklungsprodukt liegt, so ist der Mensch selber ein Gott, und zwar einer, der ohne ethische Verantwortlichkeit tun und lassen kann, was immer ihm beliebt. Etwas Höheres als den Menschen gibt es ja nicht. Ein solcher Pantheismus liefert die Grundlagen zur Selbstvergötterung, Ichbezogenheit und Größenwahn. Gott läßt man hier bestenfalls als Weltbewußtsein gelten, das sich selber erst aus der Welt (Materie) herausentwickeln mußte. Der Christ aber betet nicht Gott in der Natur bzw. die Materie als Gott an. Für ihn sind Schöpfer und Schöpfung nach wie vor zweierlei Dinge, obwohl auch in der christlichen Mystik die Natur als von Gott belebt und nach göttlichen Gesetzen beseelt gedacht wird. »Ehret die Natur, aber betet sie nicht an, denn sie ist ein Geschöpf Gottes wie ihr«, heißt es in einer Belehrung von »drüben«.[23]

Auch im Offenbarungswerk »Geist, Kraft, Stoff«, das von Baronin Adelma von Vay in nur 36 Tagen auf dem Wege automatischen (willensunabhängigen) Schreibens empfangen wurde und in dessen Vorwort gesagt wird: »Der Zweck unserer Arbeit ist, euch durch *Logik* den Beweis der höchsten Intelligenz, *Gottes*, zu geben«, finden wir den pantheistischen Gedanken. Aber hier führt er nicht zur Überbewertung des Ichs und seiner Gleichsetzung mit Gott. Hier wird vielmehr ausgeführt, daß Gottes stofflicher Ausdruck das Urlicht sei. Dieses wirkt durch Vibrationen. Da es allgegenwärtig ist, bedeute dies die Allgegenwart Gottes. »Währenddem aber Gott *geistig* unwandelbar allgegenwärtig ist, ist es das Urlicht in Verwandlungen. Da Gott unendlich ist, dehnt er auch sein Urlicht unendlich aus.« Und weiter: »Gott ist also nicht nur geistig durch seinen Willen und durch seine Liebe relativ in allem gegenwärtig, sondern auch stofflich, durch das Urlicht und dessen Verwandlungen und Verdichtungen.«[24]

In einer anderen Mitteilung von gleichfalls bemerkenswertem Niveau wird erklärt, Gottes *Kraft* sei es, die überall – auch im menschlichen Geiste – vorhanden ist, während die Art der Bewegung bzw. Vibration von seiner weisheitsvollen *Liebe* gelenkt würde. Sein ständiges Ausstrahlen des Urlichtes, »sein Sichgeben, fällt auf assimilationsfähiges und nichtassimilationsfähiges Leben … Es gab keine ›Zeit‹, da nicht zurückstrahlende Liebe aufgefangen und empfunden wurde. ›Im Anfang war das Wort, und das Wort war bei Gott, und Gott war das Wort‹, d. h. die Individualität des ›Sohnes‹; ein Totalitätsbegriff, der eine Welt umfaßt, für die euch die Begriffe fehlen, war stets. Und ins Unwandelbare strömt alles Leben zurück und wird, wenn es assimilationsfähig geworden ist, relativ unwandelbar.«[25]

In der Blavatsky-Theosophie begegnet uns der Pantheismus mit stark materiellem Einschlag: Aus dem »Strahlenden Heros« geht das All in verschiedenen Emanationsstufen hervor, um am Ende ins Nichtbewußtsein, in die reine Übersinnlichkeit, zurückzukehren. Und das wiederholt sich in unermeßlichen Zeitläuften immer wieder aufs neue gemäß dem Ein- und Ausatmen Brahmas. Eine an sich materialistisch-trostlose Perspektive ohne erkennbaren tieferen Sinn, hätten HPBs »Meister« nicht den Evolutionsgedanken eingebaut: Nun vollziehen sich keine ewig gleichen Kreisläufe mehr, sondern alles unterliegt einer spiralförmigen Höherentwicklung.

Der »Geheimlehre« zufolge sind Kosmos und Mensch von ihrer Entwicklung her siebenfach gegliedert. Eine Art Gott ist zwar auch hier der Urgrund aller Dinge, aber weder transzendent (über menschliches Bewußtsein und Erfahrung hinausgehend) noch persönlich. Dabei wird unterschieden zwischen Gott und Gottheit: Gott alias Brahma ist der Geist und das Leben im All. Die Gottheit dagegen als das Brahman ist weder Geist noch Stoff, weder Form noch Kraft, sie ist das Sein an sich und als solches unwahrnehmbar. Gott ist das Sich-Offenbarende, während die Gottheit das Nichtoffenbare, das Absolute ist. Seit den Upanishaden ist Brahman der Sanskritbegriff für das Absolute. Nicht-Zeit (*akala*) und Zeit (*kala*) sind die beiden Seinsformen des Brahman.

Nach der »Geheimlehre« waren sämtliche personifizierten Götter in früheren Entfaltungsperioden Menschen; denn »um ein göttlicher, vollbewußter Gott, ja selbst der höchste, zu werden, müssen die geistigen Urintelligenzen durch den menschlichen Zustand hindurchgehen«. Der Mensch beginnt seinen Weg *unbewußt* als Monade, die ihrerseits »ein Atom des Absoluten oder vielmehr der Absolutheit ist«. Bewußtsein muß auf dem langen Weg der Entwicklung durch zahllose Existenzformen in der Materie erst errungen werden, und zwar ausschließlich in der Materie. Im Jenseits gibt es keine Weiterentwicklung. Im Verlaufe eines solchen äonenlangen Werdens entwickelt sich dann aus dem in der Monade sozusagen »potentiellen Gott« ein »effektiver Gott«.[26]

Aus dieser Sicht ist der Begründer des Christentums, soweit er aus »Meister«-Sicht überhaupt mit unserem Jesusbild identisch ist, auch bloß ein Gottmensch unter vielen. Dabei erfolgt eine Unterscheidung zwischen Jesus und Christus: Der Geist des Christus bediente sich des Menschen Jesus. Jesus als Jünger des Christus stellte letzterem bloß seinen Körper zur Verfügung. So kategorisiert man Jesus einerseits zu einem Weltlehrer, wie sie von der »Okkulten Hierarchie« dann und wann zur Erde geschickt werden, wobei er als »das Lamm der Elohim« gilt und der Widder das Symbol höchsten geistigen (sprich luziferischen) Lichtes darstellt, andererseits haben nach Auffassung von Annie Besant Jesus und die Apostel nie gelebt. Und das Neue Testament sei eine Erfindung von Mönchen aus dem 2. Jahrhundert. Mal so, mal so. Da kenne sich aus, wer mag.

Eine Gottesauffassung im christlich-abendländischen Sinne lehnen HPB und ihre »Meister« ab. Miers schreibt (S. 278), die Tendenz des Meisterglaubens lasse sich gut aus dem Brief X des Meisters Koot Hoomi an A. P. Sinnett aus dem Jahre 1881 erkennen, wo es heißt: »Weder unsere Philosophie noch wir selbst glauben an einen Gott, und am allerwenigsten an einen, dessen Pronomen mit einem großen E (Er) geschrieben werden muß.« Dr. med. G. Wyld schrieb im »Light« vom 13. 2. 1901: »Als ich noch Präsident des britischen Zweiges der TG von Frau Blavatsky war, behauptete dieselbe, es gäbe weder einen persönlichen noch einen unpersönlichen Gott, und erging sich oft in gemeinen, profanen Scherzen über die Person und Lehre Christi.«

Ebenso wird das Gebet als Hinwendung des Menschen an eine höchste Instanz, zu Gott, abgelehnt. Nach Jinarajadasa, dem seinerzeitigen Präsidenten der Adyar-TG nach dem Tode von G. S. Arundale, habe Buddha das Sichverlassen auf Gebete als Aberglauben bezeichnet. Es gebe nur *einen* Gott und das sei das »Höhere Selbst« des bzw. im Menschen und mit diesem könne man Zwiesprache halten. Ein solches Gebet sei keine »Schwärmerei nach außen, sondern vielmehr die höchste Befestigung des Selbstbewußtseins … in unserem unsterblichen Selbst«, unserem »Vater im Himmel«, schreibt Dr. Franz Hartmann in seinem Buch »Mysterien, Symbole und magisch wirkende Kräfte« (S. 158). Das Gebet, wie wir es im Christentum kennen, ist laut HPB »eine auf einem

Irrtum beruhende Schwäche, denn es gibt nichts, was man ›Hilfe von oben‹ nennt. Der Bittruf an einen persönlichen Gott ist ein Hieb ins Leere.«[27] Damit kennzeichnet HPB ihre Grundeinstellung überdeutlich, und dies sollte eigentlich zur Beurteilung ihres Gesamtwerkes und dessen Quellen vollständig genügen. Wie kann man reines, erquickendes Wasser aus einer schlammhaltigen Quelle erwarten wollen? Persönlich erfahrene Gebetshilfe scheint HPB demnach niemals erlebt zu haben.

Im Zuge der speziell durch Annie Besant betriebenen Vereinnahmung des Christusgedankens kam es dennoch zu einer Art Gebete ohne Vorstellung eines persönlich ansprechbaren Vatergottes, die als »Anrufungen« aufgefaßt werden. In Leipzig erschien etwa um 1920 ein »Theosophisches Gebetbuch, zusammengestellt im Auftrag der Theosophischen Gesellschaft«. Ob hiermit die Adyar-TG gemeint ist, entzieht sich allerdings meiner Kenntnis. Von Annie Besant jedoch stammt das theosophische »Mantram der Einheit« bzw. die »Universale Anrufung«, eine Art Universalgebet, mit dem alle internationalen Treffen der Adyar-TG eröffnet werden:

O verborgenes Leben, das in jedem Atom schwingt,
o verborgenes Licht, das in jedem Geschöpfe leuchtet,
o verborgene Liebe, die alles in Einheit umschließt –
möge ein jeder, der sich eins fühlt mit Dir,
erkennen, daß er darum eins mit jedem anderen ist.

Frau Besant sah in diesen an sich sehr tiefsinnigen und schönen Worten eine Anrufung der dreifachen Natur der Wirklichkeit, in ihren Aspekten von Leben, Licht und Liebe, was der christlichen Gottesverehrung keineswegs entgegensteht. Diese Anrufung als ein Mittel des »hohen Yoga der Selbstverwirklichung« zu betrachten mag persönliche Ansichtssache bleiben. Auch gegen eine »Verwirklichung des Christus in uns« wäre kaum etwas einzuwenden, wenn nicht

– bei genauerem Hinsehen – immer wieder Luzifer derjenige wäre, um den sich alles dreht. Zwar haben HPB und später Rudolf Steiner es bald unterlassen, ihre Publikationsorgane »Luzifer« zu nennen, aber das blieb lediglich eine taktische Äußerlichkeit; innerlich gab es in diesem Punkt keine Veränderung, und was nützen äußerliche Korrekturen, wenn sie innerlich nicht nachvollzogen werden?

In der Pro-und-contra-Literatur zur Theosophie wird gewöhnlich behauptet, Leadbeater habe 1916 zusammen mit James Ingall Wedgwood (gest. 1951) die »Liberal-Katholische Kirche« (LKK) gegründet, eine als Kirche getarnte Tochterorganisation der Adyar-TG. Ohne letzteres ausschließen zu wollen, lautet aber die Selbstdarstellung der LKK etwas anders: Wedgwood kam von der »Altkatholischen Kirche der Niederlande« her, die dort 1723 infolge der von den Jesuiten gelehrten Unfehlbarkeit des Papstes und der nachfolgenden Differenzen mit Rom entstanden war.

Wedgwood selbst war 1916 zum Bischof geweiht worden. Er dachte »anfänglich nicht daran, die Altkatholische Kirche Großbritanniens zu verlassen und eine neue Kirche zu gründen«. 1917 jedoch beschloß man wegen Meinungsverschiedenheiten mit Utrecht eine Namensänderung: »Liberale Christliche Kirche«, die 1918 zur »Liberal-Katholischen Kirche« wurde.

Theosophen fühlten sich sehr bald zur LKK hingezogen, und 1917 wurde Charles W. Leadbeater von Bischof Wedgwood zum Priester und nachfolgend zum Bischof geweiht. Damit hatte die Adyar-Theosophie endgültig Fuß gefaßt. Jinarajadasa sprach 1934 bereits von »unserer Kirche«.

Wedgwood und Leadbeater erarbeiteten die Rituale der LKK bzw. brachten sie in eine neue Form. Leadbeater ist also keineswegs Gründer oder Mitbegründer der LKK. Er war jedoch, als Nachfolger Wedgwoods, Vorsitzender Bischof von 1922 bis 1934.[28]

In »Isis entschleiert« (Band II, S. 644) schreibt HPB: »Die Welt benötigt keine sektiererischen Kirchen weder des Buddha, Jesus, Mohammeds, Swedenborgs, Calvins noch irgendeine andere.« Für HPB stellt die christliche Auffassung vom »Engelsturz«, diesem teilweisen Abfall der Urgeister (Erstlinge) von Gott, eine grobe theologische Irreführung dar, denn die »Sonnen-« oder »Feuerengel« seien ja nur deshalb zu »Aufrührern im Himmel« geworden, weil sie sich weigerten, sich in »sinnlose Menschengehäuse« einzuverleiben, denen sie ihre Bewußtheit nicht hätten geben, übertragen können. Sie wollten, daß der Mensch seiner selbst bewußt wird und eigenverantwortlich handeln lernt. HPB nennt es eine »Selbstaufopferung um der intellektuellen Unabhängigkeit der Menschheit willen«.[29]

Hier haben wir wieder einen Punkt, der mir persönlich gar nicht gefallen will. Im christlichen Spiritualismus wird gelehrt, daß Gott ursprünglich *reine* Geistwesen schuf, denn aus Gott als der höchstvorstellbaren Vollkommenheit kann logischerweise nichts Unvollkommenes – wie es z. B. wir Menschen sind – entstehen. Diese Urgeister waren rein, aber vollkommen sollten sie erst durch eigene Willensanstrengung werden. In ihnen lag der Keim zu allem Guten, auch der Liebe. In ihrer Reinheit lag das Bedürfnis nach Vervollkommnung, also waren sie entwicklungsfähig. Zugleich besaßen sie das göttliche Attribut des freien Willens. Ohne diese Willensfreiheit wären sie bloß als mechanisch-instinktiv lebende Geschöpfe gewesen, so daß ihr Mitarbeiten im göttlichen Schöpfungsplan kein eigenes, beglückungsfähiges Verdienst gewesen wäre. Solche reinen Geistwesen können »fallen«, d. h. gegensätzlich denken und handeln, solange sie ihre individuelle Vollkommenheit nicht erreicht haben.

Ein Teil dieser Erstlinge oder »Erstgeborenen« (Hebr. 1,6) wurde eigensinnig. Sie wollten beweisen, was sie selber können, wollten aus eigener Kraft Schöpfer sein; sie »wollten sein wie Gott« (1. Mose 3,5) und fielen daher aus der gesetzlichen Harmonie mit Gott in die Gegensätzlichkeit.

Der Schöpfungsschilderung »Geist, Kraft, Stoff« von Adelma von Vay gemäß entstand hierdurch ein Chaos in der Schöpfung. Die Verursacher desselben sahen sich außerstande, dieses Chaos zu beherrschen. Ihre Kraft erlahmte, sie erstarrten in einem lethargischen, todähnlichen Zustand.

Ordnung in das entstandene Chaos brachte das göttliche Prinzip (Gott) durch ein neues Gesetz, das Gesetz der *Sühne*. Bis dahin hatten Gottes Geschöpfe nur seiner *Liebe* bedurft, jetzt bedurften sie auch seiner Gnade, die aber letztlich höchstvorstellbarer Liebe entspringen muß, da sie sich keinem gefallenen Wesen verweigert. Daher oblag es dem freien Willen des Einzelgeschöpfes, umzukehren und sich dem neuen Gesetz, d. h. den nunmehrigen Gegebenheiten, anzupassen.

Das blieb bis in die Gegenwart so: Die Tat ist frei, die Folgen jedoch sind es nicht mehr, sie unterliegen ausnahmslos dem Kausalitätsprinzip, dem Gesetz von Ursache und Wirkung. Dieses Gesetz bringt Freuden oder Leiden, je nachdem, welche Ursachen wir schufen. Das bedeutet,

1. daß wir die Ursachen selber setzen und damit Kausalketten auslösen,
2. daß die Folgen der »Sünde«, des Fehlverhaltens, des Verstoßes gegen die Schöpfungsgesetze, zugleich deren Sühne darstellen,
3. daß es Selbst*arbeit,* nicht Selbst*erlösung* heißen muß. Denn die »Gnade« besteht ja gerade in dieser stets gegebenen Möglichkeit der Wiedergutmachung statt eines ewigen Verdammtseins in der Hölle.

Nach diesem ersten »Fall« war also ein Chaos entstanden, und durch Gottes Gnade fand sich alles Gegensätzliche in das neue Gesetz eingeschlossen. Der Gegensatz (die Kirchen sagen »Teufel«) bringt Spaltung (Vermehrung) und zugleich Verdichtung. Das Gesetz hingegen führt zur Wiedereinswerdung und Vergeistigung. So begann sich das Chaos zu ordnen, und die aus ihrem Erstarrungszustand erwachenden Geister konnten wieder Aktivitäten entfalten. »Sie sollten freiwillig dem Gesetz folgen und so wieder eins werden mit sich, mit ihren Brüdern und mit Gott.«[30]

Während nun ein Teil der Geister sich dem Gesetz anzupassen begann, wurde ein anderer Teil nur um so halsstarriger; wo immer sie konnten, wirkten sie gegensätzlich. Dadurch zogen sie Fluide (Kraftströme und -felder) an, die sie verdichteten und im Kampf benutzten. Dieser Kampf wurde bewußt geführt, und es kam zum zweiten Fall. In »Geist, Kraft, Stoff« heißt es hierzu: »Gott, die Allmacht, ließ das Naturgesetz walten, gegen welches der Ingrimm des Gegensatzes nur ein Anprall war. Gott kann sich nicht erzürnen, denn er ist in seinen Eigenschaften, also auch in seiner Liebe, unwandelbar. Deshalb auch zerstörte er die aus ihm gekommenen Erstlinge nicht. Bei diesem zweiten Fall ließ er das bestehende Naturgesetz ruhig walten, und das Gesetz schied sie aus.«

Der zweite Fall nun, diese zweite »Scheidung der Geister«, zog kein Chaos nach sich, sondern eine Ausscheidung. »Das in den Welten waltende Naturgesetz schied den Gegensatz aus dem Gesetz.« Dieser Ausscheidungsprozeß erfolgte unter zunehmender Entstehung elektrischer Fluide (s. o.) und geschah in Form von »Feuerreifen«, die sich von den Welten absonderten und im Verlaufe unermeßlich langer Zeiträume neue Weltsysteme bildeten. Diese waren zwar von dichterer Beschaffenheit, blieben aber aufgrund des Gravitationsgesetzes mit ihren Mutterwelten verbunden.

Das ganze ungeheure Geschehen, wie es auch bei Jakob Lorber geschildert ist, entzieht sich einer Zusammenfassung in wenigen Sätzen. Ob nun derlei Offenbarungen wahr sein könnten oder unglaubwürdig anmuten, kann nur aufgrund der ihnen innewohnenden und widerspruchslosen *Logik* eine Beurteilung erfahren. Während jedoch bei Lorber und Swedenborg »der Herr selber«, d. h. Jesus bzw. Gott, als Urheber der Mitteilungen zeichnet und empfunden wird, heißt es in der Einleitung zu »Geist, Kraft, Stoff«: »Wir mußten, um den Menschen diese Offenbarung nach Gottes Willen darzutun, uns ihrer Ausdrücke, Worte, Begriffe bedienen; diese bezeichnen nur schwach und unvollkommen das, was wir über den Urbeginn der Dinge zu sagen haben.«

Ergänzend sei hierzu noch erwähnt, daß als Bindeglied zwischen den hohen, rein gebliebenen, in der Bewährung erstarkten Erstlingen und den »gefallenen Söhnen«, dem Gegensatz, neue Weltsysteme entstanden: sogenannte Paradieswelten. Diese wurden von »Geistern der zweiten Schöpfung« bewohnt, welche als »versöhnendes Glied« zwischen den rein gebliebenen und den gefallenen Urgeistern dienen sollten. In »Geist, Kraft, Stoff« werden sie Embryogeister genannt. Sie waren »halb aus dem Lebensprinzip, welches schon alle Phasen der Natur, des Gegensatzes, der Versöhnung, der Depotenz und Potenz durchgemacht hatte, halb aus Gottes Ausströmung geboren«. Die Erstlinge hingegen entstammten dem Urlicht. Sie waren gottähnlich, indessen die Embryo- alias Paradiesesgeister den Erstlingen ähnelten, deren Vollkommenheitsstufe ein ihnen erreichbares Ziel war. Als sie sich ihres Seins bewußt wurden, »erwachten sie – ihrer seelischen Natur nach – als Bewohner der Paradiese mit dem Bewußtsein eines Verbotes«; denn der Gegensatz als solcher (in Form seiner durch den Fall zu Dämonen verbildeten Wesenheiten) war ja schon da. »Sie hatten den Blick nach oben und auch den Blick nach den Unterwelten, deren versöhnendes Glied sie sein sollten.« Licht, Leben und Belehrung erhielten sie von oben, »währenddem die Versuchung von unten kam«.

Im Laufe der bildenden Zeiten vollzog sich auch unter den

Geistern der zweiten Schöpfung eine Absonderung, wodurch der »Fall in die Zeugung« eintrat, in die Zweigeschlechtlichkeit, der »Sündenfall« (im Gegensatz zum Engelsturz). Solches geschah – auf der jeweiligen »Sinkstufe« – wiederholt, so daß immer materieller werdende Organismen und Welten entstanden, bis herab zu unserer derzeit tiefsten und dichtesten Depotenz. Die Schöpfungsgeschichte Mosis wird ein entworfenes Bild des großen Ganzen genannt, weder wissenschaftlich noch theologisch korrekt, wenn man sie auf die Erde allein beschränkt.[31]

Nun wieder zur Adyar-Theosophie: Nach allgemeiner jüdisch-christlicher Auffassung geschah der »Engelsturz« vor Urzeiten, und zwar unter Anführung von *Luzifer*. »Obwohl sich diese Legende lediglich auf außerbiblische jüdische Schriften stützt, wurde sie zum Glaubenssatz deklariert«, schreibt der Tübinger Theologe Prof. Dr. Herbert Haag in seinem umfangreichen Werk »Teufelsglaube«.[32]

Die Annahme eines vor undenklichen Zeiten geschehenen Abfalls vom Ursprung stellt einen Kernpunkt vieler theologischer und esoterischer Lehrgebäude dar. Wir Menschen müssen uns – bewußt oder unbewußt – vom uranfänglichen Ziel entfernt und eine falsche Richtung eingeschlagen haben, so daß wir das wurden, was wir jetzt sind: in jeder Hinsicht unzulängliche Geschöpfe. Wie schon betont, vermag ich mir nicht vorzustellen, daß aus Gott z. B. verkrüppelte oder geistesgestörte Wesen hervorgehen können; deshalb sehe ich mich aus Gründen der Logik veranlaßt, an den legendären Engelsturz und den später nachfolgenden Sündenfall (Verlust des Paradieses) zu glauben.

HPB und ihre »Meister« lehren im Prinzip Ähnliches, aber mit einem ausschlaggebenden Unterschied: Während aus christlicher Sicht sowohl der Engelsturz als auch der »Sündenfall des ersten Menschenpaares« alias der Paradiesesgeister ein eigenwillig und eigenverantwortlich hervorgerufenes

Geschehen war und die Möglichkeit der »Heimkehr ins Vaterhaus« stets offenblieb, heißt es in der Adyar-Theosophie, daß dies alles geschehen *mußte*, weil dies im Entwicklungsplan begründet und notwendig und daher vorgesehen war. Wir hätten es daher nicht zu bedauern, daß wir den »sündlosen paradiesischen Zustand verloren haben, denn das *mußte* so geschehen, um die schlummernden Kräfte des Bewußtseins und des Willens ... entwickeln zu können«.[33]

Werden hier die Dinge nicht geradezu auf den Kopf gestellt? Ich jedenfalls empfinde es als Zumutung, glauben zu sollen, daß Gott, dieses für uns unfaßbare Prinzip höchster Intelligenz und Liebe, »Ebenbilder« geschaffen haben soll, die erst der Materie und der mit ihr verbundenen leidvollen Mühseligkeiten bedürfen, um ihr Bewußtsein und ihre Willenskräfte zu entwickeln! – Daß intelligente Menschen diesen Pferdefuß nicht bemerken, erscheint mir unfaßlich. Wir konnten doch nur deshalb »fallen«, d. h. eigene Wege einschlagen und göttliche verlassen, *weil* wir Bewußtsein besaßen. Bewußtsein, gepaart mit freiem Willen und Tatkraft. Anderenfalls hätten wir doch nur als Instinktautomaten handeln können, was jedwede Verantwortlichkeit ausschließt; vor zig Millionen Jahren genauso wie heute oder künftig!

Ganz anders sieht es die Adyar-Theosophie. Hier geschieht der Engelsturz erst zu Beginn der vierten, nach anderer Quelle der fünften Rasse.

Dr. Franz Hartmann schreibt hierzu: »Die engelähnlichen Wesenheiten der damaligen Schöpfungsperiode, welche dazu *bestimmt* waren, Menschen zu werden, weigerten sich, zu gehorchen, sich zu vermehren und ihre Art fortzupflanzen. Sie sagten: Es sind keine für uns geeigneten Leiber da. Ihr eigenes Wohlergehen galt ihnen mehr als der Gehorsam für das Gesetz der Evolution. Durch diese aus Selbstsucht entsprungene Weigerung fielen sie der Wirkung des Karmagesetzes anheim, und darin bestand der ›Fluch‹, den sie über sich selbst brachten. Ihr Widerstand verhinderte (jedoch) die Wirkung des Naturgesetzes nicht, es verzögerte sich nur ... Sie wurden von diesem Gesetze gezwungen, sich zur Zeit der atlantischen Rasse einzuverleiben ...« Und weiter: »Der ›Fall der Engel‹ bestand somit darin, daß diese Engel – anstatt blindlings dem Willen des Gesetzes zu gehorchen – unabhängig zu urteilen anfingen und das Recht, über sich selbst zu bestimmen, in Anspruch nahmen. Damit begann allerdings ihre Verantwortlichkeit und eine Quelle des Leidens, aber zugleich war auch der Weg zur Individualisierung des Charakters und zur eigenen Erkenntnis gebahnt.«

Hartmann zitiert sodann die Stelle Offenbarung 12,7, wo sich beim Seher von Patmos Zukunft und Vergangenheit zu vermischen scheint und wo es (nach der Menge-Übersetzung) heißt: »Es erhob sich dann ein Kampf im Himmel: Michael und seine Engel kämpften mit dem Drachen. Auch der Drache und seine Engel kämpften, doch gewannen sie den Sieg nicht, und ihres Bleibens war nicht länger im Himmel. So wurde denn der große Drache, die alte Schlange, die da ›Teufel‹ und ›Satan‹ heißt, der Verführer des ganzen Erdkreises, auf die Erde hinabgestürzt, und seine Engel mit ihm.«

»Ohne diesen Fall«, schreibt Hartmann weiter, »gäbe es keine individuelle Erkenntnis, keine Selbständigkeit des eigenen Willens, sondern nur einen einzigen, alles leitenden Universalwillen, und der Mensch wäre ein blindes Werkzeug dieses Universalwillens ohne die Möglichkeit, ein selbstbewußter und selbsterkennender Mitwirker in dieser Kraft zu werden. Allerdings wurde durch diese Geburt des Eigenwillens auch die Täuschung des Sonderseins und die Selbstsucht geschaffen ... Allein die Fähigkeit zu sündigen ist nötig, um die Sünde zu bewältigen.«

Und jetzt folgt die theosophisch-esoterische Rehabilitierung Luzifers, wobei Hartmann sich ja immer auf die »Geheimlehre« berufen kann: »... der ›Fall Luzifers‹ bedeutet in

Wirklichkeit das Herabsteigen des ›Lichtbringers‹ in die Materie, wodurch *allein* die Materie erleuchtet und vom geistigen Bewußtsein durchdrungen werden kann. Ohne den ›Fall‹ eines Engels gäbe es keine Erlösung des Menschen, ohne Individualisierung in menschlichen Formen keine geistige Individualität.«[34]

Mit anderen Worten: Hier wird Christus ganz eindeutig ersetzt durch Luzifer; ihm hätten wir es demnach zu verdanken, daß wir in die Bande der Materie gerieten, weil wir angeblich nur hier zum Selbstbewußtsein gelangen und uns lichtwärts entwickeln können! Satan ist hier derjenige, »der aus einem irdischen einen göttlichen Menschen macht; der demselben ... das Gesetz des Geistes des Lebens gibt und ihn befreit von der Sünde der Unwissenheit, somit vom Tode«.[35]

Da nun in der »Geheimlehre« Luzifer/Satan als *der* Gott dargestellt wird, wäre logischerweise unter einem »göttlich gewordenen« Menschen ein satanischer zu verstehen. Man muß nur gewohnte Maßstäbe umkehren, so kommt man hinter »bedeutende Wahrheiten« der Esoterik! In der Tat ist das weitgehend luziferisch beeinflußte öffentliche Leben unserer Zeit sehr geeignet, Menschen zu Teufeln zu erziehen.

Es mag wohl stimmen, daß das leidvolle Dasein in der Materie uns zur Besinnung bringen soll, zur Besinnung auf das Wesentliche; aber die Materie ist – nach christlich-spiritualistischer Auffassung – nicht der »lichtbringenden Liebe« Luzifers zu verdanken, sondern sie ist eine naturgesetzliche Folge seines und unseres Falles! Luzifer ist, bei allem Respekt vor seiner anscheinend unbeugsamen Willensstärke, auch bloß ein Geschöpf. Und den Gesetzen, die auf allen Seinsebenen das All durchfluten und regieren, ist auch er unterworfen. Infolgedessen können die Gesetze der Materie und die Materie selbst nicht von Luzifer stammen, sondern stehen unter dem Rückführungsprinzip der wieder eins machenden und versöhnlichen Gnade Gottes. Nach Lorber erfolgt die

Rückführung Luzifers samt seiner Scharen in Atomen und »Urlebensfunken« im Verlaufe von ungeheuren Zeitspannen. Daher die zähen Bemühungen des gegensätzlichen Prinzips, die naturgesetzlich-allmähliche Vergeistigung der Materie hinauszuzögern und unser Denken in falsche Bahnen zu leiten. Ziel des Gegensatzes ist die Verewigung der Materie, denn sie ist »Luzifers Reich«. Hier ist das Schlachtfeld im Ringen zwischen Licht und Finsternis, hier tobt der Kampf um jede einzelne Menschenseele! Es ist jedenfalls bezeichnend, daß für HPB und viele Esoteriker Luzifer und seine mitgefallenen Engel die eigentlichen Erlöser der Menschheit sind.

Das Prinzip des Bösen wird – teils unter anderen Namen – seit alters doppelgesichtig bzw. unter zwei personifizierten Aspekten vorgestellt: Satan (als »Fürst der Finsternis«, des Chaos, der Vernichtung) und Luzifer (als Blender und Verführer zum falschen Licht). Mit viel Worten wird dies in HPBs »Geheimlehre« einerseits betont, andererseits verschleiert oder umgemünzt. Da wimmelt es nur so von »Herren der Flamme« und der »dunklen Weisheit«, deren Oberhaupt der kichlicherseits angeblich zu Unrecht verteufelte, von der Venus stammende Luzifer/Satan sein soll (Venus, lat. *lucifer,* griech. *phosphóros*). Er gilt als Vertreter des »Sonnen-Logos« auf Erden und als Gründer der Adepten-Hierarchie unseres Planeten. Ein Hinweis mehr auf das wahre Wesen theosophischer »Meister«.[36] Dabei ist Satan/Luzifer nicht bloß »der Herr der sieben Wohnungen (Sphären) des Hades«, also der Unterwelt, sondern »der Herr dieser Welt, der Gott unseres Planeten und der *einzige* Gott«.[37] Noch unmißverständlicher wird HPB auf Seite 394 des zweiten Bandes ihrer »Geheimlehre«, wo man erfährt: »Um die Sache ein für allemal klarzumachen: Das, was die Priesterschaft einer jeden dogmatischen Religion, vorzugsweise der christlichen, als Satan, den Feind Gottes, bezeichnet, ist in Wirklichkeit der höchste göttliche Geist, die okkulte Weisheit auf Erden.«

Wird demnach bei den Theosophen Satansverehrung getrieben? In bewußter Form wohl kaum. Was freilich in den sogenannten »inneren Kreisen« geschieht, unterliegt strenger Geheimhaltung.[38] Wie dem auch sei, für Christen sollten derlei Anschauungen inakzeptabel sein. Bei aller Achtung vor dem auch in Satan/Luzifer glimmenden Gottesfunken bleibt für uns das *Christus*-Prinzip maßgebend und nicht das luziferische. Christus lebt und wirkt in weit höheren Gesetzen, als es jene der Materie sind. Man muß einmal erlebt haben, wie allein schon die Nennung seines Namens auf niederastrale oder gar dämonische Wesenheiten wirkt![39]

An sich müßte jedermann einzusehen in der Lage sein, daß der Schatten seine Existenz dem Licht verdankt. Für HPB freilich ist das Böse »bloß eine entgegenwirkende blinde Kraft der Natur«, ist lediglich »Schatten des Lichtes, ohne welchen das Licht kein Dasein haben könnte ...« Würde das Übel verschwinden, so verschwände auch das Gute von der Erde! Der Teufel ist für sie die Menschheit, und außerhalb derselben gab es nie einen.[40] Auch hier wieder eine Umkehrung einer beobachtbaren Tatsache, daß Licht ohne Schatten sehr wohl existieren kann, aber nicht andersherum. In einem von zweifellos hoher jenseitiger Warte gegebenen Kommentar zum Matthäus-Evangelium heißt es in bezug auf den 18. Vers des 28. Kapitels (»Mir ist gegeben alle Gewalt im Himmel und auf Erden«): »Der Gegensatz könnte ohne Gesetz nicht leben, denn er ist wie ein fauler Sumpf, der frisches Wasser als Lebenszufluß braucht, um wenigstens Sumpf zu bleiben.«[41]

In der Offenbarung 12,9 ist vom Teufel *und* Satanas die Rede, »der große Drache und die alte Schlange«. Auch hier dürfte das Doppelgesicht des Bösen angedeutet sein. *Kahir*, der ein Wissender, wenn nicht ein Eingeweihter war (allerdings des Rechten, nicht des Linken »Pfades«), interpretiert jene Angaben so: Der Drache (alte Schlange) ist das Prinzip des Widergöttlichen. Teufel ist der gegen den Schöpfungsplan gerichtete »Entzweiungswille«, das Lebensfeindliche. Satanas ist der Geist der Verdichtung, Vermaterialisierung, ist materielles Denken. »Sat-an« bedeutet die verdichtenden Kräfte der Materie, ist der Geist der Materie.

Auch der nordischen Edda war, ebenso wie der griechischen Mythologie, das doppelgesichtige Böse bekannt, wie es aus seinem Ursprung ins Dasein tritt und uns Menschen zweifach beeinflußt: unterbewußt und wachbewußt. Kahir sagt zu Recht: »Sind nicht die Schlagworte vom kalten Krieg und seinem flammenden Bruder mehr als Wortspiele? Luzifer steht für die Napalm-, Phosphor- und Atombomben, für die brennenden Städte, für das Flüchtlingselend und den Sadismus der Zwangsarbeitslager. Und Satan (Ahriman) für die Erfindungskraft negativer Wissenschaft« (Atomkernspaltung, Gentechnologie, Massenvernichtungsmittel), für Zinswucher und Profitgier, Geschichtsfälschung und verlogene Propaganda sowie »die eiskalte Berechnung von Methoden zur Abwürgung jedes guten Willens, den der Großteil der Menschheit diesem Totentanz noch entgegenzusetzen vermag«. Wie aber Selbsterkenntnis der erste Schritt zur Besserung sei, schreibt Kahir, »so bedeutet die gewonnene Erkenntnis vom Wirken der Widerordnung und ihrer karmischen Leidfolgen (zugleich) auch den ersten Schritt zu deren Überwindung. Das innerste Wesen des Menschen ist göttlich. Wenn er in der Freiheit seines Willens, dem Luziferischen die Macht seines Herzens und dem Satanischen die Kraft seiner höheren Vernunft entgegenstellt, dann wird das zweideutige Gesicht des Bösen sich abwenden von einer Welt, die sich wieder eindeutig zu den Werken des Ewigen bekennt.« Eine Abwendung wird aber kaum möglich sein, wenn man Logos, Christus, Luzifer und Satan gleichsetzt.[42]

Beim Abscheiden HPBs (1891 in London) bestand die TG aus nahezu dreihundert Zweigen und Zentren, unterteilt in fünf nationale Sektionen. Bald kam es zu Spaltungen. Dennoch gedieh die TG prächtig, was vor allem auf das Wirken von Charles W. Leadbeater (1847–1934) und Annie Besant (1847–1933), die nach dem Tode Olcotts ab 1907 das Präsidentenamt bekleidete, zurückzuführen sein dürfte.

Leadbeater hatte seinen Priesterberuf in der anglikanischen Kirche aufgegeben. Er trat der TG bei und wurde nach seiner Begegnung mit HPB (1884) bald eine Art »Chefideologe«. Als HPB gestorben war, übernahm er die »Esoteric Section«, die Innere Abteilung der Adyar-TG. Hier betrieb er, so heißt es offiziell, okkulte Forschungen, und zwar auf der Basis seiner vorgeblichen Hellsichtigkeit. Freunde der Theosophie mögen mir das Wort »vorgeblich« – wie an anderen Stellen das Wort »angeblich« – verzeihen, aber als Parapsychologe muß ich sagen, daß Leadbeater nie einen wissenschaftlich abgesicherten Beweis wirklichen Hellsehens erbracht hat, ebensowenig wie Rudolf Steiner, Max Heindel und andere Größen auf dem Gebiet esoterischer Lehren. Dabei stütze ich mich auf offenbar unwidersprochen gebliebene Angaben im deutschen »Zentralblatt für Okkultismus«.

1905 erfolgte der spektakuläre Ausschluß Leadbeaters aus der TG. Der Grund waren seine befremdlichen Erziehungsmethoden bei ihm anvertrauten Knaben, zu denen er homosexuelle Beziehungen unterhielt. Leadbeater gestand dies unumwunden ein und erklärte, nichts Schlimmes getan zu haben. Er habe die Jungen hellsehend machen wollen – und das gehe am leichtesten im Zustand sexueller Reizung und Schwächung ...[43]

Damals verurteilte Annie Besant solche Ansichten auf das entschiedenste. Eine derartige Einstellung »entstellt und verdirbt den zur Erhaltung der Rasse in den Menschen eingepflanzten sexuellen Trieb; sie entwürdigt die Idee der Ehe, der Vaterschaft und Mutterschaft, die heiligsten der menschlichen Ideale; sie korrumpiert die Einbildungskraft, beschmutzt die Empfindungen und untergräbt die Gesundheit«. Am allerschlimmsten aber empfand Annie Besant, daß solches im Namen der TG gelehrt würde, »was doch ausschließlich irdisch, sinnlich und teuflisch ist«.[44] Diese wortgewaltige sittliche Entrüstung schien aber bald abzuklingen, denn Leadbeater wurde Frau Besants engster Mitarbeiter, und 1911 setzte sie in gewohnt energischer Weise seine Wiederaufnahme in die TG durch.[45]

Bemerkenswert wie die Geschichte der TG selber ist die scheinbare Hinwendung zum Christentum, das so lange verächtlich abgetan worden war. Gleich Rudolf Steiner in seinem »Christentum als mystische Tatsache« verfaßte Frau Besant ihr »Esoterisches Christentum« und versuchte, christliches Gedankengut theosophisch zu interpretieren. Solches hatte schon HPB mit ihrer Abhandlung »Esoterik der Evangelien« begonnen, doch blieb nach wie vor Luzifer die *eine* erlösende Kraft für den Menschen. Die andere Kraft freilich ist die des Christus, aber nicht des historischen, sondern als Christus-Prinzip im Menschen. Die historische Gestalt des Nazareners blieb HPB nach wie vor verdächtig. Andererseits erstaunt die späte Einbeziehung des Christus-Gedankens nicht allzusehr, denn die Adyar-TG hat mehrere ideologische Wandlungen durchgemacht. Aus dem Vulgärspiritismus hervorgegangen, war sie bald buddhistisch ausgerichtet, danach hinduistisch, und erst (nach Miers) ab etwa 1913 wurde ein abgewandeltes Christentum propagiert – ohne Gott und ohne Christus.

Annie Besant selber durchlief in ihrer geistigen Entwicklung kraß unterschiedliche Phasen. In ihrer Jugend neigte sie zu christlicher Schwärmerei und wäre beinahe katholisch geworden. Nach der gescheiterten Ehe mit dem protestantischen Pfarrer Frank Besant wendete sie sich dem Atheismus zu, übernahm als leidenschaftliche Freidenkerin die Führung der Londoner Sozialisten und war beim Barrikadenkampf am Trafalgarplatz dabei.

Später soll sie enthusiastisch für das Studium von Chemie, Anatomie und Physiologie eingetreten sein. Was auch immer sie ergriff, dem ergab sie sich mit Feuereifer, bemerkt Hans Freimark in Übereinstimmung mit anderen Biographen. So erscheint es kaum verwunderlich, wenn Annie Besant nach dem Kennenlernen HPBs und deren Meister-Lehren begeistert einstieg und sehr bald in führende Stellung aufrückte. Auch mit der Gründung von Freimaurerlogen war sie ungemein aktiv, nachdem sie in Paris einer Loge beigetreten war, die auch Frauen aufnahm.

Als es in der Adyar-TG um die Nachfolge Madame Blavatskys ging, kam es zu tragikomisch-skandalösen Reibereien um den Präsidentschaftsanwärter William Quan Judge (1851–1896). Hans Freimark berichtet hierüber: »Olcott, der zu Lebzeiten HPBs die Gesellschaft als Präsident geleitet hatte, strebte, diese Würde zu behalten. Besant stand an seiner Seite, während Judge beiden entgegentrat, um sich an ihre Stelle zu setzen. Jede Partei berief sich auf ein angebliches Wort Blavatskys, das sie mit der Führung betraut haben sollte. Und als das nichts fruchtete, rief man die Hilfe der ›Mahatmas‹ an. Die an den Verhandlungen Beteiligten fanden im Beratungszimmer bald einen Brief von Koot Hoomi, der den einen, bald eine Nachricht Moryas, die den andern als berechtigten Nachfolger HPBs bezeichnete. In diesem erbitterten Streit der beiden ›geistigen Führer‹ der Gesellschaft passierte es Judge im Eifer des Gefechts unglücklicherweise, daß man ihm auf die Schliche kam. Es war daher für Olcott und Besant ein leichtes, den in diesem Falle doch zuwenig gerissenen Advokaten vor die Tür zu setzen, weil er von den ›Meistern‹ psychisch erhaltene Befehle ›in eine irreführende materielle Form gekleidet hatte, ohne die Empfänger mit dieser Tatsache bekannt zu machen‹.« Es kam zur Spaltung (1895), und von rund hundert amerikanischen Logen gingen 75 mit Judge.[46]

Annie Besant und Leadbeater blieben nunmehr unangefochten an der Spitze und entfalteten eine rege Tätigkeit. Sie führten die TG in ein gewagtes Abenteuer, über dessen Kühnheit man staunen müßte, wäre nicht Ähnliches auch heute noch möglich.

Auf Leadbeater geht die Geschichte von den beiden Jesusknaben zurück, die er hellsichtig in der Akasha-Chronik[47] geschaut haben will. Rudolf Steiner übernahm diese Theorie. Andererseits behauptet derselbe Leadbeater in seinem Buch »The Inner Life«, der Jesus der Evangelien habe überhaupt nie gelebt. Das betont auch Annie Besant in verschiedenen ihrer Schriften. Demnach soll alles, was im Neuen Testament über Jesus und die Apostel steht, unwahr und eine Erfindung von Mönchen aus dem 1. oder 2. Jahrhundert sein. Nur Alcyone, der große Weltlehrer, soll einmal – im Jahre 105 v.Chr. – als Mensch in Palästina gelebt und den Namen Jesus getragen haben. Bei einem Aufruhr sei dieser Jesus, der aber mit dem evangelischen Jesus absolut nichts gemein habe, gesteinigt worden.[48]

Mit diesem Alcyone alias Krishnamurti begann eine reichlich blamable Phase der TG: die Geschichte mit dem groß angekündigten neuen Weltheiland, dem »Maitreya-Christus«.

Auf das bevorstehende Kommen eines neuen Weltlehrers hatte Madame Blavatsky im »Schlüssel zur Theosophie« hingewiesen. Leadbeater und Annie Besant entdeckten nun, daß dieser Erhabene sich in einem Hinduknaben inkarniert hatte, und zwar im Sohn eines im Adyarzentrum (Madras) angestellten Schreibers. Der 1895 geborene Bub hieß Jiddu Nariahna. Annie Besant adoptierte ihn. Nun wurde er Krishnamurti genannt, mit nach Europa genommen, und Leadbeater übernahm seine Ausbildung. Als jedoch seine

»Erziehungsmethoden« ruchbar geworden waren, klagte der Vater des Jungen auf Rückgabe und Aufhebung der Adoption. Erfolglos.

Ähnlich wie man in der Politik einen Spitzenkandidaten propagandistisch aufzubauen pflegt (und das Wählervolk regelmäßig auf Wahlversprechungen hereinfällt), so geschah es auch mit dem neuen Welterlöser der Theosophischen Gesellschaft. Im Rahmen eines extra seinetwegen gegründeten Ordens vom »Stern im Osten« wurde Krishnamurti verkündet als »der da ist der Große Bote der Okkulten Hierarchie, der Jagad-Guru, der Weltenlehrer, der Bodhisattva, Shri Krishna, Christus, der Herr ... Nennt ihn den Allmächtigen, Gewaltigen und Mitleidsvollen, bei welchem Namen ihr wollt. Er kommt, um alle Dinge neu zu gestalten, unsere zerschellte Welt wieder zu erschaffen.«[49]

Im »Theosophist« erschien eine Artikelserie unter dem Titel »Die Leben des Alcyone«, der zufolge er schon zigmal auf Erden gelebt hat. 32 Leben wollen Leadbeater und Annie Besant herausgefunden haben. Ja er kam schließlich als Buddha wieder und später als Christus! Hierzu zwei Beispiele, deren Bewertung dem Leser anheimgestellt sei:

Im Jahre 18209 wurde Alcyone/Krishnamurti in einem nordafrikanischen Königreich geboren, im Gebiet des jetzigen Algerien und Marokko. Sein Vater hieß damals Leo, seine Mutter Achilles, sein Zwillingsbruder Sirius, seine Schwestern Aletheia und Polaris. Er heiratete eine Frau namens Helios, die ihm die Söhne Herakles und Aldebaran sowie die Töchter Merkuria, Ulysses, Beatrice und Aquarius gebar. Der Schwiegervater hieß Uranus und dessen Frau Proteus.

Nach diesem Erdenleben hielt sich Alcyone fast 750 Jahre im Jenseits auf und kam wieder im Jahre 17464 in Zentralasien. Sein Vater soll Psyche geheißen haben, seine Mutter Arcturus. Albireo, Leto und Ajax waren seine Brüder, Beatrice, Rocyon und Cygnus seine Schwestern. Sein Weib trug den

Namen Riegel, sein Schwiegervater Betelgueuse, die Schwiegermutter Canopus. Dieser Ehe entsprossen drei Söhne (Cassiopeia, Crux, Wenseslaus) und drei Töchter (Taurus, Irene und Theseus).

Annie Besant, die vor rund zwanzigtausend Jahren schon einmal die Ehre hatte, als Hebamme bei der Geburt des Alcyone behilflich zu sein, wurde nunmehr die große Gnade zuteil, ihm diesmal quasi eine spirituelle Hebamme sein zu dürfen. Anscheinend hatte sie schon immer eine besondere Beziehung zu ihm, denn schon vor ein paar hunderttausend Jahren, als er auf Erden lebte, da bewachten seine Hütte, treuen Hunden gleich, eine Anzahl Affen. Und einer davon soll respektive will Annie Besant gewesen sein!

Als Krishnamurti fünfzehn Jahre alt war, erschien unter seinem Namen bzw. Pseudonym »Alcyone« das recht gut geschriebene Büchlein »Zu Füßen des Meisters«. Annie Besant deklarierte es in ihrem Vorwort als »Seine erste Gabe an die Welt«. Zu jener Zeit war Krishnamurti beim Erlernen der englischen Sprache und besaß auch noch kein esoterisches Wissen. Nach Raatz handelt es sich in Wirklichkeit um eine neu bearbeitete Abhandlung, die schon Jahre zuvor im »Theosophist» (Band V) erschienen und die bereits mehrmals ins Deutsche übersetzt worden war.[50] Mag diese Schrift, als deren Verfasser Leadbeater und Annie Besant vermutet werden, auch viel Wertvolles enthalten, so ist sie durch die »fromme Lüge«, sie stamme von Krishnamurti, doch etwas beinträchtigt.

Nachdem Annie Besant sein dreißigstes Lebensjahr abgewartet hatte (in Anlehnung an Jesu im gleichen Alter beginnende Lehrtätigkeit), ließ sie ihn offiziell zum Weltlehrer ausrufen. Rund zwanzigtausend Menschen sollen bei der Feier zugegen gewesen sein, die nach hinduistischem Ritus vollzogen wurde.

Weltanschaulich zeigte sich der Einfluß seiner theosophisch

ausgerichteten Erziehung in dem Bekenntnis: »Ich kenne keinen Gott noch den Glauben an ihn. Ich kenne kein Dogma noch seinen Zwang. Ich kenne keine Religion noch die Furcht davor. Ich kenne kein Königtum noch seinen Pomp.«[51]

Der »große Knall« jedoch erfolgte, als Krishnamurti die ihm zugedachten Würden niederlegte. 1929 erklärte er, kein Meister sein zu wollen, und löste den Orden vom »Stern des Ostens« auf! »Diesem höchst dramatischen Vorgang, der sich auf einem sogenannten Star-Camp in Ommen/Holland abspielte, habe ich beigewohnt«, schreibt Hans-Hasso von Veltheim-Ostrau in seinem Buch »Der Geist Asiens«. Die nunmehr achtzigjährige Annie Besant habe ihn »oft herbeigewinkt, um sich, auf meinen Arm gestützt, durch die über zehntausend Teilnehmer zum Star-Camp hindurchführen zu lassen«. Die Haltung, in welcher Annie Besant den für sie und die Theosophische Gesellschaft niederschmetternden Schritt Krishnamurtis kommentierte, nötigte von Veltheim-Ostrau größte Achtung ab.[52]

Dr. Rudolf Steiner (1861–1925) als Generalsekretär der deutschen Sektion hatte es abgelehnt, die Lehre von der Christus-Wiederkunft und den Orden vom »Stern des Ostens« zu unterstützen, worauf es zum Ausschluß der deutschen Sektion kam. Daraufhin gründete Steiner 1913 die »Anthroposophische Gesellschaft«, der sich neunzig Prozent der bisherigen TG-Mitglieder anschlossen.[53]

Annie Besant, die in einem früheren Leben Giordano Bruno und noch früher die edle Hypatia gewesen zu sein meinte, starb am 20. 9. 1933 in Adyar. Ihr Nachfolger wurde Dr. George Arundale (1870–1945). Von 1945 bis 1953 war Currupumalaggà Jinarajadasa (1875–1953) Präsident. Ihm folgten Nilakanta Sri Ram (1889–1973) und John B. S. Coats (1906–1979). Seit 1980 bekleidet Radha Burnier, die Tochter von Sri Ram, das Präsidentenamt der Adyar-TG.

Keiner dieser Repräsentanten scheint Annie Besants Format

erreicht zu haben. Dennoch leben die Ideen der Blavatsky-schen »Meister« unvermindert fort und finden neuen Nähr-boden in der New-Age-Gläubigkeit der Gegenwart. Vor allem der Luzifer-Rummel erlebt eine Blütezeit, die er vor-wiegend den Schriften von Alice Ann Bailey verdanken dürf-te. Ihr und ihrer Nachfolger Wirken sind im nächsten sowie im Kapitel »Esoterik und Neues Zeitalter« skizziert.

Kritische Anmerkungen

Im folgenden werden die wichtigsten Glaubenssätze und Lehren der Theosophischen Gesellschaft aufgeführt und kri-tisch kommentiert.

A) Der theosophische Leitspruch lautet: »Keine Religion ist höher als die Wahrheit.« Das klingt plausibel, ist meines Erachtens aber falsch.

Begründung: Die Relativität von Wahrheiten auf weltan-schaulichem Gebiete zeigt sich schon in der Einsicht, daß jeder auf seiner Stufe recht hat, gemäß seinem Wissen, seinen Erfahrungen und Neigungen. Was also ist »Wahrheit«? »Wahrheit ist die Essenz des Wissens der jeweiligen Erkennt-nisstufe, mitgeteilt in guter Absicht«, meinte ein Jenseitiger.[54] »Wahrheit nimmt, gleich dem Wasser, die Form des Gefäßes an, in welche sie sich ergießt«, heißt es bei A. J. Davis.[55] Auch der Auffassung von Kahir[56] dürfte zuzustimmen sein, wenn er sagt: »Wer im Besitze von Teilwahrheiten das Ganze zu umschließen glaubt, der ist am Wege zum ›Erkenne dich selbst‹ noch recht weit zurück. Nichts ist im Reiche des Geistes unangebrachter als das große Geschrei um den Al-leinbesitz der Wahrheit. Darin äußert sich nur eine gute Portion *Hochmut* als würdiges Abbild des gefallenen Urgeistes (Luzifer), der das Unendliche auch wähnte in sich fassen zu können, um es allein zu beherrschen.«

Es erstaunt, daß dies den klügsten Köpfen der TG verborgen blieb. Wäre es nicht besser, zu sagen: »Keine Religion ist höher als die Liebe«? Denn zu deren Erläuterung bedarf es keiner dickleibigen Bücher. Deshalb wäre die christliche Lehre wohl die beste aller Religionen, wenn sie allgemein *gelebt* würde; denn dann könnte sie durch kein noch so umfangreiches »esoterisches« Wissen jemals überboten oder ersetzt werden.

B) Unwahr ist, daß erst durch die Gründung der TG allen Suchenden die echte Beantwortung der drängenden Fragen nach unserem Woher und Wohin gegeben worden sei, wie Beatrice Flemming im ersten Band (S. 14) ihres Werkes »Das theosophische Weltbild« behauptet. In den Religionen sei den Völkern, je nach ihrer Mentalität und zeitbedingten Aufnahmefähigkeit, jeweils nur *ein* besonderer Aspekt der göttlichen Weisheit in den Brennpunkt gestellt worden, meist in verschleierter Form. Nun aber, mit der Theosophie, wurde uns angeblich ein lückenlos-logisches Ur-Weltbild geboten, »das alle Lebensprobleme erhellt und darum *hoch-erlösend* ist. Die Theosophie gleicht dem weißen Lichtstrahl des Spektrums und jede Religion einer der prismatischen Farben ...«

Stellungnahme: Der theosophische Alleinseligmachungsanspruch ist typisch menschlich. In Wahrheit strahlte göttliche Weisheit zu allen Zeiten und in alle dafür empfänglichen Gemüter ein und fand geeignete Kanäle, die zur Aufnahme und Weitergabe des Empfangenen oder Geschauten tauglich waren. So empfingen Swedenborg, Lorber und Adelma von Vay, ja bereits Jakob Böhme, schon lange vor der TG-Gründung großartige Schilderungen der Schöpfungsvorgänge und des Weltenaufbaus. Auch die christlich-spiritualistische Weltanschauung, die sich aus dem sogenannten modernen

Spiritismus herauskristallisierte, bietet ein keineswegs minder erhabenes Welt- und Schöpfungsbild, und zwar ohne Luzifer-Kult. Um letzteren zum Gipfel aller Weisheit zu erheben, bedurfte es offenbar erst der Manifestation einer sehr an irdischer Machtentfaltung interessierten Meister- und Adepten-Hierarchie mit Weltregierung und falschem Christus als Machthaber.

C) Im theosophischen Weltbild ist die gesamte Entwicklung materiebezogen. Während eines großen Schöpfungszyklus muß das geistige Prinzip erst in die Materie, um sich hier individualisieren zu können und Bewußtsein zu erlangen. Der Mensch wäre bloß ein blindes Werkzeug des »Universalwillens« und könnte kein »selbstbewußter und selbsterkennender Mitwirker in dieser Kraft« werden, wenn es die Materie nicht gäbe (Hartmann). Die Höherentwicklung des Menschen vollzieht sich in Millionen Leben und Lebensformen ausschließlich über die Materie – ohne Rückbindung an einen Gott im Sinne christlicher Auffassung. Ein solcher existiert überhaupt nicht, denn der einzige Gott, den es gibt, ist das »Höhere Selbst« im Menschen. Der »Fall« in die Materie *mußte* geschehen, denn er war im Schöpfungsplan vorgesehen. Ohne Luzifer keine Materie und ohne Materie keine individuelle, persönlichkeits- und bewußtseinsbildende Aufwärtsentwicklung, bis alles wieder ins Nichtsein, ins Pralaya, in die »Weltennacht« zurückversinkt.

Stellungnahme: Der nicht bloß in der Theosophie gelehrte »Sündenfall«, jenes Abgleiten in die Geschlechtertrennung und Zeugung, muß logischerweise stattgefunden haben, wie ich bereits begründete. Fallen, d. h. uns von der gesetzlichen Ordnung unseres Ursprungs entfernen, konnten wir aber nur, weil wir Selbstbewußtsein und Willensfreiheit besaßen. Ohne diese beiden Faktoren, die wir als höchste Gottesgeschenke empfinden dürfen, kann es keine Verantwortlichkeit geben. Unser selbstbewußter Eigenwille, fußend auf Entscheidungsfreiheit, ermöglichte unseren Fall. Freiheit bedeutet aber nicht, daß wir fallen mußten, sondern daß diese Gefahr vorhanden war. Das ist auch jetzt noch so und wird in Zukunft nicht anders sein. Und erst dieser »Fall«, der neue Naturgesetze notwendig (die Not wendend) werden ließ und schließlich bis zur Bildung materieller Welten führte, machte die Verbindung des Geistes mit der Materie und seine Einkörperung in ihr zum Gesetz. »Ohne Fall bedarf der Geist *nicht* der Materie«, heißt es in einer Belehrung aus der geistigen Welt. Auf die direkte Frage, ob ein gefallener Geist Mensch werden *muß*, um selbstbewußt Wahrheiten empfangen zu können, lautete die Antwort eines Jenseitigen, der einen besseren Überblick erreicht hat als wir: »Der Geist, ob materiell oder unmateriell, kann nur die Wahrheit erfassen, die seiner Stufe angemessen ist. Um Wahrheit zu erkennen, braucht der Geist nicht Mensch zu werden; ist er nur wenig gefallen, so braucht er die Materie dieser Erde nicht zu seinem Fortschritt. Es gibt halbmaterielle und ganzmaterielle Welten. Die Bewohner der halbmateriellen sind weniger tief gefallene Geister und erkennen als solche reinere, höhere Wahrheit als die Bewohner ganzmaterieller Welten wie der Erde.«

Die Annahme, Geist könne von Materie erzeugt werden, nannte Dr. Max Kemmerich schlicht einen Aberglauben. Die Materie allein vermöchte überhaupt nichts, würde sie nicht vom Lebens- und Seelenprinzip durchdrungen.

Dem theosophischerseits betonten Karmagesetz jedoch gebührt – ob mit oder ohne Berücksichtigung des Gnadenfaktors – Zustimmung, weil es von unserer persönlichen Willensentscheidung abhängt, welchen Weg wir einschlagen wollen; ob wir gemäß unserer Bestimmung vorwärtskommen, stationär bleiben oder noch tiefer absacken wollen. Jede Entscheidung wird von Gott, dem Weltgeist, dem Universalwillen – oder wie immer man sagen möchte – respektiert, und alles Weitere obliegt den Naturgesetzmäßigkeiten. Darin sehe ich nicht bloß einen Aspekt höherer Gerechtigkeit, sondern auch der vielbezweifelten Liebe Gottes, die erfahrungsgemäß keinen verlassen sein, ja sogar jeden einzelnen geführt sein läßt. Man braucht doch nur auf sein bisheriges Erdenleben zurückzublicken, so erkennt man diese individuelle Führung, sofern man nicht restlos alles (bequemlichkeitshalber, um tieferem Nachdenken vorzubeugen) dem »Zufall« überantworten will. Der wahre Esoteriker weiß um die Existenz unsichtbarer Helfer und Freunde, unserer Schutzengel und Schutzgeister, die demjenigen zur Seite stehen, der »immer strebend sich bemüht«. Und dies alles findet Bestätigungen durch das, was wir von der Todes- und Jenseitsforschung her wissen, von den Erfahrungen Klinisch-tot-Gewesener und von Rückführungen in vormalige Leben.

Wem jedoch anderslautende esoterische Lehren sympathischer sind, für den mögen sie, seiner derzeitigen Entwicklungsphase gemäß, richtig sein. Trost allerdings kann eine Lehre kaum vermitteln, wenn statt lebendigen Gottvertrauens und Gottverbundenseins nur kalter, luziferischer Intellektualismus geboten wird.

Auf eine weitere Frage, wie die »Scheidung der Geister« im Zusammenhang mit einem »letzten Gericht« aufzufassen sei, lautet eine Auskunft »von drüben«: »Es gibt *ein* Gesetz fürs ganze All. Nicht nur der (einzelne) Geist, auch die Welt reift ihrer Vollkommenheit entgegen. Wie soll ich euch dies erklären? – Die Materie ist geistdurchtränkt, sonst wäre sie nicht lebensfähig. Dieser Geist oder dieses Lebensprinzip in der Materie reift und wirft, wenn es eine bestimmte Reife erlangt hat, soviel Materie ab, als ihm hinderlich (ist) an seiner weiteren Reifung; nur *die* Materie festhaltend, die ihm zur weiteren Entwicklung notwendig ist. Mit der dichtesten Materie werden auch niederste Geister ausgeschieden, denn

Geist und Materie müssen sich ähnlich sein, im Gesetz der Ähnlichkeit verbunden. Dies ist das ›letzte Gericht‹, von dem Christus spricht, wo die Schafe von den Böcken gesondert werden; oder in dem Gleichnis, wo der Feind Unkraut sät und beide – Weizen und Unkraut – *nach* ihrer Reife geerntet und getrennt werden.« Eine solche Ausscheidung, im Zusammenhang mit einer weltumfassenden Katastrophe, stünde nun auch wieder der Erde bevor. Und: »Je nach eurer Stufe reift auch eure Erkenntnis.«[57]

D) Schlangen und Drachen werden in der »Geheimlehre« verehrungswürdige Symbole der Weisheit genannt; der dunklen natürlich, gemäß Strophe VII/24 der Anthropogenesis des Buches Dzyan. Dabei wird auf die von Jahwe befohlene Anfertigung einer ehernen Schlange verwiesen (4, Mose 21,8–9). Ferner auf die Stelle Matth. 10,16: »Seid klug wie die Schlangen.«

Stellungnahme: Dieser Punkt ist in der Adyar-Theosophie nicht so unbedeutend, wie es auf den ersten Blick scheinen mag.

In der Bibel sind Schlangen und Drachen ein Symbol des Bösen. Auch Jesus scheint dieser Meinung gewesen zu sein, sonst hätte er die Pharisäer nicht mit Schlangen- und Otterngezücht verglichen (Matth. 23,33). Ähnlich wird die Schlange an mehreren Stellen der Bibel charakterisiert: »Es ist kein Kopf so listig wie der Schlange Kopf« (Sir. 25,21); »Und die Schlange war listiger denn alle Tiere auf dem Felde« (1. Mose 3,1); »Und ergriff den Drachen, die alte Schlange, welcher ist der Teufel und Satan …« (Offb. 20,2 und 12,9); »Ihr Wüten ist gleich wie das Wüten einer Schlange« (Psalm 58,5); »Sie schärfen ihre Zunge wie eine Schlange« (Psalm 140,4). Das Wort »klug« in Matth. 10,16 als Synonym für weise, schlau, listig ist hier schon deshalb falsch, weil es wesentlich klügere Tiere gibt als Schlangen. Bezeichnend ist außerdem, daß im praktizierten Satanismus die Darstellung ekelhaften Schlangengewürms sehr beliebt ist. Wir können also auf die angebliche Weisheitssymbolik der Schlange oder des Drachen[58] gut und gerne verzichten. Es handelt sich eindeutig um satanistische Symbole (bezeichnenderweise ist die Darstellung von Schlangen im praktizierten Satanismus sehr beliebt), auch wenn man esoterischerseits noch soviel in sie hineingeheimnissen mag. Das betrifft gleichermaßen den gehörnten schwarzen Ziegenbock und den Widder als Symbol vielnamiger Gottheiten, welchen in der Esoterik eine oft so zentrale Bedeutung zugemessen wird. Als Einsichtiger wird man tiefgesunkene oder gar zu Dämonen verunstaltete Personifikationen weder verehren noch hassen oder verdammen; auch Michael, wenn man Judas (Vers 9) glauben will (als er wegen des Leichnams von Moses verhandelte), beschimpfte den Teufel nicht, sondern sprach: »Der Herr strafe dich!«

Mir persönlich genügen völlig die beiden aus der »Geheimlehre« bereits zitierten Grundaussagen (Band II, S. 394), daß Satan »in Wirklichkeit der höchste göttliche Geist, die okkulte Weisheit auf Erden« sei, sowie Band I, S. 220, wonach Satan »aus einem irdischen Menschen einen göttlichen macht; der demselben ... das Gesetz des Geistes des Lebens gibt und ihn befreit von der Sünde der Unwissenheit, somit vom Tode«.

Das irdische Geschehen bestätigt überdeutlich die Fähigkeit des Negativen Prinzips, aus Menschen Teufel machen zu können! Somit dürften wir Madame Blavatsky und ihrer luziferisch-satanischen Meister-Hierarchie sogar dankbar dafür sein, daß wir aufgeklärt wurden über die Wesenseinheit von Hermes, dem »Gott der Weisheit«, auch Thoth oder Seth genannt, mit Satan (Band II, S. 398). Wo immer man diesen Namen in der Esoterik begegnet, ist entsprechende Vorsicht geboten. Denn wieder, wie zu Zeiten unseres Aufenthaltes in den Paradieswelten, versucht der Gegensatz, unter Ausnutzung des menschlichen Wissensdurstes unsere Neugierde anzufachen und uns mit großmäuligen Versprechungen zu umgarnen (Erlangung von Weisheit und Gottgleichheit). Wer nicht einzusehen vermag, daß jedwede Weisheit des falschen Lichtes uns von Gott und unserer eigentlichen Bestimmung noch weiter entfernt, als wir es bedauerlicherweise sowieso schon sind, dem ist nicht zu helfen, und der wird, nach dem bevorstehenden abermaligen Geisterfall, die naturgesetzlichen Folgen seines Fehlverhaltens eben tragen müssen. – Wohl dem, der die Kraft findet, noch rechtzeitig die entscheidende Kurskorrektur zu vollziehen![59]

E) Hinsichtlich Karma und Reinkarnation wird gesagt, diese beiden Prinzipien, die als naturgesetzmäßig-mechanistisch wirkende Gerechtigkeit aufgefaßt werden, würden in bezug auf menschliche Schicksale restlos alles erklären.
Stellungnahme: In meiner Arbeit »Wiedergeburt. Ein Leben oder viele?« habe ich das Für und Wider des Reinkarnationsgedankens erwogen und kam unter Einbeziehung neuester Forschungsresultate zu dem Ergebnis, daß mehr dafür als dagegen spricht. Dennoch hat auch die Wiederverkörperungslehre gewisse Schwachstellen. Wenn z. B. jemand gemordet hat, so muß er, dem Sühnegesetz zufolge, wieder inkarnieren, um ein gleiches oder ähnliches Schicksal zu erleiden. Zu gegebener Zeit muß also jemand dasein, der als ausführendes Organ des Karmagesetzes das Umbringen besorgt (es sei denn, ein tödlicher Unfall sorgt für den Ausgleich). Obwohl nun dieser neuerliche Mord quasi programmiert war und der Mörder eine karmische Notwendigkeit darstellte, hat er sich trotzdem durch diese Tat selber belastet und müßte demzufolge in einem späteren Leben wiederum durch Menschenhand getötet werden. Und selbst wenn man Unglücksfälle, Naturkatastrophen etc. mitwirkend einbe-

zieht, wie sieht es dann mit Kriegstreibern aus, die Millionen Menschenleben auf dem Gewissen haben? Wie sollte solch ein Teufelskreis jemals durchbrochen werden können, wenn jegliche Sühne ausschließlich in der Materie erfolgen muß und es im Jenseits keine Wiedergutmachungs- und Fortbildungsmöglichkeiten gibt? Überhaupt ist die Gefahr, sich in Anbetracht unserer Erdenverhältnisse mit neuer Schuld zu belasten, ungleich größer, als alte abzutragen.

Für Gnade im Sinne von Vergebung ist kein Platz in einem System, das nur unpersönliche Kräfte und Gesetze, aber keinen persönlichen Liebegott kennt.

Bezeichnenderweise war es ein Inder, Sri Aurobindo, der wohl größte indische Mystiker und Yogi, der die Starrheit altindischer Lehren überwand, z. B. jene vom Scheincharakter der Materie. Außerdem stieß er über das Nirwana hinaus in geistige Realitäten vor und gab der üblichen, zum Fatalismus führenden Karma-Auffassung den Abschied. Desgleichen der Lehre vom unpersönlichen göttlichen Sein. Aurobindo erkannte das Personsein Gottes als erfahrbare Realität und empfand das Nirwana als Anfang, nicht als Ziel des Yogaweges und damit dessen Ende.

Margarete Eckel schreibt: »Schließlich beginnt auch die alte indische Lehre zu wanken, nach welcher es keinen Unterschied gebe zwischen Schöpfer und Geschöpf. Ramakrishna scheute sich zu wiederholen, was die Mystiker Indiens seit jeher aus dem Erleben ihrer Einheit mit dem Göttlichen heraus empfunden und ausgesprochen hatten: Ich bin ER; es gibt nicht zweierlei, nicht Schöpfer und Geschöpf, alles ist eins.« Zu dieser Aussage verweigerte Ramakrishna sein Zeugnis mit dem nachdenkenswerten Gleichnis: »Die Wellen des Ganges gehören zum Ganges, aber eine Welle ist nicht der Ganges.«[60]

Dies alles bedeutet, daß jene angeblich uralten Lehren, auf denen Helena Petrowna Blavatsky aufbaut, überholt sind und ihre »Meister« die Entwicklung nicht vorauszusehen vermochten. Von weiterführenden, unserer Zeit angepaßten geistigen Erkenntnissen wissen sie nichts. Zweifelsohne wußten und erkannten die alten Weisen Indiens viel mehr als die abendländische Philosophie und exoterische Religionen; aber vom Geisterfall hatten sie offenbar keine Ahnung, und die Wesenheit Christi war ihnen ebenfalls unbekannt. Wer dennoch fürderhin im Moderduft alter gnostischer Schriften und mit Einweihungsritualen sein Heil zu finden hofft, dem sei dies unbenommen. Jeder ist seines Glückes Schmied!

In Adelma von Vays Buch »Geist, Kraft, Stoff« wird gesagt: »Das Christentum, wie es der Messias und seine Apostel verkündeten, ist eine einsmachende geistige Kraft, eine Potenzierung aufwärts zu Gott.«[61] Das luziferische Prinzip stellt das Gegenteil dar.

F) Fortschritt findet nur in der Materie, nur in Form irdischer Inkarnationen statt. Im Jenseits gibt es keine Weiterentwicklung.

Stellungnahme: Das kann nicht stimmen. Das Reinkarnationsprinzip scheint vielmehr eine Art Naturgesetz zu sein für denjenigen, der ein bestimmtes Reifestadium nicht erreicht hat oder infolge unvorgesehen frühen Todes nicht erreichen konnte. Hier wäre ein Wiederkommenmüssen, vielleicht sogar -wollen, denkbar. Wer jedoch dem Anziehungsbereich dieses Gesetzes entwachsen ist, der kann – wenn er will – ein weiteres Erdenleben auf sich nehmen, muß aber nicht. Man sollte sich jedoch besser auf keine bestimmte Ansicht festlegen. Zur fixen Idee gewordene Überzeugungen nimmt man nach dem Leibestode mit hinüber in die andere Welt, wo man unter Gleichgesinnten sein wird. Dann geht man womöglich, wie Friedrich Funcke treffend bemerkt, den längeren Weg, wo ein kürzerer offenstand.

G) Zur theosophischen Ansicht über Spiritismus, Tod und Jenseits. – Die Möglichkeit des Kontaktes mit Gestorbenen wird zugegeben, indem man vor diesbezüglichen Praktiken warnt. In der Art, wie Spiritisten den »Umgang mit Geistern« pflegen, soll angeblich kein Verkehr möglich sein. Man habe es in der Regel lediglich mit sogenannten »Astrallarven« zu tun, mit den sich allmählich auflösenden Formen abgelegter Astralleiber. Behauptet wird ferner, Verstorbene könnten sich nur während ganz kurzer Zeit nach ihrem Hinübergang über Medien kundgeben, solange der Auflösungsprozeß ihrer Persönlichkeit noch nicht zu weit fortgeschritten ist. Das sei der Grund des allgemein unbefriedigenden Niveaus sogenannter Geisterbotschaften. Intelligentere Mitteilungen würden zumeist aus dem Medium selber stammen. Nach dem Tode gelangt man nach theosophischer Ansicht zunächst in die Unterwelt (Kamaloka, Hades, Zwischenreich, niedere Astralebene, Fegefeuer). Dort geht man schon nach wenigen Tagen in einen Zustand der Unbewußtheit über, während dessen die vier niederen Wesensbestandteile des Menschen abgestreift werden und sich langsam auflösen. Die drei oberen (Atma, Buddhi und höheres Manas) gelangen in die Devanchan-Ebene, in die als Himmel empfundene Mentalwelt, die dem astralen Zwischenreich folgt. Das freudenvolle Leben dort, das nach unserer Zeitrechnung Jahrhunderte dauern kann, dient dem Ausruhen und der Verarbeitung irdischer Erfahrungen, zur Vorbereitung auf das nächste Erdenleben. Eine Weiterentwicklung im Jenseits gibt es nicht.
Stellungnahme: Die vorgenannten Punkte als Grundzüge esoterisch-theosophischer Behauptungen differieren da oder dort und wurden im Laufe der Zeit auch schon verändert. Es ist überhaupt ein fast aussichtsloses Unterfangen, geheimwissenschaftliche Vorstellungen von den Wesensbestandteilen des Menschen und der Welt (Einteilung in Seinsebenen) auf einen Nenner bringen zu wollen. Man betrachte nur die

fünf Seiten mit Angaben hierzu im Miers-Lexikon![62] Da kann es einem so ergehen wie dem Schüler bei Faust: »Mir wird von alledem so dumm, als ging ein Mühlrad mir im Kopf herum.« Aus parapsychologischer Sicht möchte ich jedoch folgendes dazu sagen.

Die Angabe der »Astrallarven« wird seitens der parapsychologischen Forschung in nur sehr geringem Maße bestätigt. Immerhin muß die Möglichkeit des Vorhandenseins besagter Formen in Betracht gezogen werden, auch daß Naturwesenheiten (Naturgeister) sich solcher Schemen eventuell bedienen und gegebenenfalls allerlei Unfug damit anstellen können.[63]

Das Problem der sogenannten Foppgeister ist im Spiritismus hinlänglich bekannt. Nicht wenige, die z. B. auf schreibmedialem Wege mit Verstorbenen Kontakt zu haben meinen, werden Opfer dummer Streiche oder der Verstellkünste jenseitiger Wesen, die – wie gesagt – nicht unbedingt ehemalige Menschen sein müssen. Das bedeutet aber keineswegs die grundsätzliche Unmöglichkeit der Erlangung wirklich wertvoller Informationen aus der anderen Welt; und die sind auch nicht so selten, wie HPB und ihre »Meister« uns weismachen wollen. Mit solcherlei Behauptungen wurde die Jenseitsforschung unnötigerweise behindert und in Mißkredit gebracht. Daß dies seitens der »Hierarchie« absichtlich geschah, ist sogar wahrscheinlich, um Möglichkeiten der Überprüfung jener »Meister« vorzubeugen.

Wir wollen HPB und Mr. Sinnett zugute halten, daß sie vielleicht die Kenntnis einiger Spukvorkommnisse, ja des Spuks überhaupt, falsch interpretierten. Die meisten Fälle dieser Art erwecken durchaus einen primitiven Eindruck, und auch hier muß nicht immer ein Hinübergegangener die Ursache sein. In der Regel jedoch ist das der Fall. Prof. Ernesto Bozzano (1862–1943), Altmeister der italienischen Parapsychologie, untersuchte 374 Spukbegebenheiten, wovon 304 nachweislich mit Verstorbenen zusammenhingen. Nicht nur unzureichende Kraftfelder, sondern auch ein Zustand getrübten Bewußtseins beim Abgeschiedenen kann der Grund dafür sein, daß die Manifestationen recht einfältig wirken. Es gehört zum ältesten spiritistischen Erfahrungsgut, daß Hinübergegangene gar nicht mitbekamen, was mit ihnen geschah. Sie meinen zu träumen und sind völlig durcheinander. Vom Weiterleben nach dem Tode hatten sie nie gehört oder es für unmöglich gehalten. Solche »armen Seelen«, wie man im Katholizismus sagen würde, sind über ein geeignetes Medium verhältnismäßig leicht zu belehren und aufzuklären. Von ihren spiritistischen Erlebnissen her müßte HPB und Olcott bekannt gewesen sein, daß es so etwas gibt, doch zogen sie aus der Verworrenheit und Schwäche vieler Jenseitiger falsche Schlußfolgerungen.

Den »Meistern« der TG schien dies recht zu sein, denn die christlich-spiritualistische Lehre vom Weiterleben und der jenseitigen Weiterentwicklung des Menschen paßte weder in ihr Lehrschema noch in ihr Programm. Man muß aber gesehen und erlebt haben, wie solche angeblichen »Astralleichen« reagieren, wenn es gelang, sie zum Verständnis ihres Zustandes und dessen Ursachen zu bringen. Manchmal muß man ihnen, wenn sie selbst zum Beten unfähig zu sein scheinen, ein Gebet vorsprechen und darauf dringen, es nachzusprechen. Das fällt ihnen oft sichtlich schwer und kostet sie erhebliche Überwindung, besonders wenn sie von religiösen Belangen wenig oder nichts hielten. Haben sie es aber endlich geschafft und den guten Willen, sich etwas sagen zu lassen, so ändert sich mit ihrem Denken auch ihre Bewußtseinsstufe und zugleich ihre Umgebung. Anscheinend sind sie jetzt »auf einer anderen Wellenlänge«. Sie geben an, plötzlich Licht zu sehen, sie erkennen hinübergegangene Angehörige oder Freunde und werden frei von dem ihnen unerklärlich gewesenen seelischen Druck, der bis dahin auf ihnen gelastet hatte.

Freudig und zutiefst dankbar folgen sie nunmehr ihren lieb-
reichen Helfern und sind bereit zu lernen. Diese Art von
Seelsorge scheint HPB völlig fremd gewesen zu sein, sonst
hätte sie es vielleicht doch unterlassen, irreführende Verall-
gemeinerungen zum Glaubenssatz zu erheben. Dr. Georg
Sulzer (1844–1929) schreibt, man müsse so etwas selbst
erlebt haben, um den Ernst der jeweiligen Situation zu verstehen und von der Echtheit des Geschehens überzeugt zu
sein.[64]

In seiner Schrift »Unsere unsichtbaren Helfer« spricht Leat-
beater von der Befähigung zum bewußten Körperaustritt, zur
Aussendung des Astralleibes. Auf diese Weise könne man
beistandsbedürftigen Astralweltbewohnern helfen. Zugleich
warnt er vor der Belehrung Jenseitiger auf spiritistische Weise, und Sulzer fragt zu Recht, worin da der prinzipielle
Unterschied liegen soll. Das Verfahren via Medium habe
zudem den Vorteil, daß auch Anwesende, selbst wenn sie
nicht hellsichtig oder hellhörend sind, das Geschehen mitver-
folgen und sich an den Dialogen beteiligen können. Außerdem seien Kontakte nach herkömmlich-spiritistischer Art
leichter zu bewerkstelligen und mit weit weniger Gefahren
verbunden als die nur schwer erlernbare Aussendung des
Astralkörpers.[65]

Die Pauschalverurteilung des Spiritismus paßt an sich völlig
zum Wesen der »Meister der dunklen Weisheit«. In Europa
gehört noch heute Mut dazu, sich zur spiritistischen Weltanschauung zu bekennen. Sinn und Zweck des Spiritismus sind
nicht Sensationshascherei oder Nervenkitzel für abgestumpf-
te Wohlstandsbürger, sondern Anregung zum Nachdenken
über unser Woher und Wohin – und über das Wozu. Auch
Manifestationen niederster und primitivster Art können uns
Anschauungsunterricht erteilen über die nach dem Tode
eintretenden Folgen unseres Erdenwandels. Hierüber hat der
verachtete Spiritismus Millionen Menschen Klarheit ver-

schafft, hat ihr Gottvertrauen gefestigt und viele vor dem Irrtum des Selbstmordes bewahrt. Kann das auch die Theosophie von sich sagen? – Und was das Niveau vieler Mitteilungen aus dem Jenseits, die schon zu Bibliotheken angewachsen sind, betrifft, so sind sie naturgemäß sehr ungleichwertig, und nur ein geringer Teil genügt höheren Ansprüchen. Aber gerade auf diesen kleineren Teil kommt es an!

Ich selber pflege nachdrücklich vor vulgärspiritistischen Praktiken und dem Drauflosexperimentieren ohne hinreichendes theoretisches Wissen zu warnen, aber nie würde mir einfallen, alles in Bausch und Bogen zu verdammen. Wenn Kontakte mit anderen Seinsebenen unter göttlicher Zulassung geschehen und möglich sind, so wird das seinen tieferen Grund haben. Und wäre der Spiritismus vom widergöttlichen Prinzip, so würde er sicherlich, ähnlich der Sex- und Krimipropaganda, mit allen Mitteln moderner Massenbeeinflussung gefördert.

Anläßlich einer sensationell aufgebauschten Spukbegebenheit in Hydesville/NY war im 19. Jahrhundert der sogenannte moderne Spiritismus zu einer weltweiten geistigen Bewegung geworden. Diese Strömung wurde zweifelsfrei von höherer Warte, die wohl gewußt haben mag, was auf Europa und die Menschheit zukommt, veranlaßt und gelenkt. Ebensowenig ist als Zufall zu werten, daß zum gleichen Zeitpunkt (1847/48) eine gewaltige Gegenbewegung einsetzte mit dem »Kommunistischen Manifest« von Karl Marx (eigentlich Kissel Mordechai) und Friedrich Engels. Damit begann nicht nur der gerechte Kampf gegen die Ausbeutung des Menschen durch den Menschen (die mittlerweile vielfach zur Ausbeutung des Menschen durch den Staat wurde), sondern auch der ungerechte und gnadenlose Kampf gegen die Religion, zuvörderst gegen das Christentum. Kirchliches Fehlverhalten rechtfertigt in keiner Weise die entsetzlichen Verbrechen des

1918 in Rußland begonnenen Ausrottungsfeldzuges gegen den Christenglauben. Andererseits könnte man den unbändigen Haß gegen alles Christliche, wie er auch als Schattenseite der Esoterik vorkommt, als einen indirekten Beweis für die so häufig angezweifelte Historizität Jesu Christi werten. Denn um etwas zu hassen, was niemals existierte, sind die Träger des Negativen Prinzips sicherlich zu intelligent.

Um das Kapitel über die Adyar-Theosophie im wesentlichen abzuschließen, sei noch des 1936 erschienenen Buches von Ernest Egerton Wood mit dem Titel »Ist das Theosophie?« gedacht.

Wood war jahrelang Privatsekretär und engster Mitarbeiter von Leadbeater und Annie Besant, und ich glaube nicht, daß sein Buch enttäuschten Hoffnungen entsprang, nur weil ihm die Nachfolge Annie Besants versagt blieb (TG-Präsident wurde, angeblich aufgrund gefälschter Besant-Briefe, Dr. George S. Arundale). Wood scheint wirklich ein Wahrheitssucher gewesen zu sein. Er wünschte eine Gemeinschaft, in der offen diskutiert und erforderlichenfalls auch mal das Wollen der einen oder anderen führenden Persönlichkeit kritisiert werden durfte. Er selbst verfügte über paranormale Fähigkeiten, blieb ihnen gegenüber jedoch skeptisch distanziert.

Wood hatte seine Erfahrungen mit Leadbeater schon 1913 in einem Beitrag »Zehntausend Stunden mit Leadbeater« niedergelegt. Dieser habe immer alles schnellstens vorantreiben wollen und quasi endgültige Wahrheiten verkündet »im Gegensatz zu vielen von uns, die das *Suchen* nach Wahrheit als höchstes Ziel der Gesellschaft betrachtet wissen wollten, es den anderen dann überlassend, sich selbst emporzuheben«.

Schließlich habe er, Wood, an Leadbeaters hellseherischer Begabung zu zweifeln begonnen. Auch die Schilderungen des vorgeburtlichen Daseins Krishnamurtis samt der angeblichen Vorausschau auf achthundert Jahre Zukunft verstärkten diese Zweifel. In Adyar schien ihm sehr wenig an übernormalen Kräften vorhanden zu sein. Zwar sei Verbindung zu den Meistern gesucht worden, aber deren Antworten waren »sehr delphischen Charakters«. Wood schließt mit der bemerkenswerten Feststellung: »Es ist nicht hier oder dort, daß man reineres Leben oder Wahrheit fände. Es gibt keine geheimen Kenntnisse oder Formeln zur Wahrheit. Kein Hokuspokus von Gesängen oder Worten vermag das innere Feuer zu entzünden, keine Einrichtung kann es schaffen, keine Botschaft es vermitteln.«

Woods bekennendes Urteil über Geheimlehren muß demnach auch für jene von Frau Blavatsky gelten. Sie selber schrieb, daß nichts, was für die Menge gedruckt und jedem Schüler in öffentlichen Büchereien zugänglich ist, wirklich esoterisch sei. »Es ist entweder mit beabsichtigten ›Masken‹ durchsetzt oder kann ohne ein vollständiges Wörterbuch okkulter Begriffe nicht mit Erfolg studiert werden.«[66] Ergo scheint es mir vernünftiger zu sein, daß man sich, statt in geheimwissenschaftlichen, mit »Masken« durchsetzten Wälzern nach Wahrheiten zu wühlen, besser dem lebendigen Gottglauben zuwenden sollte. Der Buchstabe tötet bekanntlich, d. h., Bücherwissen allein nutzt wenig. Als das Beste und Vernünftigste, auch im Hinblick auf unser Schicksal nach dem Tode, hat sich noch immer der einfache, vertrauensvolle Kinderglaube erwiesen, gepaart mit gutem Willen und Tun! Nicht ohne Widerstreben kennzeichne ich in diesem Buch so manches Negative, um denen, die das zeitlos Positive erstreben, die Orientierung zu erleichtern. Als Wahrheitssucher ist mir klar, daß ich nicht *ver*urteilen darf; ja selbst das *Be*urteilen hat seine Tücken, alldieweil es mit einer Art »Urteil« einhergeht. Wie aber soll man sich verhalten, wenn man seinen Mitwanderern behilflich sein möchte? Ist es nicht

Bruderpflicht, auf Gefahren aufmerksam zu machen? Zu bedenken wäre des weiteren, daß ich außerstande bin, zu ergründen, was HPB und Olcott, Sinnett, Leadbeater, Annie Besant und andere bewogen haben mag, die Adyar-Lehren als wahr zu empfinden und sie mit so aufopferungsvollem Einsatz zu verbreiten. Nur, wozu solche Umwege, über Buddhismus und Hinduismus? Hat nicht auch unser Abendland esoterische Kostbarkeiten zu bieten? C. G. Jung sagte in bezug auf das Überhandnehmen artfremder Religionen, Sekten und Kulte in Europa: »Wenn man versucht, seine Blößen mit orientalischen Prunkgewändern zu verhüllen, wie es die Theosophen tun, so würde man seiner eigenen Geschichte untreu. Man wirtschaftet sich nicht zuerst zum Bettler herunter, um nachher als indischer Theaterkönig zu posieren!«[67] Nur zu gern will ich annehmen, daß die weitaus meisten Anhänger derartiger Lehren ernsthaft nach der Sinnfrage unseres Lebens forschen und es ihnen wirklich um Erkenntnis zu tun ist! Für solche kann es daher nützlich sein, in diesem Buch einiges zu erfahren, was woanders verschwiegen wird.

Frau Blavatsky und ihre Nachfolger verfaßten viele Bücher und Schriften. Darin enthaltene, teils widersprüchliche Anschauungen wurden mittlerweile modifiziert, d. h. zu vereinheitlichen versucht, und in mehr oder weniger annehmbare Formen gegossen. In der Hervorkehrung ehtischer Aspekte erfolgte sogar eine Anpassung an christliche Wertvorstellungen, so daß es geraten erscheint, mehr das Gemeinsame zu betonen und Trennendes – um einer gedeihlichen Weiterentwicklung der Menschheit willen – hintanzustellen. Denn es sind ja keine Denkfaulen, die sich theosophischen, esoterischen oder außerchristlich-religiösen Lehren und Gemeinschaften zuwenden, sondern man muß annehmen, daß sie dem stationär gewordenen Dogmenchristentum, besonders in seiner Diskrepanz zwischen Lehre und Praxis, keinen

Geschmack mehr abzugewinnen vermochten. Die Gefahr, unter Umständen vom Regen in die Traufe zu geraten, ist freilich auch vorhanden, aber wer nicht wagt, der nicht gewinnt. Insofern ist Emanuel[68] zuzustimmen, wenn er uns zuruft: »Ihr Buddhisten, Theosophen, Spiritualisten und Ihr Christen alle, die Ihr Euch ehrliche Wahrheitssucher nennen könnt, lebt Eure Erkenntnis, vereinigt Euch in Liebe und Liebesbetätigung. Es kann gesetzlich nicht anders sein, als daß Ihr, der Wesenheit Eurer Individualität nach, die Wahrheitsatome, welche die Atmosphäre Eurer Welt enthalten kann, verschieden assimiliert und folglich zu verschiedener Wirkung bringt. Einigkeit in der Wahrheit ist ein Attribut der Vollendung. Einigkeit in der Liebesbetätigung ist das Attribut aller zielbewußten, aufwärtsstrebenden Geister.« Stets gültige Richtlinien zur sicheren Beurteilung von Meistern, Okkultlehren und Geheimgesellschaften erarbeitete schon der deutsche Mystiker und Philosoph Karl von Eckartshausen (1752–1903). Er schrieb:

»Die Vereinigung der Weisen hat mit keiner Gesellschaft, die existierte oder existieren wird, eine Gemeinschaft. Sie verbinden sich nicht durch Eidschwüre. Sie haben weder Konstitutionen noch geschriebene Regeln; weder Konvente noch Zusammenkünfte. Ihre Arbeit ist tätige Gottes- und Menschenliebe.

Sie nehmen niemanden auf; jeder nimmt sich selbst auf nach dem Grade der Liebe, den er sich durch seine Handlungen gibt. Nach diesem versetzt er sich in den höheren oder niederen Grad der göttlichen Annäherung.

Sie haben keine Oberen, sie sind alle gleich untereinander, und ihr Vorstand ist Gott. Sie halten weder Sekretäre noch Siegelbewahrer. Der Engel, der die guten Handlungen der Menschen ins Buch der Ewigkeit einträgt, ist ihr Sekretär; und ihr Siegel ist der Stempel der reinsten Absicht, der das Siegel der Liebe auf ihre Handlungen drückt.

Keiner hat dem andern zu gebieten, jeder gebietet sich selbst nach dem Grade seiner Erkenntnis. Sie schließen niemanden aus; jeder schließt sich selbst aus durch die Stufe der Entfernung, auf die er wieder heruntersteigt, wenn er Wahrheit und Güte verläßt.«
Diese grundwahren Worte stammen aus dem Jahre 1790.

Anmerkungen
»Theosophie«

1 PsStud 1907, 27, und Hans Freimark, »Moderne Theosophen und ihre Theosophie«, Leipzig 1912, S. 11. Gemeint ist hier die durch Justinus Kerner (1786–1862) bekanntgewordene Somnambule Friederike Hauffe, geb. Wanner (1801–1829), die seine langjährige Patientin war.

2 Siehe H. Freimarks psychologische Studie im »Jahrbuch für sexuelle Zwischenstufen«, Band 8/1906, herausgegeben von Dr. med. Magnus Hirschfeld.

3 H. E. Miers, »Lexikon des Geheimwissens«, Freiburg 1970, S. 75. – Da sich Tibet zu jener Zeit hermetisch gegen alle Fremden abschloß, ist es sehr unwahrscheinlich, daß HPB dort war. Vielleicht nur an der Grenze und möglicherweise bereits unter schwarzmagischem Einfluß von Leuten, die ihre außergewöhnliche Veranlagung und Energie erkannt hatten und für eigene Zwecke zu nutzen gedachten. Hinweise in dieser Richtung gibt C. G. Harrison in seinem Buch »Das transzendentale Weltall« (1893, S. 31). Im Zustand einer magisch bewirkten Bewußtseinseinengung wäre HPB demnach bloß bis Katmandu gekommen. Schließlich sei ihr von indischen Freunden, die sich in derlei Praktiken auskannten, geholfen worden. Diese Information gebe ich unter Vorbehalt wieder. Grundsätzlich bei allen Zitaten muß ich die Verantwortung dem jeweiligen Verfasser überlassen, denn die Dinge liegen lange zurück und sind nur zum Teil – durch Aussagenvergleiche – überprüfbar.

4 Ein zu jener Zeit führender russischer Spiritist und Herausgeber der Zeitschrift »Rebus« in St. Petersburg, W. von Pribytkow, stand mit HPB in Schriftwechsel. Er räumt ein, daß sie ein starkes Medium

war, und schreibt, in den USA habe sich HPB als eifrige Spiritistin betätigt »und verkündigte den Spiritismus mit allen ihr zu Gebote stehenden Mitteln, indem sie erklärte, daß ihr ganzes Leben den großen Wahrheiten dieser Lehre gewidmet sei«. Dann habe es jedoch unliebsames Aufsehen wegen eines Gauners gegeben, der sich als Medium ausgab. »Die amerikanische Öffentlichkeit stellte sich plötzlich eine Zeitlang kühler dem Spiritismus gegenüber, und die Sache der Frau Blavatsky wie ihres Freundes Olcott – auch eines Spiritisten – stand äußerst schlimm.« Die beiden hätten sich nun eilig losgesagt von dem, was sie bis dahin als große Wahrheiten gepriesen hatten, und gründeten die den Spiritismus ablehnende Theosophische Gesellschaft. Die Erbschaft eines Barons namens Palm habe ihnen schließlich die Übersiedlung nach Indien ermöglicht, wo sie ihr Hauptquartier aufschlugen.

Pribytkow betont, daß diese Darstellung der Entstehungsgeschichte der TG von HPB selber stammt, und zwar aus ihren Briefen an den russischen Staatsrat Alexander Aksakow. Der Name Aksakow, als der Herausgeber der Monatsschrift »Psychische Studien« und der »Bibliothek des Spiritualismus in Deutschland«, ist für jeden seriösen Parapsychologen noch heute ein Begriff. Die ausgezeichnet redigierte Zeitschrift erschien sechzig Jahre lang, von 1874 bis 1934, und wurde ab 1926 »Zeitschrift für Parapsychologie« genannt; sie stellt noch immer eine seither unerreichte Fundgrube parapsychologischen Wissens dar.

Pribytkow selbst erhielt von HPB »einen umfangreichen und interessanten Brief«, worin sie »hart über den Spiritismus herfällt« und sich »über die geradezu unglückliche Lage der Medien ausspricht«, die von irgendwelchen »astralen Larven« unterjocht werden. Anders sei dies bei Theosophen, hier bringe man die Phänomene durch eigenen Willen (!) hervor, mittels des persönlichen »Höheren Ichs« (W. v. Pribytkow, »Aufrichtige Unterhaltungen über den Spiritismus und andere Erscheinungen des nämlichen Gebiets«, Leipzig 1895, S. 60).

5 In »Die vierte Dimension«, Leipzig 1906, S. 35 ff., zitiert Robert Blum, ebenso wie Hans Freimark in »Geheimlehre und Geheimwissenschaft«, Leipzig 1913, S. 39, Stellen aus »Isis entschleiert«, die im Widerspruch stehen zu der von den Theosophen späterhin vertretenen Reinkarnationslehre. Dr. Anna Kingsford, nachmalige erste Präsidentin der europäischen Theosophenloge, war wegen ihres Eintretens für die Wiederverkörperungslehre sogar gerügt

worden, bis nach dem Erscheinen der »Geheimlehre« die Reinkarnation zu einem Hauptlehrsatz wurde. Robert Blum (42) meint, »Isis entschleiert« sei unter *guten* Einflüssen zustande gekommen. HPB habe sich jedoch dann mehr und mehr von ihren Grundsätzen entfernt und sei zunehmend in die Gewalt dunkler Einflüsse geraten, unter welchen sie ihr Hauptwerk »Die Geheimlehre« verfaßte.

6 In dem Buch »Apostasie im Zeichen des Anti-Christus«, dessen Verfasser unter dem Namen Carolus schreibt (Leipzig, o. J.).

7 Olcotts Tagebuch soll zu entnehmen sein, daß er und HPB von Anfang an nichts vom herkömmlichen Gottglauben hielten. Als beispielsweise der erwähnte Baron Palm gestorben war, gestaltete man ihm folgendes »Begräbnis«: HPB im weißen Leinenkleid, Olcott im Leopardenfell. Auf den Sarg legten sie drei Hühner. Ein Mr. Felt hielt eine ausgetrocknete Schlange in der Hand, und mehrere Negerbuben folgten dem Zuge zur Einäscherung mit Kartoffeln, Spargel, französischen Pfannkuchen, Rindfleisch, Bockbier und Cidre. Ob man derartige Tagebucheintragungen Olcotts auch heute noch veröffentlicht?

8 R. Blum in »Die vierte Dimension«, 36/7.

9 F. Funcke, »Christentum als Weltanschauung und Lebenskunst«, Lorch 1929, S. 287.

10 A. Besant, »H. P. Blavatsky und die Meister der Weisheit«, 18; zitiert nach A. L. Matzka, »Theosophie und Anthroposophie«, Graz 1950, S. 58 und 60.

11 Lt. Miers am 26. 3. 1885, nach Besant am 7. 2. 1884 (Besant, a.a.O., S. 22).

12 Karl Rohm, »Die Truggestalt der Annie Besant und andere Irrlichter der Theosophischen Gesellschaft«, Lorch, 1916, S. 69. Der Verleger K. Rohm war mit Dr. Hartmann befreundet und schreibt: »Meine Erinnerung an Dr. Franz Hartmann ist eine freundliche; er ist mir wie ein lieber Kamerad, der im Leben neben mir hergegangen ist, der nichts aus sich machte, dessen Fehler und Schwächen man gerne in Kauf nahm, weil seine guten Seiten die schlechten überwogen und weil man tatsächlich viel von ihm lernen konnte« (S. 67). »Seine Klarheit, Fähigkeit, Kürze und Unzweideutigkeit, mit der er die Blavatsky-Lehren vertrat, dürfte indes unerreicht dastehen; immer hat er es fertiggebracht, das Tatsächliche und Nüchterne in den Vordergrund zu stellen, nie hat er sich bestechen lassen vom schönen Schein. Als Mensch war Hartmann nichts weniger als ein Heiliger; er hat auch niemals irgend etwas unternommen, sich einen Heili-

genschein beizulegen. Im Gegenteil, er liebte es, all derartiges zu verspotten und zu verulken. Er schätzte die Blavatsky und erzählte von den Fähigkeiten der übrigen, Olcott et cetera, ließ aber zugleich durchblicken, daß er *keine* große Achtung vor diesen Bauern und Springern auf dem theosophischen Schachbrett hatte. Die Meister der Blavatsky seien, so erklärte er, wenn auch kluge, so doch *gewöhnlich sterbliche Menschen* gewesen. Er stellte nicht in Abrede, daß in Adyar die fanatischen Meistergläubigen und Meisterjäger *verulkt* wurden, und ließ erkennen, daß er selbst nichts weniger als auf diese ›Meister‹ sich verlassen oder gar den Meisterglauben als das Fundament der Theosophie angesehen haben wollte. Ich selbst war Zeuge, wie Hartmann zum Gaudium der anwesenden Freunde erzählte, wie er mittels Taschenspielerkünsten wundersüchtige Narren, die Meisterbriefe haben wollten, zum besten hielt.«

Solche Äußerungen eines Blavatsky-Vertrauten werfen freilich ein entlarvendes Licht auf die theosophischen »Meister«, und Rohm ergänzt: »Von der Dummheit solcher Menschen sprach Hartmann so frisch von der Leber weg, mit so goldenem Humor, daß es fast unmöglich ist, daß dieser selbe Dr. Franz Hartmann die Theosophische Gesellschaft in Leipzig gegründet hat mit der Behauptung, die ›Meister‹ hätten ihn dies geheißen« (S. 66).

Rohm verweist sodann auf Hartmanns Schrift »Geheimschulen der Magie«, wo die Namen Jakob Böhme, Paracelsus und Eckartshausen erwähnt sind. Diese alten deutschen christlichen Mystiker »haben in der demütigsten Weise Gott die Ehre gegeben und nur *einen* Meister anerkannt: Christus«. Nach Hartmann waren die Lehren dieser Männer Weisheitsschulen, jedoch ohne organisatorische Form: »Sobald sich aber Schulen in organisatorischer Form auftaten und sich der großen Menge öffneten, nahmen der Unverstand und die Torheit darin überhand, bis schließlich die wenigen Erleuchteten vertrieben wurden oder sich zurückzogen und nur mehr die Karikatur einer Weisheitsschule vorhanden war.« Dies sei, nach Hartmann, stets das Schicksal aller Geheimschulen gewesen, »sobald sie öffentlich wurden, und wird stets ihr Schicksal sein, solange nicht die Weisheit unter den Menschen die Herrschaft über den Unverstand erlangt« (S. 68). Außerdem gibt es eine Sorte von Betrügern, die den menschlichen Hang zum Geheimnisvollen nutzen, um sich »eine behagliche Existenz« zu sichern, und als »unbekannte Obere« gegen Zahlung einer festgelegten oder der »Opferwilligkeit« des Wahrheitssuchers entsprechenden Summe »Geheimnisse und Einweihungsgrade« verkaufen. Hartmann sagte: »Der Tölpel, welcher sich fangen läßt, wird dann mit mehr oder weniger lächerlichen Zeremonien in den Bund der künstlich ›Erleuchteten‹ aufgenommen, und wenn er nicht, wie es häufig geschieht, am Ende selber ein Narr oder Betrüger wird, so verläßt er die Gesellschaft nach kürzerer oder längerer Zeit wieder, an Geld und Selbstachtung ärmer, aber an einer durch getäuschte Hoffnungen gewonnenen Erfahrung reicher.« Auch sei der blinde Glaube an Mitteilungen irgendwelcher Art, selbst wenn sie wahr sind, »noch lange keine Theosophie, sondern nur das Fürwahrhalten einer Theorie« (S. 69). Soweit Dr. Hartmann als führender Theosoph.

13 Miers bringt ein Verzeichnis der in der theosophischen Literatur vorkommenden Meisternamen (S. 276 f. seines »Lexikons des Geheimwissens«) und bemerkt, daß die Existenz »von Meistern der gedachten Art, also in Form mehr oder weniger überirdischer Lebewesen im Himalaja, sehr umstritten« sei. Wenn man jedoch HPB selber glauben will, so ist die Sachlage recht eindeutig; denn im Februar 1886 bekannte sie in einem Brief an ihren Landsmann Wsewolod Sergejewitsch Solowjew: »Ich werde in der ›Times‹ und in allen Zeitungen veröffentlichen, daß Meister Morya und Mahatma Koot Hoomi nur das Produkt meiner eigenen Phantasie sind, daß ich sie *in allen Stücken frei erfunden* habe« (wiedergegeben in ZfO 1931/32, 59. Diesen Briefwechsel erwähnt auch Pribytkow in seinem in Leipzig 1895 erschienenen Buch »Aufrichtige Unterhaltungen über den Spiritismus« sowie Freudenberg in den PsStud 1907, 32).

Mit diesem Selbstbekenntnis dürfte die Frage nach Ursprung und Realität jener »Meister« ein für allemal geklärt sein. Als fiktive Vorstellungsbilder können sie aber, infolge theosophischer Glaubensstärke, zu pseudorealistischen Astralformen verdichtet worden sein, genährt durch und abhängig von der Vorstellungs- und Glaubenskraft ihrer Anhänger. Bis zu einem gewissen Grade können solche Phantasiegestalten alias Gedankenautomaten ein scheinbar eigenständiges Leben erlangen und gegebenenfalls hellsichtig wahrgenommen werden. Man bedenke doch, für einen Hypnotisierten beispielsweise pflegen sogar die ihm suggerierten fiktiven Personen oder Dinge von realer Natur zu sein.

Übrigens verweist der seinerzeit recht gut informierte Ernst Hentges auf einen rosenkreuzerischen Vorwurf gegenüber HPB. Er schreibt: »Rene Guénon (in »le Theosophisme«, Paris 1931, S. 23 und 91ff.)

weiß verschiedene Rosenkreuzerschriften namhaft zu machen, die HPB gemeinsam mit Olcott in Amerika studierte und die ihr als Quelle dienten, um den Mahatmas jene fabelhaften Eigenschaften anzudichten, die den rosenkreuzerischen ›Adepten‹ nachgerühmt wurden. Entgegen ihrer Behauptung hat sie also die Mahatmas nicht in allen Stücken frei erfunden, sondern den von den Rosenkreuzern geschaffenen Prototyp getreulich kopiert« (ZfO 1931/32, 62)

»Eine schöne Bescherung!« könnte man sagen. Aber den Theosophen bleibt noch ein Hintertürchen offen: Es könnte doch sein, HPB irrte sich in der Annahme, die Meister erfunden zu haben; in Wirklichkeit war ihr deren Existenz von ebendiesen Meistern inspiriert worden …

14 Besant (s. Anm. 10), S.71

15 PsStud. 1907, 30

16 PsStud 1901, 24 ff. lautet: »14. Juni 1885: Subba Row erzählte uns neulich mehr, als ich wenigstens früher über Madames merkwürdig komplexen Zustand wußte, und es zeigte uns gewiß deutlich, wie töricht es wäre, sie zu tadeln, weil sie etwas zeigt, was wir bei jedem anderen einen außerordentlichen Mangel an sittlichen Eigenschaften nennen würden. Wir hatten völlig recht mit der Annahme, daß die ursprüngliche HPB, die von Natur hellsehend war und wenigstens etwas von Okkultismus verstand, etwa vor zwanzig Jahren aus dem Erdenleben schied und daß ein gewisser Adept (›initiate‹), der in irgendeiner Weise sein Ziel verfehlte, freiwillig sich in diesen Körper versetzte oder dahin versetzt wurde, gewissermaßen zur Sühne, um sein Möglichstes zur Mitteilung der Wahrheit an die Welt durch diesen kundzutun.« An sich eine gewagte Spekulation, aber auch von Rasputin verlautet, er sei als Kind beim Baden ertrunken und nach seiner Wiederbelebung ein anderer gewesen (MuSch 6. Jg., Nr. 22, 11). Ob allerdings von einem steckengebliebenen Adepten hohe Wahrheiten erwartet werden könnten, wäre zu bezweifeln. Subba Row fährt fort: »Wie wir gleichfalls richtig annahmen, war er häufig in anderen Geschäften von diesem Körper abwesend. Jetzt aber komme ich zu einem Punkt, über den ich völlig im Irrtum gewesen war. Ich hatte gedacht, während der Abwesenheit des Adepten lebe der Körper in einem Zustand ähnlich dem des Margrave im Bulwers ›Strange Story‹, nur durch seine ursprünglichen niederen Grundteile belebt. Aber es scheint, daß das doch nicht so ist. Bei ihrem Tode verließen alle gewöhnlichen Grundteile den Körper, wie bei anderen, und der zeitweilige Inhaber hat den ganzen

Mangel aus seiner eigenen Organisation zu ergänzen. Daher sind zwei Chelas (nach B. Flemmings Definition ›Probeschüler‹), die nur wenig von Okkultismus verstehen, dazu bestimmt, ihn nötigenfalls abzulösen. Und da ferner kein Adept oder Chela zu gewissen regelmäßigen Perioden einen Frauenkörper berühren kann, oder auch wenn sie an irgendeiner Frauenkrankheit leidet, so hatte eine schreckliche, übellaunige, grobkörnige, unwissende alte Tibetanerin für den Adepten oder die Chelas eintreten müssen, da sie das einzige weibliche Wesen ist, das zu diesem Zweck zu haben war.

Es scheint, daß, wenn einer dieser vier den anderen ablöst, er keine Ahnung von dem hat, was die anderen drei gesagt oder getan haben; so entsteht natürlich endlose Verwirrung. Das erklärt die Erscheinung, daß Madame so häufig leugnet, was sie wenige Stunden zuvor gesagt hat ...

Es erklärt sich daraus auch, daß sie bisweilen vom Okkultismus weniger zu wissen scheint als wir, und dann wieder mit der Kraft und Autorität eines Rishi (Gottmensch) spricht. Mehrere Monate lang hat, infolge ihrer (HPBs) verschiedenen Krankheiten, das schreckliche alte Weib fast die ganze Zeit hindurch fungiert, und ihre ganze Umgebung hatte demzufolge unter ihrer Laune zu leiden. Gleichwohl hält der Adept noch die Verbindung aufrecht; wir denken in der Hoffnung, daß er imstande sein werde, die ›Secret Doctrine‹ durch sie zu vollenden. Ob aber dieser arme kranke Körper lange genug für diesen Zweck zusammengehalten werden kann, das kann gegenwärtig niemand vorher wissen.«

Und S. Row fährt weiter fort: »Selbstverständlich ist diese *wahre Erklärung* für Außenstehende nutzlos. Gleichwohl können wir, denke ich, auch ihnen gegenüber für Madames Widersprüche eine Erklärung bieten, ohne bewußte Verlogenheit auf ihrer Seite zuzugeben, wenn wir ihnen erzählen, daß sie als Russin große Neigung zu Übertreibungen, gepaart mit einem siebartigen Gedächtnis und überstürzter ungenauer Ausdrucksweise besitzt, besonders wenn wir hinzufügen, daß das Englische nicht ihre Muttersprache ist, weshalb sie es häufig mißversteht. – Die arme alte Dame! Ihr Leben ist wirklich ein wunderliches gewesen, und wer kann sagen, was dabei noch herauskommen mag.«

Diese von Leadbeater selbst vorgenommene und offensichtlich wahrheitsgemäße Kennzeichnung des Bodens, auf dem die Adyar-Theosophie und ihre Zweiglehren erwuchsen, sollten eigentlich ausreichen, um zu sagen: Danke, das genügt!

17 Miers, S. 399 f., der hier Gustav Meyrink zitiert. – Meine Meinung: Hätte HPB dem ernsthaften Gebet mehr Gewicht beigemessen und es in Demut praktiziert, wäre vielleicht manches anders gelaufen.

18 Hierzu heißt es in einem jenseitigen Kommentar zum Matthäus-Evangelium (»Reformierende Blätter zur Bildung reiner Ethik«, Bd. I, Budapest 1878, S. 331), daß die vielfältigen Mediumschaften gegeben worden seien, um Mitmenschen geistig und physikalisch vom Vorhandensein höherer Kräfte zu überzeugen, »vom Vorhandensein eines Urgeistes, einer Urkraft, eines Urlichtes; von der Wahrheit des erlösenden Wortes, von der erlösenden Kraft christlichen Tuns, vom Gnadenreichtum des erlösenden Gesetzes; um sie zu überzeugen von der Unsterblichkeit und Verantwortlichkeit des ihnen innewohnenden geistigen Wesens«. Und an anderer Stelle (S. 371): »Wehe euch Medien, die ihr den falschen Geistern folgt, die auch hinausführen auf die Schaubühne, um aus euren geistigen Gaben – über die ihr gar nicht selbständig verfügen könnt – Geld zu machen, und so die Menschen verführet, das sie im Physikalischen und nicht im Moralischen die Wahrheit suchen!«

19 H. Freimark, »Geheimlehre und Geheimwissenschaft«, Leipzig 1913, S. 61 ff.

20 Miers gibt auf S. 286 an, daß der wirkliche Autor Solomon Spalding geheißen habe, der in jungen Jahren einmal Pfarrer gewesen sei.

21 MuSch, 6. Jg., Nr. 10, 15, sowie PsStud 1901, 79/80.

22 H. Freimark, »Moderne Theosophen und ihre Theosophie«, Leipzig 1912, S. 45.

23 »Reformierende Blätter«, Budapest 1879, S. 431.

24 Adelma von Vay, »Geist, Kraft, Stoff«, Berlin, 6. Aufl 1969, S. 11.

25 Ödön Nerei, »Christentum, Theosophie und Spiritismus«, in ZfS 1918, 12.

26 »Geheimlehre« I, S. 132 und 266.

27 Zitiert aus der »Geheimlehre«, nach A. L. Matzka, »Theosophie und Antroposophie«, Graz 1950, S. 29.

28 Vgl. »Materialdienst« der Evangelischen Zentralstelle für Weltanschauungsfragen der EKD, Stuttgart, Nr. 2/1977, S. 42 ff. – Die Zeitschrift »Adyar« Nr. 4/1974 enthält folgendes Glaubensbekenntnis: »Ich glaube nicht an meine Sündhaftigkeit, wiewohl ich weiß, daß ich lange noch nicht gut bin. Ja, ich glaube an keine Sünde als eine Sache, die strafbar wäre. Dagegen weiß ich, wenn ich auch gelegentlich strauchle oder mein Fuß vom Wege abgleitet, daß ich diesen einmal gefundenen Weg nun nicht mehr verlasse. Und ich

glaube an keinen Erlöser, er wäre denn in mir selbst. Ich wüßte auch nicht, wovon ich erlöst werden sollte, da ich meinen Weg doch selbst gewählt habe und auf ihm auch bis zum Ende ausharren will. Und ich bitte um keine Gnade als eine besondere, ausnahmsweise Begünstigung. Und ich flehe um keine Erlösung vom Übel, denn ich vertraue dem Walten der absoluten Gerechtigkeit als einer Gesetzlichkeit; und ich weiß, daß jenes Übel, das mir begegnet, die unausbleibliche Folge meines eigenen Tuns und Lassens ist und daß das Leiden, welches daraus folgen mag, eine Belehrung enthält, die ich zu meinem eigenen Besten nutzen kann. Aber ich glaube an eine wohlwollende, urgültige Allmacht, die mir hilft zu bestehen, die mir beisteht im Ringen mit meiner äußeren und inneren Natur, damit das Göttliche, welches zutiefst in mir verborgen ist, allmählich in mir und durch mich offenbar werde.«

29 »Geheimlehre« II, S. 533.

30 A. v. Vay (siehe Anm. 24), S. 43 und 45.

31 Ebenda S. 61. Auf die Frage, warum Gott den Geisterfall zuließ oder dessen jeweilige Folgen nicht aufhob, wäre zu erwidern, daß dann Gott seinen Erstlingen die *Willensfreiheit* (als höchste Gabe) gar nicht erst hätte verleihen dürfen. Ohne dieselbe aber kann es keine freie, ichbewußt-individuelle Entwicklung geben. Gerade die Willensfreiheit und die damit verknüpfte Eigenverantwortlichkeit unterscheidet ja den Menschen (in seinem Wesen von Geist, Seele und Leib) prinzipiell vom Tier (als einem Wesen von Seele und Leib).

32 Tübingen 1874, S. 42. Auf Anfrage schrieb mir der Verfasser: »Die Legende, wonach der Teufel ein gefallener Engel sei, findet sich, wie Sie mit Recht bemerken, nicht in der Bibel. Er kam durch außerbiblische jüdische Schriften, vor allem das erste Henoch-Buch, in den Glauben der Kirche. Wie Sie wissen, ist mit aus dem Zusammenhang gerissenen Bibelstellen viel Mißbrauch getrieben worden. So ist die von Ihnen erwähnte Stelle Jes. 14,12, wo der Sturz des Königs von Babel mit dem Sturz des Morgensterns (Morgenstern = in der lat. Bibel *Lucifer*) verglichen wird, als eine Bestätigung der Legende vom Engelsturz herumgeboten worden, mit dem sie in Wirklichkeit rein gar nichts zu tun hat.« Nach meinem Dafürhalten deutet jedoch der 6. Vers des Judas-Briefes den Engelsturz unmißverständlich an. Ebenso die Stelle 2. Petrus 2,4.

33 Zitat aus Zeitschrift »Theosophische Kultur«, Leipzig, Mai 1934.

34 Franz Hartmann, »Kurzgefaßter Grundriß der Geheimlehre von H. P. Blavatsky«, Leipzig o. J., S. 83 und 135 f. Von höherer jenseitiger

Warte (siehe Anmerkung 25) wurde hierzu ausgeführt: »Wenn ein Theosoph auch sagt ... der Fall der Engel bestand in ihrer Weigerung, sich in ganz unvollkommene Formen zu inkarnieren, weil dies sie in ihrer Entwicklung gehindert hätte, so kann ich nur sagen, wie könnt ihr Gott also beeigenschaften? Soll er in seiner Weisheit unter den Engeln stehen? Soll er kindisch mit Formenschaffen und -zerbrechen sich unterhalten? Soll ... nur der eine Weg der Qual (Entwicklung in die Materie) für alles Leben bestimmt worden sein? Und der Endzweck des Bewußtwerdens, des individuellen Lebens, wird der Untergang dieses Bewußtseins sein? Könnt ihr euch nicht eine Gottheit vorstellen – wenn auch nicht fassen –, deren Größe die gewordene ›Welt der Individualität‹ umfassen kann, ohne sie erst wieder individualitätslos zu machen, um sie wieder in sich aufnehmen zu können? Wenn ihr die Irrtümer eurer Gottesauffassung im Laufe der bildenden Zeiten überwinden wollt, müßt ihr zuerst alle Grenzen abbrechen, die ihr seiner Liebe, seiner Weisheit und seiner Größe gezogen (habt). Erst dann kann die Wahrheit, die ewig euch umgibt, von euch assimiliert werden.« Und: »Soweit es in euren Kräften liegt, sucht euch systemfrei zu machen. Und so euch ein Mensch sagt: ›Ich glaube an den Gott in mir, ich glaube an unsere Unfreiheit‹ und ein anderer: ›Ich glaube an einen Sündenfall, ich glaube an eine beschränkte Willensfreiheit‹ und ein dritter: ›Ich glaube an das erlösende Blut Christi‹, so seht in all diesen Äußerungen Wahrheitsteile, und entgegnet: ›Ich glaube an die Vollendung der Wahrheitsoffenbarung und der Wahrheitsempfindung.‹ Indem ihr die Kräfte dieser Überzeugung aussendet, verändert ihr die Substanz eurer Atmosphäre und erfüllt die gesetzlichen Bedingungen für klarere Offenbarung in eurer Welt.«

35 »Geheimlehre« I, S. 220.
36 Beatrice Flemming, »Kleines Lexikon und Register für das theosophische Weltbild«, München 1976, S. 139. – Von der Venus, dem angeblichen Planeten Luzifer/Satans, sollen denn auch die Lehrer und »Meister« der Adyar-Theosophie stammen (nach Johannes Fährmann, »Einführung in das Theosophische Weltbild der Gegenwart«, Buenos Aires 1951, S. 35. Der Verfassername ist vermutlich das Pseudonym von Hans Fändrich).
37 »Geheimlehre« II, S. 245. – Eliphas Lévi, der eigentlich Alphonse-Louis Constant hieß (1810–1875), gilt unter Esoterikern als unbestrittene Autorität. Auch HPB schätzte ihn sehr und zitierte (a.a.O., S. 533) seine Lobrede auf Satan: »Das ist jener Engel, der stolz genug

war, sich selbst für Gott zu halten; tapfer genug, seine Unabhängigkeit um den Preis ewiger Leiden und Qualen zu erkaufen; schön genug, sich selbst im vollen göttlichen Licht angebetet zu haben; stark genug, noch immer in Finsternis inmitten von Pein zu herrschen und sich selbst einen Thron aus seinem unauslöschlichen Scheiterhaufen gemacht zu haben. Das ist der Satan des republikanischen und ketzerischen Milton ... der *Fürst der Anarchie*, bedient von einer Hierarchie reiner Geister.« HPB bemerkt dazu: »Diese Beschreibung, die so geschickt theologisches Dogma und kabbalistische Allegorie versöhnt und es sogar zustande bringt, eine politische Artigkeit in ihre Redewendung einzuschließen, ist – wenn im rechten Geiste gelesen – ganz richtig.«

38 In ihrem »Schlüssel zur Theosophie« (Altmann, Leipzig, S. 54) schreibt HPB: »Die Gesellschaft zerfällt, wie bekannt ist, in eine äußere und eine innere. Diejenigen, welche zur letzteren gehören, haben eine besondere Philosophie oder – wenn dieser Ausdruck vorgezogen werden sollte – ein eigenes religiöses System. Die Grundlinien desselben sind vor einigen Jahren im ›Theosophist‹ und im ›Esoterischen Buddhismus‹ (von Herrn Sinnett) dargestellt worden und können noch ausführlicher in der ›Geheimlehre‹ gefunden werden.« Und ebendiese »Geheimlehre« gipfelt in der Luzifer/Satan-Verehrung! Es sei allerdings so, bemerkt Friedrich-Wilhelm Haack in seiner Schrift »Satan – Teufel – Luzifer« (München, 5. Aufl. 1987, S. 43), »daß in der deutschsprachigen Theosophie nie eine große Neigung bestand, diese Satan/Luzifer-Gnosis groß herauszustellen«.

39 Hierzu ein Beispiel aus der parapsychologischen Praxis anläßlich einer Sitzung mit dem damals berühmten Materialisationsmedium Rudi Schneider (1908–1957), die in Graz stattfand. Der Berichterstatter erzählt den Vorgang des Intrancegehens, was bei solchen Medien einem Sterben gleichkommt. Danach wurde Schneiders Gesicht »leuchtend grün. Es ist nicht *sein* Gesicht, brutale Züge voll Haß! Die Hände werden leuchtend, erheben sich, greifen nach meinem Hals ... Ich sage: ›Jesus gebe dir Frieden!‹ – Das war wie in einen luftgefüllten Sack gestochen! Das grüne Leuchten erlischt plötzlich. Wie ein Toter sackt Rudi zusammen.« Hier handelte es sich um ein Phänomen, welches wir »Transfiguration« nennen: Die Gesichtszüge des Mediums verändern sich dermaßen, daß es deutlich eine Fremdpersönlichkeit darstellt. Der Bericht stammt von Ing. Viktor Nußbaumer, mit dem ich korrespondierte.

40 »Geheimlehre« I, S. 445; II, S. 533; I, S. 406.

41 »Reformierende Blätter« 1878, S. 439. Der Text lautet im Zusammenhang: »Jede Folge ist ein Kreis, und jeder Kreis hat seine Farbe, sein Licht und seinen Schatten, seine Arten von Kräften und Fluiden und seine ihm adäquaten Geister. So hat, von Gott, dem Urlicht an, alles seinen Ausdruck in Geist, Kraft und Stoff nach seiner Art, nach seiner Folge. Und jeder Kreis hat seine Pole; diese bedingen Potenz und Depotenz im eigenen Kreise. Obgleich sie eins in ihrem Kreise sind, sind sie doch wieder so verschieden wie Gesetz und Gegensatz; sie bedingen sich jedoch im Dasein. Der Gegensatz könnte ohne das Gesetz nicht leben, denn er ist wie ein fauler Sumpf, der frisches Wasser als Lebenszufluß braucht, um wenigstens Sumpf zu bleiben und nicht in eigener Fäulnis zu ersticken und ganz zu vertrocknen. Und die gesetzliche Vernunft findet Arbeit an der gegensätzlichen Vernunft. Durch den Kontakt mit ihr lernt sie sich überwinden … wird stark und wächst und schreitet fort zu ihrem Ziele, zur Urvernunft.«

42 MuSch 6. Jg., Nr. 5,4. – HPB meint: »Wenn daher die Kirche den Satan verflucht, so verflucht sie den kosmischen Widerschein Gottes. Sie tut Gott in Bann, der in der Materie oder im Gegenständlichen offenbar geworden (ist); sie schmäht Gott oder die ewig unfaßbare Weisheit, die sich selbst als Licht und Schatten, als Gutes und Böses in der Natur offenbart – die einzige Weise, die dem beschränkten Verstande des Menschen faßbar ist« (»Geheimlehre« II, S. 245). Und: »Der Logos und Satan sind eins« (a.a.O., S. 541) und Logos und Luzifer desgleichen (a.a.O., S. 542). »Das würde letztlich heißen«, bemerkt F.-W. Haack in »Satan – Teufel – Luzifer« (München, 5. Aufl. 1987, S. 43), »Christus und Satan sind eins, denn Joh. 1,1 heißt: ›Im Anfang war das Wort‹, und der griechische Begriff für das ›das Wort‹ ist ›ho Logos‹ (der Logos).« Diese Gleichsetzung wird in vielen Darstellungen der Theosophie übersehen, meint F.-W. Haack, womit er wohl recht hat.

43 Von Leadbeater erzogen wurden u. a. der Sohn von A. P. Sinnet sowie der nachmalige TG-Präsident C. Jinarajadasa, der mit dreizehn Jahren zu Leadbeater stieß (Miers, a.a.O., S. 216). Das Magazin »Der Spiegel« – in seiner oft ätzend-satirischen Sprache – kennzeichnet Leadbeater in der Nr. 9/1986 mit den Worten: »… ein rasputinhafter, bekennender Päderast«. Vieles in seinen Schriften ist jedoch ohne weiteres akzeptabel.

44 Rohm (siehe Anm. 12), S. 36. Rohm zitiert Annie Besant wörtlich aus einer theosophischen Zeitschrift (ohne Quellenangabe).

45 Leadbeater erwies sich seiner Gönnerin gegenüber dankbar und pries ihre Qualitäten in den höchsten Tönen: »Was kann ich euch noch sagen von eurer Präsidentin, was ihr nicht schon wüßtet? Ihre kolossale Intelligenz, ihre unfehlbare Weisheit, ihre unerreichte Beredsamkeit, ihr wunderbares Selbstvergessen, ihre unermüdliche Hingabe an die Arbeit für andere, das ist euch alles bekannt. Jedoch diese Eigenschaften und Fähigkeiten sind nur ein Teil ihrer Größe, sie liegen an der Oberfläche; alle können sie sehen, sie springen ins Auge. Aber es gibt andere Eigenschaften, andere Fähigkeiten, wovon ihr gar nichts wissen könnt, denn sie gehören zum Geheimnis der Initiation. Sie ist eine Schülerin unserer Meister, aus der Quelle ihrer uralten Weisheit entspringt ihre eigene; die Pläne, welche sie ausführt, sind die Pläne der Meister zum Heile der Welt.«

»Bedenket also, wie groß die euch erwiesene Ehre ist, daß ihr zugelassen werdet, unter ihr zu arbeiten, denn indem ihr dieses tut, arbeitet ihr tatsächlich unter den Meistern. Bedenket, wie ihr wachen müßt, um auch nicht eine Andeutung zu verlieren, die von ihren Lippen fällt; um die Weisungen zu befolgen, welcher Art sie auch immer sein mögen, die sie euch gibt. Erinnert euch, daß sie – weil sie eben eine Eingeweihte ist – auch weit mehr weiß als ihr; aber gerade weil ihr Wissen okkult und unter dem Siegel der Einweihung erlangt ist, kann sie es nicht mit euch teilen.«

»Ihre Handlungen sind daher fortwährend inspiriert von Erwägungen, die eurer Fassungskraft entgehen. Es wird Augenblicke geben, wo ihr ihre Beweggründe nicht erkennen könnt, denn sie zieht viele Dinge in Berechnung, die ihr nicht seht und von denen sie euch nichts sagen darf. Aber ob ihr sie versteht oder nicht, ihr werdet weise sein, ihr *blind* zu folgen, aus dem einfachen Grund, weil sie wissend ist. Alles dies ist nun keine bloße Annahme meinerseits oder ein Trugbild der Einbildungskraft; ich war zur Seite unserer Präsidentin in Gegenwart des höchsten Leiters der Entwicklung dieser Weltkugel, und ich weiß, wovon ich spreche. Lasset die Weisen meine Worte hören und danach handeln!«

Mich selbst eines Kommentars hierzu enthaltend, lasse ich Karl Rohms Bemerkung folgen: »Und die Annie Besant schämt sich nicht, diesen Erguß in der von ihr selbst herausgegebenen Monatsschrift abzudrucken!«

46 Von typisch menschlichen »Spaltpilz« blieb eben auch die sich

besonders elitär fühlende theosophische Bewegung nicht verschont. Ihren Führern mißlang die propagierte Weltverbrüderung untereinander ebenso wie den Führern der Christenheit die vorbildliche Nächstenliebe. »Das Vertrauen der Geheimwissenschaftler in ihre gegenseitige Redlichkeit scheint sehr gering zu sein«, schrieb der Indologe und Religionsforscher Prof. Jakob Wilhelm Hauer. »So urteilt z. B. Mme. Blavatsky über ihren Freund und Mitarbeiter (Dr. Franz) Hartmann, er sei ein Zyniker, ein Lügner, schlau und rachsüchtig. Hübbe-Schleiden ... behauptet von Frau Tingley, ›nie bin ich so konzentriert angelogen worden‹. Olcott, der Nestor der Theosophie, klagt Judge an. Im Besant-Steiner-Streit ... sucht Mrs. Besant Steiner schlechtzumachen ...« (J.W. Hauer in »Werden und Wesen der Antroposophie«, 2. Aufl. 1923, S. 46). Fürwahr, eine tolle Brüderlichkeit unter Esoterikern!

Was die sogenannten Mahatma-Briefe anbelangt, so gab es schon vor der Panne mit dem »Wunderschrein« von Adyar einen Skandal ähnlicher Art in den USA. Dort konnte ein Spiritualist namens Kiddle am 13. 8. 1883 gegenüber dem Herausgeber des Londoner »Light« nachweisen, daß ein von Sinnett in dessen Zeitschrift »Occult World« 1881 veröffentlichter Mahatma-Brief des Koot Hoomi in Wirklichkeit das Plagiat einer von Mr. Kiddle am 15. 8. 1880 beim spiritualistischen Camp-Meeting zu Lake Pleasant gehaltenen Rede sei. Dieser Vorfall erregte peinlichstes Aufsehen (K. Kiesewetter, »Geschichte des neueren Okkultismus«, Leipzig 1909, S. 568).

47 Akasha-Chronik ist die theosophische Bezeichnung eines Astralgedächtnisses, in dem alle Ereignisse, Gedanken und Gefühle seit Anbeginn der Welt bewahrt sind. Sensitive sollen aus dieser Dimension authentische Eindrücke von vergangenen Zeitaltern empfangen können. Aus dieser Quelle leiten sich auch einige theosophische Beschreibungen von Atlantis und Lemuria ab. (Nach Nevill Drury, »Lexikon esoterischen Wissens«, München 1988 [Knaur-Tb. 4160], S. 23.)

48 Im Talmud ist die sogenannte Pandera- oder Panthera-Version verzeichnet, wonach der Vater von Jesus ein römischer Offizier gewesen sei, der Miriam, die Verlobte des Josef, verführt und geschwängert habe. Sehr wahrscheinlich handelt es sich hier um eine erfundene Zweckmeldung, um Jesus in den Augen strenggläubiger Juden zu diskreditieren, denn seine Herkunft wäre dadurch mit dem Makel einer schweren Sünde belastet. HPB nun schloß sich dieser

Auffassung an und läßt diesen Jeshu oder Jeshua (auch Jehoshua) ben Pandera im Jahre 105 v.Chr. geboren werden, obwohl andererseits behauptet wird, Jesus habe nie existiert. So darf denn jeder glauben, was ihm behagt. Miers dürfte jedenfalls zuzustimmen sein, wenn er schreibt, in manchen esoterischen Gruppen würde »der Name Jesu Christi übernommen, um den Eindruck zu erwecken, die verbreitete Lehre sei christlich oder stände nicht im Widerspruch zum Christentum; Christentum ist indes einzig und allein der Glaube an die Erlösung durch Jesus Christus. Gerade dieser Glaube wird aber von den betreffenden Gruppen abgelehnt« (Miers, a.a.O., S. 215).

Mit der komplizierten Geschichte von den beiden Jesusknaben soll es sich folgendermaßen verhalten: Jesus ist Mensch und Person, Christus als der »Logos« ist Wesenheit, die nur während der drei Jahre von der Taufe bis zur Gefangennahme im physischen Körper des Jesus wirkte. Als Jesus von Johannes getauft wurde, soll sich ein Persönlichkeitswechsel vollzogen haben (ähnlich, wie es im Tieftrancezustand beobachtet werden kann), und zwar dergestalt, daß das Ich des Jesus sich ins Jenseits zurückzog. Infolgedessen stand sein Körper der Wesenheit des Christus zur Verfügung. Da die beiden Geschlechtsregister Jesu im Neuen Testament nicht übereinstimmen, wird nun behauptet, damals seien *zwei* Knaben geboren worden. Die Eltern des einen wohnten in Nazareth, die des anderen in Bethlehem. Beide wurden in Bethlehem geboren und bekamen den Namen Jesus. Zufällig hießen die Eltern von beiden Maria und Josef. Der eine stammte aus der königlichen Linie, die von David über Salomo verläuft, der andere stammte aus der priesterlichen Linie des Nathan. Wir hätten also den salomonischen und den nathanischen Jesus. Der nathanische wurde von den Hirten angebetet, der salomonische von den drei Weisen aus dem Morgenlande. Der salomonische Jesus besuchte – nach Rudolf Steiner – während seines dreitägigen Aufenthaltes in der ägyptischen Stadt Heliopolis die dortige alte Mysterienstätte und wurde dabei vom Geist des Zarathustra überschattet; ja Zarathrusta selber inkorporierte sich in ihm, so daß dieser Jesus Träger der zarathustrischen Weisheit wurde. An jenem Osterfest, von welchem Lukas die Begebenheit mit dem zwölfjährigen Jesus im Tempel schildert, waren beide Familien nach Jerusalem gepilgert. Beide Buben begaben sich in den Tempel. Und hier geschah etwas Bedeutsames, indem das Ich des salomonisch-zarathustrischen Knaben auf den nathanischen überging. Bei letzterem vollzog sich ein totaler Persönlichkeitswechsel, so daß seine Eltern ihn kaum wiedererkannten, als sie ihn nach drei Tagen fanden. Der bisherige salomonische Junge siechte, von seinem Ich verlassen, langsam dahin und starb. Inzwischen war seine Mutter Witwe geworden, und bei dem anderen Jungen hatte der Vater das Zeitliche gesegnet, und die beiden übriggebliebenen Elternteile heirateten sich, so daß alles wieder ins Lot kam: Es gab nur noch *einen* Jesus, *eine* Maria und *einen* Josef. In diesem Familienkreis wächst der nathanische Jesus nun auf und wird fähig, später bei seiner Taufe im Jordan die Wesenheit des göttlichen Christus in sich aufzunehmen ...

49 Annie Besant in »Erweiterte Ausblicke«, S. 41; zitiert nach Matzka, 74. Wenn es stimmen sollte, daß der Junge sich nicht in gewünschter Weise entwickelte, so daß Annie Besant ihm – wie Rohm schreibt – »über Nacht den Laufpaß gegeben und ... einen neuen Burschen in Paris aufgegabelt und zum Christuskandidaten proklamiert« hätte, so wäre dies ein Gipfel an Unverfrorenheit. Obwohl Rohm recht gut informiert war und ich auch im »Zentralblatt für Okkultismus« (1921/22, S. 551) eine diesbezügliche Aussage fand, möchte ich dennoch bezweifeln, daß Annie Besant sich ein solch starkes Stück leistete.

50 So z. B. im zweiten Jahrgang des »Theosophischen Lebens« unter dem Titel »Befähigung zur Chelaschaft« und später als Sonderdruck im fünften Band der »Okkultistischen Bibliothek«.

51 »Das muntere Bürschchen hat das richtige Zeug zum Lehrer an einer Sowjetschule«, schreibt der Anthroposoph Hans Liebstoeckl in seinem Buch »Die Geheimwissenschaften im Lichte unserer Zeit«, Wien 1952, S. 361.

52 Er schreibt auf S. 131: »In aller Ehrerbietung wurde sie als Präsidentin gefragt, was nun zu tun sei, nachdem Krishnamurti knapp 24 Stunden vorher – wie man sagte – alles, und auch ihre Lebensarbeit, zerschlagen habe. Nach kurzer Pause erhob sich die ganz in Weiß gekleidete weißhaarige Greisin und sagte mit fester, wohlklingender Stimme etwa folgendes: ›Freunde! Ich selber weiß nicht, warum mein geliebtes Kind Krishnaji so gehandelt hat. Ich weiß nur dieses: Was immer er tat, tut und tun wird, stets wird es nur das Richtige und Notwendige sein!‹ Nach diesen wenigen, alle Anwesenden beeindruckenden und mich zutiefst erschütternden Worten blieb sie stehen, winkte mich heran und verließ, auf meinen Arm gestützt, die Versammlung aller ihrer Unterführer in der Welt. Ich

brachte sie ins Schloß Eerde, wo sie mich aufforderte, mit ihr, Krishnamurti, Leadbeater und vielen anderen, die im Schloß Eerde wohnten, gemeinsam zu essen. Jedenfalls gehört die Haltung, welche die achtzigjährige Annie Besant und ebenso der junge Krishnamurti in diesen Tagen zeigten, sowie die Worte, welche beide aus tiefer Überzeugung in Wärme sprachen, zum Unvergeßlichsten an menschlicher Größe und Vornehmheit, was ich in meinem langen, an Ereignissen reichen Leben erfahren durfte.«

53 Hierzu schrieb der Theosoph und Zeitzeuge Ludwig Deinhard (1847–1917) in seinem Nachruf auf Dr. Hübbe-Schleiden: »Im Herbst 1911 brach der Sturm los, den der kurz vorher in Adyar ins Leben gerufene ›Orden vom Stern im Osten‹ in der deutschen Sektion entfachen mußte, und die ganze große internationale Adyar-Weltgesellschaft mit Frau Besant an der Spitze war empört über die deutsche Sektion, als diese bestimmt erklärte, jenem Orden nicht beitreten zu können, weil seine Satzung gegen die Wahrheit und gegen die Auffassung des Christus-Problems verstoße, die sich die deutsche Sektion zu eigen gemacht hatte. Es kam zum Bruch, und die deutsche Sektion wurde im Frühjahr 1912 aus der Adyar-Gesellschaft ausgeschlossen« (PsStud 1916, 333).

54 D. Hornung, »Kundgebungen aus dem Geisterreiche«, Stuttgart 1862, S. 154.

55 A.J. Davis in »Die Philosophie des geistigen Verkehrs«, Lorch 1937, S. 7.

56 MuSch 4. Jg., Nr. 16,18.

57 E. von Bergbach, »Geisterkundgebungen«, Berlin 1891, S. 99.

58 Auch bei Sir. 25,22 sind gewiß keine »Drachen der Weisheit« gemeint, wenn es heißt: »Lieber bei Löwen und Drachen wohnen als bei einem bösen Weibe«!

59 In einer Mitteilung aus höheren Welten wird gesagt: »Die Kohäsionen (die Kraft des Zusammenhaftens kleinster Teilchen eines Stoffes) in den Sphären bilden sich, die repulsiven (zurück- bzw. abstoßenden) Elemente des Erdinneren gruppieren sich und erzeugen Druck und Gegendruck. Und unter diesem Druck und Gegendruck befindet sich die Erdrinde jetzt mit allen ihren Bewohnern, und ein Zusammenstoß der schlechten Kräfte und Stoffe ... steht unvermeidlich in Aussicht.« Weiter: »Und die Menschen fühlen diesen Druck und Gegendruck und wissen auch, daß dies zu einer Katastrophe führen muß. Doch können sie sich keine Rechenschaft geben, weder über die Art noch über die Kraft, noch über die

Tragweite dieser bevorstehenden Katastrophe« (Ref. Blätter, Bd. II, 214/15).

60 Margarethe Eckel, »Christentum und östliche Geistigkeit«, in der Monatsschrift »Das Wort« Nr. 3/1982, 163.

61 A. von Vay (Siehe Anm. 24), S. 98. Weiter lesen wir: »Der Materialismus ist der Gegensatz von Christi Wort. Er will selbst schaffen. Es liegt hierin eine große Bewegung der Gegensatz-Geister, welche die Menschen bei ihrer schwachen Seite, dem Wissenwollen, nehmen, um gegen Gottes Lehre des Geistes anzustürmen; gegen welche sie nur stürmen, aber sie nicht vernichten können!«

62 Miers (siehe Anm. 3), S. 326–330.

63 In »Abschied ohne Wiederkehr?« (St. Goar 1984) bringe ich auf S. 197 einen solchen Fall.

64 Georg Sulzer, »Moderne indische Theosophie und Christentum«, Leipzig 1909, S. 92. Sulzer nennt den geschilderten Vorgang ganz richtig eine Bekehrung, da bei solchen Gelegenheiten unwissende Jenseitige auf Gott, Christus und das Gebet hingewiesen werden. Er betont, daß es auch auf Täuschung beruhende »Geisterbekehrungen« gibt. Von den echten würden sie sich jedoch dadurch unterscheiden, »daß sie sehr leicht vonstatten gehen und sich oft in großen Massen gleichzeitig vollziehen«. Dies käme besonders bei falschen »Vatermedien« vor, ausgehend vom Unterbewußtsein des Mediums oder von Lügengeistern. Sind jedoch Personen anwesend, deren Hellsichtigkeit eine gute Beobachtung gestattet, so werden solche Täuschungsmanöver nur ausnahmsweise gelingen.

Sulzer schreibt: »In den echten Fällen, bei denen ich Augenzeuge war, gab es niemals Massenbekehrungen, und der Fortschritt zur Selbsterkenntnis und Buße vollzog sich ziemlich langsam, wenn auch einzelne überraschende Szenen nicht mangelten. Auch konnten die sich manifestierenden Verstorbenen durch die anwesenden Hellseh-Medien, die sie in der Regel im Trancemedium selber erblickten und oft schon, bevor dieses zu sprechen begann, im Sitzungszimmer neben ihm stehen sahen, genau beschrieben werden, so daß sich durch Erkundigungen über ihr Aussehen bei einigen sogar die Identität konstatieren ließ. Ebenso wurden die Angaben, welche die Verstorbenen über ihr Leben und ihren Tod gemacht hatten, in verschiedenen Fällen verifiziert.«

65 Leadbeater revidierte allerdings später sein Pauschalurteil über den Spiritismus und schrieb in »Isis« (Jahrg. 1908, 557): »Die Menschen sind häufig geneigt, nur auf die Schattenseiten des Spiritismus zu

sehen, aber wir sollen nie vergessen, daß er in dieser Art guter Werke sehr viel Erfreuliches geleistet hat, denn auch er gab den Verstorbenen häufig die Möglichkeit, nach einem plötzlichen, unerwarteten Abschied ihre Angelegenheiten zu ordnen.«

66 »Geheimlehre«, Adyar-Ausgabe Bd. 5, 435; zitiert nach C. Cumbey, »Die sanfte Verführung«, Aßlar 1987, 131.

67 Zitiert nach R. J. Mund, »Jörg Lanz von Liebenfels und der Neue Templer-Orden«, Stuttgart 1976, 189.

68 Emanuel in »Zu freien Ufern«, Nr. 6/1980, 44. Die in der Heftreihe dieses Titels veröffentlichten Kundgaben Emanuels sind im »Buch Emanuel« leider nicht enthalten.

Schon wieder ein neuer »Christus«

Luzifer als Wassermann?

Wer Luzifer/Satan nach der »Geheimlehre« ist, wissen wir nun. Darüber hinaus legen Frau Blavatskys »Meister« dar, daß auch der alttestamentliche Jahwe/Jehova identisch sei mit dem »Herrn dieser Welt«, mit Satan! Begründet wird dies u. a. mit der in 1. Chron. 21,1 und 2. Sam. 24,1 berichteten Volkszählung Israels. Nach 1. Chron. 21,1 trat *Satan* gegen Israel auf und verleitete David zu einem unbegreiflichen Verbrechen, nämlich einer Volkszählung. 2. Sam. 24,1 erzählt dieselbe Begebenheit mit den Worten: »Und der Zorn Jehovas entbrannte (Luther: der Zorn des *Herrn* ergrimmte) abermals wider Israel und verleitete David gegen sie, daß er sprach: Gehe hin, zähle Israel und Juda.« – Damit wären Jahwe und Satan als identisch und wesensgleich auch in der Bibel gekennzeichnet.[1] HPB, die zwischen gefallenen und nichtgefallenen Engeln durchaus keinen Unterschied erblikken kann, es sei denn »in ihren bezüglichen Funktionen«, nutzt solche und viele andere größtenteils der Gnosis entstammenden Argumente, um die Lehren ihrer »Meister« zu rechtfertigen.[2]

Nicht bloß Theologen, sondern auch Esoterikern sollte bekannt sein, daß Jahwe/Jehova (»Jehova« ist eine falsche Lesart des hebräischen Gottesnamens JHVH) nicht der für uns kaum vorstellbare Inbegriff göttlicher Liebe, Schöpferkraft und Weisheit sein kann, wozu ihn die christliche Theologie in Unkenntnis hebräischer Begriffe gemacht hat, sondern bloß einer von den niederen Göttern oder Gottheiten,

wie das Wort »Elohim« richtig übersetzt lautet. Jahwe repräsentiert den Geist der Erde, die leidenschaftliche, Leiden
schaffende Kraft, die sich auch personifiziert manifestieren
kann. Das ist der tiefere Grund, warum er im Alten Testament als eifersüchtiger, zorniger, beleidigungsfähiger Stammesgott erscheint, der willkürlich seine Gnaden austeilt oder
furchtbare Ausrottungsbefehle erläßt, der nur mit viel und
blutigen Opfern besänftigt werden kann und alles Nicht-
jüdische auf den Tod haßt. Man lese doch nur einmal einige
jener blutrünstigen Bibelstellen wie 2. Mose 32,25 ff.; im 4.
Mose die Kapitel 25 und 31; 5. Mose 2,25 und das 15.
Kapitel sowie 20,10 ff.; Jos. 6,21 und 8,23–29; Richter 4,21
mit 5,24 ff., 19,22 ff. und 20,48; 2. Chron. 25,12; Jes. 34,2
ff.; Jes. 63,1–6, wo »der Herr« seine blutverschmierten Ge-
wänder besingt! Ferner Hes. 5,13 und 21,14 ff.! »Ihre Kinder
werden zerschmettert vor ihren Augen, ihre Häuser geplün-
dert und ihre Weiber geschändet«, lautet Jes. 13,16. Dazu
Psalm 137,9: »Wohl dem, der deine kleinen Kindlein packt
und zerschmettert sie am Felsen«! Und was sich sonst noch
alles an Scheußlichkeiten und haßerfüllter Bestialität in Jahwes Namen oder Auftrag im Alten Testament findet. Es ist
entsetzlich, was uns da fast zweitausend Jahre lang als
»Gott« und »heilig« vorgesetzt worden ist! Leider fraß sich
diese unheilvolle Verzerrung des Gottesbegriffs dermaßen
tief in abendländische Denkgewohnheiten ein, daß auch viele
Esoteriker noch nicht davon losgekommen sind.
Während der Name Jahwe/Jehova im Alten Testament mehr
als sechstausendmal vorkommen soll, fehlt er im Neuen
Testament vollständig. Christus brachte nämlich eine höhere
Gottesauffassung, eine, die sich von der alttestamentlichen
unterscheidet wie Tag und Nacht: Gott ist kein rachsüchti-
ges, unberechenbar-launisches, despotisches Wesen, dessen
Zorn mit Lobhudeleien und Opfern besänftigt werden müß-
te. Gott bedarf auch keines Namens. Gott ist Liebe, und zwar

unwandelbare Liebe; und wiewohl Urgrund allen Seins, kann er begriffen und erfahren werden als »Vater«.

Nun wird aber nach wie vor gelehrt, dieser Liebe-Gott habe uns Menschen »nach seinem Bilde« erschaffen, so daß wir »gottähnlich« seien. Das veranlaßte Voltaire zu dem Ausruf: »Wie schlimm für Gott, wenn ich ihm ähnlich bin!«

Diese Bemerkung Voltaires wäre wohl berechtigt, wenn wirklich der Gott nach *unserer* Vorstellung den Menschen »nach seinem Bilde« geschaffen hätte. Das aber ist nicht der Fall, wie aus dem Alten Testament selbst klar hervorgeht! Nicht Gott schuf den Menschen, sondern die Elohim waren es, wovon Jahwe einer ist: »Lasset *uns* Menschen machen«, heißt es im 1. Mose 1,26.[3] Wie schon in meinem Buch »Neues Licht auf alte Wunder« (S. 261 ff.) ausführlich dargelegt, ist das Wort »Elohim« die Mehrzahl von »El« bzw. dem angeblich nur poetisch gebrauchten Wort »Eloah« und heißt richtig übersetzt »Götter« oder »Gottheiten« (1. Sam. 28,13).

»Keiner ist dir gleich unter den Göttern«, lautet Vers 8 des 86. Psalms. Im nächtlichen Ringkampf soll Jakob »den Herrn« sogar bezwungen haben. Gemäß 2. Mose 33,11 hat Moses mit Gott von Angesicht zu Angesicht gesprochen, während dieser selbe Gott im gleichen Kapitel, Vers 20 (und ähnlich Vers 23) versichert: »Mein Angesicht kannst du nicht schauen, denn kein Mensch, der mich schaut, bleibt am Leben.« Nur für einen Moment läßt sich die Erscheinung von hinten betrachten. Zudem preist sie Gott als einen barmherzigen und gnädigen Gott (2. Mose 34,6), also kann es nicht Gott selber gewesen sein. Auch das Erscheinen Gottes vor mehr als siebzig Ältesten Israels widerspricht der glaubwürdigen Aussage nach Joh. 1,18: »Niemand hat Gott je gesehen«.

בְּרֵאשִׁית בָּרָא אֱלֹהִים אֵת הַשָּׁמַיִם וְאֵת הָאָרֶץ: וְהָאָרֶץ
הָיְתָה תֹהוּ וָבֹהוּ וְחֹשֶׁךְ עַל־פְּנֵי תְהוֹם וְרוּחַ אֱלֹהִים
מְרַחֶפֶת עַל־פְּנֵי הַמָּיִם: וַיֹּאמֶר אֱלֹהִים יְהִי אוֹר וַיְהִי־
אוֹר: וַיַּרְא אֱלֹהִים אֶת־הָאוֹר כִּי־טוֹב וַיַּבְדֵּל אֱלֹהִים בֵּין
הָאוֹר וּבֵין הַחֹשֶׁךְ: וַיִּקְרָא אֱלֹהִים ׀ לָאוֹר יוֹם וְלַחֹשֶׁךְ

*»Im Anfang schufen die Gottheiten Himmel und Er-
de...«, lautet 1. Mose 1,1 im hebräischen Urtext (aus
Dr. Robert Kehl, »Die universelle Offenbarung des
Geistes«, Zürich 1977, S. 22). Die Jerusalemer hebrä-
isch-deutsche Bibelausgabe von 1954 enthält den gleichen Text, jedoch unrichtig mit »Gott« übertragen.*

Den Elohim-Begriff, der wie die meisten althebräischen Begriffe zweideutig bis zur Gegensätzlichkeit sein kann, erläuterte der jüdische Eingeweihte Oskar Goldberg in seinem
Werk »Die Wirklichkeit der Hebräer« folgendermaßen: Elohim bedeute nicht Gott in theologischem Sinne. Mit dem
Plural von El, Elohim, verhalte es sich ebenso wie mit Ado-
nim – der Plural unumschränkter Macht und Überlegenheit,
wobei der Begriff Elohim gleichermaßen auf Gegenstände,
auf Menschen, Götter oder Prinzipien angewendet werden
könne.[4] Jahwe nun ist einer der an sich unsichtbaren Elohim,
die sich aber bisweilen im Sinne eines Boten sichtbar manifestieren können. Schon bei der Erschaffung Adams, des
Urmenschentyps, habe es Elohimkämpfe um die Beteiligung,
die Einflußnahme gegeben. »Jichzak« würde nicht bloß das
»Lachen« Abrahams und Sarahs (1. Mose 17,17a und
18,12a) bedeuten, sondern das Triumphieren Jahwes über
die anderen Elohim (1. Mose 21,6 f.).
Damit wird sogar aus jüdisch-orthodoxer Sicht zugegeben,
daß Jahwe keineswegs allmächtig und allgegenwärtig ist. Das
unterstreicht die Unvereinbarkeit der alttestamentlichen mit

der neutestamentlichen Gottesvorstellung auf das deutlichste. Die Rabbiner wissen genau, daß JHVH-Jahwe nicht bloß ein ausschließlich jüdischer Gott ist und sein will, sondern daß er als »Herr dieser Welt« überhaupt gilt, d. h. der materiellen Welt im Sinne unseres Planeten. Für Jahwe ist nur ein diesseitiger Mensch »lebend«; vor ihm gilt jeder Hinübergegangene als unrein, und da er sich selber als »Gott der Lebenden« verstanden wissen will, sind ihm alle anderen Elohim »Götter der Toten«; sind – nach Goldberg – »Elohim metim« (Jes. 8,19), sind Bewohner der als Schattenreich vorgestellten niederen Astralwelt, wo es »kein Schaffen und keine Überlegung mehr, weder Erkenntnis noch Weisheit« gibt (Pred. 9,10). Daraus erklärt sich sowohl das Verbot des Totenbefragens als auch die krasse Diesseitsbezogenheit des Alten Testaments mit seiner rein irdisch verstandenen Messiashoffnung und dem triebhaften Streben nach Reichtum und Macht. Sogar das große Fest nach Vollendung des erwarteten Gottesreiches (auf Erden natürlich) denkt man sich als üppiges Festgelage, während dessen die bösen Feinde wie Strohbündel in einer Mistpfütze niedergetreten werden (Jes. 25,6 und 10!). Der an vielen Stellen des Alten Testaments auflodernde Haß gegen alles, was nicht Jahwe als einzigen Gott anerkennt, ist erschreckend!

Jahwe-Jehova ist auch für die Kabbalisten lediglich einer der Elohim, einer der niederen Sephiroth. Unter Gnostikern galt er vorwiegend als »Sohn der Finsternis«. Zugleich wird er als Mondgottheit betrachtet und mit dem Saturn in Verbindung gebracht. Jüdischerseits wurde er im Laufe der Zeit zum Nationalgott gekürt und über alle anderen Götter erhoben.[5]

Bei der Klassifizierung Jahwes zitiert Helena Petrowna Blavatsky den Talmud, wo es in Rabba Battar 16a heißt, der böse Geist, Satan Jehova und der Todesengel Samael seien »in jeder Einzelheit ein und dasselbe«. Aber das Böse sei eine Notwendigkeit im geoffenbarten Weltall und eine von dessen

Stützen; es sei notwendig für den Fortschritt und die Entwicklung, »damit der Mensch leben könne für immer«![6] Dann wieder ist Luzifer göttliches und irdisches Licht zugleich, ist der »heilige Geist«, ist das Astrallicht, ist das Karma der Menschheit und so weiter, und so fort – kurz, eine verwirrende Fülle von Behauptungen und verwickelten Gedankengängen auf über 1600 Seiten und mit viel Kleingedrucktem allein in der »Geheimlehre«! Soll dieses an sich imposante Lehrgebäude, das sich ausschließlich an den Intellekt wendet, Herz und Gemüt aber unbefriedigt läßt, wirklich aller Weisheit letzter Schluß sein? Ich denke es ist ratsamer, am Glaubenssatz »Gott ist Liebe« festzuhalten. Wem das zu glauben schwerfällt, dem sollte beispielsweise jeder neue Frühling Beweis genug sein für die unbezwingbare Kraft schöpferischen Lebens, das nach intelligenten Plänen ständig neue Formen schafft. Ja selbst aus radioaktiv verseuchtem Boden ringt sich, wiewohl verkümmert durch menschliche Schuld, neues Leben empor. Ist das kein Ausdruck einer für uns kaum faßbaren Liebe, eines unermüdlich aufbauenden Prinzips?

Wer sich der Logik dieser simplen Tatsache zu beugen vermag, der wird skeptisch sein, wenn man ihm erklärt, Gott habe Licht *und* Dunkel in sich und auch in ihm seien polare Kräfte vorhanden. Auf Luzifer mag das zutreffen, aber 1. Joh. 1,5 sagt unmißverständlich: »Gott ist Licht, und in ihm ist keinerlei Finsternis.« Es macht mich stutzig, wenn man sogar bei Lorber liest, auch Gott selbst habe »neben dem hellsten Lichte das tiefste Dunkel in sich und daß Luzifer fallen mußte, zumal Gott ihn mit einem »erheblichen Übergewicht der Widerordnungskräfte« ausgestattet habe. Dr. Walter Lutz, der Lorber-Interpret, zitiert entsprechende Stellen aus dem Lorberschen Offenbarungswerk in seiner Schrift »Der Fall Luzifers und die Entstehung der Materie«.[7] Irgendwie scheint mir das mit der angeblich gnostisch-esoterischen Ansicht konform zu gehen, wonach es ein Fehler sei, Luziferianer und Satanisten in einen Topf zu werfen. Luzifer als Erstgeborener sei von Christus, dem Zweitgeborenen, »unrechtmäßig verdrängt« worden. Von daher soll auch der angebliche Ketzergruß »Luzibel, dem Unrecht geschah, grüße dich!« stammen. Diese Verdrängung aber soll ein gesetzmäßiges Geschehen gewesen sein, wie es an der Schwelle eines Weltzeitalters üblich sei. Luzifer *mußte* zum Dämon werden, damit Christus erhoben werden konnte! Nun jedoch, da wir wieder an einer solchen Schwelle mit ihren Wertumkehrungen stehen, *muß* sich neuerdings die Umkehrungstendenz erweisen und Luzifer, durch die Gewalt seiner Heerscharen, als »Wassermann« auf den Gipfel der Welt tragen, um »die Krone der Welt« zu empfangen.[8]

Fast möchte man meinen, das derzeitige Weltgeschehen, wie es sich besonders seit der sogenannten industriellen Revolution entwickelt hat, würde die vorgenannte Ansicht bestätigen: Am Anfang des Fische-Zeitalters stand Christus; steht am Ende desselben Luzifer? Aufgabe des Christentums war, Menschen zu formen, die nach dem Vorbild Jesu Christi leben. Wie war es möglich, daß am Ende dieses so hoffnungsvoll begonnenen Äons der Antichrist steht? »Nicht als Person«, schrieb Kahir, »sondern als das Gestalt gewordene System des Bösen, das die Menschheit durch zwei Jahrtausende groß werden ließ. So übergroß, daß es den Bestand des Menschengeschlechtes und seines planetarischen Wohnhauses zu bedrohen beginnt.«

Kahir, der 1969 die Seinsebene wechselte, müßte heute zur Kenntnis nehmen, daß der Antichrist sich anschickt, auch als Person in Erscheinung zu treten. In der Maske des Christus natürlich. Und genau hundert Jahre nach der Gründung der Adyar-TG. Wie schlau das jetzt eingefädelt wurde, besagen folgende Sätze aus der Zeitschrift »Adyar« Nr. 4/1974: Mit dem »Stern des Ostens« wollten die Meister nur die Aufnahmebereitschaft der Menschheit prüfen. Das Kommen des Weltenlehrers wurde wegen der Weltkommunismus, Faschismus und Nationalsozialismus *verschoben*. Den Ereignissen von 1929 (als Krishnamurti alle Würden niederlegte, den »Stern des Ostens« auflöste und aus der TG austrat) liegt ein (angeblicher) »Ego-Wandel« (Persönlichkeitswechsel) Krishnamurtis zugrunde. Doch Krishnamurti II. bereitete sein Kommen vor. Die PSI-Welle unserer Tage wird die psychische Konstitution der Menschheit so verändern, daß um 2000 der Weltenlehrer willkommene Aufnahme finden wird. Vielleicht ist Alcyone, das alte Ego Krishnamurtis, bereits wieder inkarniert, nun aber als anonymes Vehikel des Messias ...

In der Tat wird im Rahmen einer regen Propaganda behauptet, der neue »Maitreya-Christus« und »Meister der Weisheit« sei bereits da und befinde sich seit 1977 in London.[9] Zur Vorgeschichte dieser Aktivitäten, die speziell mit den Schriften einer Blavatsky-Nachfolgerin namens Alice Ann Bailey (genannt AAB, 1880–1949) zusammenhängen, folgendes: Wie Frau Besant war auch Frau Bailey eine geschiedene Pfarrersfrau. 1915 wurde sie in den USA Mitglied der Adyar-TG. 1918 zum »Inneren Kreis« (Esoteric Section) zugelassen, heiratete sie 1920 den damaligen Generalsekretär der amerikanischen Sektion Foster Bailey. Anscheinend begannen sich auch bei AAB mediale Fähigkeiten zu zeigen, und ab 1919 agierte durch sie angeblich derselbe »Tibeter«, der HPB seinerzeit »überschattet« haben soll, der »Meister Djawhal Khul«. Unter seinem Diktat entstanden umfangreiche Bücher von enormer Langatmigkeit. Bei HPB war die Handschrift der sogenannten Mahatma-Briefe ihre eigene. Das besagt an sich nichts gegen einen außerpersönlichen Ursprung der Mitteilungen. Von AAB jedoch weiß man – nach Miers – nicht, in welcher Handschrift sie abgefaßt sind; sie wurden nie im Original veröffentlicht.

AAB war sehr produktiv, und es kam wieder zu einer Spaltung. Sie trennte sich von der Adyar-TG und gründete einen eigenen Verein, die »Theosophical Association«, die 1923 in »Arkanschule« umbenannt wurde (lat. *arcanum* = »Geheimnis«). In ihr erfolgt der Unterricht durch Fernlehrbriefe, die der Geheimhaltung ebenso unterliegen wie die Teilnahme überhaupt. AAB gründete außerdem a) die »Gruppe der neuen Weltdiener«, b) die Aktion »Weltweiter guter Wille« und c) die »Triangels«.

Zu a: Hier handelt es sich um eine Unterorganisation der Arkanschule. Gearbeitet wird mit »sieben Energien«, und man kann Grade erwerben. Jeweils um 17 Uhr Ortszeit wird ein gebetartiges Mantra gesprochen: »Die Kraft des Einen Lebens ströme durch die Gruppe aller echter Diener. Die Liebe der Einen Seele gestalte das Leben all derer, die den Großen helfen möchten. Möge ich mein Teil in dem Einen Werk vollbringen durch Selbstvergessen, Harmlosigkeit und rechte Rede.« Die Organisation versteht sich als Verbindungsglied zwischen Meister-Hierarchie und Menschheit, »um Licht und Kraft zu empfangen und beide einzusetzen, um – unter der Inspiration der Liebe – die neue Welt von morgen zu bauen«. Nun, das klingt alles sehr positiv, solange einem verborgen bleibt, wer mit der »Einen Seele« gemeint ist: Luzifer!

Zu b: »Weltweiter guter Wille« will keine Organisation sein, ist aber dennoch eine. Die Eintragung als Mitglied ist angeblich bloß »ein symbolischer Akt der Solidarität und geistigen Verantwortung«. Die Mitglieder verteilen hauptsächlich Propagandaschriften, errichten Studienzentren, geben Kurse. Über das Stadium harmloser Traktätchenverteilerei ist diese Organisation allerdings längst hinaus. Wie weit die Dinge bereits gediehen sind, verrät die offizielle Broschüre »World-

Goodwill«, wo es heißt: »World-Goodwill ist eine akkreditierte Organisation (also doch Organisation), die keiner Regierung angehört.« Und von wem wurde sie akkreditiert? Vom Büro für Öffentlichkeitsarbeit der Vereinten Nationen! Es unterhält »informelle Beziehungen bei einigen besonderen Dienststellen zu einer großen Zahl nationaler und internationaler Organisationen«. Demnach dienen Steuergelder der UNO-Mitgliedsstaaten der Finanzierung luziferischer Weltherrschaftspläne? – Nicht uninteressant!

Zu c: Bei den »Triangels« handelt es sich um die Pflege bewußter gedanklicher Verbindungen zwischen jeweils drei Menschen zu bestimmten Zeiten. Dabei soll die »Große Invokation« gesprochen werden, das »Vaterunser des Neuen Zeitalters«:

> »Aus dem Quell des Lichts im Denken Gottes ströme Licht herab ins Menschendenken. Es werde Licht auf Erden!
> Aus dem Quell der Liebe im Herzen Gottes ströme Liebe aus in alle Menschenherzen. Möge Christus wiederkommen auf die Erde!
> Aus dem Zentrum, wo der Wille Gottes thront, lenke planbeseelte Kraft die kleinen Menschenwillen zu dem Endziel, dem die Meister wissend dienen!
> Durch das Zentrum, das wir Menschheit nennen, entfalte sich der Plan der Liebe und des Lichtes und siegle zu die Tür zum Übel.
> Mögen Licht und Liebe und Kraft den *Plan* auf Erden wiederherstellen!«

Was für ein »Plan« gemeint ist, werden wir noch hören. Zur Vorbereitung des Bailey-Schrifttums war am 11. 11. 1922 (die Zahlen des Datums sind nicht ohne okkulte Bedeutung) die »Lucifer-Publishing-Company« (Luzifer-Verlagsgesellschaft) gegründet worden. HPB und Rudolf Steiner nannten anfänglich ihre Zeitschriften ebenfalls »Luzifer«, sahen aber später von dieser allzu deutlichen Kennzeichnung ab. Frau Bailey jedoch schien nicht völlig auf dieses Etikett verzichten zu wollen, und so heißt ihre Firma seit dem Jahre 1924 »Lucis Trust«.

Wie schon viele »Propheten« vor ihr verkündete auch AAB die nahe bevorstehende Wiederkunft Christi. In ihrem System steht Jesus, laut Miers, an der Spitze einer auf Erden wirkenden Hierarchie und über ihm Buddha. In der nach AAB ausgerichteten New-Age-Bewegung jedoch steht Jesus, wenn wir Constance Cumbey glauben wollen, erheblich tiefer: Zuoberst thront der »Sonnen-Logos«, gefolgt von der »Solaren Dreieinigkeit«, bestehend aus Vater (Wille), Sohn (Liebe/Weisheit) und Heiligem Geist (aktive Intelligenz). Danach kommen die »Sieben Strahlen« und alsdann »Sanat Kumara« (einer der vielen Namen Luzifers). Absteigend folgen sodann mehrere Ränge für allerlei »Kumaras, Oberhäupter, Manus, Bodhisattvas« sowie »Maha-Chohans« und danach jede Menge »Meister«. Unter diesen finden wir Jesus, der dem »Venezianischen Meister« namens Paul untersteht, welcher ehedem Papst Paul II. (1418–1471) gewesen sein soll.[10]

Hierzu bedarf es wohl ebensowenig eines Kommentars wie zu der Aussage AABs, die Atombombe sei ein Produkt der okkulten Hierarchie, entstamme einem »Ashram des ersten Strahles« in Zusammenarbeit mit einer Gruppe des fünften – und »auf lange Sicht gesehen, war und ist ihre Zielsetzung rein wohltätiger Natur«![11] Ob das die zahllosen Opfer von Hiroshima und Nagasaki auch so empfunden haben mögen?[12] Und ob die Nachläufer AABs wirklich außerstande sind, den Zynismus dieser Aussage zu erkennen? Zwar heißt es im »Faust« sehr richtig: »Den Teufel spürt das Völkchen nie, selbst wenn er es beim Kragen hätte«; aber kann Dummheit unter gebildeten und intelligenten Menschen wirklich so ausgeprägt sein, daß die Fratze des Bösen sogar bei gelüfteter Maske nicht mehr erkannt wird? – Niemals würde eine wahrhaft in der göttlichen Ordnung wirkende Wesenheit sich dazu hergeben, in irgendeiner Weise an Vernichtungsmitteln mitzuarbeiten!

AAB ging im Jahre 1949 zu ihren »Meistern«, aber ihre luziferisch-satanischen Schriften trugen vielfältige Frucht und beherrschen heute zu einem großen Teil das Denken in der New-Age-Bewegung.

Frau Bailey war wesentlich vorsichtiger zu Werke gegangen als HPB oder Annie Besant. Ihre Anhängerschaft wurde vorderhand lediglich angewiesen, eifrig Unterwanderungsarbeit zu leisten und sogenannte »Netzwerke« zu knüpfen. Gemäß dem Wunsche der »Meister« sollte die Untergrundarbeit bis 1975 dauern, dem Hundertjahrjubiläum der Gründung der Adyar-TG. Danach jedoch sollten die bis dahin mehr oder weniger geheimgehaltenen Lehren in möglichst größtem Rahmen öffentlich bekanntgemacht werden, vornehmlich die Ankündigung des Maitreya-Christus, der mittlerweile tatsächlich zum neuen »Erlöser« von allen Übeln und als Weltheiland des Wassermann-Zeitalters hochgejubelt worden ist.

Der – mit Ausnahme des Ostblocks – weltweite Propagandafeldzug begann am 25.4.1982 (nach anderen Quellen 1980) mit großen Zeitungsanzeigen. Der Text: »Die Welt hat genug Hunger, Unrecht und Krieg gesehen. Unser Hilferuf ist erhört worden. Als Lehrer für die gesamte Menschheit: *Christus weilt jetzt unter uns.* Wie aber werden wir ihn erkennen? Suchen Sie nach einem modernen Menschen, der sich mit unseren modernen politischen, ökonomischen und sozialen Problemen beschäftigt. Schon seit Juli 1977 hat dieser Christus in einem uns allen bekannten modernen Land als gewöhnlicher Mensch gewirkt ... Er ist kein religiöses Oberhaupt, sondern ein Erzieher im weitesten Sinne des Wortes, mit dessen Hilfe wir aus der gegenwärtigen Krisenlage geführt werden können. Er kann an seinem außergewöhnlichen geistigen Einfluß, an der Universalität seiner Ansichten und an seiner Liebe für die ganze Menschheit erkannt werden. Er kommt nicht, um zu richten, sondern um der Menschheit zu helfen und um sie zu inspirieren.«

Dann wird weiter gesagt, daß die Christen die Wiederkunft ihres Christus erwarten, die Juden ihren Messias, die Buddhisten ihren fünften Buddha, die Moslems ihren Imam Mahdi und die Hindus ihren Krishna. Tatsächlich seien dies jedoch nur verschiedene Namen für dieselbe Person, den Maitreya-Christus. Bis jetzt habe er sich noch nicht zu erkennen gegeben, »jedoch innerhalb der kommenden zwei Monate wird er überall in der Welt im Radio gehört und auf den Bildschirmen unserer Fernsehgeräte gesehen werden können«.

Der Konzern »Lucis Trust«, von dem wohl die meisten Gelder für solche Aktionen kommen, brachte sodann in allen Länderausgaben des »Reader's Digest« die erwähnte »Große Invokation«, die Anrufung des Maitreya-Christus, wo zuletzt die Wiederherstellung des »Plans auf Erden« beschworen wird. Was hat es mit diesem Plan auf sich?

Der Plan umfaßt realpolitische Ziele von der Einführung eines weltweiten Steuer- und Kreditkartensystems sowie einer Weltzentrale für Nahrungsmittelverteilung bis zur vereinheitlichten Wehrdienstpflicht und der Verwaltung von Nuklearwaffen durch die UNO. Diese würde nötigenfalls über den Einsatz derselben zu bestimmen haben, »wenn Aggressionen zum Durchbruch kommen«. Dabei spiele es keine Rolle, so heißt es in »The Externalisation of the Hierarchy« (S. 548), »ob die Aggression von einer bestimmten Nation oder einer Gruppe von Nationen ausgeht oder ob sie durch politische Gruppen irgendeiner mächtigen religiösen Organisation, wie zum Beispiel der römisch-katholischen

Kirche, entsteht ...« Das Ganze läuft auf eine Weltregierung hinaus, die unter Leitung eines »Rates der Weisen« und des »Maitreya-Christus« alias Luzifers stehen soll. Wer sich dagegen aufzulehnen wagt, der bekommt »das Schwert der Spaltung« zu spüren und wird gegebenenfalls »in eine andere Dimension geschickt«, wie eine satanisch-esoterische Umschreibung von Mord und Massenmord lautet.[13]

»... und siegle zu die Tür zum Übel«, wird von AAB auf Seite 754 ff. des genannten Buches näher definiert. Nach C. Cumbey sind die Religionen des Christentums, Judentums und Islams gemeint, die es als »Übel« zu beseitigen gilt und die gegeneinander ausgespielt werden müssen. Dem schlagkräftigen und die Weltherrschaft anstrebenden Islam ist dabei eine wichtige Rolle zugedacht. Auf diesem Hintergrund zeigt sich die Überflutung traditionell christlicher Länder mit Millionen Moslems in einem merkwürdigen Licht.

Der schottische Kunstmaler und Theosoph Benjamin Creme, Sprachrohr und seit 1974 rühriger Trommler für den neuen Weltheiland, gab am 14. 5. 1982 auf einer Pressekonferenz bekannt, daß Maitreya in London lebt – als zeitweiliger Sprecher der pakistanisch-indischen Emigrantengemeinschaft. Creme behauptet u.a., Luzifer sei vor achtzehneinhalb Millionen Jahren vom Planeten Venus auf unsere Erde gekommen und habe für uns »das höchste Opfer gebracht«. Von Jesus sagt Creme, daß er die Erde niemals verlassen habe! Nach der Kreuzigung besaß er zwar einen Wiederauferstehungsleib, mußte diesen jedoch aufgeben, weil »er sich nicht das Recht verdient hatte, ihn zu behalten«! Nunmehr lebe er in dem 640 Jahre alten Körper eines Syrers im Himalaja. Jesus sei überdies bloß ein Eingeweihter des vierten Grades, während Buddha ein solcher des sechsten Grades sei und der jetzt kommende Meitreya den siebten Grad innehabe.[14]

Zu dem ursprünglich schon für 1977 angekündigten großen

Auftritt Maitreyas via Rundfunk und Fernsehen kam es nicht. »Mangelndes Interesse von seiten der Medien«, erklärte Creme. Es sollte dann Pfingsten 1982 passieren. Wieder Fehlmeldung. Seitdem gibt es im Rahmen der Vorbereitungen zu Maitreyas öffentlichem Erscheinen die Monatsschrift »Share International«. Hier wurde 1985 gemeldet, daß die von ihm gestellte Vorbedingung, nämlich offiziell bekundetes Interesse der internationalen Hauptmedien, endlich in Erfüllung begriffen sei. Mit dem großen Ereignis sei nunmehr in absehbarer Zeit zu rechnen ... Creme gibt an, ihm sei am 7. 7. 1977 vom Maitreya-Christus mitgeteilt worden, daß sein Manifestationskörper, der sogenannte Mayavirupa, fertiggestellt sei. Zwölf Tage danach, am 19. 7., kam der Erwartete per Flugzeug in London an. Nach theosophischer Überzeugung kann nämlich ein Adept durch seine Vorstellungskraft einen künstlichen Körper schaffen und diesen als »Doppelgänger« benutzen, ohne seinen Astralkörper aussenden zu müssen. Bei außerkörperlichen Aktivitäten, wie wir sie in der Parapsychologie als »Doppelgänger-Phänomen« kennen, ist es normalerweise der Astralleib, mit und in dem unser Ich mehr oder weniger bewußt agiert. Dieser wiederum bleibt reperkussionsfähig, d. h., ihm zugefügte Verletzungen übertragen sich auf den physischen Körper. Beim Mayavirupa hingegen soll eine Reperkussionswirkung ausgeschlossen sein, weil er kein natürlich entstandener Organismus ist, sondern ein durch Vorstellungskraft geschaffener Automat. Dem Theosophischen Katechismus von Oskar Steinbach zufolge besitzen Adepten noch einen physischen Leib, sind aber schon vollbewußt zugleich auf der Devachan-Ebene tätig und schaffen sich aus dortigem Material den Mayavirupa.

Viele werden geneigt sein, das Ganze als Phantasien harmloser Sektierer abzutun. Gegen diese Annahme spricht jedoch die Tatsache, daß solches Gedankengut über Hunderte von

Organisationen, »Netzwerken« und Gruppen auf tausender-
lei Weise unzählige Gehirne erreicht und durchaus geeignet
ist, ausgerechnet jene Menschen zu faszinieren, die noch zum
Eintreten für hohe Ideale bereit sind. Die gesamt New-Age-
Szene wird praktisch von derlei Ideen beherrscht, ungeachtet
der Widersinnigkeit einiger derselben. So gedenkt man einerseits, die internationale Wirtschaftsordnung durch Beseitigung egoistischen Macht- und Profitstrebens zu ändern,
andererseits betrachtet man die auf solcher Basis arbeitenden
multinationalen Konzerne als »ein gutes Übungsterrain für
die kommende Einbeziehung der ganzen Welt«.[15]

Das die Gesellschaftssysteme des Marxismus-Kommunismus
und des Kapitalismus im Prinzip gleich lebens- und natur-
feindlich sind, ist wohl jedem Einsichtigen klar. Ihre Beseitigung mittels »luziferischer Initiation« jedoch wäre soviel wie
das Austreiben des Teufels durch Beelzebub (Matth. 12,24).
H. G. Wells, den Marilyn Ferguson einen bedeutenden
Schriftsteller nannte, gab in seinem Buch »Die offene Verschwörung – Aufruf zur Weltrevolution« strategische Anweisungen zum Erreichen der New-Age-Ziele luziferischer
Prägung.[16] Das Befolgen dieser Richtlinien ist offensichtlich.
Und was unter »luziferischer Initiation« zu verstehen ist,
darauf gibt der New-Age-Ideologe David Spangler in einem
seiner zahlreichen Bücher eine deutliche Antwort: »Das wahre Licht Luzifers kann nicht durch Sorge, durch Dunkelheit,
durch Ablehnung hindurch wahrgenommen werden. Das
wahre Licht dieses großen Wesens kann man nur erkennen,
wenn die eigenen Augen mit dem Licht des Christus sehen,
dem Licht der inneren Sonne. Luzifer wirkt in jedem von uns,
um uns in einen Zustand der Vollkommenheit hineinzufüh-
ren. Wenn wir in ein neues Zeitalter eingehen, das Zeitalter
der Vollkommenheit des Menschen, wird jeder von uns auf
irgendeine Weise an den Punkt gelangen, den ich als luziferische Einweihung bezeichne. Dies ist das besondere Ein-

gangstor, das das Individuum durchschreiten muß, um völlig in die Gegenwart seines Lichtes und seiner Vollkommenheit zu gelangen.«

»Luzifer kommt, um uns die endgültige Gabe der Vollkommenheit zu bringen. Wenn wir sie annehmen, ist er frei, und wir sind frei. Das ist die luziferische Initiation. Viele Menschen erleben dies jetzt, und viele werden es in den vor uns liegenden Tagen erleben, denn es ist eine Initiation in das neue Zeitalter ...«[17]

Damit ist eigentlich alles gesagt, was die wahren Ziele des hintergründig gelenkten New-Age-Rummels dieser Couleur anbelangt. Sollte diesen Bemühungen ein umfassender Erfolg beschieden sein, so haben wir eine weltumspannende Diktatur mit allen dazugehörigen Schattenseiten zu erwarten. Einen freilich nur annähernden Vorgeschmack wird uns möglicherweise das »von der Hierarchie gutgeheißene« Projekt Paneuropa liefern; es wird ein Europa der Banken und Konzerne sein, der korrupten Beamtenapparate und der Mafiosi. Orwell sah gewiß richtig voraus, nur im Datum irrte er sich.

Bei alledem macht Benjamin Creme nicht den Eindruck, als ob er ein ausgesprochener Bösewicht wäre, der ganz bewußt dem negativen Prinzip dient. Der Himmel mag wissen, was solche Menschen sich eigentlich denken. Ich persönlich verdamme oder verurteile keinen, das kann man getrost jenen Gesetzen überlassen, die auch ein Luzifer nicht zu ändern vermag. Es ist nur zutiefst bedauerlich, wieviel wertvolles Wollen und die damit verbundenen Energien in offensichtlich falsche Bahnen geleitet werden. Zugegebenermaßen ist vieles, sehr vieles in den Zielsetzungen in der New-Age-Bewegung richtig und erstrebenswert, aber gewisse Vorzeichen und Begleiterscheinungen – wie eben der Luzifer-Rummel und der Weltbeherrschungswahn – stimmen überaus bedenklich.

Mit welch schönen, verlockenden Worten wird hier doch die Lüge verbrämt: Luzifer bringt uns »das Zeitalter der Vollkommenheit des Menschen«, »die endgültige Gabe der Vollkommenheit« und so weiter – Vollkommenheit bekommt man nicht geschenkt, man muß sie sich erringen, und dazu bedarf es noch langer Zeiten, bis wir es, mit Gottes und unserer Schutzengel Hilfe, geschafft haben. Das müßte auch dem gutgläubigsten New-Age-Anhänger einleuchten. – Wie lautet 2. Thim. 4,3–4? »... es wird eine Zeit kommen, da sie (die Menschen) die heilsame Lehre nicht leiden werden, sondern nach ihren eigenen Gelüsten werden sie sich Lehrer aufladen, nach denen ihnen die Ohren jucken; und werden die Ohren von der Wahrheit wenden und sich zu den *Fabeln* kehren.«

Einer der Schwerpunkte von Cremes Aktivitäten liegt in der Bildung möglichst vieler sogenannter »Transmissionsgruppen«.[18] Transmissionsarbeit gilt als Dienst. Dabei handelt es sich um eine Form von Gruppen-Meditation, bei welcher die Teilnehmer sich selbst bzw. ihre eigenen Energie-Zentren (Chakras) als Instrumente zur Verfügung stellen, um die von der Meisterhierarchie ausgesandten Energieströme auf erdangepaßte Frequenz zu transformieren. Dadurch sollen sie »für die Menschheit und für die anderen Naturreiche« leichter nutzbar werden. Die »Transmissionsgruppen Schweiz« betrachten sich überdies (und vermutlich auch die anderer Länder) als Schwestergesellschaft der Haarlemer Rosenkreuzer.[19]

In Cremes Schrift »Transmission – Meditation für das neue Zeitalter« (München 1984) ist viel von Christus die Rede, aber es ist stets nur der »Lord Maitreya« gemeint und kein anderer. Creme betont, für ihn sei die Existenz der »Meister« eine Tatsache, die er durch direkte Erfahrung und ebensolchen Kontakt kennt. Das Ziel der Meister-Hierarchie sei es, uns ins Wassermann-Zeitalter zu führen. Demnach wird man schwerlich sagen können, Creme wüßte nicht, was er tut; er scheint es sehr wohl zu wissen.

Schülern und Mitgliedern geheimwissenschaftlich-esoterisch-okkulter Organisationen wird zumeist die wahre Bedeutung benutzter Symbole vorenthalten. Creme z. B. empfiehlt an jener Stelle der Großen Invokation, wo vom Quell der Liebe im Herzen Gottes die Rede ist, sich Christus vorzustellen, wie er mit segnend emporgehobenen Armen am Kopf eines Tisches steht, der die umgekehrte Form des Ypsilon hat. »Dieser Tisch existiert wirklich, und Christus präsidiert«, versichert Creme, versäumt aber zu erklären, daß das kopfstehende Ypsilon-Kreuz dasselbe symbolisiert und energetisch aktiviert wie die umgedrehte Lebensrune: den Tod! Fälschlicherweise (hoffentlich nicht bewußt) wurde diese Todesrune zum Symbol der Friedensbewegung gewählt, und junge Menschen tragen sie als Aufnäher!

So wird auf geschickte Weise das Denken gutwilliger Menschen beeinflußt und falsch programmiert. Man verheißt ein wunderschönes neues Zeitalter mit einer neuen Weltreligion, empfiehlt die häufige Anwendung der Großen Invokation, die Zahl 666 solle man recht oft denken oder aussprechen und anderes mehr. Wer solcherlei »Ratschläge« befolgt, der bringt sich im Laufe der Zeit gedanklich und seelisch-energiemäßig auf eine ganz bestimmte Vibration, in deren Astralbereich er nach dem Tode gravitieren wird. Denn unser Gedankenleben ist ausschlaggebend nicht bloß für unser irdisches Verhalten, sondern in weit größerem Maße für unser Schicksal nach dem Tode. Da die Willensentscheidung des einzelnen unangetastet bleibt, werden diejenigen, die sich weltanschaulich im Banne einer dubiosen »Hierarchie« wohl fühlen, unter deren nahezu absolute Gewalt (die auf niedere und niederste Astralbereiche beschränkt bleibt) geraten. Dann zeigt sich die Wahrheit des Christus-Wortes: »Euch geschehe nach eurem Glauben« (Matth. 9,29).

147

Die allgemeine Unwissenheit über das Wesen des Sterbevor-
gangs und um die Realität metaphysischer Wirklichkeiten
wissen die »Brüder vom Linken Pfad« ebenso trefflich für
ihre Zwecke zu nutzen wie das ständig zunehmende Interesse
breiter Bevölkerungskreise an Parapsychologie und Esoterik.
Hier, auf der irdischen Ebene, kann man geistige Fesseln
noch leicht abstreifen, drüben ist das anders. Ziel all der hier
angedeuteten Aktivitäten sogenannter »Meister« ist die Ver-
dunkelung und schließliche Ausschaltung des vor zweitausend Jahren erfolgten Christus-Impulses, ist die unum-
schränkte Weltherrschaft des negativen Prinzips. Wer da
meint, das seien übertriebene Befürchtungen, der täte um
seiner selbst willen besser, über die hier verdeutlichten
Aspekte nachzudenken.

Die Zahl 666 und das »Tier«

Gegen Ende des 13. Kapitels der Johannes-Offenbarung ist
symbolisch von einem Tier die Rede: »Und es macht, daß die
Kleinen und Großen, die Reichen und Armen, die Freien und
Knechte, allesamt, sich ein Malzeichen geben an ihre rechte
Hand oder an ihre Stirn, daß niemand kaufen oder verkaufen
kann, er habe denn das Malzeichen, nämlich den Namen des
Tiers oder die Zahl seines Namens. – Hier ist die Weisheit!
Wer Verstand hat, der überlege die Zahl des Tieres; denn es
ist eines Menschen Zahl, und seine Zahl ist sechshundert-
sechsundsechzig.«
Zahlenmystik ist ihrem Wesen nach viel mehr als eine nette
Spielerei. Für uns freilich besitzen die Zahlen nur noch rein
rechnerische Bedeutung. Für Wissende früherer Zeiten hatte
die Zahl darüber hinaus einen mystisch-sakralen Aussagewert, und durch Kenntnis desselben vermochten sie der

Natur so manches Geheimnis zu entlocken. Alles Naturgeschehen läßt sich ja – wie Chemie, Astronomie und Kernphysik zeigen – auf Zahlengesetze zurückführen. In einem der christlichen Theologie wahrscheinlich so gut wie unbekannt gebliebenen Werk von Peter Friesenhahn mit dem Titel »Hellenistische Wortzahlenmystik im Neuen Testament« wird sogar der Nachweis geführt, daß der griechischen Fassung des Neuen Testaments Zahlensysteme zugrunde liegen. Sollten hierdurch besonders wichtige Textstellen vor Verstümmelungen beim Abschreiben bewahrt werden?[20]

Mysteriöse Zahlenangaben spielen auch in Prophezeiungen oft eine Rolle. Unter den in großen religiösen Weissagungen genannten Zahlen hat wohl noch keine soviel Kopfzerbrechen verursacht und zu Vermutungen Anlaß gegeben wie die 666 der Johannes-Offenbarung. Auf geschichtliche Persönlichkeiten bezogen wurde sie von Kaiser Nero bis Hitler. Letzterer hatte jedoch die Zahl 646. Kahir, der dies nach den Tarotwerten berechnete, bemerkt hierzu, er halte Hitler nicht für den Antichrist der Offenbarung, sondern für einen unter luziferische Einflüsse geratenen Mann, wie es die meisten machtausübenden Vertreter in Politik oder Finanzwesen mehr oder weniger zu sein pflegen; der Antichrist stünde woanders!

Die Zahl als Idee ist nach Kahir ein Ausdruck des schöpferischen Wortes »Es werde!« Hebräisch: Sepher = das Wort, deutsch: Ziffer = die Zahl. Er sagt, der »Antichrist« sei auch als das Tierische im Menschen aufzufassen, als Gegenüberstellung des ungöttlichen Eigenwillens gegen den Gotteswillen. Kahir nennt das »Tier« der Offenbarung die verzerrte Erkenntniskraft Luzifers und seiner Schöpfungen, an denen auch der Mensch Anteil habe, und es sei deshalb »eines Menschen Zahl«. Die Sechs gilt demnach als jene Zahl, die den »Reflex des materiellen alias Stoffprinzips in der Seele« ausdrückt, also einen Impuls »von unten her« (Sex!) darstellt. Dies habe in der Urschöpfung die mögliche Gefahr bedingt, zur Verdichtung hin zu gravitieren.

Jakob Lorber gegenüber war zur 666 erklärt worden, das sei die Zahl des ungerechten Menschen als Verhaltensmuster, der sechshundert Teile seiner Fähigkeiten für sich selbst verwende, sechzig davon den Mitmenschen zuwende und nur sechs dem Spender aller Gaben, Gott, widme. Beim gerechten Menschen sei dies umgekehrt.

Obwohl dieser Deutungsversuch wenig überzeugend klingt, weil ein krasser Materialist und Atheist, womöglich noch mit schwerstkriminellen Neigungen, für seine Mitmenschen kaum etwas und für Gott gar nichts übrig hat, da er an einen solchen nicht glaubt, so ist damit doch etwas Wesentliches angedeutet: daß es auf die qualitative Art und die Menge der innewohnenden Elemente (Faktoren) ankommt, ob und inwieweit die energetische Tendenz einer Zahl sich positiv oder negativ auswirkt. Außerdem dürften die Bewußtseinsebenen eine wichtige Rolle spielen, auf denen sich die Kräfte durchaus unterschiedlich manifestieren: Die 666 wirkt auf der körperseelischen Welt der Materie am stärksten.

Oskar Ernst Bernhardt (1875–1941), der sich Abd-ru-shin nannte und Begründer der »Gralsbotschaft« war, buchstabierte aus der 666 das Wort »Sünde« heraus und meinte, im positiven Sinne wäre es die Zahl von Johannes dem Täufer gewesen. Andererseits soll Bernhardt diese Zahl auf sich selbst als »Menschensohn« bezogen haben. Nach derselben Quelle (Miers) sah Rudolf Steiner in der 666 die Zahl der kommenden Entwicklung, und zwar im Zusammenhang mit der angeblichen Evolution von jeweils sechs Haupt- und sechs Unterrassen.

Esoteriker wissen um die polare Wirksamkeit der mit Zahlen, Buchstaben, Tönen und Symbolen verbundenen Energiezentren. Kehrt man ein Symbol um, so wirkt es entgegengesetzt. Dem rechtsdrehenden Hakenkreuz z. B., der in Indien heiligen Swastika, wird glückverheißende, unheilabwehrende Wirksamkeit zugeschrieben. Wäre die Führungsspitze des Dritten Reiches wirklich, wie zuweilen behauptet wird, in Geheimwissenschaften bewandert gewesen, so wäre das Hakenkreuz gewiß nicht linksdrehend zum Symbol gewählt worden, denn verkehrt gezeichnete, aufgehängte oder aufgestellte Symbole (wie das bei Schwarzmagiern und Satansmessen verkehrt aufgehängte Christenkreuz) ziehen entsprechend negative Kräfte und Wesenheiten an.

Merkwürdigerweise taucht die Zahl des Antichrist im Wirtschaftsleben immer häufiger auf. Der Code verschiedener Großbanken, darunter der Weltbank, soll 666 sein; ich sage »soll«, weil ich es nicht nachprüfen kann. US-Kreditkarten tragen diese Zahl als Vorziffer, und als Produktherkunftszeichen dient sie ebenfalls, wie aus mir vorliegenden Abbildungen ersichtlich ist. Ferner wurden Pläne publik, wonach jedem Bürger eine lasertätowierte achtzehnstellige (3 x 6) Identitätsnummer in Form der heute im Warenverkehr üblichen Strichcodemarkierung verpaßt werden soll, und zwar auf die Stirn oder auf einen Handrücken. Sollte dieser Plan zur Durchführung gelangen, so würde dann tatsächlich niemand mehr kaufen oder verkaufen, ja überhaupt bestehen können, wie es Offb. 13,16–18 heißt. Es wird dann kein Bargeld mehr geben, sondern nur noch die weltweit gültige Kreditkarte. Sollte der Seher von Patmos etwa recht behalten?

Auch in den Schriften der berühmten Findhorn-Gemeinschaft, die David Spangler zum Verfasser haben, wird der 666 eine maßgebliche Bedeutung beigemessen. Die von Peter und Eileen Caddy und deren Freundin Dorothy McLean gegründete Findhorn-Community ist heute ein Zentrum der New-Age-Bewegung. Als Spangler 1970 hinzukam, wurde er sofort zweiter Direktor. Er, der von einer »luziferischen Initiation« als Teilhabebedingung am neuen Zeitalter überzeugt ist, erklärte öffentlich, das wahre Licht Findhorns sei das Licht Luzifers! Und Alice Ann Bailey empfiehlt, die 666 möglichst oft in Gedanken und laut zu wiederholen.

Es ist zutiefst bedauerlich, daß so hoffnungsvoll begonnene Ansätze zu einem besseren Naturverständnis, wie es jene von Findhorn darstellen, sogleich vom negativen Prinzip in Beschlag genommen werden. Man kann dessen Dienern wirklich keine Faulheit vorwerfen. Wären die noch immer in erdrückender Überzahl vorhandenen *guten* Menschen nur halb so aktiv wie die negativen, sähe es anders aus auf unserer Welt! So aber konnte das möglich werden, was heute allenthalben geschieht und ganz den Eindruck erweckt, als ob das Satanische die Oberhand behalten und letztlich den Sieg davontragen würde. Wenn die Guten nicht kämpfen, siegen die anderen. Aber schon Paracelsus prophezeite, daß die Feinde Christi ungeheure Macht erlangen würden, so daß man meint, alles sei verloren. Aber es würde anders kommen, als die Finsternismächte planen, weil die Natur eingreift.

Kahir war überzeugt, durch die Weltwende in den Wassermann als neuen Frühlingspunkt würde der astrologische Geburtsaspekt Jesu aus seinem bisherigen Sonnenzeichen Schütze in den des Skorpion eintreten. »In jenes Zeichen, in dem Christus das verzerrte Schlangenwissen des Skorpion wieder zum freien Geistesflug wandeln wird, dessen Sinnbild der im Äther schwebende Adler ist und dessen Wortspiel ›Adel‹ in seiner höchsten Bedeutung *edel* lautet.« Erst dann werde oder könne die 666 eine heilige Zahl sein. Solange sie jedoch von luziferisch-satanischen Kräften in *deren* Sinne genutzt wird, bleibt sie das, was sie in jenen Kreisen bedeutet: die Zahl des Antichrist.

Ob auf unserer derbmateriellen Seinsebene die 666 jemals eine heilige Zahl zu werden vermag, ist füglich zu bezweifeln. Sie symbolisiert nicht bloß den Antichrist, sondern auch das »Menschentier«, wie es die altägyptische Sphinx von Giseh darstellt. Wir sollen uns aber von der Stufe des Menschentieres 666 emporarbeiten zur göttlichen Zahl 999 ...

Zu guter Letzt wäre zu fragen, was das Getöse um einen neuen Weltheiland überhaupt soll? Noch hat man die Lehren des »alten« nicht begriffen, geschweige denn in die Tat umgesetzt! Über das christliche »Liebe Gott über alles und deinen Nächsten wie dich selbst« geht nichts hinaus, was noch erstrebenswerter wäre. Wem freilich anstatt solch schlichter Worte irgendwelche dicken Bücher komplizierten Inhalts sympathischer sind, mit Meistern, Gurus und Adepten, der mag solche Umwege beschreiten; wenn er nur *Abwege* als solche rechtzeitig erkennt und nicht stehenbleibt. Wie sagte Friedrich Rückert? »Das sind die Weisen, die durch Irrtum zur Wahrheit reisen; die im Irrtum beharren, das sind die Narren!«

Anmerkungen
»Schon wieder ein neuer Christus«

1 Die theologische Deutung in RiGuG, Bd. 5, Sp. 1062 lautet hierzu, ehedem habe man Jahwe auch Verführungen zum Bösen zugetraut; eine spätere, sittlich entwickeltere Epoche aber habe eine solche Verführung »lieber auf Satan abgeschoben«.

2 »Geheimlehre« II, S. 536. – Unter Gnosis (griech. Erkenntnis) werden zusammengefaßt mystisch-philosophische Lehren des Altertums verstanden, die man später mit der Esoterik des Christentums zu verbinden suchte. Ihre Blütezeit erlangten die gnostischen Lehren – die sehr verschiedenen Ursprungs sind und nur bruchstückhaft erhalten blieben – im dritten nachchristlichen Jahrhundert. Auf sie berufen sich die meisten esoterischen Richtungen.

3 Übrigens wurden nach Vers 27 Mann und Weib zugleich erschaffen, während nach 1. Mose 2,21–22 die Frau erst später aus einer Rippe bzw. aus der »Seite« Adams entstanden sein soll.

4 Solange die alttestamentliche Theologie kompetente Hinweise wie die Goldbergs außer acht läßt, führt sie uns in wesentlichen Punkten

in die Irre. Es ist ohnehin belangreich, daß sein zweiter Band in deutscher Sprache nicht mehr erschien. Goldberg betont in seinen fachlich solide untermauerten Darlegungen, daß jedes Volk sein biologisches Abstammungszentrum besitzt, das jedoch in der übersinnlichen Welt zu suchen ist. Ebenso jede Rasse. Diese biologischen Zentren seien die »Götter« der verschiedenen Völker und Rassen. »Diese Götter werden als in Wirklichkeit existierende betrachtet«, schreibt Goldberg und fährt fort: »Es handelt sich somit um eine verstandesmäßige Erschließung des Polytheismus. Unter Polytheismus ist mithin nicht wie bisher die Alternative »*ein* Gott« oder »viele Götter« im Glauben der Menschheit zu verstehen (in dem dann – wie die mythologische Wissenschaft es will – sich das Pantheon des einen Volkes mit dem des anderen vergleichen und sich ein Pantheon auf das andere zurückführen läßt), sondern der Gott des einen Volkes ist ein *anderer* als der des anderen Volkes, weil sein biologisches Zentrum, d. h. sein Abstammungszentrum, von dem des anderen verschieden ist. Denn jedes Volk, d. h. die Summe der Einzelwesen, die eine echte anthropologische Artgemeinschaft bilden, hat ein oder mehrere zusammengehörige biologische Zentren, von dem bzw. von denen es herstammt. Das ist dann der Gott (oder die Götter) des betreffenden Volkes. Daraus folgt erstens, daß der Begriff des Gottes nicht mit dem der Menschheit, sondern mit dem des Volkes auf das engste verknüpft ist, und zweitens, daß der Gott für das Volk eine eminent biologische Bedeutung hat.«

»Der ganze Umkreis dieses Verhältnisses (von Volk zu Gott), das sich sowohl durch die psychophysiologische als auch durch psychophysische Wechselwirkungen *experimentell* nachweisen läßt, ist die *Mythologie* des betreffenden Volkes.«

»Damit tritt das, was hier unter Mythologie verstanden wird, in schroffen Gegensatz zu dem, was die mythologische Wissenschaft darunter versteht: Mythologie ist nicht eine Sammlung ethnologischer Phantasmagorien, sondern die Lehre vom Bestehen einer metaphysischen Volkswirklichkeit und einer vom Volkskörper getrennt vorhandenen metaphysischen Volkskraft, dem biologischen Zentrum oder dem Gott« (S. 15 ff.).

Abgesehen von alledem kann sich das Wort von der Gottebenbildlichkeit des Menschen nur auf den rein geistigen Menschen der Urschöpfung beziehen; genauer gesagt auf die Geister der zweiten Schöpfung (im Unterschied zu den aus Gott direkt hervorgegangenen Erstlingen) und nicht auf den Zustand, den der eigenwillige

Mensch durch seinen Abstieg und die damit verbundene Verdichtung in der Materie annahm. Auch daraus geht hervor, daß Jahwe niemals Gott im höchsten Sinne sein kann.

5 Das wurde auch von der Altertumsforschung festgestellt. Frau Blavatsky hat in diesem Punkt recht, wenn sie schreibt: »Die Geschichte zeigt bei jeder Rasse und bei jedem Stamme, insbesondere bei den semitischen Völkern, den natürlichen Trieb, ihre eigene Stammesgottheit über alle anderen bis zur Oberherrschaft über die Götter zu erheben, und beweist, daß der Gott der Israeliten ein solcher Stammesgott war und nicht mehr; wenn es auch der christlichen Kirche, die der Führung des auserwählten Volkes folgt, beliebt, die Verehrung jener einen Gottheit zu erzwingen und alle anderen in den Bann zu tun« (»Geheimlehre« II, S. 534; ähnlich I, S. 454).

6 »Geheimlehre« II, S. 406. – Samael ist in der Kabbala der Fürst der Finsternis (Teufel).

7 Gr. Johannes-Evangelium Bd. 6, Kap. 165, 7–10; Bd. 2 Kap. 229, 3–7. Dr. Walter Lutz zitiert diesbezügliche Stellen aus dem Lorber-Werk in seiner Schrift »Der Fall Luzifers und die Entstehung der Materie« (Bietigheim 1925, S. 3, 9 ff., 16 ff.), z. B. aus »Bischof Martin«, wo Gott zu Luzifer sagt: »Weißt du denn wohl, ob das nicht Mein geheimer Wille ist, daß du eben also sein *mußt*, wie du bist? Weißt du es, ob Ich dich nicht schon von Urbeginn an zum Falle bestimmt habe?« – Und weiter: »Ich bin aber kein harter Erzgießer, sondern ein Meister voll Liebe, so daß Ich sogar Meine Tiegel aus ihrer langen Glut ziehen will, so sie es wünschen und in die Ordnung Meiner freien Werke übergehen wollen. Wollen sie das aber nicht, und es macht ihnen mehr Freude, Meine ewigen Schmelztiegel zu verbleiben, so ist es Mir auch recht; denn da brauche Ich Mir keine neuen zu schaffen! Bleiben sie aber Tiegel, so sind sie, wie sie sein müssen, und unmöglich, wie sie sein wollen. Denn ein Werkzeug kann nicht anders sein, als wie Ich es gestalte und haben will.«

»Daher ist dein vermeintlicher Trotz, an dem du eine Freude hast, auch nichts als eine Chimäre, entstammend deiner großen Blindheit! Denn sowenig ein Topf zum Töpfer sagen kann: ›Ich bin, wie ich will‹, während doch der Töpfer dreht und gestaltet, wie *er* will, ebensowenig kannst du zu Mir sagen, daß du seist, wie du wolltest, während du doch nur sein mußt, wie Ich es will. Nur gebe Ich, als die ewige Liebe selbst, dir nebst diesem deinen Gerichte auch so viel lebendige Freiheit, der zufolge du deinen qualvollen Zustand fühlen, begreifen und ändern kannst, so du es willst. Willst du es nicht, so bleibe, wie und was du bist; nicht aber, weil du es also willst, sondern weil Ich es also will! Willst du aber dein Los verbessern, so werde ich an deine Stelle ein anderes Mir in deiner Art dienliches Werkzeug setzen!« (Kap. 117, 287).

Das durch Lorber vermittelte Schrifttum enthält unzweifelhaft viel Wertvolles und Lehrreiches. Manches aber wird dennoch unter Vorbehalt aufzunehmen sein, nämlich dem, ob es auch wirklich immer Jesus bzw. Gott selber ist, der da spricht. Bei Lorber ist Jesus Christus Gott selbst. Im Lorber-Buch »Robert Blum« (Bd. 1, Kap. 126) heißt es: »Gott, der da ist unser aller Vater Jesus ...« oder: »Jesus, der Gekreuzigte, ist *allein* Gott über alle Himmel und über alles, was den unendlichen Raum erfüllt. Er allein ist der Urschöpfer aller Dinge, aller Engel, Menschen, Tiere, Pflanzen und aller Materie. Er ist der Vater seinem urewigen Liebeswesen nach, der ewige Sohn seiner Weisheit und der Heilige Geist seiner unendlichen Macht, Kraft und Wirkung nach.«

In der Parapsychologie kennen wir viele solcher »Vatermedien«, und wäre es stets Jesus oder gar Gott selber, der sich da kundtut, so müßten Widersprüche eigentlich ausgeschlossen sein. Mit diesem schwierigen Problem mußte sich die Kirche schon öfters beschäftigen, wie der katholische Theologe und Parapsychologe Prof. Dr. jur. et rer. pol. August Friedrich Ludwig in seiner »Geschichte der okkultistischen Forschung von der Antike bis zur Gegenwart« (Pfullingen 1922, 68 ff.) darlegt.

Bei Jakob Lorber z. B. sagt »der Herr« (im Gr. Ev. Joh., Bd. 7, Kap. 50,37), die Juden würden kein Volk mehr bilden und bis ans Ende der Welt kein eigenes Land mehr haben. Auch eine Mondlandung würde niemals möglich sein, und »wenn es euch noch so sehr gelüsten möchte, eine Reise in den Mond zu machen« (»Natürliche Sonne«, Kap. 9,9). – Dr. Georg Sulzer schätzte die Lorber-Schriften sehr, bekundete jedoch die Auffassung, daß – ebenso wie bei Swedenborg – vieles aus dem Unterbewußtsein des Empfängers stammt. Deshalb gilt auch hier der Leitsatz: »Prüfet alles und behaltet das Gute!«

8 Claude Schweighart in MuSch 6. Jg., Nr. 10,4. – Sanat Kumara ist in der Arkanschule »das große Leben, in Dem wir leben, weben und unser Sein haben, Welches Selbst das Wahre Licht dieser Welt und der planetarischen Erleuchtung ist« (Miers, a.a.O., S. 357); somit

Luzifer, der König bzw. Herr der Welt, der Höchste der von der Venus zur Erde gekommenen »Herren der Flamme«.

9 B. Creme in »Die Wiederkehr von Maitreya dem Christus und der Meister der Weisheit«, London 1980. Deutsch in New-Age-Verlag, München, S. 7.

10 C. Cumbey, »Die sanfte Verschwörung«, Aßlar 1986, 71 – Auch in den lichten Bereichen des Jenseits ist die auf Erden wirkende Hierarchie des Linken Pfades bekannt. So heißt es in einer am 6. 8. 1872 in Budapest schreibmedial empfangenen Mitteilung: »Gott hat die Geister erschaffen, doch schuf er sie nicht alle auf einmal. Von den erstgeschaffenen fielen viele von Gott ab, ebenso auch von den späteren (den Geistern der zweiten Schöpfung). Viele von den ersteren *bilden noch heute die Spitze des Gegensatzes* und eine *eigene Hierarchie* in der Depotenz. Diese anerkennen Gott nicht, dünken sich Herrscher und glauben, ihm das Gegengewicht halten zu können; sie sind, was ihr Menschen Satan oder Teufel nennt« (»Reformierende Blätter«, Bd. 5/1882, 275). Diese Mitteilung erfolgte drei Jahre vor Gründung der Theosophischen Gesellschaft und kennzeichnet deutlich genug deren »Meister-Hierarchie«, wie sie sich seither über vielerlei Kanäle Gehör zu verschaffen gewußt hat. – Man lasse sich also warnen und bedenke überdies, daß es die Linkspfadigen stets leichter haben, mediale »Empfangskanäle« zu finden, während lichte Gottesboten auf naturgemäß rare, ethisch hochqualifizierte Medien angewiesen sind. Dieser Umstand wird oft außer acht gelassen.

11 A. A. Bailey in »The Externalisation of the Hierarchy«, New York, S. 548; deutsch: »Die geistige Hierarchie tritt in Erscheinung«, Genf 1967.

12 In jenen beiden japanischen Städten soll der in Japan größte Anteil an christlichen Einwohnern gelebt haben (E. Nörr, »Steige herauf«, Heilbronn 1986, S. 138 f.). Übrigens ist nur wenig bekannt, daß Japan bereits acht Monate vor dem Atombombenabwurf die bedingungslose Kapitulation angeboten hatte! General McArthur drängte den damaligen US-Präsidenten zur Annahme, um weiteres Blutvergießen zu vermeiden. Roosevelt tat diesen Rat mit der bezeichnenden Bemerkung ab, McArthur sei zwar »unser größter General, aber unser kümmerlichster Politiker«. Dann reiste Roosevelt zum Treffen nach Jalta (wo man im Beisein des Massenschlächters Stalin das Lied »Vorwärts, christliche Soldaten« sang). Jenes Dokument war von Beamten fotokopiert und später zwei Washing-

toner Zeitungen zugespielt worden, die es am 19. 8. 1945 veröffentlichten. McArthur bestätigte die Echtheit. Roosevelt starb noch vor
dem Atombombenabwurf.
Sein Nachfolger Truman hatte am 18. 7. 1945 eine Unterredung mit
Stalin, wo dieser ihn über ein Kapitulationsangebot Japans informierte. Truman seinerseits konnte berichten, daß der schwedische
König von Japan gebeten worden war, Kapitulationsverhandlungen
einzuleiten. Dies alles wurde jedoch ignoriert, um die Atombomben,
die an sich für Deutschland bestimmt gewesen waren, noch auspro-
bieren zu können. Der am Bau derselben maßgeblich mitbeteiligte
Prof. Oppenheimer erklärte 1954 vor der US-Atomenergie-Kom-
mission: »Wir haben immer angenommen, wenn man die Bombe
brauche, so würde man sie auch einsetzen. Wir wollten, das es
geschah, ehe der Krieg vorüber war und keine Gelegenheit mehr
dazu sein würde.« Sein Kollege Dr. Alvarez bestätigte vor dem
gleichen Gremium: »Das Labor wünschte eine Möglichkeit, die
Wirksamkeit der Atombombe über feindlichem Gebiet auszupro-
bieren.« – Das militärisch völlig sinnlose Experiment von Hiroshima und Nagasaki kostete schätzungsweise 400 000 Menschenleben!
Als danach Gruppen amerikanischer Ärzte und Wissenschaftler die
zerstörten Städte aufsuchten, durften sie an den teils furchtbar
zugerichteten Überlebenden bloß Untersuchungen vornehmen, aber
keine Hilfe leisten!
Die Atomkernspaltung aus esoterischer Sicht beurteilt Kahir (in
MuSch 3. Jg., Nr. 6,17) folgendermaßen: »Die zerstörende Atom-
kraft wird durch die Zertrümmerung des Atoms gewonnen, wobei
der Atomkern seiner positiven Lichtschwingungen beraubt wird.
Hierdurch wird die negative Elektronenkraft aus ihrer Bindung
gelöst und vermag daher alles mit ihr in Berührung Tretende in den
Zustand ›Satans‹, d. h. der Erstarrung durch Zerstörung des Lebens
zu treiben. Bausteine Gottes und Lebensspender aber können Atome
nur sein, wenn der Atomkern, als positiver Pol, Träger des Lichtes
und geistiger Widerschein des schöpferischen Urlichtes der Gottheit
ist.«
Und weiter: »So schafft sich der moderne Mensch der Technik sein
eigenes Schicksal, indem er das Leben der Atome vernichtet und
damit einen Eingriff in das Leben des Alls unternimmt. Wenn
daraufhin die Natur in Aufruhr geraten wird, die Elektrizität er-
lahmt und dunkle Nebenwelten in die Erdbahn treten werden, so
ist dies kein Strafgericht Gottes, sonders das ewige Gesetz von

Ursache und Wirkung, das der Mensch nicht erkennt oder nicht begreifen will. Die Menschheit des kommenden Zeitalters aber wird die Heiligkeit der Naturkräfte – als den Willen des Schöpfers – wieder achten und darum auch aus der Welt der Atome wieder sein Leben statt Vernichtung empfangen.«

13 David Spangler in »Revelation, Birth of a New Age«, deutsch: »New Age – die Geburt eines neuen Zeitalters«, Frankfurt/Main 1978 (zitiert nach C. Cumbey, a.a.O., S. 168 f.; 82f.; 216).

14 Nach C. Cumbey, a.a.O., S. 108. – In einem Vortrag erklärte Creme: »Viele tausend Jahre lang hat der Weltlehrer, der Maitreya-Christus, in einem großen geistigen Zentrum in den Himalayas gelebt, in einem Lichtkörper. Das ist ein physisch fester Körper, aber seine atomaren Bestandteile sind subatomar. Es ist ein auferstandener und aufgestiegener Körper, d.h., der Materie-Aspekt ist vollkommen vergeistigt. Darin liegt die Bedeutung der ›Auferstehung‹.«
»Die fünfte Einweihung geschieht, wenn ein Meister in einem Körper aufersteht, den Er selber umgewandelt hat in Licht. Maitreya-Christus ist nicht nur einer der Meister, sondern *der* Meister der Meister; das, was man ›Planetarisches Leben‹ nennt. Er hat bis jetzt in einem unzerstörbaren Körper gelebt. Sie würden mir kaum glauben, wenn ich Ihnen sagte, seit wieviel tausend Jahren schon. In Palästina erschien Er nicht körperlich; Er überschattete einen seiner Jünger – Jesus von Nazareth – während seiner letzten drei Lebensjahre. Aber der Christus selbst blieb in den Himalayas, Sein Bewußtsein ging in den Körper des Jüngers Jesus ein und wirkte durch ihn« (»Die Wiederkehr von Maitreya dem Christus und der Meister der Weisheit«, London 1980; in Deutsch zusammengefaßt 1984, S. 9).

15 New-Age-Prophet David Spangler am 1. 2. 1982 in Southfield/Michigan (laut Cumbey, a.a.O., S. 79).

16 In einem Artikel »H.G. Wells, ein Vorläufer« im Lucis-Trust-Organ »The Becan« (Mai/Juni 1977) wird festgestellt: »Es gab nur wenige, die damals mehr getan haben, um zum Aufstand gegen das christliche Dogma und gegen allgemeingültige Verhaltensmaßregeln aufzurufen …« (Cumbey, a.a.O., S. 146).

17 »Reflexions on the Christ«, 1978 (zitiert nach Cumbey, a.a.O., S. 165). – Manche scheinen diese »Initiation« schon zu haben oder vorwegzunehmen, wie beispielsweise der Satanist Richard Ramirez aus El Paso/Texas, der 13 Menschen totquälte und nach seiner Verurteilung in den Saal rief: »Ich bin jenseits von Gut und Böse.

Ich werde gerächt werden. Luzifer wohnt in uns allen!« (Pressemeldung vom 9. 1. 1989).

18 Unter Transmission versteht man in der Technik eine Vorrichtung zur Übertragung von Antriebsenergie vom Antriebsteil (im Falle Creme wären das die »Meister«) auf mehrere Arbeitsmaschinen (auf die Meditierenden).

19 Jan van Rijkenborgh (eigentlich van Leene, gest. 1968) war Gründer des »Lectorium Rosicrucianum« und empfand sich (nach Miers) als Abgesandter der Großen Lichtbruderschaft.

20 Peter Friesenhahn, »Hellenistische Wortzahlenmystik im Neuen Testament«, Leipzig 1935. Vgl. auch Oskar Goldberg, »Die fünf Bücher Mosis – ein Zahlengebäude«, Berlin 1908. – Friesenhahn kam aufgrund bemerkenswerter Quellenstudien zu recht interessanten Ergebnissen hinsichtlich der Zahl 666 (S. 192 und 283 ff.). Man darf ihm glauben, wenn er schreibt, die alten Kirchenväter »scheinen keine unmittelbar Wissenden, keine Eingeweihten im ursprünglichen Sinne gewesen zu sein«, denn zu ihrer Zeit sei die alte Geheimlehre der Arithmologie wohl schon stark im Verfall gewesen (S. 283. – Arithmologie ist die Lehre von den geheimen Eigenschaften der Zahlen). Trotz vieler Bemühungen und Deutungsversuche sei es daher dem Kirchenvater Irenäus nicht geglückt, »den Schleier, der über das Zahlenrätsel ausgebreitet war, zu lüften«. Noch viel weniger wird dies der am äußeren Buchstabensinn klebenden Gegenwartstheologie gelingen.

»An ihren Früchten sollt ihr
sie erkennen«

»Das Enthüllen von Betrügereien trägt dazu bei, die Wahrheit reifen zu lassen, und erscheint daher geradezu als eine Verpflichtung jedes ernsthaft nach Wahrheit strebenden Menschen.« Diese Worte des Russen W. von Pribytkow ermutigen, meinen Mitwanderern eine Orientierungshilfe an die Hand zu geben im Labyrinth der Esoterik, und nur so möchte ich meine Darlegungen und Hinweise verstanden wissen. Wer Echtes von Unechtem unterscheiden lernen will, muß aber auch mit Unerfreulichkeiten rechnen.

Im folgenden geht es darum, einige Persönlichkeiten und Organisationen zu beleuchten, die sich bei vielen Esoterikern eines hohen Ansehens erfreuen. Ralph Waldo Emerson sagte, wer ein Mann sein will, der dürfe vor heiligen Namen nicht zurückschrecken, sondern müsse untersuchen, ob sie heilig sind!

Eine schillernde Figur der magisch-mystischen Okkultszene, die schon im Urteil ihrer Zeitgenossen zwischen unkritischer Verherrlichung und empörter Ablehnung schwankte, war der britische Magier Edward Alexander Crowley (1875–1947), Aleister Crowley genannt. Auch er trat als neuer Weltheiland und Religionsbringer auf. Er gab an, 1896 aufgrund visionären Erlebens in Stockholm zu der Überzeugung gekommen zu sein, daß er der in der Bibel verkündete Antichrist sei. Daraufhin nannte er sich »To Mega Therion«, das große Tier nach der Johannes-Offenbarung, mit der Zahl 666. Im Rahmen intensiver okkulter Studien fand er 1898 Zugang zum Geheimorden »Golden Dawn« (eigentlich »Goldenes Morgengrauen«, allgemein jedoch mit »Goldene

Dämmerung« übersetzt). Er selber gründete später eine große Zahl neuer Geheimgesellschaften.

Zum Golden-Dawn-Orden gehörte damals auch der feinsinnige Dichter William Butler Yeats (1865–1939), der 1923 den Literaturnobelpreis erhielt und schließlich Großmeister des Ordens wurde. Yeats erkannte in Crowley mehr und mehr einen gefährlichen Schwarzmagier und distanzierte sich von ihm, aber nur wenige Mitglieder teilten seine Überzeugung. Die anderen schienen zu jenem Zeitpunkt noch nicht begriffen zu haben, daß – um eine Aussage von Dr. Herbert Fritsche zu zitieren, mit der sozusagen die Katze aus dem Sack gelassen wird – »moralische Qualitäten, so wünschenswert sie im Vordergründigen sein mögen, für die Wirksamkeit von Initiationsriten nichts zu besagen haben. Mag ein Eingeweihter menschlich beschaffen sein, wie er will: Soweit und solange er sich mit irgendeiner Wahrheit identifiziert, ist er ›unfehlbar‹. Das Dogma von der Unfehlbarkeit des Papstes ex cathedra spiegelt in diesem Sinne durchaus einen okkulten Sachverhalt wider.« Wären demnach selbst die schlimmsten Lügen oder Verbrechen erlaubt, sofern sie nur von einem »Initiierten« stammen?[1]

In einem Kairoer Museum entdeckte Crowley 1904 in der Vitrine Nr. 666 eine ägyptische Stele, eine Steinplatte mit Hieroglyphen, die Totentafel eines ägyptischen Priesters. Crowley brachte die Platte in seinen Besitz und entwarf ein Anrufungsritual des Horus-Gottes. Als er es praktizierte, will er über seiner linken Schulter eine männliche Stimme vernommen haben, deren Inhaber sich Aiwaz nannte und als Bote eines altägyptischen Gottes ausgab. Aus dieser Quelle soll das »Gesetz von Thelema« stammen, welches besagt: »Tue, was du willst, soll sein das ganze Gesetz«! Im einzelnen, gekürzt: Jeder Mann und jede Frau ist ein Stern. Es gibt keinen Gott außer dem Menschen. Der Mensch hat das Recht, nach seinem eigenen Gesetz zu leben: zu arbeiten, wie er will; zu spielen, wie er will; zu ruhen, wie er will; zu sterben, wann und wie er will. Der Mensch hat das Recht, zu lieben, wie er will, »auch erfüllet euch nach Willen in Liebe, wie ihr wollt, wann, wo und mit wem ihr wollt! Der Mensch hat das Recht, all diejenigen zu töten, die ihm diese Rechte zu nehmen suchen.« Dieses »Gesetz« wurde zur Anleitung für Crowleys Denken und Handeln und zur Grundlage seiner 1920 bei Cefalù auf Sizilien gegründeten »Abtei Thelema«, die bis 1924 bestand.

Crowley übte sich auf dem Gebiet magischer Prozeduren. Seine angeblich größte magische Operation war eine Beschwörung der Abramelin-Dämonen in der Einsamkeit des schottischen Landsitzes Boleskine. Es habe sich um eine »hochwichtige Beschwörung und Sichtbarmachung des eigenen Schutzengels« (?!) gehandelt, »doch mußten zuvor die Abramelin-Dämonen unterworfen und gebändigt werden«. Schon während der Vorbereitungen sei es zu »unerwünschten« Phänomenen gekommen: Schreien, Heulen, Poltern und Lärmen unergründlicher Herkunft. Der Teilnehmer und Gäste bemächtigte sich panische Furcht, der Pförtner wurde plötzlich trunksüchtig und gemeingefährlich. »Immerhin entwickelten sich die Experimente zur Zufriedenheit Crowleys«, schreibt sein angeblicher Nachlaßverwalter Friedrich Lekve in einer Kurzbiographie. Teilweise hätten sich die gerufenen »Kräfte« derart zu wolkigen, verfinsternden Gebilden verdichtet, »daß bei hellichtem Tage zur Herstellung der vorgeschriebenen Talismane Lampenlicht verwendet werden mußte«. Bei Kristallvisionen sollen sich Wesen gezeigt haben von teils »erhabener Schönheit, teils von unvorstellbarer Furchtbarkeit ...« Nun, um schauerliche Wesen kennenzulernen, bedarf es keiner mühseligen magischen Operationen; der Magier wird nach seinem Tode sowieso das Vergnügen haben, deren Gesellschaft in ausgiebigster Weise zu teilen ...

Crowley brach das Experiment ab, weil er »in dringlicher Mission« nach Paris mußte. Zu den »höchst unerwünschten« Begleiterscheinungen der magischen Manipulationen gehörten Mordversuche, eigenartige Unglücksfälle und das Absinken der Moral. Da Crowley sich selbst als leibhaftigen Satan betrachtete, so läßt sich denken, von welcher Beschaffenheit jener »Schutzengel« war, den zu sehen er begehrte.

In seiner »Abtei Thelema« ging es wüst zu. Schwarze Messen mit Tieropferungen und anderen Bestialitäten blieben nicht ganz verborgen, und nachdem Kinder spurlos verschwunden waren, kam es zur Schließung des »Klosters« und zur Ausweisung Crowleys.[2] Er trieb sich dann in der Schweiz und in Frankreich umher, bis er 1926 von einer deutschen Okkultistengruppe in Thüringen eingeladen wurde. Er wollte von Deutschland aus als neuer Weltheiland auftreten, und jene Gruppe unter Heinrich Tränker, die sich in der Loge »Pansophia« zusammengeschlossen hatte, schien ihm als Ausgangspunkt geeignet. In ihrer Zeitschrift war Crowleys »Manifest« veröffentlicht worden:

»An die Menschen! Tue, was du willst, soll das ganze Gesetz sein. – Da mein Amtsantritt auf Erden im Jahre der Gründung der Theosophischen Gesellschaft gekommen war, nahm ich – weil an der Reihe – die Sünde der ganzen Welt auf mich, damit die Prophezeiungen erfüllt werden, auf daß die ganze Menschheit den nächsten Schritt tun kann von der Magischen Formel des Osiris zu der des Horus. – Und da meine Stunde nun auf mir liegt, verkünde ich das Gesetz. Das Gesetz ist Thelema. – Gegeben in der Mitte des Mittelländischen Meeres. An. XX Sol in 3° Libra, die Jovis. Durch mich To Mega Therion 666, Logos Ainos Thelema.«

Die mit Crowley geführten Verhandlungen brachten als Ergebnis folgende Verlautbarung, die von sieben Personen unterzeichnet wurde:

»Der Lehrer der Welt, dessen Erscheinen für dieses Jahr

164

verkündet war, den alle wahren Sucher – und besonders diejenigen der Theosophischen Gesellschaft – erwartet haben, ist zur bestimmten Zeit in der Person des Meisters To Mega Therion erschienen. Wir, die Unterzeichneten, haben mit eigenen Augen gesehen und mit eigenen Ohren gehört, und wir wissen ohne Lügen gewiß, daß er in Wahrheit der Überbringer des Wortes ist, nach dem die Seele der Menschheit dürstete.«

Als sich herausstellte, daß Crowley sehr scharf auf Frauen war und andere Moralvorstellungen besaß als das gastgebende Ehepaar Tränker, wollte man ihn nicht mehr im Hause haben. Man kam vielmehr zu der Überzeugung, daß der Engländer wohl doch nicht der propagierte Weltheiland sein könne. Sogar Lea Hirsig, seine langjährige Begleiterin, zog später ihre Unterschrift zurück, ebenso sein »Kanzler« Norman Mudd. Einige der Pansophia-Leute hielten trotzdem zu Crowley und gründeten die Loge »Fraternitas Saturni«. Andere schlossen sich dem O.T.O. (»Ordo Templis Orientis«, »Orientalischer Templerorden«) an, dessen magische Geheimriten Crowley schon in Cefalù praktiziert hatte.

Der O.T.O. war um die Jahrhundertwende von dem Wiener Fabrikanten Dr. Karl Kellner und dem schon genannten Dr. Franz Hartmann gegründet worden, die sich gegenseitig zu Großmeistern ernannten. Als dritter kam Theodor Reuß hinzu, der schon mehrere Geheimorden gegründet hatte. Kellner soll den O.T.O. ursprünglich als eine Art Freimaurerakademie gedacht haben und als rosenkreuzerische Oberstufe des britischen Ordens vom sogenannten Memphis- und Misraim-Ritus, der 97 Grade aufweist.[3]

Die Werbung für den O.T.O. klang vielversprechend: »Unser Orden bietet nicht nur ... die Gelegenheit, sämtlich existierende Systeme der Freimaurerei kennenzulernen, sondern er vermittelt auch die Kenntnis der Lehren der Geheimgesellschaften und Geheimkulte aller Zeiten.«

Nach dem Tode Kellners übernahm Reuß die Leitung, aber die Sache florierte nicht so recht. Zudem geriet er mit vielen seiner Gefolgsleute in Streit, so daß nur noch wenige übrigblieben. Dennoch nannte er sich stolz »Souveräner General-Großmeister ad Vitam des Ordens der Vereinigten Riten der Schottischen, Memphis- und Misraim-Freimaurer in und für das Deutsche Reich, Souveräner Pontifex, Souveräner Ordensmeister der Orientalischen Templer-Freimaurer, Magnus Sepremus Soc. Frat. R. C., S ∴ I ∴ 33°, Termaximus Regens I. O.« und benutzte noch eine Reihe anderer hochtrabender Titel.

Reuß kam schließlich auf die Idee, Frauen in den Orden aufzunehmen und Sexualpraktiken einzuführen. So etwas war um jene Zeit, als von einer sexuellen Freizügigkeit heutiger Art keine Rede sein konnte, ungeheuer zugkräftig. In seiner Ordenszeitschrift »Oriflamme« verkündete Reuß: »Unser Orden besitzt den Schlüssel, der alle Maurerischen und Hermetischen Geheimnisse erschließt, besonders die Lehren der Sexualmagie.« Damit war nun wirklich etwas anzufangen, bemerkt Horst Knaut in seinem Buch »Das Testament des Bösen« und fährt fort: »Bald schon fand man neue Interessenten. Geheime Gruppen ... Männer und Frauen, wollten unter anderem mittels sexualmagischer Übungen den Urgrund allen Seins ergründen, wobei sich wohl schon für die damalige Zeit die Frage stellt: Traf man sich der sexuellen Übungen oder der Vertiefung des okkulten Wissens wegen?«

Aleister Crowley, das Great Beast (große Bestie, wie ihn schon seine Mutter genannt haben soll!), der sich fast alle damaligen Geheimlogen unterworfen hatte, avancierte zum Oberhaupt des O.T.O. in England, der dort die Bezeichnung Mysteria Mystica Maxima bekam. Infolge der Aktivitäten Crowleys gab es für den O.T.O. einen beträchtlichen Aufschwung, der sich auch auf die USA erstreckte.[4]

166

Zu einem Ableger des O.T.O. wurde die erwähnte »Fraternitas Saturni« des Berliner Buchhändlers Eugen Grosche, der sich Gregor A. Gregorius nannte. Knaut bemerkt: »Grosche … war ein eifriger Okkultpublizist, und in allen seinen Privatdrucken ließen sich seine abartigen Veranlagungen erkennen. Bisexualität und Sadomasochismus wurden zu wichtigen Säulen seiner Lehren. Ab dem 18. Grad wurde Sexualmagie praktiziert. Nach Hitlers Machtergreifung hatte er kein leichtes Spiel mehr in Berlin, konnte sich aber immerhin noch bis 1936 behaupten. Dann wurde seine Geheimloge verboten, und der Großmeister setzte sich nach Locarno ins Exil ab.« Als »Verfolgter des Naziregimes« kehrte er nach dem Kriege nach Berlin zurück, wurde auf Kosten des deutschen Steuerzahlers dick entschädigt und baute seinen Satansorden wieder auf.

Auch der O.T.O. überdauerte den Krieg. Nachdem 1957 der nachmalige Großmeister Dr. Petersen und seine Ehefrau nach einem magischen Experiment Selbstmord begangen hatten, befindet sich die Zentrale nunmehr in der Schweiz.[5] Hier ist auch der Sitz der von Crowley gegründeten »Gnostisch-Katholischen Kirche«. Reuß hatte 1918 (als Carolus Albertus Theodorus Peregrinus, Souveräner Patriarch und Primat der Gnostisch-Kathol. Kirche, Vicarius Solomonis und Caput Ordinis O.T.O.) Crowleys »Gnostische Messe« in deutscher Übersetzung herausgebracht und zwei Jahre später das »Aufbauprogramm und die Leitsätze der Gnostischen Neo-Christen O.T.O.«. Neben dem Gesetz von Thelema wird als Zielsetzung die Abschaffung des Privateigentums und des Bargeldes proklamiert, die Einführung einer zwangsweisen Arbeitspflicht, die Sicherung eines kostenlosen Unterrichts, Gesundheitsdienstes und Kulturangebotes, Namensführung der Mutter und Sexualaufklärung der Kinder, Schaffung einer sexuell lustbetonten Gesellschaft ohne Sündenbewußtsein und anderes mehr. Die zum Teil weitgehende

Erfüllung solcher Pläne in unserer Gegenwart hat Reuß (im Fleisch) nicht mehr erlebt; er starb 1923 in München.

Über die Gestaltung einer solchen »Gnostischen Messe« berichtet Horst Knaut: »Gleich auf der ersten Seite des Canon Missae der Gnostisch-Kath. Kirche ist Crowleys Baphomet-Unterschrift zu lesen. Und nur wer weiß, was das in Wirklichkeit bedeutet, erfährt schon auf der ersten Seite, daß es sich hier um eine satanistische Messe handelt. Über dieser Unterschrift ist Crowleys sexualmagisches Wappen abgebildet: ein Hahn mit erigiertem Penis.« Weitere Einzelheiten erspare ich meinen Lesern. Allein sein Ausspruch »Ich speie auf eure Religion« sollte genügen. Sein Dämon Aiwaz, der sich als falkenköpfiger Gott Ra ausgab, diktierte Crowley im »Neuen Gesetzbuch« (Liber legis): »Mit meinem Falkenkopf picke ich nach den Augen Jesu, da er am Kreuz hängt ... Errichte mein Bildnis im Osten ... Ich bin das Ziel der Verehrung ... Macht Hostien ... und eßt sie für mich.«

Wie man unter Esoterikern solch einen Mann als »Meister«, als »Faust des XX. Jahrhunderts«, als »Quell tiefster esoterischer Wahrheiten« empfinden und ausgeben kann, wäre tiefenpsychologisch untersuchenswert. Selbst Leuenberger, der aus seiner Crowley-Bewunderung keinen Hehl macht und ihn in seinem Buch »Das ist Esoterik« einen wirklichen Eingeweihten und echten Esoteriker (!) nennt, scheint sein Gewissen doch nicht allzusehr belasten zu wollen, indem er schreibt: »Durch seine Neugierde und magischen Fähigkeiten erschloß er wirklich den Zugang zu Energien und dämonischen Ebenen, die zwar vorhanden sind, aber von den Eingeweihten und Meistern aus guten Gründen verschlossen gehalten und gemieden werden. Dank seiner großen magischen Begabung und seiner starken Kraft mochte es Crowley in den meisten Fällen – wenn auch nicht immer – gelungen sein, mit diesen durch das geschlagene Leck in unsere Sphäre hereinströmenden Energien fertig zu werden. Das gleiche gelang und gelingt aber den wenigsten seiner Schüler und Nachfolger, die dann unweigerlich zu den Opfern jener Kräfte werden, die sie evozieren.« Und weiter: »Wer daher nach Crowleys magischen Schriften lebt und seine Rituale praktiziert, kann sehr unliebsame Überraschungen erleben, die nicht immer sehr spektakulärer äußerlicher Natur zu sein brauchen wie Wahnsinn, Selbstmord oder Brandfall, aber tiefgreifende Folgen im Unbewußten haben können. Der esoterische Schüler, der sich an Crowley orientiert, gleicht einem Kind, das mit einem Blindgänger spielt.«

Daß der unter Satanisten hoch im Kurs stehende »Meister Therion« magisch einiges konnte, steht fest; aber ist *das* ein erstrebenswertes Lebensziel? Der deutsche Esoteriker Peryt Shou (eigentlich Albert Schulz, 1873–1953) besuchte Crowley einmal in einem Berliner Hotel. Auf die Frage, ob ihm sein »Initiationsname« (das große Tier) nicht hinderlich sei in seinem Wirken, lachte Crowley und sagte, er könne gar keinen anderen Namen tragen, da er ja mit dem Malzeichen des apokalyptischen Tieres aus dem Abgrund versehen sei. Schulz erzählt: »Während er mir das mitteilte, ließ er auf seiner Stirn ein feuerrotes Zeichen aufglühen, so daß ich erschrak, was ihn zu lautem Gelächter erheiterte.«[6] Verwunderlich ist allerdings, daß selbst Esoteriker wie Kahir und Dr. Herbert Fritsche, denen weder die Zustimmung zur satanistischen Zielsetzung Crowleys noch eine Teilnahme an widerlichen Kulthandlungen zuzutrauen ist, beifällige Worte für ihn finden. Fritsche, der meines Wissens eine christlich durchaus annehmbare Esoterik vertrat, widmete ihm sogar ein ihn glorifizierendes Gedicht, das mit den Worten schließt: »Der Eigenweg erschließt das magische Erwachen. Im neuen Äon führt der Höhenweg zum Grale, durch blitzlos grollendes Gewitter der Skandale«!

Seine satanische Mission sah »Meister Therion« auch darin, okkulte Kräfte mit Hilfe der Musik zu wecken und zur

Wirksamkeit zu bringen. Seine diesbezüglichen drei Grundforderungen können in ihrer entsetzlichen Tragweite erst
jetzt richtig verstanden werden; sie lauten:

1. Wir müssen die Leute einer sich ständig wiederholenden
   lauten Musik aussetzen.
2. Wir müssen den Drogenkonsum fördern.
3. Wir müssen die Entwicklung im Bereich der Moral bewußt steuern.

In welchem Ausmaß Crowleys Ideen verwirklicht worden
sind, zeigt die Gegenwart täglich!
Wie Crowley starb, erfährt man nicht von seinen Verehrern:
Er, der drogensüchtig war, verließ unsere Ebene 1947 in
geistiger Verwirrung. An seinem Sarg wurde das »Gnostische
Requiem« gelesen und der »Hymnus an Pan« rezitiert, an
den teufelsgestaltigen »Naturgott«, wo es heißt: »Und ich
rase und vergewaltige, reiße und tobe, wüte ewig durch die
Welt in der Gewalt von Pan.« Wie Nietzsche, der alle moralischen Werte umkehren wollte und ebenfalls geistig umnachtet starb, hatte Crowley »das Negative so lange me-
thodisch gezüchtet, den Nihilismus mit einer geradezu
luziferischen Freude verherrlicht, bis auch ihn der körperliche und geistige Zusammenbruch ereilte. Es half nichts, daß
er an Gottes Stelle den in sich selbst verliebten Übermenschen
setzte«, schrieb ein Esoteriker unter dem Pseudonym Philo
und ergänzt: »Immer sind es nur wenige, die die Geschicke
der Menschheit beeinflussen, und diese wenigen sind Sendboten des Lichtes oder dunkler Mächte; an ihren Werken
sind sie zu erkennen.«

Ein Schwarzmagier von geringerer Intelligenz als Crowley,
aber keineswegs minder brutal und durchtrieben war der von
vielen Esoterikern noch heute bejubelte Georg Iwanowitsch
Gurdjew (auch Gurdjieff), der 1949 in Frankreich starb. Er

soll Georgier gewesen sein und gab als Geburtsjahr 1865 an. Dr. Walter A. Koch tippt jedoch auf etwa 1875, da er Stalins Mitschüler am Priesterseminar gewesen sein will und um 1930 den Eindruck eines Fünfzigjährigen machte. Koch schreibt: »Da Gurdjew das Geheimnis des langen Lebens und des Wohlgefühls ohne Schlaf teuer verkaufte, wollte er natürlich für möglichst alt gehalten werden.«

Eine Biographie über ihn verfaßte sein Schüler Louis Pauwels unter dem Titel »Gurdjew der Magier«.[7] Hinsichtlich biographischer Angaben bei Menschen wie Gurdjew ist es aber in der Regel so, daß man stets mit Unwahrheiten und Verschleierungen rechnen muß – was ihnen ihre Verehrer erstaunlicherweise nie verübeln.

Gurdjew gab an, Geheimschulen in Persien, Ostturkestan und Tibet absolviert zu haben. Ungefähr zehn Jahre lang will er Hauptagent des russischen Geheimdienstes in Tibet gewesen sein, ja sogar Sekretär für auswärtige Angelegenheiten der tibetischen Regierung sowie Erzieher des Dalai Lama! Dabei beherrschte er, nach Aussagen vieler, die ihn kannten, außer Russisch keine einzige Sprache perfekt, konnte sich jedoch in mehreren Sprachen verständigen. Er sprach und schrieb, wenn er überhaupt schrieb, ein fürchterliches Kauderwelsch.

Als 1903 die Engländer Tibet besetzten, soll Gurdjew angeblich mit dem Dalai Lama in die Mongolei geflohen sein. 1914 ging er nach dem Westen Rußlands und sammelte Anhänger u. a. in Moskau und Petersburg. Nach mißglückten Schulgründungen in Tiflis, Istanbul, Berlin und London ließ er sich 1922 im Schloß Avon bei Fontainebleau in Frankreich nieder. Dort gründete er sein »Institut zu harmonischen Entwicklung des Menschen«. In stiller Konkurrenz zu sogenannten »Abtei Thelema« des gleichzeitig agierenden Kollegen Crowley nannte er es »Abtei Avon«. Zu seinen Bewunderern zählten berühmte und wohlhabende Persönlichkeiten wie

Aldous Huxley, Arthur Koestler, Arnold Keyserling, die Witwe von Enrico Caruso, Maurice Maeterlincks erste Frau sowie die Schriftstellerin Katherine Mansfield, deren plötzlicher Tod in der »Abtei Avon« großes Aufsehen erregte. Dr. Koch schreibt: »Inmitten der fortschreitenden Spaltung und Zersetzung des abendländischen Geistes hat dieser erregende Hexer eine Vielzahl begeisterter Anhänger und Gläubiger gefunden.«

Seine konfusen Lehren, die erst von einigen seiner Schüler und unter Ausmerzung widersinniger oder »anstößiger« Passagen verständlich formuliert und in ein gewisses System gebracht worden sind, wurzeln u. a. in der Frage: »Bin ich wirklich?« Um zu tun, müsse man sein, ja man müsse überhaupt erst einmal begreifen, was es heißt: sein! Einer seiner Lehrsätze lautet: »Nur wenn ich bin, ist das wahre Leben.« An sich eine umwerfende »Weisheit«, aber viele Menschen, die anscheinend bereit waren, ihr Sein zu bezweifeln, suchten geistige Labung bei ihm.

Dr. Koch schreibt: »Aber anstatt Antworten klar auszusprechen, lehrte er praktische Übungen zur Wesens- und Charakterschulung, die eine Atrophie (Verkümmerung) der Vernunft zur Folge hatten. Seine außergewöhnliche Autorität, die *nicht* auf Wissen beruhte, gab ihm eine unbeschreibliche, fast unmenschliche Macht über alle, die er in seinen Bannkreis zog.«

Neben seinen magischen Fähigkeiten war Gurdjew vor allem ein Könner auf dem Gebiet der Hypnose. Seine diesbezügliche Meisterschaft stellte er besonders anschaulich in den zwanziger Jahren bei seinen öffentlichen Tanzdarbietungen in Paris und New York unter Beweis. Die begleitende Musik war eine Mischung von Jazz und fernöstlichen Tempelmelodien.[8] Die Tänzer bewegten sich wie Marionetten, hölzern, freudlos, automatisch, ohne zu lächeln. Gurdjew dirigierte sie. Durch eine Schwebehaltung seiner Arme konnte er sie mitten in der schnellsten Bewegung schlagartig erstarren lassen. Und jedesmal wenn ein Tanzabschnitt beendet war, schienen die Tänzer innerlich zusammmenzuklappen, sie wirkten häßlich und glanzlos. Später beseitigte Gurdjew alles Schriftliche, was sich auf diese Tanzdarbietungen bezog.

Dr. Koch schreibt weiter: »Die Art der Schüler, die Gurdjew heranbildete, läßt erkennen, daß er kein Meister im eigentlichen Sinne des Wortes gewesen ist. Er teilte kein Wissen mit, das packt und aufwühlt, sondern ging wie die Katze um den heißen Brei herum, beraubte die Hörer des klaren Bewußtseins und der Urteilsfähigkeit und veranlaßte kaum jemanden zu einer tiefgehenden (positiven) Wesensänderung. Gurdjew war größenwahnsinnig und log prinzipiell. Er posaunte auf allen Märkten aus, was er zu bieten habe ... und nahm Geld, viel Geld, skrupellos und unverschämt.« Und weiter: »Der Entwicklungsweg Gurdjews führte nicht zu Gott, sondern zur Macht (über andere) ... Seine Brutalität, sein völliger Mangel an Liebe, an Mitleid, an Herz entsprang jenen düsteren und teuflischen Praktiken, die in mongolischen Klöstern gelehrt werden.[9] Dort trieb man die Härte, den Zorn, die Bosheit, das Fluchen, mit dem man bei Gurdjew bestens vertraut wurde, wissentlich auf einen Höhepunkt, auf dem auch die physische Brutalität (Stöcke, Stricke und Fäuste) nicht fehlen durfte.«

Gurdjew machte sich ein Vergnügen daraus, seine Schüler ständig zu beleidigen und mit unflätigen Worten zu beschimpfen, was diese zerknirscht und in Demut anzunehmen hatten.[10] Genau wie Bhagwan, für den die Mutter Teresa eine »dumme Kuh« ist, pflegte Gurdjew mit zynischem Gelächter auf unsere abendländischen Vorstellungen von Menschenwürde und Freiheit zu spucken. – Sollte nicht jedem einleuchten können, daß ein wirklicher spiritueller Meister sich niemals so verhalten würde?

Die Befolgung Gurdjewscher Anweisungen sollte zur Entwicklung der feinstofflichen höheren Körper im Menschen führen. Die hierzu angeblich erforderlichen Übungen umfaßten wechselnde Körperbewegungen, geistige Anstrengungen, z. B. komplizierte Arten des Zahlenzählens und Mantrawiederholens, und körperliche Arbeit bis zur Erschöpfung mit wenig Schlaf.

Neben Sexualmagie lehrte Gurdjew, nur wenige Menschen hätten eine unsterbliche Seele. Um sich eine solche zu schaffen, müsse man kompromißlos alle bisherigen Denkgewohnheiten, herkömmlichen Ideale und religiösen Glaubensvorstellungen über Bord werfen bzw. in sich ausrotten; dann könne es gelingen, in die Reihe erhabener Meister aufzusteigen. Frauen allerdings hätten wenig Aussicht, eine Seele zu bekommen, es sei denn durch geschlechtliche Vereinigung mit einem Mann gurdjewscher Richtung. Er selbst war denn auch eifrig bemüht, möglichst vielen Frauen eine Seele zu verschaffen. Eine junge Französin, Irène-Carole R., die sich seinen sexuellen Attacken widersetzte, starb nach elf Tagen durch magische Einwirkung an einer medizinisch unerklärbaren Krankheit.

Wer da meinte, für seine menschlichen Probleme bei Gurdjew Verständnis oder gar einen guten Rat zu finden, wurde entweder mit Schweigen übergangen oder in der üblichen Fäkaliensprache verspottet. Dr. Koch schreibt: »Es war eine Geheimschule der Unordnung … Das wahre Wissen sollte bei der inneren Erfahrung des Körpers beginnen. Bald jedoch bekam man die schreckliche Vorstellung, zu schwinden, aus sich selbst herausgeschleudert zu werden.« Danach gab es meist keine Rückkehr mehr zu einem normalen Leben. Ein Schüler rief in der Ekstase des Schreckens aus: »Das ist die Hölle, die geistige Einöde, ein Gefängnis, die letzte Minute vor dem Schafott … Sagt es euch nur immer wieder: Ihr seid nichts! Die ihr hier eintretet, laßt alle Hoffnung fahren!«

Louis Pauwels urteilt etwas nüchterner, »daß ein Mensch …

sich nur durch die Pforte des Todes in das von Gurdjew vorgeschlagene geistige Abenteuer einlassen kann«. Pauwels soll einer der wenigen gewesen sein, die sich dem »Meister« nicht total auslieferten. Er soll sogar einige Amerikanerinnen aus Gurdjews tödlicher Hypnose befreit und Abtrünnige, die dieser schwarzmagisch verfolgte, gerettet haben. Ob das wahr ist, muß dahingestellt bleiben, denn keinem ist zu trauen, der Leute wie Gurdjew oder Crowley idolhaft verehrt. Kein Paktieren mit satanischen Kräften und Persönlichkeiten bleibt ohne nachteilige Folgen für Charakter und Psyche. Nur sehr willenskräftige Menschen oder solche, die einen starken Schutz von oben haben, können derartiges relativ unbeschadet überstehen und daraus für sich und andere heilsame Lehren ziehen.

In der »Abtei Avon« gediehen weder Menschen noch Tiere. Das Leben für die Schüler war sehr hart, obzwar es zwischendurch üppige Gelage[11] und Orgien gab. Und obwohl die Schüler große Geldsummen, manche ihr ganzes Vermögen in das Institut steckten, florierte es nicht und mußte, nach etlichen Skandalen, geschlossen werden. Nachdem das Schloß verkauft worden war, begab sich Gurdjew in die USA, kam aber bald nach Frankreich zurück und nahm sich eine Wohnung in Paris. Dort begann er Abhandlungen zu schreiben unter dem Titel »Beelzebubs Erzählungen für seinen Enkel«, wobei er selbst sich mit der Titelfigur seiner Schriften identifizierte. Manchmal sah man ihn in Cafés, zigarettenrauchend (seine Zähne waren gelb davon) englische Wörter mit ungelenken Zügen in ein Heft schreibend. Die so entstandenen Manuskripte waren oft kaum zu entziffern und wurden erst von Schülern einigermaßen lesbar gemacht. Eine Amerikanerin ließ sich das Vorrecht, zwanzig Seiten davon lesen zu dürfen, tausend Dollar kosten!

Nach Gurdjews Tod war dann ein Teil der Manuskripte in ein verständliches Englisch übertragen worden und erschien in deutscher Sprache unter dem Titel »All und Alles«. Eine amerikanische Beurteilung des Buchinhaltes besagt, Nietzsches Umkehrung aller Werte mute hausbacken an gegen das, was Gurdjew darbietet. Außerdem sei es voller fremdartiger Vokabeln und erzähle kunterbunt durcheinander von UFOs, Kunst und Ernährung, von der Sphinx, von Sigmund Freud bis Mesmer, von der Hypnose bis zum Wasserklosett. Einem Gurdjew-Schüler zufolge liest sich das Buch »wie das Ergebnis einer verrückten Wette« und soll unverdaulich sein. Man fühle sich wie durch eine Mühle gedreht; ganz durcheinander werde man wieder an die Luft befördert und herumgewirbelt, ohne zu wissen, wohin man fällt. Dr. Koch kommentiert: »Da Gurdjew weder die westliche Zivilisation noch den abendländischen Geist je so richtig begriff, wurde sein Wälzer eine ungefüge Mischung aus humoristisch sein sollenden Erzählungen, ernsthaft vorgetragenen Lügereien und abstrusen Ideen, die gläubig hingenommen werden sollen.« Bedauerlicherweise werden sie das tatsächlich infolge der Bearbeitung durch ihn geistig weit überragende Schüler, die ihre eigenen Gedanken einbrachten. Von den »unübersetzbaren Derbheiten und massiven Gemeinplätzen« des ursprünglichen Textes ist nur wenig übriggeblieben. Von manchen Leuten wird Gurdjew heute sogar mit Jakob Böhme, Swedenborg und Sokrates verglichen!

Das Buch »All und Alles« spekuliert nach Dr. Koch auf ein Publikum, das sich einbildet, alles zu verstehen, und dem man daher jeden Unsinn vorsetzen kann; was an den Ausspruch des Verhaltensforschers Konrad Lorenz erinnert, wonach der Mensch das einzige Tier sei, das jeden Blödsinn glaubt. Das mag so gut wie für alles gelten , was mit Gurdjew zusammenhängt, auch für die Publikationen seiner Schüler Peter D. Ouspensky und John G. Bennett. Letzterer vermischte Gurdjews krause Lehren, wozu auch die rückwärts in die Vergangenheit gerichtete Reinkarnation (!) gehört, mit jenen von Alice Ann Bailey, so daß aus solcher Verbindung von Luzifer mit Satan eben nur Beelzebub erwartet werden kann. Dank Bennett weist auch die Subud-Bewegung starke Gurdjew-Züge auf.[12] In mehr als zwanzig Büchern beleuchtet Bennett »die Ideen des russischen Weisen« Gurdjew, meldet das viel Irreführendes enthaltende »Handbuch der Esoterik« von David Harvey. Das Umfunktionieren von Schwarzmagiern in »Meister der Weisheit« nenne ich schlicht intellektuelle Heimtücke, wenn es bewußt geschieht und nicht bloß aus Dummheit. Aber vielleicht wird so das ursprüngliche Gift allmählich neutralisiert, so daß es keinen sonderlichen Schaden mehr anzurichten vermag? Ob es sogar noch positiven Nutzen bringen kann, ist eine andere Frage.

Auf jeden Fall hat Gurdjew sein irdisches Leben in vollen Zügen genossen. Über die Leichtgläubigkeit seiner Anhänger pflegte er sich köstlich zu amüsieren. Wenn er auf den Höhepunkten seiner Freß- und Saufgelage Wodka in sich hineinkippte wie Wasser, so toastete er auf alle Arten von Dummköpfen. Dabei unterschied er sorgsam diverse Kategorien von Idioten: runde, viereckige, vieleckige, psychopathische und hoffnungslose. »Idioten im Quadrat«, »Idioten hoch drei« und so weiter. Die einzelnen Toaste endeten immer mit einem riesenhaften Hohngelächter ...

Auf seinem Sterbebett schaute er noch einmal seine Schüler an, von deren Geld er gelebt, die er ausgenutzt, beschimpft und mit »Geheimnissen« getäuscht hatte, die er ihnen nie offenbarte. Da es nichts zu offenbaren gab, hatte er auch keinen Nachfolger seines Vertrauens gewürdigt; solche fanden sich dann von selber. Und zumindest seine letzten Worte waren *keine* Lüge. Er sagte: »Da lass' ich euch also in der Patsche!«

Und das ist einer der Großen im Reiche der Esoterik, bei dem noch heute zahlreiche Suchende Weisheit zu finden meinen, weil sie die Wahrheit über ihn nicht kennen! Leuenberger nennt ihn trotz alledem einen »Esoteriker«, einen »nicht-spiritualistischen«. Und ein Verlag preist ihn als einen »der geheimnisvollsten Denker unseres Jahrhunderts« an, der uns mittels seines Systems »mit dem für eine neue Schöpfung (!) nötigen Material bekannt machen« will! – *Mundus vult decipi, ergo decipiatur* – die Welt will betrogen sein, also werde sie betrogen!

Anmerkungen
»An ihren Früchten sollt ihr sie erkennen«

1 MuSch 6. Jg., Nr. 24, 6. – Jene Golden-Dawn-Mitglieder, die keinen Grund zu einem Ausschluß von Crowley sahen, hatten auf ihre Art gewiß nicht unrecht, denn der Ordensgründer selbst, Samuel Liddell McGregor Mathers (1854–1918), war Schwarzmagier und einer der Mentoren Crowleys. Auch Mathers wähnte sich von »unbekannten Übermenschen« beeinflußt. In einem Manifest an die »Mitglieder des zweiten Grades« schrieb er 1896 u. a., er kenne nicht die irdischen Namen jener geheimen Führer, die ihm »die Weisheit zweiten Grades« übermittelten. Die physischen Begegnungen fänden zu festgesetzten Zeiten und an vorher bestimmten Orten statt. Er habe sie nur selten in ihrer physischen Gestalt erblickt, doch wäre dies stets von heftigen Atembeschwerden begleitet gewesen, wobei ihm Blut aus Nase und Mund strömte »und bei einigen Gelegenheiten auch aus den Ohren« (»Die andere Welt«, Nr. 9/1963, 673). Wenn das stimmt, so läßt sich unschwer vorstellen, um welche Sorte von »geheimen Oberen« es sich bei den Inspiratoren des Golden-Dawn-Ordens handelte.

2 In der Abtei Thelema starb überraschend der britische Mathematikprofessor Raoul Loveday. Seine Frau, die zugegen gewesen war, behauptete, er sei durch das Trinken von Blut während eines magischen Zeremoniells vergiftet worden (»Neues Zeitalter«, 20. 12. 1987).

3 Der neunzigste Grad ist der Baphomet-Grad (Baphomet, der Sabbatbock, eine ziegenköpfige dämonische Gottheit mit Flügeln und Brüsten und einer brennenden Fackel zwischen den Hörnern). Diesen Grad hatte auch Dr. Franz Hartmann inne, neben dem 33. Grad

des schottischen Ritus, dem X. Grad Rex Summum Sanctissimus
(»Höchster und Heiliger König«) und anderen Gradtiteln, denen
der Makel eines gelinden Größenwahns schwerlich abzusprechen
sein dürfte. Reuß war es auch, der Dr. Rudolf Steiner dem O.T.O.
zuführte und ihm ein selbstfabriziertes Patent für gutes Geld verkaufte, mit dem Recht zur Gründung einer Geheimgesellschaft
»Mystica Aeterna« (Miers, a.a.O., S. 343). Steiner arbeitete neun
Jahre lang im O.T.O. mit, muß also – auch in Anbetracht seiner
Stellung – sämtliche »Geheimnisse« des Ordens kennengelernt haben. Leuenberger meint jedoch, er sei kein Crowley-Anhänger
gewesen; es ist auch kaum vorstellbar, daß Steiner sich ihm unterworfen hätte.

4 Crowley war in der »Oriflamme« vorgestellt worden als »The Most
Holy, Most Illustrous, Most Illuminated and Most Puissant Baphomet, X°, Rec Summus Sanctissimus 33°, 90°, 96°, Past Grand Master
of the USA, Grand Master of Ireland« usw. – Crowley schrieb unter
verschiedenen Decknamen, z. B. als »Mahatma Guru Sri Paramahansa Shivaji« das Büchlein »Acht Vorlesungen über Yoga«.

5 Bald war auch in Deutschland wieder vom Thelema-Orden zu
hören, in Berlin und danach im Hannoverschen. 1987 gab es
Pressemeldungen über einen Prozeß gegen den Ordensleiter Michael
D. Eschner. Erzwungener Geschlechtsverkehr, Gehorsamseide,
Ekeltraining, bizarre Körperübungen, Verzicht auf Außenkontakte
und auf Privatbesitz, Schlafentzug, Arbeit ohne Entgelt und sadisti-
sche Quälereien gehören zur »Grundausbildung« mit dem Ziel einer
»Umprogrammierung zu Menschen einer höheren Bewußtseinsstufe« (»Quick«, Nr. 42/1987). Eschner betrachtet sich angeblich als
wiedergeborenen Crowley. – Es kam jedoch zu einer recht milden
Verurteilung, wobei der Richter nicht die Lebensweise der Thele-
ma-Mitglieder als strafbar ansah (»Es geht nicht an, daß die Gesellschaft Gruppen, die außerhalb der Norm stehen, kritisiert oder
unmoralische Lebenseinstellungen verurteilt«, lt. DNZ v. 30. 12.
1987), sondern nur nachweisbare Straftaten. An Crowley orientiert
war auch der Satanist Charles Manson mit seiner Gruppe, die 1969
fünf Menschen, darunter die berühmte Schauspielerin Sharon Tate,
ermordeten.

6 MuSch 7. Jg., Nr. 24,3. – Crowley stellte sich in einer Zeichnung
als Teufel mit einem erigierten Penis auf der Stirn dar (Knaut, a.a.O.,
S. 138). Seine Notdurft pflegte er auf Teppichen zu verrichten und
nannte seine Exkremente heilig.

7 Bern/München, 5. Aufl. 1970. Dr. Walter A. Koch hielt sie »zwar als Roman der Verirrungen eines Schwarzmagiers interessant, aber für ein ernstes Studium der Geheimwissenschaften unergiebig«. Mittlerweile erschienen weitere Werke über Gurdjew, speziell von dem Engländer J. G. Bennet, der »nach dem Vorbild (!) der Gurdjew-Schule in Frankreich« ein solches Institut in England einrichtete. Er brachte die von ihm veredelten Lehren des »Meisters« in vielen Büchern auf den Esoterikmarkt. In Deutsch gibt es von ihm »Gurdjieff – Der Aufbau einer neuen Welt«. Das unter Gurdjews Namen herausgekommene Buch »Begegnungen mit bemerkenswerten Menschen« kann ebensowenig von Gurdjew selbst verfaßt worden sein wie alle anderen. 1933 z. B. ließ er eine Broschüre drucken mit dem Titel »Gurdjew, der Verkünder des kommenden Heils«. Rom-Landau, der bei einem Interview von Gurdjew keine klaren Antworten, dafür jedoch besagtes Büchlein bekommen hatte, meinte nach dessen Lektüre, der Verfasser müsse den Verstand verloren haben. Da die Schrift wirklich sehr ungeschickt abgefaßt worden war, ließ der »Meister« die Bestände aufkaufen und vernichten.

8 Im Empfangszimmer seiner Managerin, Frau Salzmann-Blank, lag auf dem Notenhalter des Klaviers eine Partitur von Gurdjew, stets unverändert an einer bestimmten Stelle aufgeschlagen und von zwei schwarzen Kerzen flankiert.

9 Auch im Zen-Buddhismus, wo man weder Gott noch Jenseits oder persönliche Unsterblichkeit kennt, weder Individualität noch Persönlichkeit, ist Liebe ein fremder Begriff. Zentraler Bestandteil des Zen ist Meditation. Beim Zazen sitzen die Mönche stundenlang in Meditationsstellung und denken über ein »Koan« nach. Darunter ist eine kurze Geschichte zu verstehen mit einem logisch unlösbaren Problem; damit soll ein »innerer Zugang zum Selbst« erreicht werden. Zur Erreichung dieses Ziels sind Bedürfnislosigkeit und Abtötung des Gefühlslebens erforderlich. Dem westlichen Verstandesdenken ist Zen kaum zugänglich.

10 Die wörtliche Wiedergabe derartiger »Schulung« widerstrebt mir zwar, aber ein von Dr. Koch gebrachtes Beispiel kann das wahre Wesen Gurdjews am besten veranschaulichen: Ein Schüler erlaubt sich eine Frage und bekommt zur Antwort: »Sie Sch... sein!« Dann ein gütiges Lächeln und: »Sie verstehen, Sie Sch... sein?« – Der solchermaßen Belehrte gibt voll guten Willens zu: »Ja.« Daraufhin wird der »Meister« wütend und schnaubt: »Sie *nicht* verstehen, Sie

vollkommener Idiot, Sie letzter Dreck!«–Der Unglückliche zerfließt zwischen Demut und Demütigung; da findet der Verkünder kommenden Heils, der keine Sprache fließend sprechen kann, aber in vielen radebrecht, ein neues Wort: »Ihr«, erklärt er abschließend, »ihr völlig zugeschissen!«

11 Pierre Schaeffer notierte: »Den Auserlesenen reichte Gurdjew Scheiben von Melonen oder einer äußerst kostbaren orientalischen Konfitüre. Denen, die er nicht mochte, übergab er als besondere Auszeichnung eine rohe Zwiebel, die sie unverzüglich hinunterschlucken mußten, auch wenn sie angefault war.« Es pflegte eine Überfülle von russischen Gerichten zu geben und sehr viel Wodka. Dabei mußten sich gerade diejenigen mit Wodka alkoholisieren lassen, die ihn verabscheuten. Wer gern Süßigkeiten mochte, bekam das Gegenteil in reichlicher Menge verabfolgt – und so fort.

12 Auch für die Bücher des Gurdjew-Anhängers Castaneda gilt die Empfehlung des Faustschen Theaterdirektors: »Sucht nur die Menschen zu verwirren; sie zu befriedigen ist schwer.«

Es ist nicht alles Gold, was glänzt

Auch nicht, was in weisheitsvoll-frommer Verpackung dargeboten wird. Als Beispiel möge hier der Fall des indischen Swami Omkarananda dienen. In einer »Maitreya-Durchgabe«[1] des Divine-Light-Zentrums (DLZ) in Winterthur vom 9. 5. 1968 heißt es, er sei »einer der Meister aus der Sonne, welche da ist der Gott, der alles geschaffen hat. Er steht hoch über den Söhnen der weltlichen Hierarchie. Er wurde von Gott auserwählt, meisterlich auf der Erde zu wirken, gleich Jesus ein Weltlehrer zu sein.«

Omkaranandas Inkarnationen fanden nicht auf unserer Erde statt, sondern auf der Venus, dem Stern der Liebe (alias Luzifers). Dort war er schon lange im Range eines Meisters. Nun habe er den Auftrag, »Jesus beizustehen bei der endgültigen Auflösung der dunklen Elemente und bei der Aufhellung auf dieser Erde, die damit enger an den Stern der Liebe (sprich Luzifers) angeschlossen werden soll«. Und weiter: »Swami Omkarananda ist demnach der Christus, welcher berufen ist, mit Jesus und allen Meistern, in Verbindung auch mit reinen Gotteskindern, die hier als geistige Mitarbeiter einbezogen sind, das Reich Gottes auf Erden wieder in Reinheit herzustellen. Eine neue Erde und ein neuer Himmel – wie es schon in der Bibel steht – wird damit in Erscheinung treten.«

»Was, *schon* wieder ein Christus?« wird mancher kopfschüttelnd fragen. Nun, nicht bloß in der Okkultszene gibt ein Christus dem anderen die Türklinke in die Hand, auch in der christlichen Religionsgeschichte traten – bis in die neuere Zeit hinein – Dutzende auf, die sich als wiedergekommener Christus empfanden bzw. ausgaben. Insofern wäre das nichts

Besonderes, und man gewöhnt sich daran. Aber der Fall Omkarananda soll hier als warnendes Musterbeispiel aufzeigen, wohin allzu vertrauensselige Leichtgläubigkeit führen kann.

Omkarananda (der Name soll soviel wie »die Glückseligkeit Gottes in der menschlichen Form« bedeuten) war von einer älteren Dame in die Schweiz geholt worden, die ihm ihre Villa zur Verfügung stellte. Das DLZ wurde 1966 als Verein gegründet und umfaßte zuletzt fünfzehn Häuser. Von hier aus entfaltete der Swami eine lebhafte Propagandatätigkeit. Seine Schriften erwecken den Eindruck, es mit einem wirklich gottverbundenen Manne zu tun zu haben; aber schon zweieinhalb Jahre bevor das Göttliche Lichtzentrum aufflog, war mir bekannt geworden, daß es dort durchaus nicht so göttlich zuging, wie die immer zahlreicher werdenden Bewunderer des Inders glaubten. Meine Informantin gehörte dem innersten Kreis um den Swami an, und das, was sie mir berichtete, wurde später durch den aufsehenerregenden Prozeß von Lausanne bestätigt.

Die Kindheit jener Berichterstatterin fällt in die traurigen Kriegsjahre mit ihren Entbehrungen und Ängsten. Zu allem Überfluß war ihr Vater ein extrem brutaler Mann, der die Mutter oft mißhandelte und dauernd seinen Arbeitsplatz wechseln mußte. Nach dem Kriege gehörte ihre Heimat zur sowjetischen Besatzungszone. Sie ging nach Westdeutschland, wurde als nichtanerkannter Flüchtling ausgenutzt (in Form von Unterbezahlung für ihre Arbeit als Schneiderin) und heiratete schließlich. Trotz oder vielleicht gerade wegen ihres freudenarmen und entbehrungsreichen Lebens war sie Gottesucherin geworden. Manchmal stellten sich bei ihr außergewöhnliche Phänomene ein. Sie bekam Kontakt mit zweifelhaften Medien, denen es – genau wie ihr selber – an Erfahrung und an Wissen mangelte, und so wurde sie zu einem der vielen gutgläubigen Opfer des Vulgärokkultismus.

Im August 1965 weilte sie mit ihrer Familie in Seengen/Schweiz bei Geistesfreunden. Eines Abends wurde bekanntgegeben, daß am Tag darauf ein Meister aus dem Fernen Osten kommen und einen Vortrag halten würde. Paula, so wollen wir meine Informantin nennen, freute sich über alle Maßen, denn sie hatte die Bücher von Baird T. Spalding gelesen und war von der Existenz solcher Meister überzeugt. In der darauffolgenden unruhig verbrachten Nacht träumte sie von einem indischen Guru, der sie auf die Höhen des Himalajas lockte, um sie dann hohnlachend in die Tiefe zu stürzen. Es wäre gut gewesen, wenn sie diesen Warntraum beachtet hätte. Der Inder kam, und Paula war hingerissen von ihm und seiner Weisheit. Während des ganzen Vortrages fühlte sie sich von seinen Augen mächtig angezogen. Begann schon von da an die Hypnose?

In der Diskussion stellte Paula die Frage, ob der Swami ihr sagen könne, warum sie beim Anhören von Beethovens »Neunter Symphonie« stets ein Gefühl überkäme, als müsse sie die ganze Welt umarmen. Nun, vielleicht wollte sie sich mit dieser Frage bloß interessant machen. Doch wie dem auch sei, der Inder versicherte, das sei ein Zustand des Gottbewußtseins; und er begann Gott zu lobpreisen dafür, daß eine Dame hier sei, die empfänglich ist für die Wunder, die in besagter Symphonie zum Ausdruck kommen!

Paula war selig. Während der folgenden Tage dachte sie unablässig an den Swami, und als sie seinen Aufenthaltsort in Winterthur in Erfahrung gebracht hatte, eilte sie unverzüglich zu ihm. Lächelnd empfing er die junge Frau und gestand ihr, daß er gebetet habe, sie wiedersehen zu dürfen. Wobei bemerkt zu werden verdient, daß Paula eine für Männeraugen ungemein erfreuliche Erscheinung darstellte. Paula glaubte zu schweben, als er ihr erklärte, daß ihre große Reinheit ihn von den Bergen des Himalajas hierhergezogen und er sie schon jahrelang aus der Ferne beobachtet habe. Sie müsse nunmehr der Welt entsagen und zu ihm in den Ashram kommen. Er gebe ihr ein Mantra, mit dessen Hilfe dies möglich würde. Ihr Mann werde eine andere Mutter für die (Adoptiv-)Kinder finden, sie selbst schon bald frei sein für ein Leben in Gott, in seinem – des Swamis – Ashram.

Zwei Jahre später war es soweit. Omkarananda schrieb ihr: »Gott braucht Deine Mitarbeit hier im Kloster. Lerne Englisch und Maschineschreiben. Du bist ein Engel Gottes und sehr gesegnet!« Glückselig im Bewußtsein der Auserwähltheit folgte sie seinem Ruf. Der Inder ließ sie wie auch alle anderen Insassen des DLZ glauben, er sei der Verheißene, der nach zweitausend Jahren wiederkommt, um die Seinen in sein Reich zu holen ... Paula mußte alle Brücken zur Außenwelt abbrechen und durfte auch keinen privaten Briefwechsel pflegen. Aber sie führte Tagebuch, wovon der Swami nichts merkte.

Mit Ausnahme des Inders lebten alle Klosterinsassen spartanisch einfach. Alles wurde von ihm dirigiert und überwacht, auch wie oft und was sie essen und wie lange sie schlafen durften (in der Regel bloß fünf Stunden. Schlafentzug ist ein bewährtes Mittel zur Persönlichkeitsbeeinflussung). Alle wurden streng dazu angehalten, möglichst ununterbrochen Mantras zu sagen, zu murmeln oder zu denken. Zusätzlich tönten Mantras Tag und Nacht über Lautsprecher in alle Räumlichkeiten. Der Inder merkte sofort, wenn jemand im Mantrapraktizieren nachließ. Was sind nun solche Mantras oder Mantrams?

In Magie und Kabbalistik weiß man seit jeher, daß jeder gesprochene Buchstabe und somit jeder Laut oder Ton eine bestimmte Schwingungszahl besitzt, einerlei, ob er hörbar oder unhörbar sein mag. Vom Resonanzgesetz her wissen wir ferner, daß tiefere Schwingungen bzw. Töne höhere auslösen, die sogenannten Obertöne. Auf diesem Prinzip beruhen die Wirkungen von Mantras und »Zaubersprüchen«, besonders bei häufiger Wiederholung. Auf der physischen Ebene erzeugte Töne, Melodien oder Gesänge, Worte oder Wortfolgen wirken resonanzmäßig zugleich auf einer anderen, auf der astralen Ebene. Resonanzen, die ihrerseits wieder auf die materielle Welt zurückwirken; denn alle Lebensäußerungen bestehen ja aus Bewegung und Wechselwirkungen.

Werden Mantras fortgesetzt wiederholt, so entstehen quasi Energiequanten, von und mit denen eine bestimmte Wirkung ausgeht oder erzielt werden kann. Vorrangig wirken sie auf die Psyche des Menschen. Dieser Faktor wird besonders bei der Pop- und Rockmusik genutzt, wie in dem entsprechenden Kapitel (»Musik wird oft nicht schön empfunden ...«) noch aufgezeigt wird. Wenn Mantras überdies noch recht monoton hergesagt oder gesungen werden (man beachte die eintönigen liturgischen Gesänge römisch- oder griechisch-katholischer Gottesdienste oder jene der Zauberpriester und Schamanen aller Völker der Dritten Welt), so kommt zur Vibration des Wortes oder Vokals noch die Melodie als dynamisierender Faktor hinzu. Die Vokal- und Konsonantenmagie, wie sie beispielsweise von Johann Baptist Kerning oder Franz Bardon gelehrt wurden, beruhen auf derselben Grundlage. Mittels solcher Übungen soll eine Umwandlung molekularer Strukturen im Körper erfolgen, um höhere Schwingungszustände zu erreichen bzw. sich dafür empfänglich zu machen. Leider pflegt sich erst hinterher herauszustellen, ob dem wirklich so ist. In Tibet z. B. hat man Erfahrung in erfolgreicher Krankheitsheilung allein durch tagelanges Singen gewisser Vokale in bestimmter Reihenfolge und Tonlage.[2]

Uns allen ist bekannt, wie unterschiedlich einzelne Musikarten stimulierend auf uns einwirken: auf Marschmusik reagieren wir ganz anders als auf Walzerklänge oder klassische Musik. Wie kommt es beispielsweise, daß Musiker, die ausnahmslos Werke moderner Komponisten spielen, oft depressiv und krank werden? Es sollte daher unschwer zu begreifen sein, daß unablässig wiederholte Worte oder Sätze, noch dazu in Sanskrit, das wir nicht verstehen, auf die Dauer keineswegs ohne Folgen für den Ausübenden bleiben; es werden ja ganz bestimmte Vibrationen erzeugt und dynamisiert, die auf den Erzeuger – dem bereits erwähnten Reperkussionsgesetz zufolge – zurückwirken. Dabei gerät er zunehmend in eine Art Selbsthypnose oder kann sogar in Trance fallen. Wenn dann noch, wie das auch in Winterthur geschah, die Jünger vor dem Bildnis ihres Meisters meditieren und es anstarren, so wird die autosuggestive Wirkung beträchtlich erhöht und ihre seelische Abhängigkeit intensiviert. So etwas greift dann unweigerlich in die Persönlichkeitsstruktur ein, solche Menschen sind nicht mehr sie selber. Sie verlieren mehr und mehr ihr Individualitätsbewußtsein. Wenn dann Leute wie Gurdjew, Crowley oder Bhagwan ihren Opfern noch zusätzlich einhämmern, daß sie ein Nichts seien, daß sie Verstand und Denken ausschalten müßten, so können selbst intelligente Menschen zu willenlosen Werkzeugen ihrer Verführer getrimmt werden.

Nur so war es auch im Falle DLZ verständlich, daß unbescholtene und grundanständige Menschen sich zu verbrecherischen Handlungen verleiten ließen, ohne Gewissensbisse zu empfinden und sich der Verwerflichkeit ihres Handelns bewußt zu werden. Ja sie hielten sich sogar für berechtigt und verpflichtet, Gegner ihres »Christus« auszuschalten.

Okkultistische Pseudogurus haben es bei uns sehr leicht. Es genügt vollauf, wenn man hypnotisieren und magische Kunststückchen vollbringen kann. Kommen dann noch eine dunkle Hautfarbe und ein klangvoller fremdländischer Name hinzu, dann ist der Erfolg hierzulande so gut wie garantiert: Frauen, Geld und Wohlstand stellen sich dann von selber ein, und die meist weibliche Anhängerschar sorgt für Publizität. Beherrscht der Betreffende sogar die Praxis des

Körperaustritts (Bilokation), so zweifelt niemand mehr an seiner Göttlichkeit. Omkarananda soll öfters in seiner Astralgestalt wahrgenommen worden sein, sowohl innerhalb als auch außerhalb seines Zentrums. Wer von derlei Möglichkeiten keine Ahnung hat, wird um so eher bereit sein, in solch einem Menschen Großes zu vermuten. Wundertäter hatten schon immer beträchtlichen Zulauf, und heute pilgern Zehntausende nur aus diesem Grunde zu Sai Baba. Paula versicherte mir, der Swami habe sich manchmal so leichtgewichtig machen können wie eine Feder. Woher hätte sie wissen sollen, daß so etwas auf magische Weise machbar ist?

Vorerst jedenfalls fühlte sie sich grenzenlos glücklich, in unmittelbarer Nähe des wiedergekommenen Christus leben zu dürfen und somit eine beneidete Sonderstellung einzunehmen. Im Laufe der Zeit jedoch begann sie zu merken, daß der Swami sich zuweilen nicht gerade göttlich benahm. Von Lina beispielsweise, so erzählte mir Paula, hatte er ihr gesamtes Vermögen in Höhe von mehr als hunderttausend Franken erhalten; danach tadelte er sie als schlechte Mutter. Es sei vorgekommen, daß diese junge Frau sich schreiend auf dem Boden wälzte, aber niemand durfte sich ihrer annehmen.

Die alte Dame, von der Omkarananda die erste Villa als Geschenk erhalten hatte, stürzte während eines seiner Vorträge und brach sich das rechte Schlüsselbein. Der Swami amüsierte sich darüber und verbot, der Frau zu helfen. Ute mußte ihm die von ihren Eltern regelmäßig eingehenden hohen Geldbeträge übergeben. Ihre sexuellen Sehnsüchte blieben ihm nicht verborgen, und auch dieses Mädchen geriet bisweilen außer sich vor Sinnenlust. Paula versicherte mir, daß dies mitunter tagelang angehalten habe. Sylvia, die dem Inder Geld und Auto geopfert hatte, bekam unter hämischem Lachen zu hören, sie habe »keine Kopf«. Die gehbehinderte Annette mußte für alle kochen, waschen und bügeln. Sie war oft der totalen Erschöpfung nahe. Paula half ihr bis tief in die

Nacht. Als Seine Heiligkeit ihr deswegen Vorwürfe machte, wurde sie zornig, nahm all ihren Mut zusammen und begann, ihm sein unmenschliches Verhalten, seine Herzlosigkeiten und seine Habgier vorzuwerfen. Aber nicht lange. Er machte sie regungslos-steif wie ein Brett, so daß sie sich – bei vollem Bewußtsein – nicht mehr zu bewegen vermochte, und beließ sie in diesem hypnotischen Zustand bis zum anderen Morgen. Dann kam er und befreite sie durch ein freundliches Lächeln. Als Paula später wieder einmal aufsässig geworden war, befahl ihr der Swami, in das zum Zentrum gehörende Haus Nummer 79 zu gehen. Sie bat mich, ihr zu glauben, daß sie wie unter Zwang stehend dem Befehl gehorchte und in jenem Hause fünf Tage und Nächte lang wie gefesselt dagelegen habe. Niemand kam ihr zu Hilfe. Nachts erschien der Swami, warf sich auf sie und nannte sie seine göttliche Mutter. Zum Geschlechtsverkehr jedoch sei es nicht gekommen.

Kurz nach dieser Tortur raffte Paula sich auf zur Flucht aus dem Ashram. Bei der Kantonspolizei gab sie ihre Erlebnisse zu Protokoll. Ungläubig wurde sie gefragt: »Waren Sie schon bei einem Psychiater?«

Weitere Einzelheiten übergehend, sei in bezug auf Paula nur noch bemerkt, daß sie nach Deutschland zurückging und wieder einmal von vorne beginnen mußte. Eines Tages stellte sich ihr eine Journalistin vor und bat um leihweise Überlassung von Paulas Tagebüchern; sie wolle des Swamis Machenschaften in die Presse bringen. Vertrauensselig rückte Paula ihre fünfzehn Bücher heraus und sah sie nie wieder. Namen und Adresse jener »Journalistin« erwiesen sich als falsch. Aber die Beseitigung dieses belastenden Materials nutzten Omkarananda nichts mehr: Am 10.7.1976 wurde die Glückseligkeit Gottes in menschlicher Form verhaftet und nach einem aufsehenerregenden Prozeß in Lausanne am 22. 5. 1979 wegen wiederholten Mordversuchs, Anstiftung zu

Mord und einer Reihe weiterer Delikte zu vierzehn Jahren Zuchthaus und fünfzehn Jahren Landesverweis verurteilt. Wenn man in der Schweiz eine so hohe Strafe kassiert, muß man wirklich etwas auf dem Kerbholz haben.[3]

Von hell bis dunkel gibt es vielerlei Schattierungen, auch in der Esoterik, ob es nun Lehren oder Lehrer betreffen mag. Einige der letzteren waren bzw. sind gewiß ehrenwerte Menschen, und ihr Wollen entsprang zweifellos edlen Motiven. Bei manchen jedoch macht sich eine Selbstüberschätzung bemerkbar, die mitunter Formen gelinden Größenwahns annimmt. Dr. Max Kemmerich (1876–1932) beispielsweise verdanken wir eine Reihe wirklich wertvoller Bücher, aber er empfand sich als Religionsstifter. Heute ist er so gut wie vergessen.

Die Schriften eines anderen Esoterikers hingegen sind nach wie vor auf dem Markt: Joseph Anton Schneider (1876–1943) aus Aschaffenburg/Franken, der sich Schneider-Franken bzw. Bo Yin Râ nannte (BYR). Er ging aus der Adyar-Theosophie hervor und tat sich mit Hugo Vollrath zusammen, der als Inhaber eines theosophischen Verlages in Leipzig unrühmlich bekannt wurde. Als er es zu bunt trieb, distanzierte sich BYR von ihm.

BYR selber ließ durchblicken, ein Abgesandter der »Weißen Loge« zu sein, mithin ein Eingeweihter hoher, wenn nicht höchster Stufe. »Wir sind sehr wenige und durch ein kosmisches Gesetz zu ewigem Schweigen verpflichtet«, verkündete er; was ihn jedoch nicht am Schreiben einiger Dutzend Bücher hinderte. Seine darin enthaltenen Lehren hielt er für unfehlbar. Neues enthalten sie nicht, er interpretiert nur manches anders. Als Gegner der Reinkarnationsidee lehrte er, eine Wiedereinverleibung in die Materie käme nur ausnahmsweise vor.

Befremdlich wirken seine Schriften durch ihren hohepriesterlich-schwülstigen Ton, z. B. (in gesperrter Schrift): »Nach mir hast Du gerufen, ohne mich zu kennen, mein Wort erreicht Dich, ohne daß ich von Dir weiß. Doch siehe: Ich erwarte ja nichts anderes von Dir, als daß Du, stetig Deines Weges achtend, der Leuchte folgst, die ich vor Dir entzünde; schon nach den ersten Schritten wirst Du entdecken, daß Dir auf meinem Wege nie der Trug begegnen kann; heute bist Du diesem Menschen begegnet, der, wissend um den Weg der Wahrheit, bereit ist, Dich diesen Weg zu führen; erfülle Dein Herz mit wahrer, echter, lauterer Frömmigkeit!«

In seinem »Buch vom Jenseits« sagt BYR einleitend: »Die einzigen, die über diesen Gegenstand Authentisches zu sagen haben, halten es für geboten, ihr Wissen nicht mehr geheimzuhalten.« Damit fegt BYR quasi mit einer Handbewegung alles vom Tisch, was bislang über das Jenseits publiziert worden war. Er spricht verdammende Urteile über alle anderen geisteswissenschaftlichen Richtungen aus, besonders über Theosophie und Spiritismus, obwohl er seine Lehre aus den Erkenntnissen dieser beiden Weltanschauungen bezieht.[4]

Andererseits enthalten BYRs Bücher, wenn man das Salbungsvolle seiner Formulierungen und seinen Unfehlbarkeitsdünkel ignoriert, so manches Wahre. Angenehm berührt, daß er z. B. auf praktische Übungen zur Erlangung höherer Fähigkeiten verzichtet, ja sogar davor warnt. In seinem »Buch vom lebendigen Gott« schreibt er: »Sei auf der Hut vor allen, die mit Wunderkräften deinen Sinn betören wollen! Hüte dich vor allen, die aus dieser Erde und dem Erdenleben ein Reich des bequemen Genusses geistiger Früchte bereiten zu können glauben, indem sie dem Leibe ihre Sorgfalt in Nahrung und seltsamer Übung widmen, um so in eine erträumte ›Höhere Geistigkeit‹ sich … hinaufzuatmen!« Vorbehaltlos wird auch seiner Aussage zuzustimmen sein, wonach wahre Lichtboten »dich niemals durch betörende Zeremonien und mysteriöse Gebräuche von deinen

Nebenmenschen zu sondern trachten. Sie werden dir auch niemals ›geheime Grade‹, Titel und Würden verleihen, durch die deine Eitelkeit genährt und ein lächerlicher Dünkel in dir gefestigt werden könnte …« Doch wie ein Politiker, der heute das Gegenteil von gestern sagt, warb BYR für den Geheimorden EBDAR (mit sieben Graden und Schweigeverpflichtung) und entwarf für diesen die Rituale! Außerdem gründete er einen »Groß-Orient von Pathmos«.

Weniger harmlos als Bo Yin Râ war sein zeitweiliger Geschäftspartner, der bereits erwähnte »Dr.« Hugo Vollrath, der sich auch Walter Heilmann und Dr. Johannes Walter nannte und sich ebenfalls als Eingeweihter ausgab. Vollrath hatte seinen »Psychologischen Verlag« in Leipzig umgetauft in »Theosophisches Verlagshaus«. Er zeichnete u. a. als Herausgeber der Zeitschriften »Prana« (ab 1909) und »Theosophie« (ab 1910), die 1919 miteinander verschmolzen wurden. Unter dem Pseudonym Walter Heilmann gründete er zusammen mit BYR die »Deutsche Rosenkreuzer-Gesellschaft« als deutschen Zweig der Rosicrucian Fellowship von Max Heindel, angeblich mit dessen Zustimmung. Miers schreibt: »BYR und Heilmann zeichneten als sogenannte ›Ältere Brüder‹ und verkauften zusammen Bücher, Diplome, Meisterbriefe und Fernunterrichtsbriefe, die BYR in Görlitz ausarbeitete.« Heindel jedoch distanzierte sich von diesem Treiben. Punkt 2 seines diesbezüglichen Briefes lautet: »Die Tatsache, daß Herr Heilmann sich als ›Älterer Bruder‹ ausgibt, sollte genügender Beweis sein, daß er nicht von uns autorisiert ist; denn … die wahrhaftigen Älteren Brüder sind außerordentlich hohe Wesen, die unerkannt in der Welt wirken, deren Namen niemand weiß und die nur dem Eingeweihten als Meister oder Lehrer sich kundgeben. Wer sich öffentlich Älterer Bruder nennt, ist keiner.«[5]

In der esoterischen »Ehrengalerie« sind ferner vertreten:
Marquis Stanislas de Guaïta (1861–1897). Er soll Mitbe-

gründer des Martinistenordens gewesen sein und gründete 1888 den Orden der kabbalistischen Rosenkreuzer. Dieser Orden, ein »mächtiger und geheimer Bund der Kardinäle der okkulten Kirche«, hatte sich angeblich die Bekämpfung der Schwarzen Magie zur Aufgabe gestellt. In Wirklichkeit war Guaïta, der seinen Verein »auf preußische Art, mit eiserner Faust« leitete, selber Schwarzmagier und ging schließlich an Rauschgift zugrunde. Titel seiner Werke: »Tempel des Satans«, »Schlüssel zur Schwarzen Magie«, »Das Problem des Bösen« u. a.

Josephin Péladan (1850–1915; lt. Brockhaus: 1859–1918) war ebenfalls Satanist und nannte sich Sâr (König) Merodak. Nachem er sich 1890 von Guaïta getrennt hatte, gründete er die Gesellschaft »Rose + Croix du Temple« als katholischen Rosenkreuzerorden (er selbst war Jude). W. von Pribytkow nennt ihn als »Verfasser einer Reihe ungereimter und zynischer Romane unter dem gemeinsamen Titel ›La décadence latine‹«. Nach Miers sandte er der Baronin Rothschild eine Exkommunikation ins Haus und verlangte am 14. 5. 1890, die Öffentlichkeit und der Kardinalerzbischof von Paris sollten sich ihm unterwerfen.

Eine andere zwielichtige Gestalt aus den dunklen Gefilden des Okkulten war der 1884 in Eger geborene Orientalist Dr. Franz Sättler, als »Dr. Mussolam« Begründer der sexualmagisch orientierten »Adonistischen Gesellschaft«. In einem (natürlich geheimen) Kloster namens Bît en Nûr im fernen »Nuristan« will er eingeweiht worden sein. Er predigte den Glauben an Adonis als den wahren Schöpfer und rechtmäßigen Herrn der Welt. Mit seiner Lehre wollte Sättler das »Zeitalter des Adonis« als Goldenes Zeitalter einleiten, wo es keinerlei Beschränkungen in der Persönlichkeitsentfaltung – worunter er vor allem sexuelle Freizügigkeit verstand – mehr geben würde.

Franz Bardon, tschechischer Magier (1909–1958[6]), übernahm teilweise adonistische Lehren in das System seiner Konzentrations- und Imaginationsübungen. Zudem gilt der Magier F. W. Quintscher als Bardons »geistiger Vater«. Quintscher nannte sich auch Rah-Omir Quintscher oder Ophias und arbeitete mit Sättler in der Wiener Adonistenloge »Hekate«. Bardon wird zwar von E. M. Körner über die Maßen gelobt als wahrer Adept, der über Raum, Zeit und Kausalität gestanden habe, aber Körner hielt auch Crowley-Therion für einen Meister …

Selbstverständlich können auch fehlerhafte und fehlbare Menschen Lehrer und Führer sein, zumal untadelige Charaktere ohnehin selten sind; doch man darf von ihnen zumindest verlangen, daß sie um unser aller Ursprung, Bestimmung und Ziel wissen und diesem Ziel gemäß vorbildlich zu leben versuchen. Unter solchen Voraussetzungen wird ein Führender stets nur Wegweiser zu Gott sein können. Alles andere ist von Übel.

Anmerkungen
»Es ist nicht alles Gold, was glänzt«

1 Der »Lord Maitreya« ist nach bekannter buddhistisch-theosophischer Ansicht derjenige, der alle zweitausend Jahre sein Amt als Weltlehrer erfüllt, indem er ein speziell vorbereitetes Medium »überschattet«, um eine neue Lehre zu verkünden, die für die weitere Entwicklung der Menschheit geeignet ist. Das letztemal, vor rund zweitausend Jahren, soll Jesus das Medium gewesen sein. Für ein ähnliches Schicksal war Krishnamurti vorgesehen worden, heißt es in einer Fußnote auf S. 300 des zweiten Bandes »Der Eingeweihte« (München 1985).

2 Nach Pressemeldungen vom 29. 5. 1990 gelang Forschern der Universitäten Hamburg und Salzburg der Nachweis, daß lautes Singen gesundheitsförderlich sei. Atmung, Herz- und Kreislauffunktionen würden verbessert und die Endorphin-Hormone in unserem Gehirn vermehrt. Diese »Glücklichmacher« beugen Depressionen vor und

hemmen die übermäßige Bildung von Magensäure. Jeder gesungene Vokal, so heißt es in jener Presseverlautbarung, »setzt im Körper ganz bestimmte Schwingungszentren in Gang und sorgt so für eine bessere Durchblutung der Organe: das U beispielsweise bei Magen und Geschlechtsorganen, I und E beim Kopf, O beim Herz«. – Esoteriker wußten das längst! Und sie wissen darüber hinaus, daß sich die Lautwirkung nicht nur auf den physischen Organismus beschränkt. »Rein technisch gesehen«, schreibt Kahir, »ist die Macht gewisser Lautverbindungen damit zu erklären, daß jeder Selbstlaut und Mitlaut als besondere Schwingung auf die verschiedene Organe unseres Astralkörpers (Chakras) einwirkt und dadurch im Bereiche des Seelenäthers *Kraftströme* induziert, denen bestimmte Wirkungen harmonischer oder disharmonischer Art zukommen. In den Mantras spielen die Vokale und besonders die Tonhöhe eine ausschlaggebende Rolle; siehe das indische heilige Wort ›Aum‹ (A-O-U-M), von dem unser Amen herstammt«(MuSch 5. Jg., Nr. 4,14). Was mittels Tönen möglich wird, zeigen die folgenden Beispiele.

In den zwanziger Jahren lebte in Boston der deutschstämmige Geiger Jasper. Bei seinen öffentlichen Auftritten verstand er es, durch sein Geigenspiel Spiegel zu zertrümmern. Seine Vorführungen begann er gewöhnlich mit heiteren Musikstücken, um dann plötzlich in eine ganz ungewöhnliche, aus dem Rahmen fallende Tonfolge überzugehen. Die großen Saalspiegel hatten dann jedesmal dran zu glauben. Jaspers erklärte, er habe fünf Jahre an diesem »Trick« gearbeitet und könne sogar, durch wieder andere Tonfolgen, bei den Hörern einen Nervenschock herbeiführen. Etwa um die gleiche Zeit stand der Gastwirt Petter aus Amsterdam in dem Ruf, durch seine bloße Stimme – wenn er wollte – Gläser zerspringen zu lassen (»Zeitschrift für metaphysische Forschung«, Berlin 1935, 84). Der Schwede Dr. Jarl filmte den Vorgang einer Schwerkraftaufhebung durch Töne: In einer genau festgelegten Aufstellungsordnung, mit einem Instrumentarium von dreizehn Trommeln und sechs Trompeten, begannen Mönche ein ohrenbetäubendes Konzert. Dazu sangen sie unaufhörlich eine bestimmte Melodie. Auf solche Art brachten sie schwere Steinquadern zum Schweben (Levitation) und beförderten sie in einer Parabelflugbahn 250 Meter hoch auf den Absatz einer Felsenhöhle, wo andere Mönche eine Mauer errichteten (Näheres: R. Passian, »Neues Licht auf alte Wunder«, Buschhoven 1985, S. 168).

3 Paula erkannte erst Jahre später nach dem Lesen meiner Bücher, daß
sie auf magische und hypnotische Weise beeinflußt worden war. Sie
gestand mir, sie habe sich sechsmal zu Selbstmordversuchen gedrängt gefühlt. Als dem Swami klar wurde, daß DLZ-Gegner seine
Ausweisung betrieben, wurde zu massiven »Abwehrmethoden«
gegriffen. Er ließ Schwarzmagier aus aller Welt anheuern, die ihre
üblen Künste teils einigen Swami-Anhängern beibrachten, teils selber ausführten. In einem extra hierfür angeschafften Wohnwagen
vollzog man satanistische Rituale, die, wie aus beschlagnahmten
Tonbändern ersichtlich war, den Zweck hatten, Gegner des »Licht-
zentrums« zu vernichten. Ein Mädchen aus dem DLZ mußte dabei
als »Altar« dienen und am Schluß jeweils eine brutale Vergewaltigung durch den Inder Narajana Rada erdulden. Was sonst noch
alles angestellt wurde, bleibe hier unerwähnt. Schließlich ging man
dazu über, mit Giften und Säuren zu arbeiten. Nach entsprechenden
Versuchen an Ratten und Hamstern wurden Türklinken und Klin-
gelknöpfe von DLZ-Gegnern mit Säuren bestrichen, schwarzmagisch imprägnierte Gegenstände in deren Gärten vergraben und
Schokoladenpralinés mit Zyankali präpariert. Eine Omkarananda-
Jüngerin gab sich als Kosmetikvertreterin aus und goß den Frauen
von Beamten oder Politikern Essigsäure auf die Hand, was teilweise
zu erheblichen Verletzungen führte. Nebenbei hatte man im DLZ
mit der Anlegung eines Waffenlagers begonnen. Zwei Sturmgewe-
re, eine Maschinenpistole, zwei Pistolen und elf Gaspistolen wurden
beschlagnahmt. Schießunterricht erfolgte im Keller des »Tempels«.
Schließlich kam Sprengstoff zur Anwendung. An den Häusern des
damaligen Polizeidirektors Jakob Stucki und des Rechtsanwalts
Willy Hauser montierte man in der Nacht zum 8. 10. 1975 insgesamt sieben Sprengkörper, wovon glücklicherweise nur einer deto-
nierte. Es gab Sachschaden, Personen blieben gottlob verschont. Der
Swami rechtfertigte diese Mordanschläge mit dem Hinweis, die
»unreinen Opfer« würden »gereinigt reinkarniert«, so wie er selber
eine Reinkarnation von Krishna und Christus sei.
Fest steht, daß Omkarananda von all diesen Dingen zumindest
gewußt hat. Strafmilderungsgründe entfielen. Zahlreiche im DLZ
beschlagnahmte Schriftstücke belegten, daß er praktisch alles bestimmte, was in seinem »Ashram« geschah. Das und vieles andere,
was Paula mir erzählt hatte, fand seine Bestätigung während des
Lausanner Prozesses. Gegenüber den übrigen Angeklagten – von
einer Ausnahme abgesehen – waren die Richter nicht bereit, wegen

»Gruppenwahns« verminderte Zurechnungsfähigkeit anzuerkennen. In Übereinstimmung mit den psychiatrischen Gutachtern räumten sie jedoch ein, daß die Fähigkeit der Angeklagten, Unrecht einzusehen, herabgesetzt war (»Tages-Anzeiger«, Zürich, 23. 5. 1979). »Der Swami war alles für mich, ich habe mich ihm total ausgeliefert«, bekannte eine der Täterinnen ... Nach sechsjähriger Haft (1985) verfrachtete man diesen sonderbaren Heiligen nach Indien. Von dort kehrte er an die Schweizer Grenze zurück, in die Gegend von Bregenz, wo er neue Bewunderer fand. Sein Winterthurer »Göttliches-Licht-Zentrum« floriert noch immer!

4 Karl Brandler-Pracht in der Zeitschrift »Psyche«, Jg. 1921/22, 114: »Letzten Endes ist alles, was er in diesem Buche zu sagen hat, uralte indische Weisheit, nur selbstherrlich verwässert, umgewandelt und zu starren Formen gestempelt. Wir haben das Buch mit dem ehrlichen Willen gelesen ... und müssen sagen, daß der Verfasser vom Leben im Jenseits nur soviel weiß, und wie es scheint sogar, weniger als wir anderen Okkultisten. – Wenn wir das Buch trotzdem empfehlen, so hauptsächlich darum, die Urteilskraft unserer Anhänger zu stärken, damit sie lernen, klarzusehen und selbstständig zu werden im Wirrwarr der immer neu auftauchenden Meister und Propheten.«

5 ZfO 1920/21, 230. Vollrath war in zahlreiche Gerichtsprozesse verwickelt. Im ZfO 1919/20, 428, erschien ein »Aufruf an alle durch Heilmann-Vollrath geschädigten Personen!«. – Ob Vollrath wirklich größenwahnsinnig war oder bloß die damals wie heute vorherrschende esoterische Meister- und Wundersucht raffiniert auszunutzen verstand, läßt sich rückblickend kaum mehr feststellen. Immerhin fand er genug Leichtgläubige, die seine Taschen füllten. Prinzipiell hat sich an diesem Verfahren bis zur Gegenwart nichts geändert. In der Tat scheinen viele Leute ihren Verstand außer Betrieb zu setzen, sobald sie die Gefilde der Esoterik betreten.

In einem »Meisterbrief« an Frau Selma Jäger in Lieberose bei Cottbus schrieb Vollrath unter dem 10. 8. 1920 u. a.: »Geliebte Geistesschwester. Aus Deinem an Mich gerichteten Flugblatte habe Ich mit Genugtuung ersehen, daß Du in Mir den Meister und großen Eingeweihten wenigstens ahnst. Du hast ganz recht: ›Vollrath ist eine tüchtige Kraft.‹ Er ist in der Tat der Mittel-, Sonnen- und Brennpunkt aller Kultur. Er ist ein göttlicher Meister.« Und in bezug auf seine Gegner: »Merke wohl: Vollrath kann nicht vernichtet werden! Du brauchst also keine Sorge um Mich zu haben. Auf Mir und Meinem Heiligen Werke ruht Gottes Segen. Die Kräfte der Finsternis sind dagegen machtlos. In bin Christus!«

Nachdem Vollrath sich noch als »Großen Meister und Gott« bezeichnet hat, als Mitglied der Weißen Loge und als Erlöser (»Wer mir nicht nachfolgt, wird zerschmettert werden«), schreibt er weiter: »Dein Buch ›Die freie Liebe‹ habe Ich gelesen. Ich habe es sogar den Mitgliedern Meines Vereins für moderne Vielehe empfohlen. Im ganzen ist aber das Buch noch zu zaghaft. Weshalb so ängstlich? Komm her zu Mir, und ich will auch Dich zu der Meinigen machen ...« und so weiter.

6 Miers gibt als Todesdatum den 10. 7. 1938 im KZ Brünn an. Bardon starb aber 1958 in Opava (Troppau), CSSR.

Mit Sex zur Erleuchtung?

Es gibt gewiß nur wenige Esoteriker, die nicht Indien, zumindest aber Tibet als Hort erhabenster Weisheit betrachten würden. Als geistig entwurzelte Abendländer strömen sie zu Zehntausenden irgendwelchen Ashrams zu oder suchen in östlich geprägten Religionsrichtungen heilvolle Erleuchtung zu finden.

Nichts gegen all diese Sucher, die, wie schon betont, im allgemeinen gewiß nicht zu den schlechtesten gehören; es sei denn, sie sind durch Drogen und dergleichen bereits hoffnungslos abgeglitten. Berücksichtigen sie aber auch die völlig andere Denkungsart Indiens? Bei einer Zählung im Jahre 1950 wurden mehr als fünfeinhalb Millionen sogenannter Saddhus gezählt! Alle, ob Asketen, Fakire, Yogis, Einsiedler, Bettelmönche oder Angehörige religiöser Orden, werden Saddhus, d. h. fromme Leute, genannt. Sie entsagen der Welt, nehmen einen neuen Namen an und pilgern heimatlos, ohne Verbindung zur Familie, auf dem Wege zur vermeintlichen Vollendung. Etwa drei Viertel davon, meint der Indienkenner Hans-Hasso von Veltheim-Ostrau, sind Faulenzer, Vagabunden und Schwindler.

Aus dem restlichen Viertel allerdings haben sich zuweilen wahrhaft weise, gütige, erleuchtete Menschen herauskristallisiert, die sich als Lehrer bzw. Guru entsprechend legitimierten. Aber etwas grundlegend Neues vermochte offenbar keiner zu bringen, denn was gäbe es, das nicht schon gesagt worden wäre? Wozu also nach Indien pilgern? Es ist sowieso falsch, annehmen zu wollen, daß jeder, der sich Spiritualist, Esoteriker, Okkultist, Magier, Guru, Swami, Sri, Bodhisattva, Bhagwan oder sonstwie nennt und sich mit Geheimwissen befaßt, zugleich wie selbstverständlich ein edler Mensch sein müßte. Das Gegenteil ist nur oft zu oft der Fall, auch unter Indern.

Bei uns wird neuerdings der von Indien kommende Tantrismus propagiert, die »Tantra-Psychologie der Liebeskunst«. Es handelt sich hierbei um einen teils zur Philosophie ausgebauten, teils reichlich primitiven Kult, der Hinduismus, Buddhismus und Jainismus gleichermaßen und in vielerlei Abwandlungen durchzieht. Tantra soll zu innerer Erleuchtung führen, zur »androgynen Vollendung« und – wieder einmal – zur »endgültigen Erlösung«! Gustav Meyrink jedoch nannte Tantrik-Übungen kurzerhand Schwarze Magie, Miers in seinem Lexikon ebenfalls wie auch Beatrice Flemming in ihrem »Kleinen theosophischen Lexikon«.[1]

Im wesentlichen geht es um rituellen Geschlechtsverkehr in Gemeinschaft, wobei die einen es zum Orgasmus kommen lassen und die anderen nicht, je nachdem, ob man sich dem Tantrismus der Linken oder der Rechten Hand verschrieben hat. Alles geschieht im Rahmen peinlich genau zu beachtender Kultvorschriften, denen sehr unterschiedliche und teils nicht uninteressante Theorien zugrunde liegen können. Im rechtshändigen Tantrismus wird auf mehr spirituelle Weise, durch Yoga-, Meditations-, Mantra- und Mudra-Übungen etc. versucht, die im Wurzel-Chakra schlummernde Kundalinikraft (das »Feuer der Kundalinischlange«) zu wecken und über die höheren Chakras zum Aufstieg zu bewegen, bis sie sich mit ihrem Gegenpol im Scheitel-Chakra vereinigt. Dieser schmerzhafte und keineswegs ungefährliche Vorgang wird als »Vergeistigung sexueller Lust« verstanden und soll Erleuchtungszustände herbeiführen.

Beim linkshändigen Tantrismus geht es derber zu. An den Zeremonien darf nur teilnehmen, wer allen anderen bekannt ist. Mir vorliegende Bücher über Tantra-Sex enthalten weiter nichts als mit esoterischen Floskeln verbrämte Pornographie.

Für »3-G-Leute« (darunter verstehe ich Zeitgenossen, deren geistiger Horizont sich in drei Hauptinteressengebieten erschöpft: Geld, Genuß, Geschlechtsverkehr) mag dies zur Lebenserfüllung ausreichend sein. Mir hingegen ist schwer vorstellbar, wie man auf solche Art zu höheren Erkenntnissen oder gar zu irgendeiner Erlösung kommen soll in Ländern und Religionen, in denen die Frau lediglich als Lustobjekt und Arbeitstier geschätzt wird, ansonsten aber nichts gilt.

Ein indischer Sexapostel ganz besonderer Art war Bhagwan Shree Rajneesh. Er hieß eigentlich Rajneesh Chandra Mohan (1931–1990) und wollte als Philosophiestudent ein tiefgreifendes Erlebnis gehabt haben, das ihn angeblich eine andere Dimension, eine andere Realität erfahren ließ. Dem offiziellen Lebenslauf zufolge soll er ab 1957 Philosophie gelehrt haben. 1966 sei ihm die Lehrererlaubnis wegen seiner Ansichten über Politik, Religion und Sexualität entzogen worden. Als Acharya (Wanderlehrer) ging er dann in die Großstädte. Nachdem er sich mit meditativen und bewußtseinsverändernden Techniken befaßt hatte, gründete er seinen ersten Ashram 1969 in Bombay.
Weithin bekannt wurde jedoch erst der 1974 in Poona eröffnete Ashram, als Mohan »der Guru des weißen Mannes« werden wollte und zu werden begann. Nun nannte er sich »Bhagwan« (Sanskrit: »der sich selbst als Gott erkennt«; Bhag soll zugleich »Meister« bedeuten und Wan soviel wie Jungfrau oder Vagina) und galt unter seinen zahlreichen Anhängern als einziger derzeit lebender Meister. Bald setzte ein enormer Zustrom von Europäern und Amerikanern ein, von denen ein Großteil drogensüchtig war.
Bhagwan versprach seinen Gefolgsleuten die Schaffung einer weltweiten Familie derer, »die auf der Suche nach ihrer inneren Umwandlung sind«. Als erstes riet er ihnen, das

Beten zu unterlassen. Das sei bloß ein vater- und autoritäts-
orientierter Brauch, der aus Furcht geboren sei und Furcht
begründe.

Unter anderem lehrte er »die meditative Hinführung des
Menschen zur Gedankenlosigkeit«. Er nannte es »Destruktion des Denkprozesses«, indem er die Erfahrung vom Denken zu trennen suchte. Als gesunder und normaler Mensch
wertet man ja seine Erfahrungen durch Nachdenken aus, um
daraus Schlüsse für künftiges Verhalten ziehen zu können.
»Ganz anders bei Rajneesh«, schreibt Eckart Flöther in
seinem aufschlußreichen Buch »Der Todeskuß«.[2] Bhagwan
»entwickelte die Dynamische Meditation als Mittel zur Ge-
burtenkontrolle der Gedanken«. Hierzu nahm er Anleihen
auf bei Gurdjew, bei dem er lernte, wie man Menschen
dermaßen schikaniert, daß sie sich trotzdem glücklich wähnen. Härte und die Verneinung individueller Persönlichkeit
fand er auch im Zen-Buddhismus. Seinen Haß gegen alles
Althergebrachte an Werten und Verhaltensmustern moti-
vierte er mit den Lehrern von Krishnamurti, den er als
einzigen »Meister« respektierte. Der Tantrismus lieferte ihm
den Wahn vom »befreienden Sex«.

Weitere Grundelemente seiner Lehren sind: Die Familie hat
zu verschwinden. An ihre Stelle tritt die Kommune, in der die
Kinder gemeinsam erzogen werden und nur ihre Mutter,
nicht ihren Vater kennen (der bei den Bhagwanschen Praktiken auch nur schwer auszumachen wäre). Sex mit Kindern
ist selbstverständlich. Schuldgefühle sind Unsinn, Schuld ist
eine Erfindung der Religionen bzw. Priester, um Menschen
besser unterjochen zu können. Bhagwan forderte bedingungslose Hingabe an ihn, den Meister, ebenso das totale
Aufgeben gewohnten Denkens, bisheriger Bindungen und
des eigenen Ichs. »Du bist nichts, Bhagwan ist alles!« Wie
Gurdjew bleute er seinen Schülern ein, sie seien absolut
nichts, seien Wesen ohne Verstand und Ego. »Man muß eines

Menschen Verstand gnadenlos durcheinanderschütteln« war einer von Gurdjews Lehrsätzen.

Bhagwans »Dynamische Meditation« besteht ferner aus Elementen des Yoga und des Sufismus (das ist eine mystisch-magische Richtung im Islam, bei der erotische Symbolik eine Rolle spielt) sowie aus der Rebirthing-Methode nach Arthur Janov (eine an sich von Leonard Orr entwickelte Technik zum Wiedererleben der eigenen Geburt). Besonders verhängnisvoll bei alledem ist die sogenannte »Hyperventilation«. Sie besteht in einem schnellen, chaotischen Ein- und Ausatmen, täglich eine Stunde lang, bis die Überladung des Organismus mit Sauerstoff den Körper verkrampfen läßt und das Denken aufhört (Hyperventilationstetanie). Hierdurch bedingte Veränderungen im chemischen Körperhaushalt lösen Bewußtseinszustände aus, die nur verwirren, statt zu klarem und erkennendem Schauen zu führen.

Das New-Age-orientierte Esalen-Institut bei Big Sur in Kalifornien schickte seine ganze Führungsriege zu Bhagwan und ließ diese zu Swamis machen; ein Armutszeugnis für ein Institut, das existentielle Grundlagen für das Wassermann-Zeitalter erarbeiten zu wollen angibt. Eckart Flöther, der die Dinge hautnah miterlebte, schreibt: »Es waren alles Therapeuten der New-Age-Bewegung. Sie galten in ihren Ländern als Vorreiter einer ›Psychologie für Gesunde‹, einer Psychologie zur Hebung bisher ungenutzter Potentiale im Menschen. Sie lieferten Rajneesh das notwendige therapeutische Handwerkszeug, die Psychotechniken, die er für seine Experimente mit anderen Bewußtseinszuständen brauchte.« In den sogenannten Therapiegruppen des Bhagwan-Systems hielt man sich nicht an die sonst üblichen Grenzen therapeutischer Sorgfaltspflicht. Der Guru-Gott erlaubte ein »Spiel ohne Grenzen« mit dem Ergebnis, daß physische Brutalität und seelische Grausamkeit, Knochenbrüche und Vergewaltigungen an der Tagesordnung waren. Freudig tat man alles, was der Guru wünschte, denn Schlafmangel und proteinarme Kost erhöhten die Bereitschaft für Fremdsuggestionen. Tausende ließen sich auf Bhagwans Wunsch hin zwangssterilisieren. Er forderte zur Abtreibung auf, und die jungen Frauen gehorchten. Manche freilich wurden verrückt, andere begingen Selbstmord.

Flöther bekennt: »Statt neuem Bewußtsein oder spiritueller Freiheit erlebte ich totale Abhängigkeit und menschliche Zerstörung. Der Ashram, der das Tor zu Wahrheit und Wachstum sein sollte, war in Wirklichkeit ein Experimentierfeld für Menschenversuche. Menschen, die ihre oder die Probleme der Welt lösen wollten, fühlten sich hinauskatapultiert in eine Welt, die sie nicht kannten und in der sie sich nicht mehr zurechtfinden konnten.« Flöther erlebte »eine perfekte Maschinerie psychischer Versklavung des Menschen«.

Viele, nahezu zwei Drittel der »Initiierten«, verließen nach einiger Zeit das »Erleuchtungsgefängnis«, darunter schließlich auch Eckart Flöther. Bei ihm mißlang die Umstrukturierung zum Automaten, mißlangen Ichzerstörung und Destruktion des Denkvermögens.

Er schreibt: »Wir waren nicht bereit, auf ein eigenes Leben, unser Recht, uns ein eigenes Bild, ein Urteil von den Erlebnissen, Gesprächen und Begegnungen zu machen, zu verzichten. Wir waren nicht nach Indien gereist, um die neuesten geistigen oder sexuellen Verirrungen eines Rajneesh mitzumachen. Auch hatten wir keine wirklich existentiellen Probleme in unserem persönlichen Leben, wie die Vertreter von Guru-Bewegungen oft glauben machen wollen. Wir waren gekommen, um vielleicht aus der Distanz zu unserer Gesellschaft Lösungen für ihre widersprüchliche Lebenswirklichkeit zu finden ... Uns waren nicht die Sprünge unserer Freunde vom ashrameigenen Dachgarten in den Tod entgangen, die Rajneesh dann in seiner nächstmorgendlichen Rede als ›Alternative, die Erleuchtung zu erlangen‹, zu beschönigen suchte.«

Bhagwans ursprünglichem Verein Jeevan Jagruti Kendra (»Lebenserweckungs-Gesellschaft«) war 1969 der Status der Gemeinnützigkeit zuerkannt worden. Das blieb auch der Fall, nachdem 1974 die Umbenennung in »Rajneesh-Foundation« erfolgt war. Bei einer Prüfung der Steuerbehörde 1977 stellte sich aber heraus, daß die eingegangenen Millionenbeträge entgegen der Satzung nicht zu sozialen und wohltätigen Zwecken verwendet worden waren. Als der Staat eine Steuernachzahlung in Höhe von 5,1 Millionen Dollar zu fordern begann, setzte sich Bhagwan 1981 in die USA ab. Dort, im Staate Oregon, entstand als neues Zentrum »Rajneeshpuram«. Der »Rajneeshismus« wurde 1983 als Religion anerkannt, was in den USA unschwer zu bewerkstelligen ist.

Als höchstes der Gefühle und als Mittel zur Überwindung von Zeit und Raum propagierte Bhagwan den Tod. Daß es in Rajneeshpuram, wo er ein riesiges Krematorium bauen ließ, nicht zu einer Katastrophe kam, ähnlich jener des »Volkstempel«-Sektenführers Jim Jones 1978 in Guayana (mit einem Massenselbstmord von nahezu tausend Menschen),[3] ist wohl seiner noch rechtzeitig erfolgten Ausweisung zu verdanken. »Jeder, der in Rajneeshpuram oder im Umkreis von 24 Meilen stirbt, wird erleuchtet sein«, wurde in der »Rajneesh-Times« vom 13. 7. 1984 erklärt.

Im Oktober 1985 wurde Gott Bhagwan verhaftet und bald danach abgeschoben. Nach vergeblichen Bemühungen, in einem westlichen Industriestaat Fuß zu fassen, kehrte er 1987 nach Poona zurück. Anbeter besaß er noch genug, aber sein Stern war im Sinken. In einem neuen Buch gab er Ratschläge, wie sich die künftige Weltregierung zusammensetzen soll (was von anderen, nicht minder bedenklichen Dunkelmännern auch ohne Bhagwan längst beschlossen ist), wie der neue Mensch leben müßte, wie die sozialen Verhältnisse zu reglementieren wären und so fort.[4]

Flöther schließt rückblickend mit der Feststellung, daß seine Kritik sich an Bhagwan und dessen Helfershelfer richtet. Sie erkannten »die Defizite unserer Gesellschaft (anderenfalls könnten sie nicht Erfolg haben) und bieten dafür Problemlösungen an. Was allerdings spät, meistens zu spät entdeckt wird, ist dies: der himmelweite Unterschied zwischen der Fassade ... dem Lächeln auf der einen Seite und der brutalen Wirklichkeit eines von Rajneesh geschaffenen Systems psychischer Versklavung auf der anderen Seite. Die meisten entdeckten diese Diskrepanz sofort und gingen wieder ihrer Wege. Viele aber nahmen sie kaum oder gar nicht wahr. Sie wurden von einem Sog erfaßt, dann von einem System vereinnahmt und schließlich nicht mehr losgelassen. Darin liegt die Gefahr der Rajneesh-Bewegung. Es ist ein subtiler Prozeß und läuft bei jedem unterschiedlich ab. Bei stabilen Naturen dauert es länger, weniger stabile Menschen wurden aber schon nach einem Wochenendseminar von der ›Rajneesh-Droge‹ süchtig.«

»Ohne Mitspieler allerdings wäre Rajneesh nie der Rolls-Royce-Guru geworden. Er konnte nur Erfolg haben, weil er immer wieder Menschen fand, die ihre – eigentlich unveräußerliche – Verantwortung für ihr Leben freiwillig aufgaben. Sie mag ihnen zu schwer geworden sein, oder sie sahen sonstwie keinen anderen Ausweg. Gleichwie. Mir hat die Rajneesh-Bewegung gezeigt: Wer sich aus seiner Verantwortung begibt, entmündigt sich; gleichzeitig wird er entmündigt.«[5]

Zur Bestätigung dessen seien hier die Worte des ehemals bekannten Esoterikers und Astrologen Karl Brandler-Pracht (1864–1939) wiedergegeben, da sie genau auf Leute wie Bhagwan, Crowley, Gurdjew und ähnlich düstere Gestalten zutreffen: »Störend greift ein solcher Frevler in die harmonischen Gesetze ein, schafft Leid und Übel, wo er hintritt, bis er endlich einem von ihm selbst geschaffenen Verhängnis zum Opfer fallen muß. Es gibt solche Menschen, und wenn man sie erkannt hat, ist es gut, ihnen aus dem Wege zu gehen ... Manche schreiten im Gewande des Meisters einher, die nicht wert sind, selbst dem bescheidensten Okkultisten die Schuhriemen zu lösen. Aber man staunt sie an, hält ihre Worte dem Evangelium gleich, rechnet es sich zur Ehre an, der Schüler solcher Leute zu werden, und ahnt nicht, daß man Seele und Freiheit an sie verkauft hat; weiß nicht, daß man zum willenlosen Sklaven ihrer Kräfte, zum blinden Werkzeug ihrer versteckten Leidenschaften geworden ist.«[6]

Eckart Flöther wird sein Erleben sicherlich als höhere Führung und Fügung empfinden, damit er anderen mit seinem Buch eine deutliche Warnung an die Hand geben konnte. Ihm war nämlich ein Fingerzeig zuteil geworden, der völlig außerhalb Bhagwanscher Absichten lag und ihn, Flöther, ganz unvorbereitet traf: eine Christus-Vision! Eines Nachts, in einem miesen Hotel mit kaputten Fenstern und einer defekten Klimaanlage, wurde er plötzlich von einem weißen Licht geblendet. Hinblickend gewahrte er eine schemenhafte Gestalt und vernahm eine gewaltige Stimme: »Ich möchte, daß du *mein* Jünger wirst!«

Als Flöther sich wieder gesammelt hatte, beschloß er, am nächsten Tag Bhagwan zu fragen, was von diesem Erlebnis zu halten sei; er war ja zu ihm, Rajneesh, gepilgert und hatte nicht Jesus gesucht. Als er jedoch vor dem Guru saß, geschah wieder etwas Merkwürdiges: Statt der wohlvorbereiteten Rede sprudelte es nur so aus ihm heraus, daß Jesus ihn gerufen habe, daß er nun sein Meister sei und daß er nunmehr ihm, dem Bhagwan, nicht weiter nachfolgen könne. Flöther erzählt: »Rajneesh, der üblicherweise gütig lächelnd in seinem Stuhl saß, fiel die Kinnlade herunter. Er riß die Augen auf und hob abwehrend seine Hände gegen mich. Ihm hatte es die Sprache verschlagen. – Da saß kein Gott, nicht einmal ein echter Guru. Ich sah hinter seiner aufgesetzten Entrücktheit einen machthungrigen, häßlichen Menschen. Ich sah ihn, und er sah mich ... Zwei Welten prallten aufeinander. Ich ging, noch ehe Rajneesh seine Sprache wiedergefunden hatte. Von weitem hörte ich ihn noch sagen: ›Enjoy it.‹«

Wes Geistes Kind dieser Inder war, zeigen schon seine abfälligen Äußerungen und überaus gemeinen Witze in aller Deutlichkeit. Flöther bringt davon eine Auswahl mit den Quellenangaben ihrer Veröffentlichung. Mutter Teresa hatte der Guru eine Heuchlerin, Kurpfuscherin und Betrügerin genannt, ihre Arbeit sei kriminell. Sie schrieb ihm daraufhin einen Brief, erklärte die Art ihres Wirkens und bot Vergebung für seine Entgleisungen an. Mit der Bemerkung »Eine dumme, idiotische Frau« war für ihn die Sache abgetan.

Wahre spirituelle Meister bleiben vital und gesund bis zur letzten Minute ihres irdischen Daseins. Bhagwan hingegen erkrankte auch körperlich. In der »Rajneesh-Times« vom 1.12.1988 behauptete er, auf Anweisung von Präsident Reagan in US-Gefängnissen vergiftet worden zu sein. »Ohne jeden Grund zerrte er mich innerhalb von zwölf Tagen durch sechs Gefängnisse.« Angeblich, »um das Gift in kleinen Mengen zu geben, damit es mich nicht augenblicklich tötet.« Der wahre Grund der Verlegungen dürfte gewesen sein, den Befreiungsaktionen seiner fanatischer Anhänger vorzubeugen.[7]

Einen »Weg zum freien Selbst« mit Gedankenumerziehung und angeblicher Aktivierung brachliegenden geistigen Potentials bietet auch – für viel Geld natürlich – die umstrittene Scientology-Kirche des 1986 gestorbenen Amerikaners Lafayette Ron(ald) Hubbard. Da es über diese Richtung genügend aufklärende Literatur gibt, beschränke ich mich auf den vielsagenden Hinweis, daß Hubbard ein Schüler von

Crowley war. Nach Miers soll er ehedem auch Mitarbeiter des AMORC[8] gewesen sein.

Gewiß mag der eine oder andere Wahrheitssucher in den Lehren eines Bhagwan, Hubbard oder Omkarananda geistige Befriedigung, eine Art geistiger Heimat, gefunden haben, die seinem jetzigen Entwicklungsstadium entspricht. Da jedoch alle Lebenserfahrungen letztlich unserer geistig-seelischen Reifung zu dienen haben, sollte man sich vor allzu großer Vertrauensseligkeit hüten, einen gewissen Abstand wahren und die Rolle des kritisch prüfenden Beobachters beibehalten. Wozu denn unnötigerweise negatives Karma aufladen? Das geschieht nämlich, wenn man als Mitläufer eines Guru wie auch eines Partei- oder Religionsgründers blind dessen Ideologie vertritt. Man prüfe deshalb gründlich und immer wieder, ob das geschenkte Vertrauen nach wie vor gerechtfertigt ist. »Vertrauen ist gut, Kontrolle ist besser«, soll Lenin (eigentlich Uljanow) gesagt haben, und in diesem Zusammenhang ist ihm zuzustimmen. Es geht ja schließlich um Dich, lieber Freund und Mitwanderer; um Dich persönlich ganz allein und um Deine Zukunft. Jeder Entschluß, eine geistige Richtung für wahr zu halten und ihr nachzufolgen, bedeutet eine Weichenstellung über den Tod hinaus. Deshalb schaue man sich das Zugbegleitpersonal und vor allem den Lokführer sehr genau an, ob sie dem hehren Ziel entsprechen, das auf der Fahrkarte steht ...

An welchen Merkmalen läßt sich nun der echte vom falschen Meister oder Lehrer unterscheiden? Oder, anders formuliert, was würde ein wahrer Eingeweihter niemals tun?

Erstens würde er nie dazu auffordern, das Beten zu unterlassen. Auch nicht unter dem Vorwand, das Gebet für andere stelle einen unzulässigen Eingriff in deren Karma dar.[9]

Zweitens lehnen wahre Meister es strikt ab, die Arbeitskraft anderer auszunutzen oder Geld zu fordern bzw. anzunehmen. Sie geben weder Kurse, noch sammeln sie einen Kreis von Bewunderern um sich.

Drittens wird kein echter Meister jemals einen Menschen von sich abhängig machen oder irgendwelchen Zwang ausüben. Er betrachtet sich als Werkzeug Gottes und als einen Wegweiser zu Gott, wobei er niemanden im unklaren läßt darüber, welcher Gott gemeint ist.

Weiterer Kennzeichnungen bedarf es nicht. Wer diese drei Leitpunkte beachtet, dem bleiben Irrwege und bittere Erfahrungen erspart.[10]

»Nur über mich führt der Weg ans Licht, in die Seligkeit«, pflegte der »perfekte Meister« Guru Maharaj Ji zu verkünden, Oberhaupt der Divine Light Mission mit acht Millionen Anhängern. In den USA lebte er in Saus und Braus, so daß seine von den Gläubigen ebenfalls als heilig verehrte Mutter 1975 den damals siebzehnjährigen Playboy seines Hirtenamtes enthob.

Ungemein schwierig war es seinerzeit, etwas über die Gruppe »Methernita« in der Schweiz zu erfahren, bevor ihr Leiter Paul Baumann, genannt »Vatti«, 1976 wegen sexueller Vergehen an Kindern zu sieben Jahren Zuchthaus verurteilt wurde. Er, dem hochintelligente Menschen ihre Kinder »zur Erziehung« anvertrauten, soll Analphabet sein! Bei ihm deutet allerdings einiges darauf hin, daß er ein von niederen Kräften mißbrauchtes Medium ist; was jedoch die fahrlässige Leichtgläubigkeit seiner Anhänger keineswegs entschuldigt. Nach der Haftentlassung nahm er seinen Okkultbetrieb wieder auf. »So tanzen Tausende am Narrenseile dieser Meister, Eingeweihten und Adepten und können froh sein, wenn sie nur Zeit und Geld opfern«, schrieb Surya schon 1921, und das gilt heute mehr denn je.[11]

Zu fragen wäre nun: Gibt es überhaupt wahre Meister und Eingeweihte, d. h. Menschen von sehr hoher Entwicklungsstufe und mit entsprechenden Fähigkeiten?

Durchaus! Aber »keiner kann diese Großen richtig einschätzen, außer denjenigen, die zugelassen worden sind zu der Stille ihrer heiligen Stätten und zu ihrem Denken«, schreibt Baird T. Spalding.[12] So ziemlich der einzige Meister, von dessen Existenz und Untadeligkeit ich überzeugt bin, war bzw. ist ein deutscher Offizier und Kriegsteilnehmer von 1870/71, der im Himalaja eine siebenjährige Geheimschulung mitmachte und sich bescheidenerweise »der Eremit« (1846–1943) nannte. Mit seinem Kontaktmann, dem Deutschamerikaner Felix Schmidt, war ich noch in Verbindung und schätzte diesen als Mann von einwandfreiem Charakter. Als Schmidt den Erimiten, nach vorangegangener längerer Korrespondenz und Zusammenarbeit, im September 1942 während einer Bahnfahrt von Bozeman nach Livingston/Montana persönlich kennenlernte, war dieser bereits über neunzig Jahre alt, wirkte aber wie ein vitaler Sechziger.

Schmidt erzählt: »Der Eremit war schlicht gekleidet, sah aus wie ein Durchschnittsfarmer, war von einer gewinnenden Herzlichkeit und Liebenswürdigkeit und hatte nicht das allergeringste Geheimnisvolle oder Wichtigtuerische an sich, wie man es bei den hier in Amerika öfters durchs Land reisenden indischen Swamis vorzufinden pflegt. Die persönliche Note des Eremiten trug das Gepräge von Schlichtheit, Einfachheit und Aufrichtigkeit.«[13]

Auf Schmidts Frage, was er von jenen indischen »Heiligen« halte, antwortete der Eremit, er habe kein Recht, »über irgend jemanden den Stab zu brechen, wenn selbst Gott es zuläßt«. Imitationsheilige könne man leicht an ihrem Auftreten erkennen: Sie sind fast immer arrogant (sie wissen angeblich alles), zwingend (Kurse kosten eine bestimmte Summe), anmaßend (sie stellen Zertifikate und Diplome aus), herausfordernd (sie geben fast nie etwas umsonst) und eitel (sie bekleiden sich beispielsweise mit Turbanen, um mehr Eindruck zu machen). »An denen, die zu solchen Indern laufen, liegt es selber, das Echte vom Talmi zu unterscheiden. Wir Menschen sind hier auf Erden, um selbst entscheiden zu lernen.«

Und an anderer Stelle: »Was glaubst du wohl, was ... wir von jemandem halten, der sich Macht angeeignet hat, um Tausende, ja Millionen von Menschen ... zu lenken und zu leiten? So etwas gibt es in den Kreisen von uns Eingeweihten niemals. Würden wir es tun, im Augenblick würde Gott uns verlassen, d.h., wir würden außer ihm sein und damit unsere Macht (Kraft) verlieren ... Die höchste Beglückung eines Meisters ist es daher, lediglich ein Instrument Gottes sein zu dürfen. Gott ist und bleibt eben auch für uns das Allerhöchste, das Allervollkommenste, weil Gott eben das Ein und Alles der ganzen Weltschöpfung ist.«[14]

Auf die weitere Frage von Felix Schmidt, ob denn jene Menschen benachteiligt seien, die keine Gelegenheit zum Besuch einer Schule der Eingeweihten hatten, lautete des Eremiten Antwort: »Jeder Christ und sonstige Gläubige, der ehrlich und aufrichtig den Geboten seiner Religion folgt – und der Christ den beiden Hauptgeboten des Heilandes: Liebe Gott über alles und den Nächsten wie dich selbst –, kommt genausoweit wie jemand, der hier durch eine Schule der Eingeweihten gegangen ist.« Und ergänzend: »Warum ich diese dann durchgemacht habe? Weil es mich interessierte, fesselte und ich mich dazu hingezogen fühlte ... Mich lockten, meinem Naturell nach, die Gefahren und das Abenteuerliche bei der Erringung der Meisterschaft; und dann war ich ja auch durch meine ganze Entwicklung in diese Richtung gedrängt worden.«

»Wem nicht die Gelegenheit zuteil wird, solche Schule der Eingeweihten besuchen zu können, der schreite nur ruhig weiter auf dem Wege seiner Religion – ein Christ auf dem Wege der Liebe zu Gott und dem Nächsten –, und er wird genau dahin gelangen, wo wir ›Meister‹ stehen. Das einzige, worin wir nach Erlangung der Meisterschaft den Vorzug haben, ist, daß uns ganz gewaltige Aufgaben gegeben werden. Man stelle sich deren Lösung trotz erlangter Meisterschaft aber nicht so leicht vor! Sie sind genauso schwer wie eure eigenen Alltagsaufgaben!«

Wirkliche Meister werden also in erster Linie bemüht sein, ihre Mitmenschen auf wahrhaft Wesentliches hinzuweisen. Und das Allerwesentlichste ist unser Hinstreben zu Gott. Hierbei können uns Wissende (Eingeweihte) in beträchtlichem Maße helfen, Grundwahrheiten zu erkennen, unser Gottesvertrauen zu stärken, und uns zu einem erkenntnisgemäßen Leben ermuntern. Alles andere ist Nebensache!

Vor allem wird, das sei noch einmal betont, ein wahrer Meister und geistiger Führer nie auch nur im geringsten die Freiheit eines Bruders oder einer Schwester beeinträchtigen. Wobei Freiheit eben nicht in der zügellosen Befriedigung von Begierden besteht und auch nicht erreicht wird durch gegenseitiges Anbrüllen und Abreagieren von angeblich verdrängten Wünschen oder Komplexen in sogenannten Therapiegruppen, sondern im Freiwerden von allem, was uns an Charakterfehlern und erniedrigenden Neigungen anhaftet.

Mit Freiheit kann stets nur innere Freiheit gemeint sein. »Freiheit ist die Kraft, dich von dir selbst zu befreien, ist die vernünftige Ausübung deines Willens, ist die richtige Benutzung deiner Kräfte«, heißt es in einer Kundgabe »von drüben« – und: »Die Qualität des Geistes bestimmt das Maß seiner Freiheit.« Das nie verwirklichte Ziel »Freiheit, Gleichheit, Brüderlichkeit« nannte Lama Tschang-Gatse »abendländischen Unsinn«, weil der Begriff Freiheit in den Augen der Menge nur als Freibrief zur Zuchtlosigkeit verstanden werde, »zur Willkür und staatlich erlaubten Dummheit«.[15]

Die »Freiheit der Kinder Gottes« besteht nach Kahir darin, aus den Zwangsgesetzen der Schöpfungsordnung in die Freiheit geistigen Seins zu gelangen. Unser Abfallen von Gott hatte das Anheimfallen an die Naturgesetze zur Folge, die ihrerseits aber – als Ausdruck von Gnade und Liebe – unsere Hilfsmittel sind, um zu unserem Ausgangspunkt zurückkehren zu können.[16] Dabei haben wir die Freiheit, unsere Anlagen (die »Pfunde«) zu entwickeln oder verkümmern zu lassen; sie einzusetzen im positiven oder im negativen Sinne. Wertneutralität gibt es da keine. Und wenn Dr. Rudolf Steiner in seinem Buch »Wie erlangt man Erkenntnisse höherer Welten« rät, allem Geistlehrertum mit Devotion zu begegnen, mit respektvoller Verehrung, so rät Dr. Herbert Fritsche in seiner Einführung in die Esoterik das Gegenteil, indem er aus eigener Erfahrung heraus empfiehlt: »Wo immer Seher, Adepten, Medien, Rasputins und Mahatmas von sich reden machen, da sei man skeptisch bis zum Äußersten! Fast alle – denn wirkliche Meister machen nicht oder nur ungern von sich reden – wollen eine Nachfolgerschaft, die sie in Fesseln schlagen. Die Freiheit aber ist dasjenige Gut, das der Mensch so teuer wie möglich verkaufen soll: nur um einen einzigen Preis, den noch größerer Freiheit. Denn da Gott den Menschen, im Gegensatz zu allen übrigen Kreaturen, auf Freiheit anlegte, dient nur das der wahren Menschwerdung und damit den Gotteszielen, was die Freiheit steigert.

Zunahme des Freiseins ist das Kriterium jeder Esoterik.«[17]

Anmerkungen
»Mit Sex zur Erleuchtung?«

1 Als dem bekannten Okkultschriftsteller Gustav Meyrink, der anscheinend alle erreichbaren Methoden zur Bewustseinserweiterung durchpraktizierte, nach einer qualvoll durchwachten Nacht erleuchtungsartig die Erfolgs- und Aussichtslosigkeit all seiner Bemühungen klargeworden war, schrieb er in sein Tagebuch: »Die Tantrik-

Übungen sind, wie alle Askese, falsch, führen in den Abgrund und sind eigentlichste Schwarze Magie!« Und weiter: »Ich kann keineswegs alles das, was ich ein Leben lang hindurch im Yoga versuchte und tat, als Irrtum bezeichnen. Ich glaube aber, solche Mühen sind nötig, um das zu erkennen, was mir heute, am 7. August (1930), klargeworden ist« (MuSch 6. Jg., Nr. 18,8).

2 »Der Todeskuß. Wahn und Wirklichkeit der Bhagwan-Bewegung«, Neuhausen 1985.

3 Bis zu jener Irrsinnstat wurde Jim Jones mit seiner Sekte stolz zur New-Age-Bewegung gezählt, ja sogar »geistliches New-Age-Zentrum« genannt! Aufgabe solcher Zentren ist es, gemäß der berüchtigten »Großen Invokation« den (luziferischen) »Plan« auf Erden zu verwirklichen (C. Cumbey, »Die sanfte Verführung«, Aßlar 1987, S. 65).

4 Unter der Devise »Alle Macht der Intelligenz« sollen nur gebildete Bürger Stimmrecht haben. Wer ein öffentliches Amt anstrebt – auch auf kommunaler Ebene –, muß einen Hochschulabschluß vorweisen können. Bedingung jedoch ist, daß in jeder Universität ein »Deprogrammierungsinstitut« eingerichtet wird, damit »man dich als Christ, als Hindu, als Moslem, als Jude deprogrammiert – oder was immer deine Handelsmarke war«. Bei der Menschenzeugung soll künftig der Zufall ausgeschaltet (der Mann scheint wirklich nicht zu wissen, daß bei der Zeugung karmische Aspekte dominieren und keine Zufälle), das Erbgut analysiert und die künstliche Befruchtung vorgeschrieben werden, »damit es zu einer wissenschaftlichen Verbindung zwischen dem besten Mutterei und dem besten Spermium kommt«. Bhagwan befürwortet die Euthanasie bei Kindern mit Geburtsfehlern: »Nur weil Leben nicht zerstört werden darf, wird dieses Kind leiden müssen ... Wenn die Eltern willens sind, sollte das Kind in ewigen Schlaf (?!) geschickt werden.« Die Beseitigung der Familie predigte er nach wie vor. Sein Buch trägt den Titel: »Die goldene Zukunft«.

5 »Mich hat Rajneesh noch eins gelehrt«, fährt Flöther fort. »Wer einem Menschen seine Geschichte nimmt, raubt ihm nicht nur seine Orientierung und seine Identität, sondern auch seine Sprache.« Eine nachdenkenswerte Feststellung, die sich ebenso auf ein ganzes Volk beziehen kann, wie die deutsche Geschichte nach 1945 so augenscheinlich beweist.

6 Karl Brandler-Pracht in der von ihm redigierten Zeitschrift »Prana«, 2. Jg. 1910/11, 25.

7 Als im Herbst 1989 der Flüchtlingsstrom aus der DDR einsetzte, ließ Bhagwan vernehmen, eine entvölkerte DDR könne Heimat für ihn und seine Anhänger werden. »Ich und meine Jünger könnten ein Paradies aus der DDR machen.« In diesem Falle hätten Mauern, Stacheldraht und Todeszäune wohl gleich stehenbleiben können (siehe »Sicherheitseinrichtungen« in Rajneeshpuram, Oregon).

8 AMORC ist ein theosophisch orientierter Rosenkreuzerorden (Antiquus Mysticus Ordo Rosae Crucis), gegründet etwa 1916 von dem Adyar-Theosophen Spencer Lewis und mit den gleichen Zielen wie der O.T.O. (einschließlich Sexualmagie).

9 Damit wird indirekt zugegeben, daß dem Gebet eine reale Kraft innewohnt, die dem betreffenden Guru unerwünscht ist. – In der von Paul Twitchell (1908–1971) 1964 gegründeten ECKANKAR-Bewegung, deren 971. ECK-Meister er zu sein behauptete (Jesus wäre auch einer und der Apostel Paulus ebenfalls; es gibt absolut nichts, was im Esoterik-Dschungel nicht geglaubt würde!), wird vom Beten für andere abgeraten, weil dies nicht ohne negative Folgen auch für das eigene Karma bliebe. Twitchell trat mit seiner Frau 1950 der »Selbsterlösungskirche des absoluten Monismus« des Swami Premananda bei. Dort soll er später ausgeschlossen worden sein. (Nevill Drury, »Lexikon esoterischen Wissens«, München 1988 [Knaur-Tb. 4160], S. 607). Von dem Inder Kirpal Singh in die »göttliche Wissenschaft von der Seele« eingeführt, gründete Twitchell ECKANKAR und entwickelte angeblich verschiedene Techniken der Astralprojektion, der Wahrnehmung im Astralbereich, hier »Seelenreisen« genannt. Seine Anhänger sind überzeugt, daß ein ECK-Meister auf mehreren Ebenen gleichzeitig wirken könne. Doch sollte die Frage erlaubt sein: Wozu eigentlich? Haben wir nicht genug mit der »Meisterung« unseres Lebens auf der irdischen Ebene zu tun? – Der ECK-Meister- und Seelenreisen-Rummel scheint zwar mehr harmloser Natur zu sein, aber die auch hier gepflogene Geheimnistuerei gemahnt zur Vorsicht: Auch ECK macht vom »Meister« abhängig, es werden Fernkurse verkauft, und das Einweihungsritual wird verschwiegen. – Das zeitlos Gute bedarf jedoch auch in der Esoterik keiner Tarnung mehr.

10 Den falschen Guru charakterisiert Bhagwan in selbstentlarvender Weise (in seinem Buch »Mein Weg, der Weg der weißen Wolke«, Poona, S. 263) wie folgt: »Nächstenliebe ist nur versteckte Grausamkeit. Er ist ein Sadist im Mantel der Nächstenliebe. Er genießt es, euch zu quälen … Er ist grausam und quält seine Anhänger; aber

natürlich auf eine solche Weise, daß sie denken, diese Torturen gehören zur Disziplin. Er zwingt sie, schmerzhafte und unnötige Dinge zu tun, und vergnügt sich an ihren Schmerzen ... Ein solcher Meister ermordet euch, aber langsam, Stück für Stück, in kleinen Portionen.« – »Die Gewissenlosigkeit und Abgefeimtheit dieser selbsternannten Gurus, die nicht davor zurückschrecken, aus dem tiefempfundenen Bedürfnis des Menschen nach Geborgenheit und Verständnis Kapital zu schlagen, ist eines der traurigsten Kapitel unserer Zeit«, schreibt Dr. med. Eugen G. Jussek in seinem Buch »Begegnung mit dem Weisen in uns« (München 1988, S. 99). Die von Dr. Jussek zu diesem Problem befragte Trancepersönlichkeit des Mediums Charles Roberts, namens Yan Su Lu, erwiderte hierauf: »Wenn jemand das Bedürfnis nach einem von Angesicht zu Angesicht erfahrbaren Lehrer und Führer empfindet, dann ist nichts dagegen einzuwenden; allerdings nur, nachdem er die Lehren und Anschauungen des besagten Gurus zuvor kritisch geprüft hat.« Und weiter: »Es gibt unendlich viele Wege zu unserem Vater, und nicht alle Lehren und Philosophien sind für den einzelnen auf seiner jeweiligen Stufe der geistigen Entwicklung hilfreich.« Jussek bemerkt hierzu, diese Antwort Yan Su Lus stimme überein mit der Äußerung von Sathya Sai Baba, wenn er sagt: »Derjenige, der euch von der Existenz des allgegenwärtigen Gottes erzählt, ist der wirkliche Guru, und nicht der, der euch Erlösung verspricht. Erlösung nur dann, wenn ihr ihm eure Brieftasche zu Füßen legt. Laßt euch nicht von diesen profanen, von Gier und Egoismus erfüllten Männern irreführen. Betet zu Gott, er möge euren Geist erleuchten, euren Verstand erwecken und euer Guru sein. Er wird euch sicher auf den rechten Weg führen.« Auf das Konto falscher Gurus geht z. B. die Selbstverbrennung der 24jährigen Millionenerbin Lynette Phillips vor dem Genfer UN-Palast ebenso wie jener der etwa gleichaltrigen Frankfurterin Erika Ruppert vor der Berliner Gedächtniskirche. Beide waren Mitglieder der Ananda-Marga-Sekte des Inders Sarkar (Ananda Marga=freudiger Pfad!). Desgleichen sei hier des Freitodes der Schauspielerin Christiane Schröder gedacht, die sich in den USA mit einem glatzköpfigen Guru eingelassen hatte. Wer aber kennt und nennt all die anderen, hier ungenannten Opfer?

11 Der österreichische Ingenieur Demeter Georgiewitz-Weitzer (1873–1949) verfaßte unter dem Namen Surya achtzehn Bücher und zahlreiche Aufsätze. Er gehörte zu den wenigen vertrauenswürdigen Okkultisten größeren Bekanntheitsgrades. Er vermied es z. B., ma-

gische Praktiken zu beschreiben. Lange Zeit war er Schriftleiter des »Zentralblatts für Okkultismus«, gehörte aber, obwohl (oder gerade weil) er ein Wissender war, keinem Geheimbund an. Eng mit Surya befreundet war mein Kollege Wilhelm Otto Roesermueller (1902–1979). Er schrieb, wer den Okkultismus studieren will, der greife zu den Büchern Suryas. »Er, der keinen Meistertitel trug, der keinem Geheimbund angehörte, er, der demütige und höchst bescheidene Mann, ist ein wahrer Führer auf diesem leider auch vielfach mißbrauchten, vielseitigen Forschungsgebiet« (in »Begegnungen mit Jenseitsforschern und Gespräche mit Geistern«, Nürnberg 1961, S. 47).

12 Baird T. Spalding, »Leben und Lehren der Meister im Fernen Osten«, München 1961, S. 264. Die Übersetzerin, Frau Dr. Marta Usteri, kannte Spalding leider nur von einem kurzen Briefwechsel her und vermochte mir nicht zu sagen, ob die in seinen Büchern geschilderten Begebenheiten auf der physischen oder möglicherweise auf einer der Astralebenen stattfanden oder ob es bloß ein Roman ist. Die Bücher enthalten jedenfalls viele gute Gedanken. Nach dem Tode Spaldings veschwand auf eigenartige Weise sein letztes Manuskript, das er als besonders wichtig bezeichnet hatte. Sein Verleger wurde ermordet.

13 Felix Schmidt, »Der Eremit. Erlebnisse in der Schule der Weißen Bruderschaft im Himalaya«, St. Goar 1988, S. 197. Das Buch ist überaus lesenswert. Man bedauert, daß es von so geringem Umfang ist. Eine ergänzende Broschüre mit dem Titel »Erläuternde Erklärungen des Eremiten« erschien im Verlag Hans Jakob, CH-8623 Wetzikon. Der Verleger, ein inzwischen heimgegangener Freund von mir, gibt allerdings im Vorwort ein unrichtiges Sterbejahr des Eremiten an.

14 »Mitteilungen des Eremiten«, Cleveland/Ohio, 2. Aufl. 1949, S. 35.

15 ZfO 1910/11, 666. »Zwei Dinge sind unendlich«, sagte Albert Einstein, »das Universum und die menschliche Dummheit. Aber beim Universum bin ich mir noch nicht ganz sicher.« Das deutsche Sprichwort »Der Klügere gibt nach« ist nach Marie v. Ebner-Eschenbach »eine traurige Wahrheit. Sie begründet die Weltherrschaft der Dummen!« In der Tat: Man gibt so lange nach, bis man der Dumme ist.

16 »Reformierende Blätter«, Bd. II, Budapest 1881, 282. In einer Erläuterung zum Markus-Evangelium heißt es »von drüben«, die Menschen seien ganz unfähig, sich einen richtigen Begriff von der

in allem waltenden göttlichen Gerechtigkeit zu machen. Die Gnade bestünde darin, uns die Mittel an die Hand zu geben, durch deren Gebrauch wir – wenn wir die erforderlichen Anstrengungen nicht scheuen – fortschreiten können. Ohne Aufgabe bzw. Bestimmung hätte alle Menschwerdung weder Zweck noch Sinn.

17 Herbert Fritsche, »Der große Holunderbaum«, Göttingen 1982, S. 9. – »Alle öffentlichen Geheimlehrer, die durch Verabfolgung unerklärter Übungen in das Innenleben der Schüler eingreifen, sind mehr oder weniger schwarze Magier. Es gehört nicht viel Vernunft dazu, um zu begreifen, daß ein wahrer Geheimlehrer – wegen der großen Verantwortung – sich niemals öffentlich als solcher ausgeben oder in Büchern okkulte Übungen verabfolgern wird«, schrieb Erich Bamler, München, der durch Geheimschulung schwere gesundheitliche Schäden davontrug (in seinem Beitrag »Magische Kräfte«, PsStud 1917, 455).

»Die Geisterwelt ist nicht verschlossen«

Das läßt Goethe seinen Faustus sagen, und die Erfahrung aller Völker und Zeiten gibt ihm recht. Doch bei weitem nicht alles, was auf verschiedenartigste Weise aus dem Jenseits zu uns gelangt oder als von dort kommend aufgefaßt wird, ist in Ordnung. Neuerdings meidet man ja Begriffe wie Spiritismus, Medium oder medial empfangene Botschaft, weil sie mit Vorurteilen belastet sind. Heute ist man kein Medium mehr, sondern ein »Kanal«, ein Channel. Nunmehr wird fröhlich »drauflosgetschännelt« und nebenbei die deutsche Sprache dermaßen verangloamerikanisiert, daß das New-Age-Kauderwelsch immer ungenießbarer wird.

All dies ändert jedoch freilich nichts an der Problematik von Jenseitskontakten im allgemeinen und dem, was da so produziert wird, im besonderen. Bei Kontakten unterschiedlichster Bewußtseinsstrukturen kann ja auch das eigene Ich unbewußt tätig werden. Zudem bedeutet mediale Veranlagung an sich noch lange nicht, ein gutes Medium zu sein. In der Regel wird man eine langwierige Ausbildung durchzumachen und vielerlei Erfahrungen zu sammeln haben, bevor man als geeigneter »Kanal« für höhere Lebensbereiche gelten und dienen kann. Vielleicht aber ist die Zeit nahe, wo Medien überflüssig werden, weil die augenblicklich noch in den Kinderschuhen steckende Transkommunikation auf technischem Wege entsprechend vervollkommnet sein wird.

Dem, was da »getschännelt« wird, blindes Vertrauen entgegenzubringen ist allerdings sehr gewagt. Erstens gibt es Fehlerquellen, die als solche nur schwer erkennbar sind, und zweitens werden bei Jenseitskontakten naturgemäß, aufgrund des Ähnlichkeitsgesetzes, zuerst die niederen Astralbereiche angezapft. Wie es dort aussieht und zugeht, weiß jeder Spiritualist. Sind die erforderlichen Voraussetzungen gegeben, daß eine »arme Seele« sich uns ausreichend wahrnehmbar machen kann, so läßt ihr tiefunglücklicher Zustand nur allzu deutlich erkennen, wie überaus wichtig ein in Gottverbundenheit geführtes Erdenleben ist. Wie die beiden folgenden Beispiele zeigen, gibt es auch oft einen persönlichen Grund zur Manifestation, z. B., um Vergebung zu erlangen; meist jedoch bittet man um Gebetshilfe.

Der russische Schwiegervater des Barons Basile von Driesen, N. J. Ponomarew, war gestrorben. Mit seinem Schwiegersohn hatte er in keinem guten Einvernehmen gelebt, obwohl dieser sich stets korrekt verhielt. »Ich erinnere mich gut«, erzählt von Driesen, »daß ich zwischen ein und zwei Uhr nachts zu Bett ging und vor dem Einschlafen las. Alles war ruhig. Kaum hatte ich das Licht gelöscht, als ich im Nebenzimmer Schritte hörte. Es war, wie wenn man in Pantoffeln gehen und sie nachschleifen würde. Vor der Tür hielt es an.« Auf die Frage, wer da sei, erfolgte keine Antwort. Als der Baron das Licht wieder anmachte, stand sein Schwiegervater im Raum – vor der verschlossenen Tür! »Er trug sein gewöhnliches hellblaues Hausgewand, über der Brust offen. Ich sah seine weiße Weste und die schwarzen Beinkleider. Es war kein Zweifel über seine Identität. Ich empfand keinen Schreck. ›Was willst du?‹ fragte ich. Ponomarew kam bis zu meinem Bett und sagte: ›Basile Fedorowitsch, ich fühle, daß ich gegen dich schlecht gehandelt habe. Verzeih! Sonst finde ich keine Ruhe da, wo ich bin!‹« Der Baron versicherte ihm: »Nikolas Iwanowitsch, Gott ist mein Zeuge, daß ich niemals einen Groll gegen dich hegte.« Die Phantomgestalt des Schwiegervaters verneigte sich. Dann entfernte er sich langsam, in den Billardsaal tretend, wo er plötzlich verschwand. Anderentags nahm der Pfarrer den Baron beiseite und sagte mit feierlicher Stimme: »Diese Nacht, um drei Uhr, ist mir Nikolaus Iwanowitsch erschienen und bat mich, zu vermitteln, dich mit ihm auszusöhnen ...«

Eine Engländerin, Mrs. J. T. Moor, war in ihrer Jugend stark medial veranlagt gewesen. Als sie vierzehn Jahre alt war, wollte der Vater aus London wegziehen und suchte eine Wohnung in besserer Luft. Trotz mehrerer Zeitungsanzeigen fand sich nichts, weil seine Familie recht groß war. Schließlich schrieb ihm ein Freund aus Berkshire, er wüßte ein geeignetes Haus, aber das sei seit sieben bis acht Jahren unbewohnt, weil es darin spuken soll.

Der Vater besichtigte das zweistöckige Gebäude und mietete es. Den gespenstischen Ruf, den es genoß, verschwieg er seiner Familie, um niemanden zu ängstigen. An einem Wochenende saß die Vierzehnjährige nähend in einem Zimmer des ersten Stocks, als sie plötzlich Geräusche vernahm. Sie fürchtete, ihr im gleichen Raum schlafender kleiner Bruder könne aufwachen, aber der schlief ruhig weiter. Plötzlich stand ein schwarzgekleideter alter Mann vor ihr, der sie traurig ansah. Das Mädchen erschrak natürlich. Sie floh aus dem Zimmer und erzählte das Erlebte ihrer Stiefmutter. Diese gebot, niemandem etwas davon zu sagen und bis zur Heimkunft des Vaters bei ihr zu bleiben.

Der Vater kannte sich in solchen Dingen aus und versetzte seine Tochter am gleichen Abend in Trance. Auf diese Weise bekam er Kontakt mit der Erscheinung und erfuhr von ihr, daß es sich um einen Mann namens Richard T. handle, der aus Eifersucht zum Mörder geworden war, dies aber schon bald bereute und sich dann selber umbrachte. Er versicherte, unter unsäglichen Qualen am Ort seines Verbrechens umherzuirren, und hoffe nun, das junge, unschuldige Mädchen könne ihm helfen. Der »Spirit« bat, das Mädchen möge täglich für ihn beten, bis der Friede in seine Seele wieder einziehen könne.

Nach ihrem Erwachen aus dem Tieftrancezustand erzählte dies der Vater seiner Tochter. Sie war von der ihr zugedachten Aufgabe nicht gerade begeistert, erklärte sich aber bereit unter der Bedingung, daß sich der Jenseitige nur im Beisein ihres Vaters manifestieren dürfe. Dies wurde zugesichert und auch eingehalten. Das Mädchen begann für den alten Mann zu beten. Während der folgenden Zeit erwachte sie oft des Nachts, weil ihr jemand über Haar und Wangen strich. Und einmal vernahm sie die Worte: »Gott behüte dich, mein Kind, für das, was du an mir getan hast!«

Eines Morgens, in der dritten Woche der Fürbitte, sah sie den Jenseitigen in strahlender Helle ins Zimmer treten. Glücklich sprach er: »Deine Mission ist vollendet. Ich fühle mich frei. Ich sehe das Licht und habe Frieden. Gott, unser himmlischer Vater, hat mir durch mein Gewissen vergeben. Dank sei auch dir, mein gutes Kind. Mögest du frei sein von Leidenschaft und blutiger Schuld, so daß du nach Abschluß deines Erdenlebens sofort in die höheren Sphären des ewigen Lichtes gelangst, wo Friede, Freude und Glückseligkeit herrschen.«

So sprach er noch lange in schönen Worten und setzte dann hinzu, er hoffe die Erlaubnis zu bekommen, ihr Schutzgeist sein zu dürfen. Er würde ihr dann als Beschützer zur Seite stehen und sie trösten, wenn Kummer und Sorgen sie bedrücken.

Mit dem wiederholten Segensgruß »Gott schütze dich!« nahm er dann Abschied, und die Spukgeräusche im Hause hörten für immer auf. Mrs. Moor versichert, daß sie in den dreißig Jahren, die seitdem vergangen sind, oft die väterliche Fürsorge jenes Mannes verspürt habe, der ihr ein wahrer Schutzgeist war und noch immer ist.

Zurück zum »Channeling« bzw. zur Bewertung von Mitteilungen aus der anderen Welt, dem »Paralleluniversum«. Ein protestantischer Pfarrer, dessen Hand beim Aufsetzen einer Predigt plötzlich von selber zu schreiben begann, erhielt fortan auf diese Weise hochinteressante und aufschlußreiche Mitteilungen.[1] Unter anderem wurde ihm gesagt, und jeder erfahrene Parapsychologe oder Spiritualist wird das bestätigen, daß es paranormal empfangene Mitteilungen gibt, »die absolut nicht einfach als Erkenntnisquelle gewertet werden dürfen«. Wenn das Medium nicht eine wirklich gottverbundene Persönlichkeit ist, werden seine medialen Gaben leicht von niederen Wesenheiten benutzt. Solche Lügengeister verbreiten irrige Vorstellungen. Sie geben sich als ehemals hochstehende Erdenbürger aus. Je klangvoller die Namen, desto größer der Verdacht, daß es unwahr ist. Darum Vorsicht! »Wer in Wirklichkeit dahintersteht, wißt ihr nicht, würdet aber wohl erschrecken, wenn ihr es wüßtet!«

Das mag gleichermaßen auf den religiösen Offenbarungsspiritismus zutreffen, wenn Erzengel, Apostel, Jesus oder gar Gott selber als Urheber der Belehrungen ausgegeben werden. Dennoch sollte man trotz aller Auswüchse auf diesem Gebiet auch hier das Kind nicht mit dem Bade ausschütten, denn auch auf solche Weise gelangte Wertvolles zu uns. Soweit Jenseitskundgaben jedoch so albern sind, daß ihre Unsinnigkeit offen zutage liegt, kann man zur Tagesordnung übergehen. Leider gibt es anscheinend nichts, was zu dümmlich wäre, um nicht Gläubige zu finden.

Da machte mich, um ein Beispiel zu nennen, eine Buchreklame neugierig: »Jenseitsgespräche. Beweise aus der anderen Dimension. Endlich die Wahrheit! Die bekannte Jenseitsforscherin (von der ich noch nie gehört hatte) erklärte sich bereit, ihre Gespräche mit Jenseitigen zu veröffentlichen. Die Niederschrift über den Aufenthalt im Jenseits und die Dialoge sind bisher einmalig in ihrer Art.«

Das letztere fand ich tatsächlich bestätigt, als mir das erbetene Exemplar vor Augen kam – ein solcher Blödsinn war mir noch nie untergekommen! Hier ein paar Kostproben: Das Jenseits sei ein Wolkenmeer, einsam und freudlos, ohne jeden Kontakt, also auch ohne Wiedersehen mit anderen. Der Gestorbene bleibe nur wenige Tage drüben, dann werde er auf Erden wiedergeboren. Jeder Geist sei gleichwertig, sein irdischer Lebenswandel spiele keine Rolle. Verantwortung gebe es keine im Jenseits. Das bekannte Buch des amerikanischen Nervenarztes Dr. Carl A. Wickland, »Dreißig Jahre unter den Toten«, sei »von vorne bis hinten erdichtet und erlogen«. Gebete an und für die Jenseitigen seien zwecklos. Engel und Boten Gottes gebe es nicht, auch keine verschiedenen Dimensionen (Sphären) im Jenseits. Gott existiere nur in unserer Vorstellung. Jeder Mensch verändere sich nach seinem Tode sehr zu seinem Nachteil. Es gebe außerdem keine »himmlische Gerechtigkeit, also wird auch niemand für seine Tötungen verantwortlich gemacht«![2]

In manchen Büchern von durchaus beeindruckendem Inhalt stößt man erst beim aufmerksamen Lesen auf Hinweise, denen zufolge sie keiner so hehren Quelle entspringen, wie man glauben zu machen versucht. Als Beispiel diene hier »Und ich sah einen neuen Himmel. Die Ramala-Offenbarung« (München, 2. Aufl. 1984). Die Autoren bleiben anonym. Der Name Ramala »ist aus den Seelennamen ... der Gruppe aus Mann und Frau gewählt, die als Kanal für diese Lehre dienten ...«

Im wesentlichen werden die Reinkarnationstheorie vertreten und die alte Geschichte neu aufgetischt, wonach Jünger Jesu nach seiner Kreuzigung an den Gestaden Britanniens landeten, angeblich dort, wo heute die Abtei Glastonbury steht. Druiden hätten sie willkommen geheißen und ihnen Land geschenkt »für alle Zeiten«. Dort stünde jetzt das Chalice Hillhouse, und aus dessen Mauern ist 1977 »eine erfrischende Inspiration in der Form dieses Buches zur Bestärkung von Suchern in der heutigen Zeit nach außen gedrungen«.

Beim Lesen des Kapitels »Die schicksalhafte Bestimmung von Deutschland« wurde ich stutzig. Da wird recht gehässig von den Deutschen als Nazis und Naziclique gesprochen, der verheerende Bombenkrieg gegen deutsche Frauen und Kinder wird gutgeheißen, und die Alliierten seien Werkzeuge der göttlichen Zielsetzung gewesen. Unter den Alliierten habe es »weise Seelen« gegeben, »die erkannten, daß die negativen Kräfte dauerhaft durch ... eine völlige Ausmerzung des Übels beseitigt werden müßten ... Daher bedeuteten die Bombardierungen und Zerstörungen in Wirklichkeit eine Reinigung für Deutschland«! – Ob die 380 000 Todesopfer der völlig sinnlosen Bombardierung Dresdens vom Februar 1945 der gleichen Auffassung sein mögen? Seit der »Ausmerzung des Übels« haben mehr als 150 Kriege weitere zig Millionen Menschenleben gekostet ...

Die Grenze zwischen Genie und Wahnsinn ist bekanntlich sehr schmal. Das dürfte auch für den Bereich der außersinnlichen Wahrnehmung gelten, insonderheit bei Jenseitskontakten. Den meisten Medien hierzulande mangelt es infolge Fehlens theoretischer Kenntnisse und praktischer Erfahrungen an der erforderlichen Unterscheidungsfähigkeit. Nur zu gern glaubt man, von hoher und höchster Stelle berufen und auserwählt zu sein. Viele solcher Medien und Kreise lernte ich im Verlauf meiner parapsychologischen Studien kennen, und obwohl guter Wille, frommer Sinn und gläubige Opferbereitschaft außer jedem Zweifel standen, mußte ich dennoch fast immer zur Vorsicht raten.

1964 schrieb mir ein Mann aus Meersburg: »Meiner Frau und mir sind von Gott große Aufgaben übertragen worden. Zu diesem Zweck wurden wir schon seit Jahrtausenden darauf vorbereitet, um in dieser Endzeit im Willen Gottes zu wirken. Wir haben seit Jahren schwere Prüfungen bestehen müssen und befinden uns jetzt im Stadium der Erfüllung.« Im Auftrag Gottes habe er vier Bücher geschrieben, die druckreif seien. Weitere würden folgen. Seine Frau sei das Medium. »Die ganze Welt soll auf sie aufmerksam werden, denn sie wird den Gottessohn Imanuel gebären« und dergleichen mehr – seitdem war allerdings nichts mehr von ihnen zu hören.

Nicht mit Gott selbst, aber immerhin mit dem Erzengel Michael, »Lord Mikaal« genannt, glaubte – via Pendel – eine Frau in Verbindung zu sein, die ich vor vielen Jahren in der Schweiz kennenlernte. Zuletzt kamen die haarsträubenden Droh- und Schimpfreden des Lords vom Obersalzberg bei Berchtesgaden. Die Frau fand immer wieder Geldgeber für ihren Wahnwitz.

Gleichermaßen bedauernswert und ein gutgläubiges Opfer ihrer Unkenntnis war eine Frau aus der ehemaligen DDR. Aufgrund medialer Erlebnisse war sie überzeugt, für Deutschland und den bedrohten Westen eine Aufgabe zu haben wie Jeanne d'Arc, die Jungfrau von Orléans. Umgang mit kleinkalibrigen Okkultisten tat ein übriges, sich in diesen Wahn hineinzusteigern.

Die Frau ging nach Westdeutschland und fand Anstellung in einem Bonner Ministerium. Dort ließ sie sich von einer östlichen Spionageorganisation einspannen. 1959 wurde sie wegen Landesverrats zu drei Jahren Zuchthaus verurteilt. Nach ihrer Entlassung wähnte sie sich aus dem Jenseits beauftragt, dafür zu sorgen, daß Robert Kennedy US-Präsident würde. Ihrem Freundeskreis teilte sie mit: »Die Zeit von Präsident Johnson ist abgelaufen. Bob Kennedy ist auserwählt, er soll Nachfolger werden, und zwar wird Johnson Februar, spätestens März 1964 tot sein. Es ist meine Aufgabe, dafür zu sorgen, daß Bob Kennedy Nachfolger wird. Ich muß nach Amerika fahren, das ist mir bestimmt. Es wird sich um Stunden handeln, daß Bob als Nachfolger bestimmt und Johnson tot ist.«

An sich wäre es aufgrund ihrer Verurteilung unmöglich gewesen, ein Visum für die USA zu bekommen, aber irgendwie schaffte sie es und flog rüber. Dort trat sie unter dem

Namen Lincoln auf, und es gelang ihr tatsächlich, an Robert Kennedy heranzukommen. Präsident wurde er aber trotzdem nicht, und Johnson geruhte nicht zu sterben ...[3]

Jene Dame tauchte dann bei einem Freund von mir in den USA auf und führte sich in seinem Kreis als Medium ein. Sie verstand es, zu überzeugen, daß der biblische Abraham sich wieder auf die Erde begeben wolle, und zwar in materialisierter Gestalt. Zu seinem standesgemäßen Empfang mußte ein Thronsessel beschafft werden, mit rotem Teppich davor. Mir selbst wurde der Auftrag zuteil, eine spiritistische Zeitung herauszubringen – in Art und Aufmachung eines bekannten Revolverblattes und möglichst in gleich hoher Auflage!

Es dauerte geraume Zeit, bis meine Freunde einsahen, welch übler Sache sie da auf den Leim gegangen waren. Belangreich ist übrigens, daß jene Frau eines Morgens ein unerklärliches bläuliches Mal am Körper hatte, wie von einem Schlangenbiß herrührend! – Was aus ihr geworden ist, weiß ich nicht. Aus solcherlei Begebenheiten wolle man jedoch ersehen, was alles möglich ist und wie wenig ratsam eine Hinwendung zu okkultistischen Praktiken erscheint, wenn man »von Tuten und Blasen« keine Ahnung hat.

Anders, d. h. entschuldbar, ist es, wenn man mit derartigen Dingen – ohne Wollen und Zutun – einfach konfrontiert wird. So erging es in besonders krasser Weise einer Frau B., deren einziger Freundin wir folgenden, von mir erheblich gekürzten Bericht verdanken.

Wie sie erst nach ihrer Verheiratung erfuhr, fiel ihr Mann bisweilen in einen Tieftrancezustand, wovon er selbst weder etwas merkte noch wußte. Seiner Mutter, einer Beamtenwitwe, war dies unerklärlich gewesen, und sie hielt es vor jedermann geheim, auch ihrem Sohne gegenüber. Sie beruhigte sich mit dem Gedanken, daß dies eine Pubertätserscheinung sei, die wieder verschwinden würde.

Von seinen eigenartigen Zuständen erfuhr er erst durch seine Ehefrau. Die erste Trance, die sie an ihm erlebte, begann mit einer großangelegten hymnischen Verherrlichung Gottes in so erhabenen Worten, wie dies der betont intellektuellen und durchaus nicht sehr religiösen Denkweise ihres Mannes gar nicht entsprach. Die Frau war erstaunt und tief ergriffen zugleich. Dann sprach die Trancestimme von profanen Dingen, um schließlich in einer Prophezeiung über den Ausgang des Ersten Weltkrieges zu gipfeln, die sich zwei Jahre später ziemlich genau erfüllte. Aber erst das Auftreten neuerlicher Trancen, während deren sich verstorbene Angehörige und Freunde manifestierten, veranlaßten Herrn B. zum Studium einschlägiger Literatur, um sich mit derartigen Phänomenen vertraut zu machen. Nun fand er sich mit seiner Veranlagung ab, konnte jedoch weder auf den Zeitpunkt noch die Häufigkeit der Trancen Einfluß nehmen.

Als Chefredakteur und vielseitig gebildeter Mann war B. ein beliebter Gesellschafter. Insgeheim freilich machte er seiner Frau das Leben schwer, wovon aber nur die Freundin etwas erfuhr. Zuweilen zeigte sich bei ihm ein ausgeprägter Hang zur Quälsucht. Dennoch hing seine Frau mit großer Liebe an ihm, zumal er sich in puncto ehelicher Treue nichts zuschulden kommen ließ.

Die Sache mit seiner Medialität ging jahrelang gut, und es gab keinen Hinweis auf irgendwelche Gefahren. Da trat ein Umstand ein, der verhängnisvoll werden sollte. Die Freundin, Frau Jutta W., berichtet: »B. war durch eine eigentümliche Verkettung von Umständen seines jahrelang innegehabten Postens verlustig gegangen und geriet – um so mehr, als das Vermögen seiner Frau längst der Inflation zum Opfer gefallen war – in finanziell drückendste Notlage. Die beiden fristeten vom gelegentlichen Erlös veräußerter Wertgegenstände kümmerlich ihr Dasein, und B., der nicht gewillt war, sich Entbehrungen aufzuerlegen, geriet in übelste Stimmung, in der er seiner Heftigkeit mehr denn je die Zügel schießen ließ.«

Da manifestierte sich während einer abendlichen Trance eine männliche Wesenheit, die Frau B. ganz anders vorkam als das sonst Gewohnte. Stimmlage und Ausdrucksweise hatten etwas Ironisch-Kaltes an sich, von spöttlicher Hochnäsigkeit, was ihr unwillkürlich ein Gefühl der Beklemmung verursachte. »Ihr Mann hat seine Stellung verloren und befindet sich in Not«, sprach der Unbekannte. »Wir wissen das, denn wir haben es kommen sehen und unseren Plan darauf gegründet. Wir wollen ihm helfen, unter gewissen Bedingungen.« Und nach einer Pause: »Seine besonderen Fähigkeiten liegen auf einem wesentlich anderen Gebiet als dem seiner bisherigen Tätigkeit. Er soll Arzt werden.« Frau B. wollte etwas einwenden, aber die Stimme fuhr fort: »Ich selbst bin Arzt, mein Name ist Dr. Natas, und als solcher gehöre ich einer großen okkulten Organisation an. Ihr Mann soll sich unserer Führung überlassen. Sind wir mit ihm zufrieden, wird er bald über Geldmittel in Hülle und Fülle verfügen, denn sein Zulauf wird ein ungeheurer sein. Sie zweifeln an meinen Worten?«

Das hatte Frau B. in Gedanken tatsächlich getan, denn obgleich sie wußte, daß ihr Mann, bevor er sich dem Journalismus zuwandte, einige Semester Medizin studiert hatte, reichte dies keinesfalls für eine ärztliche Praxis. »Natürlich kein graduierter Arzt«, setzte Dr. Natas das Gespräch fort, »er wird auf dem Umweg über die Naturheilkunde als Psychotherapeut[4] tätig sein. Hellseherische Fähigkeiten, die sich bei ihm in Kürze entwickeln werden, sollen dazu beitragen, ihn bekannt zu machen. Richten Sie ihm das alles aus.«

Frau B., die gewohnt war, mit den Unsichtbaren zu diskutieren wie mit normalen Besuchern, wandte ein: »Was haben Sie und Ihre Organisation davon, wenn mein Mann Ihren Weisungen folgt? Und welcher Art sind Ihre Bedingungen?«

Über die Gesichtszüge des Mediums zuckte es wie versteckter Hohn. »Können Sie sich nicht vorstellen, daß ein Künstler – sagen wir, ein Maler oder Bildhauer – ohne Arme geboren sein kann? Um seine Kunst ausüben zu können, müßte er sich also quasi Ersatzarme schaffen oder solche ausleihen. Ebenso ist es mit uns. *Wir brauchen Werkzeuge, um das in die Welt zu projizieren, was uns vorschwebt.* Ihr Mann wird Menschen an sich ziehen. Er wird, wie schon gesagt, großen Zulauf haben. *Auf alle diese Menschen wollen wir durch ihn wirken.* Aber genug davon. Sagen Sie ihm nur, was Sie gehört haben, alles andere ist unsere Sache. Damit Sie übrigens sehen, daß wir zu tun vermögen, was wir sagen, mache ich ihnen noch folgende Mitteilung: Ihr Mann wird in einigen Tagen von jenem Institut für okkulte Forschung, in welchem er kürzlich gastweise einen Vortrag über Paracelsus hielt, ein Angebot bekommen, gegen ein bestimmtes, anfangs freilich nicht zu großes Salär seine Vortragstätigkeit fortzusetzen. Das haben wir bewirkt! Er soll das Angebot annehmen, es wird ihn fürs erste über Wasser halten, bis wir ihm die Wege geebnet haben.« Damit war die Trance zu Ende.

Frau B. beschloß, ihrem Mann nichts von dem Vorfall zu erzählen, weil ihr alles reichlich sonderbar vorkam. Das vorausgesagte Angebot jedoch traf ein, und ihr Mann ergriff gerne diesen Strohhalm.

Eine Zeitlang später meldete sich wieder jener geheimnisvolle Dr. Natas. Seine Rede hatte etwas teils Höhnendes, teils Drohendes an sich: »Sie wollen also, wie wir sehen, keinen unserer Vorschläge unterbreiten. Gut, wir brauchen Ihre Mithilfe nicht. Ihr Mann ist medial gelöst genug, um auch ohne Ihre Vermittlung mit uns in Verbindung treten zu können. Und er wird wollen, verlassen Sie sich drauf! Aber wer nicht für uns ist, der ist gegen uns, und das wird Ihnen sehr zum Nachteil gereichen. Wir wissen, daß Sie Ihren Mann lieben. Wir wissen auch, daß Sie seine Treue über alles schätzen. Nun, seine Treue wird bald der Vergangenheit angehören. Wir werden ihm Frauen zuführen, und er wird nicht unempfindlich gegen deren Reize bleiben. Sie aber werden abseits stehen. Das alles könnten Sie vermeiden, wenn Sie unsere Ziele nicht zu durchkreuzen suchten. Überlegen Sie es sich noch einmal. Gehen Sie mit uns, bleibt Ihnen auch Ihr Mann.«

Frau B. jedoch beharrte bei ihrem Entschluß, und nun begannen sich die Ereignisse zu überstürzen. Die Vortragstätigkeit ihres Mannes fand wirklich großen Anklang. Nur behauptete er manchmal Dinge, die nicht der Wahrheit entsprachen, so z. B., daß er vor Jahren in Tibet geweilt und dort okkulte Studien betrieben habe.

Als seine Gattin ihn wegen solch faustdicker Lügen besorgt zur Rede stellte, wies er sie mit den Worten zurecht: »Das verstehst du nicht. Meine Förderer wollen das so. Es ist ganz gut, die Menschen hinters Licht zu führen. Es verwirrt sie, und sie verlieren bald das Unterscheidungsvermögen für das, was echt und unecht ist. Nicht umsonst heißt es: Die Welt will betrogen sein.«

B.s Talente erweiterten sich in erstaunlicher Weise um die Fähigkeit des Hellsehens und des Handlinienlesens. Man bestürmte ihn allerseits, doch eine regelrechte Praxis auf diesem Gebiet zu eröffnen. Auch hierin sollte sich die Prophezeiung des »Dr. Natas« schon bald erfüllen, denn B. begann, sich mit Naturheilkunde und Psychotherapie zu befassen, und hatte in Verbindung mit Handlesen und Hellsehen bald mehr als genug Kundschaft. Finanzielle Sorgen gehörten der Vergangenheit an.

Immer widerspruchsvoller jedoch verhielt sich B. seiner Frau gegenüber. So kam es z. B. öfters vor, daß er, wenn er sie beten sah, die gefalteten Hände auseinanderriß und sie anherrschte: »Unterlaß das! Ich kann so etwas nicht brauchen. Es schadet meinen Interessen. Ich habe geschäftliche Rückschläge dadurch. Man läßt es mich entgelten, wenn du betest!«[5]

Einmal konnte Frau B. ihren Mann bewegen, einer in Bedrängnis geratenen Familie mit einem Geldbetrag auszuhelfen. Das war an sich nicht allzu schwer, weil er durchaus großzügig zu sein pflegte. Doch unmittelbar darauf erfolgte ein geschäftlicher Rückschlag erheblichen Ausmaßes. Er gab seiner Frau die Schuld daran und schwor, nie wieder Hilfe zu leisten. Es sei denn, fügte er hinzu, man könne damit Aufsehen erregen, so daß es der persönlichen Reklame dient. Spenden solcher Art würden den Absichten seiner »Protektoren« nicht zuwiderlaufen.

Frau Jutta W. berichtet weiter: »Solche und andere Dinge beschwerten naturgemäß das Gemüt meiner Freundin, und sie vertraute manches, was sie selbst mir zu sagen sich scheute, einem vor ihrem Mann sorgsam geheimgehaltenen Tagebuch an, in welchem sie, wenn sie allein war, grüblerisch zu blättern pflegte. Dabei kam ihr wieder einmal jene Stelle, die von der ersten Kundgebung des Dr. Natas handelte, zu Gesicht. Ihr Blick blieb an dem Namen hängen. Sie las ihn rückwärts – und wie Schuppen fiel es ihr von den Augen: Satan!«

Nun gab es für sie kein Halten mehr. Insgeheim suchte sie einen Priester auf, der glücklicherweise um derlei Dinge Bescheid wußte und demzufolge in der Lage war, sie richtig zu beraten. Als er Frau B. angehört hatte, gab er seiner Überzeugung Ausdruck, daß ihr Mann eine satanische Bindung eingegangen war. Er riet ihr, ihn über alles auf dem laufenden zu halten und vorerst ihren Pflichten weiterhin nachzukommen, solange dies ohne persönliche Gefahr für sie möglich sei. Erforderlichenfalls würde Gott eingreifen und ihr den Weg aus dieser Ehe freigeben.

Einigermaßen getröstet, begab Frau B. sich nach Hause. Die Dinge aber nahmen ihren Lauf. Ihr Mann ging intime Beziehungen zu mehreren Frauen ein und brüstete sich damit seiner Gattin gegenüber. Kurz, es kam zur Scheidung. Schon nach dem zweiten Termin wurde durch drei Richter einstimmig das Alleinverschulden des Beklagten ausgesprochen. Ihr Rechtsanwalt hatte in seiner 25jährigen Praxis noch keinen so raschen und reibungslosen Verlauf einer Scheidungsanklage erlebt und äußerte seine Verwunderung darüber. Frau B. jedoch merkte, daß auch die lichten Mächte zur Stelle sind, wenn es not tut und man an seinem Gottvertrauen festhält.

Die Freundin schließt: »Ich nehme an, daß das hier Mitgeteilte, das mir ja nicht nur vom Hörensagen, sondern vielfach durch eigene Beobachtung zur Kenntnis kam, beweiskräftig genug sein dürfte, um meinen Hinweis, daß dämonische Gewalten unmittelbar in die irdische Sphäre vorzustoßen vermögen, gerechtfertigt erscheinen zu lassen. In diesem Zusammenhang mag es nun auch verständlich werden, auf welche Weise Menschen zu schwarzmagischer Betätigung kommen können, wenn sie charakterlich und willensmäßig zu derartigen Abwegigkeiten neigen. Durch besondere Veranlagung können sie fähig sein, ganz konkrete Weisungen ihrer dunklen Lehrmeister entgegenzunehmen, oder doch in so engen unterbewußten Kontakt mit jenen treten, daß sie zu ausführenden Organen solcher Wesen werden.«

Das stimmt, meinen eigenen Erfahrungen zufolge, ganz genau. Es unterstreicht eindringlich genug meine Warnung vor obskuren Meistern und Geheimorganisationen und was sonst noch an Scharlatanerie in der okkult-esoterischen Szene zu finden ist. Im Diesseits wie im Jenseits. Denn die Geisterwelt ist nicht verschlossen ...

Anmerkung
»Die Geisterwelt ist nicht verschlossen«

1 Sie wurden zum Teil von dem verdienstvollen Jenseitsforscher Dr. Rudolf Schwarz als »Landmann'sche Jenseitsprotokolle« (jener Pfarrer schrieb unter dem Pseudonym P. H. Landmann) in zwei Büchern veröffentlicht: »Wie die Toten leben« und »Mehr Licht aus dem Jenseits« (Büdingen 1954 und 1956). Aus meiner Sicht stimme ich Dr. Schwarz zu, wenn er schreibt (Wiedergabe etwas gekürzt): »Das Fortleben nach dem Tode kann heute einwandfrei als wissenschaftlich bewiesen gelten. Es wäre daher eine reine Vogel-Strauß-Politik, zu tun, als ob wir nicht wüßten, ob es nach dem Tode überhaupt weitergeht und was dann kommt. Was dann kommt, wissen wir nämlich ... ganz genau: Das Leben geht drüben unverändert weiter. Diese Kontinuität bezieht sich aber nur auf die seelische Ebene. Die Umgebung drüben entspricht unserer seelischen Einstellung. Und nun ist es unsere wichtigste Lebensaufgabe – es gibt keine wichtigere –, dafür zu sorgen, daß unser Leben hier so verläuft, daß es wert ist, drüben fortgesetzt zu werden.«

2 Frankfurt 1988. Die Dame glaubt, verstorbene Berühmtheiten interviewt zu haben, von Pastor Niemöller bis Indira Gandhi, die ihr all das, was sie als richtig erkannt zu haben meint, bestätigen. Ihr sei versichert worden: »Noch nie ist es einem Erdenmenschen gelungen, so weit in das Jenseits vorzustoßen und das zu erfahren, was du weißt«! Mit Tonbandstimmen hatte es bei jener Autorin begonnen, später stellte sich mediales Schreiben ein. Sie ist überzeugt, mit ihrem »Buch ließe sich die Welt aus den Angeln heben«, und ist »gerne bereit, jedem Interessenten Dialoge mit Verstorbenen beizubringen«, was höchstens bis zu fünfzehn Minuten dauert, »damit meine gesamten Niederschriften, des Wahrheitsgehaltes wegen, überprüft werden können«. Die Dame, sicherlich Idealistin, tat mir leid. Mit dem zurückgehenden Buch teilte ich ihr höflich mit, daß sie meiner Meinung nach falsch informiert wird. Auch brachte ich mein Erstaunen zum Ausdruck über die wörtliche Wiedergabe eines längeren Abschnittes aus meinem Buch »Abschied ohne Wiederkehr?« – ohne Quellenangabe. Darauf sandte sie meinen Brief, mit bissigen und beleidigenden Bemerkungen versehen, unfrankiert und mit fingiertem Absender an mich zurück. – Soweit mein Kontakt mit einer »Jenseitsforscherin«.

3 Die Herrschaften der »High-Society«, nicht bloß in den Staaten,

haben scheinbar fast alle ein wenig Schlagseite für den offiziell so verachteten Okkultismus, besonders wenn es um Zukunftsvoraussagen geht. Was Jeane Dixon für Washington, war Madame Buchela für Bonn. Sogar Adenauer, Erhard und Genosse Honecker verschmähten nicht ihre Dienste. Über letzteren heißt es auf Seite 275 ihres Buches »Ich aber sage euch« (Droemer Knaur 1983): »Das Jahr 1990 wird er nicht als Mächtiger erleben.« Für Deutschland prophezeite sie ab 1989 zunehmend chaotische Verhältnisse mit schließlich vier Millionen Arbeitslosen und daß falsche Freunde die Wiedervereinigung hintertreiben würden. »Eure Feinde wollen nicht, daß Deutschland eins wird, das ist ihnen zu mächtig. Es hat Falschheiten im Vergangenen gegeben, die werden vor dem Jahr 2000 nicht aufgedeckt werden. Aber danach werdet Ihr Euch Eurer Freunde schämen.« Ungewohnt hart beurteilte Buchela die Politiker: »Die Politiker sind Lebewesen – ich kann das Wort Menschen nicht gebrauchen (!) –, die ihren Charakter, ihre Persönlichkeit und inneren Werte vergessen müssen, um an der Spitze und im Geschäft zu bleiben. Da macht keiner eine Ausnahme (!), da sind mir Diebe doch lieber« (ebenda, S. 152). Und: »Eine Macht, der Ihr nicht auf die Finger schauen könnt, will Euch um die Früchte Eures Schweißes bringen« (S. 186).

Frau Buchela war Zigeunerin und hieß Margarethe Goussanthier. 1969 gab sie den entscheidenden Tip zur Ergreifung von Mördern, die damals ein Munitionsdepot der Deutschen Bundeswehr überfallen und dabei vier Soldaten getötet hatten. DM 27 200 (40 Prozent) der zur Aufklärung ausgesetzten Belohnung wurden ihr zugesprochen. 87jährig starb sie 1986 in einem Bonner Spital. Nicht alles, schrieb sie, was Menschen mit dem Zweiten Gesicht wahrnehmen und voraussagen, trifft ein. Der Seher schaue lediglich das Vorbestimmte und sage es auch. Aber ein Mensch könne sein vorbestimmtes Schicksal durch Vorsicht und energisches Handeln abmildern. »Kein Schicksal, nichts, was vorherbestimmt scheint, ist unabwendbar« (S. 11). Eine bedeutsame Aussage!

4 Das scheint ein Lieblingstummelplatz luziferischer Kräfte zu sein, siehe Bhagwan-, Scientology- und New-Age-Therapeuten. Um die »Auswüchse des Psychobooms« und die »kritiklose Vermarktung des Psyche« anzuprangern, bot Prof. Fritz Reimer vom Psychiatrischen Landeskrankenhaus Weinsberg ein Wochenendseminar an für Nonverbale Gesprächstherapie (NVGT; in der Zeitschrift »Psychologie heute« vom Oktober 1980). Es meldeten sich 87 Teilneh-

mer! Mit Reizworten wie »dynamisch«, »ganzheitlich« oder »Kommunikationstherapie«, möglichst noch mit Abkürzungen in Klammern, könne man auf dem Psychomarkt »den größten Unsinn an den Mann bringen«.

5 Diese überaus belangreiche Aussage läßt wiederum den Wert des innigen Gebets ermessen. Welch lichtvolle Kraft muß ihm innewohnen, wenn die Linkspfadigen es so fürchten! Auf diese Tatsache ausdrücklich hinzuweisen gehört zu den Hauptanliegen des vorliegenden Buches.

Kabbala und Tarot

Kabbala und Tarot, vielgerühmt in der Esoterik, gelten als zwei Säulen derselben, obwohl sie aufgrund ihrer engen Verflechtung nur eine darstellen.

Das Wort Kabbala, auch Quabalah, soll soviel wie mündliche Überlieferung bedeuten. Ob sie wirklich die älteste Quelle esoterischen Wissens darstellt, muß offenbleiben. Über ihre Herkunft weiß niemand etwas Genaues, und es dürfte auch unwesentlich sein, ob sie indischen, ägyptischen oder chaldäischen Ursprungs ist oder gar bis ins sagenhafte Atlantis reicht. Den alten Hebräern jedenfalls scheint das Verdienst zuzukommen, kabbalistische Lehren gesammelt und überliefert zu haben; die ursprüngliche Fassung ist es ohnehin nicht mehr, und was erhalten blieb, ist oft dunkel und in einer schwerverständlichen Sprache abgefaßt, die unserer heutigen Denkweise fremd ist.

Dennoch wird das Verbliebene von Esoterikern hochgeschätzt. Nach Joachim Winckelmann[1] ist in der Kabbala eine Emanationslehre zu finden wie in Ägypten, »ein Pantheismus wie in China, sie kennt die mystischen Kräfte der Buchstaben und Zahlen und damit auch der Töne, Farben, Planeten, Metalle und so weiter. Sie lehrt psychisch-physisch wirkende Kräfte wie die indischen Yogis und enthüllt die geheimen Kräfte der Pflanzen, Steine und Planeten wie die Astrologen Chaldäas und die Alchemisten Europas.« Alle Schalen und Hüllen der Materie abstreifend, schwärmt Winckelmann, »erhebt sich der kühne Schwung ihrer Betrachtungsweise zu den reinsten Höhen allen Urseins, um von hier aus auf das Dasein abzuleiten«.[2]

Die Kabbala wird in den theoretischen und den praktischen

Teil untergliedert. Schriftlich niedergelegt ist nur der theoretische; ob in vollem Umfang, ist wie gesagt fraglich.

Das Studium der Kabbala umfaßt zwei Richtungen. Die eine heißt »Bereschit«, findet sich im »Buch Jezirah« und bezieht sich auf die Schöpfung und ihre Gesetze. Die andere wird »Merkaba« genannt, hat den »Sohar« zur Grundlage (»Buch des Glanzes«; gilt als esoterische Ergänzung zum biblischen Schöpfungsbericht) und erstreckt sich auf das Wesen Gottes und die Arten seiner Offenbarungen.

Im Sohar – einem erst im Mittelalter schriftlich niedergelegten Werk – gipfelt die kabbalistische Seelen- und Schöpfungslehre in zehn göttlichen Schöpfungsprinzipien, die man »Sephiroth« nennt. Der Kabbala zufolge entwickelt das Unendliche – das Ur – durch Konzentration auf seine eigene geistige Substanz den »himmlischen Urmenschen Adam Kadmon«, dessen es sich bedient, um gleichsam herabsteigend sich zu offenbaren. Die zehn Sephiroth als Urkräfte entsprechen zugleich kosmischen Zahlen, die als personifizierte Logoi die Schöpfungsprinzipien des Universums repräsentieren. Gleichzeitig aber werden sie als stufenweises Hervorgehen alles Unvollkommenen aus der Vollkommenheit gedacht, wobei diese Kräfte in ihrer Gesamtheit formgebend den Adam Kadmon bilden.

Einfacher formuliert, könnte man sagen: Die Urkraft tritt aus ihrer Verborgenheit, wird zur Lebenskraft und offenbart sich in unterschiedlichen Eigenschaften. Oder: Der göttliche Ideenkreis äußert sich in zehn wirkenden Kräften, die allem Geschaffenen zugrunde liegen. Die Quelle z. B., aus welcher unendliches Licht hervorströmt, gilt als erste Manifestation Gottes und ist die oberste Sephirah. Aus ihr gehen kontinuierlich alle übrigen hervor, die ihrerseits in drei Dreiheiten untergliedert werden.

Die jüdische Kabbala beruht auf dem System der 22 hebräischen Buchstaben, die als Ideen und zugleich als Energieaktivierer gelten. Deshalb findet man in magischen Formeln und Zauberdiagrammen überwiegend hebräische Wörter. Jeder Buchstabe entspricht einem hieroglyphischen Zeichen, einer Idee, einer Zahl und einem dynamischen Klangwert, der bei richtiger Handhabung schöpferische Energien auszulösen vermag. Eine bestimmte Buchstabengruppierung soll (nach außen) ganz bestimmte Kraftlinien aktivieren und/oder (nach innen) auf organische Zentren – Chakras – einwirken. Die magisch-mystische Anwendbarkeit von Kabbala und Tarot darf durch praxisorientierte Erfahrungswerte als bewiesen gelten. Praxisbezogen besonders durch das allgemeine Abgleiten von Kabbala, Tarot und Gnosis in die Schwarze Magie, denn geheimes Wissen um die Anwendbarkeit rätselhafter Kräfte verleitet nur zu bald zum Mißbrauch. Daß sich alles Tun schließlich gegen den Urheber richtet, meinen die Betreffenden ignorieren zu dürfen oder wissen es nicht. Jedenfalls wußte man schon im Altertum um derartige Möglichkeiten gezielten Einwirkens aus dem sichtbaren in den unsichtbaren Bereich oder umgekehrt. Uneingeweihten freilich mußte und muß es wie »Zauberei« vorkommen, was an sich lediglich auf der Kenntnis und Anwendung gewisser Naturgesetze beruht.

Im Hebräischen besitzt jedes Zeichen, ob Buchstabe, Zahl oder Wort, mehrere Deutungsmöglichkeiten. Ersetzt man die Buchstaben eines Wortes oder Namens durch bestimmte Zahlen, so soll die daraus errechnete Grundzahl eine schicksalhafte oder wesensbezogene Namensdeutung ermöglichen. Daraus entstanden schließlich allerlei belanglose Zahlenspielereien und abergläubische Praktiken, zumal die Sache einen beträchtlichen Haken hat: Es herrscht keine Einheitlichkeit in der Zuordnung der Zahlen zu den einzelnen Buchstaben. Ähnlich wie in der Astrologie schwört jeder auf sein System. Da jedoch die Alphabete sprachlich bedingt sehr unterschiedlich sind und man sie weder mit den alten hebräischen noch mit den griechischen Buchstaben und Zahlen in Übereinstimmung bringen kann, ist es eigentlich müßig, sich – ganz gleich, ob Kabbala oder Numerologie – näher damit zu beschäftigen. Kahir erstellte eine Vergleichstabelle anhand der Buchstabensysteme von fünf ernstzunehmenden Autoren und schreibt: »Wo bleibt hier die Einheit und Einheitlichkeit, die man mit Recht von Dingen des Geistes erwarten darf? Wo bleibt auch eine sinnvolle Erklärung, warum gerade diese oder jene Zuteilung der Laute zu dieser oder jener inneren Kategorie erfolgte? Jede dieser Lehren und Lehrer hat ihren Kreis von Anhängern, der auf sie als die einzig richtige Wahrheit schwört. Und doch ist Gott allein die Wahrheit und der Kreis, dessen Zentrum überall und dessen begrenzender Umfang nirgends ist ...«

Kahir bemerkt, daß man heute nur aus relativ späten Überlieferungen schöpfen kann, die im Laufe der Jahrtausende ebenso Abweichungen erlitten, wie es bei den Nachfolgesprachen gegenüber den ursprachlichen Elementen der Fall gewesen sei. Kahir belegt dies anhand von Buchstabentabellen in ihrer lautmäßigen Entsprechung zu den Elementen und den Tierkreiszeichen: von Übereinstimmung keine Spur! Auch Jakob Lorber zufolge taugt das, was von der ursprünglichen Kabbala auf uns überkommen ist, nicht mehr viel. Deshalb hielt auch Kahir nur wenig von modernen Lehrbüchern auf diesem Gebiet. Er hielt es für praktisch sinnlos, mit den Buchstaben einer jetzt lebenden Sprache kabbalistische Berechnungen zu machen und Zahlenmagie betreiben zu wollen, »ohne die heutigen Vokale und Konsonanten in wahre Beziehung zu den alten magischen Alphabetreihen zu bringen«. Zwar sei es recht unterhaltsam, z. B. das Wesen eines Menschen aus seinem Namen kabbalistisch zu deuten, aber auf welcher Zahl seine Wesenheit tatsächlich, d. h. von Ewigkeit her, beruht, könne nur aus der Kenntnis seines wahren inneren Namens ergründet werden; jenes Namens, welcher – wie die Bibel sagt – »im Buche des Lebens verzeichnet« ist. Den aber kennen wir nicht.

Dennoch ist unser derzeitiger Name bedeutsam, nicht nur weil er unsere Person kennzeichnet. Ein telepathischer Kontakt z. B. ist zwar möglich auch ohne Namenskenntnis, geschieht aber mit größerer, ja absoluter »Zielsicherheit«, wenn man den Namen weiß. Das mag auch der Grund oder einer der Gründe sein, warum Jenseitige meist nur einen simplen Vornamen oder gar keinen angeben. Man will offenbar vermeiden, einem ständigen »Gedankenbeschuß« ausgesetzt zu sein, einem zu häufigen Angepeiltwerden, ähnlich wie es uns ja auch zuviel wird, wenn dauernd das Telefon läutet. Für Hellseher und Pendler genügt oft nur der Name einer Person, um über dieselbe verblüffend genaue Angaben machen zu können. Bei Unkenntnis des Namens reicht meistens etwas Handschriftliches, ein Foto oder ein von der betreffenden Person häufig benutzter Gegenstand, um zu ebensolchen Informationen zu gelangen (in der Parapsychologie »Psychometrie« genannt).

Schon im Altertum war man von der Einflußnahme auf Götter, Geister und Dämonen überzeugt, wenn man ihre Namen wußte. Im magischen Denken hat derjenige Macht über ein Wesen, der dessen Namen kennt oder Bildnis besitzt. Unser Märchen vom Rumpelstilzchen deutet in diese Richtung.

Mit dieser im alten Orient verbreiteten Vorstellung hing auch die jüdische Scheu vor dem Aussprechen des Gottesnamens zusammen (unser Gott nach christlicher Auffassung braucht allerdings keinen Namen, denn er kann mit niemandem verwechselt werden). Viele damalige Volksstämme hielten den Namen ihres Gottes geheim, weil bei Kenntnis desselben auch ein Feind seine Hilfe hätte anrufen können. Die Macht des Zauberers und Geisterbeschwörers beruht – neben seinem Vertrautsein mit magischen Praktiken – vor allem darauf, daß er die wahren Namen der Götter und Dämonen kennt und sie sich dadurch dienstbar machen kann. Deshalb sei an dieser Stelle auch eindringlich gewarnt vor einem magischen Arbeiten mit den 72 Genien oder »Gottesnamen« der Kabbala. Mit Gott nach christlicher Vorstellung haben diese Namen absolut nichts zu tun. Es können vielmehr, wie ein Praktiker ehrlich bekannte, Naturkräfte ausgelöst werden, die blindlings zerstörend wirken, »wenn man nicht die Macht besitzt, dieselben zu beherrschen und zu lenken«.

Hier dürfte auch der Grund zu der bei uns ehedem gebräuchlichen Gepflogenheit zu suchen sein, die Worte Teufel oder Satan zu meiden und statt dessen vom »Leibhaftigen« zu sprechen oder vom »Gottseibeiuns«. Den Tod pflegte man »Freund Hein« zu nennen. Die Annahme eines neues Namens, z. B. bei Päpsten oder beim Eintritt in einen Orden, bedeutet symbolisch den Beginn eines Lebens als anderer Mensch.

Nun kurz zum Tarot: In seiner gewissermaßen klassischen Form stellt er eine Art besonderen Kartenspiels dar mit 78 Blättern. Davon werden 22 die »Großen Arkana«[3] genannt. Die restlichen 56 Karten sind die »Kleinen Arkana« und bestehen aus vier Gruppen. Esoterischerseits betrachtet man den Tarot als unausschöpfliche Weisheitsquelle, als ein System der Einweihung, als den durch leichtfaßliche Symbole zum Ausdruck gebrachten Extrakt der Kabbala. Hierbei soll die Symbolik der 22 Großen Arkana in ihren tiefgründigen Aussagewerten bis heute nicht vollständig erfaßt worden sein. Deshalb lassen manche die 56 Kleinen Arkana beiseite und halten sie für überflüssig.

Nach Kahir umfassen die Großen Arkana des Tarot die Lehren des Buches »Thoth«, der »Urbibel Altägyptens«. Bildhaft dargestellt, befanden sie sich angeblich in Form von 22 allegorischen Wandgemälden im Einweihungstempel zu

Memphis.[4] Späterhin habe die jüdische Kabbala sich dieser Symbole bemächtigt und sie mit der Geheimbedeutung der altägyptisch-hebräischen Buchstaben verknüpft. Das Buch Thoth als solches soll dem Altertum als Vermächtnis des Hermes Trismegistos gegolten haben, des dreifach größten Hermes, was ein Name des ägyptischen Gottes Thoth war. In Hermes Trismegistos eine historische Persönlichkeit zu vermuten wäre jedoch – nach Kahir – genauso unangebracht, wie Abraham für den Verfasser des Buches Jezirah zu halten, nur weil die Legende so lautet.

Wie dem auch sein mag, die ältesten noch vorhandenen Tarotkarten befinden sich in der Pariser Nationalbibliothek und stammen aus dem Jahre 1392. Da in jenem Jahrhundert die von Nordindien herkommenden Zigeuner erstmals in Europa auftauchten, vermutete man, sie hätten den Tarot mitgebracht. Dies ist aber sehr unwahrscheinlich, weil jene Pariser Karten bereits ein katholisches Gepräge tragen: Papst, Päpstin, Teufel, Jüngstes Gericht. Ursprünglich war von keinem Papst oder einer »Päpstin« die Rede, sondern von Osiris, dem Magier und höchsten ägyptischen Gott, und von Isis, der Hohenpriesterin und Mondgöttin. Paracelsus, der auf seinen weiten Reisen oft unter Zigeunern lebte und mancherlei magische Künste von ihnen lernte, erwähnt in seinen Schriften nirgends den Tarot.

Über die ursprüngliche Herkunft des Tarot wissen wir also nichts absolut Sicheres. Kahir zufolge hat die Annahme des ägyptischen Ursprungs einiges für sich, weil Moses in die altägyptischen Mysterien eingeweiht gewesen sein soll. Durch ihn »haben auch die Juden die Hauptzeichen jener Ur-Hieroglyphen als die 22 Buchstaben ihres Alphabets übernommen und samt ihren Zahlenwerten bis auf die heutige Zeit erhalten. Nur ging ihnen der innere Sinn dieser seltsamen Zeichen verloren, der jedoch in der Mystik der Kabbala erhalten blieb und auch die Grundlage aller Lehren

247

der späteren hermetischen Bruderschaften bildete.« Den letzteren sei es zu verdanken, daß die Bildsymbolik der ägyptischen Urreligion im 14. Jahrhundert in Europa in Form des Tarotkartenspiels – in volkstümlicher Form »Tarock« genannt – wiederauflebte. Das Zigeunervolk benutzte dann diese Karten als Mittel zur Wahrsagekunst.

Kahir sagt weiter: »Jeder Tarotbuchstabe ist der Ausdruck einer geistigen Schöpfungsidee. Daher ist die Weisheit des Tarot ein Instrument der Erkenntnis, nicht aber ein profanes Mittel zur Schicksalsdeutung und Wahrsagerei, zu der sie von Unberufenen und pseudokabbalistischen Jongleuren so gerne herabgewürdigt wird.«

Damit gilt für den Tarot dasselbe wie für die Kabbala: Beim Arbeiten mit beiden Systemen kommt es darauf an, was man damit bezweckt und ob man die Gabe der Intuition besitzt oder ob man bloß ein esoterischer Technokrat ist. Intuition ist bekanntlich das Erlangen von Erkenntnissen durch unmittelbares, bisweilen bildhaftes Erkennen statt aufgrund rational-analytischer Verstandesmethoden, die uns über das Wesen der Dinge nichts zu sagen vermögen.

Sinnvoll ist ein Befassen mit Kabbala und Tarot nur dann, wenn dies im Endeffekt zur vielgepriesenen Bewußtseinserweiterung führt, d. h. zu einer besseren Wertschätzung des Schöpfers, der Schöpfung und des Lebens überhaupt. Anders dürfte eine wirkliche Lebenshilfe aus der Beschäftigung mit solchen Dingen auch schwerlich zu erwarten sein.

Nach W. von Uexküll[5] werden im Tarot drei Einweihungen unterschieden: der Osiris-Weg (Arkana 1, 4, 7, 10, 13, 16 und 19); der Isis-Weg (2, 5, 8, 11, 14, 17 und 20) sowie der Horus-Weg (3, 6, 9, 12, 15, 18 und 21). Horus ist der von Isis und Osiris gezeugte Göttersohn. Übrig bleibt dann bloß der Narr, die 22. Karte ohne Nummer, d. h. derjenige Mensch, der sein Erdenleben nicht nutzte, um Erkenntnis zu erlangen, ja solches überhaupt nie versucht hat. Und diese

Aussage scheint mir mit die wichtigste zu sein, weil sie nur zu wahr ist!

Freilich sind zur Lebensmeisterung im Sinne unserer spirituellen Bestimmung keinerlei Kenntnisse genannter Art erforderlich; die von Nahtod-Erlebnissen vielfach berichtete und mit einer ethischen Beurteilung verbundene Lebensrückschau im Sinne einer Bilanz gipfelt in wesentlich anderen Anforderungen als in der, ob man mit Kabbala und Tarot vertraut war.

Anmerkungen
»Kabbala und Tarot«

1 Joachim Winckelmann, »ABC der Geheimwissenschaften«, Berlin 1956.

2 Ein unter dem Pseudonym -i- schreibender Kenner spricht von sieben Schlüsseln zur Kabbala und betont, es sei ein den Okkultisten geläufiger Satz, daß magische Werte ihre Geheimnisse mit sieben Schlössern verschließen. Zu jedem derselben sei ein eigener Schlüssel erforderlich, »den man siebenmal im Schloß umdrehen muß, bevor es aufspringt«.

»Odi profanum volgus et arceo« soll ein Grundsatz der Eingeweihten gewesen sein: *odi* = Ich beehre mit dem ganzen Hasse (!) meiner Verachtung; *volgus* = die unterschiedlose Masse der Nichteingeweihten; *pro fano* = vor dem Heiligtum, im Vorhof des Tempels des Wissens und der Weisheit; *et arceo* = und wehre ihrer frevlen Gier nach Wissen, das für sie nur ein Mittel zur Befriedigung ihrer niedersten Selbstsucht bedeutet. Der Autor fährt fort: »Das beste Mittel, diese Menge abzuwehren, war immer, ihr die heiligen Bücher der Weisheit in der harmlosesten Form als Märchen, Geschichten und als Geschichte zu geben, hinter denen sie nichts weiter vermutete. Was da nun weiter hineingeheimnißt wurde, wieviel und wie, war nur für die Eingeweihten kein Geheimnis. Selbst da wurde aber strenge geschieden und dem Schüler und Jünger nur langsam, Teil um Teil, geoffenbart, *nie das Ganze!* – Jedes Geheimnis ist von mehreren Schleiern bedeckt. Ist der erste gehoben, so läßt sich der zweite durchaus nicht auf dieselbe Art lüften. Der bereits gefundene Weg wird, von da an beschritten, zum *Irrpfad.*« Unter Berufung auf Papus bemerkt Franz Buchmann-Naga in seinem »Schlüssel zu den 72 Gottesnamen der Kabbala«, daß man für die Kabbala mindestens fünfzig bis sechzig Jahre fleißigen Studierens benötige, ehe man Hoffnung haben könne, tiefer einzudringen. Nach Papus sind zehn Jahre intensiver Studien und der Einsamkeit (!) erforderlich, um hinreichende Voraussetzungen zum weiteren erfolgreichen Kabbala-Studium zu schaffen! Ein Kabbalist solle »ohne jede Vorbereitung ein beliebiges Werk der rabbinistischen Literatur lesen können und dabei imstande sein, in derselben Sprache der jüdischen Mystik eine Erklärung der gelesenen Stelle zu geben, d. h., sie durch Texte zu stützen, die von einer Autorität gerade auf diesem Gebiete herrühren, und überdies eigene Erläuterungen aufgrund eigener Erwägung und Forschung zu geben. Bei dem dazu erforderlichen Studium würde der Jünger neunzig Jahre alt (!), da ein Leben gerade noch genügen würde, um eine solche Vollendung zu erlangen. – *Und der Lehrer? – Wo würde man ihn suchen müssen?*« Eben! – Diese wenig ermutigenden, aber vermutlich wahren Aussagen sind in ihrer Art wohl deutlich genug. Öffentlich erhältliche Kabbala-Lehrbücher scheinen demnach bloß Stückwerk zu bieten (ZfO 1918/19, 25 und 296) In Safed, einer der vier heiligen Städte Israels (Jerusalem = Erde, Tiberia = Wasser, Hebron = Feuer, Safed = Luft), befindet sich ein Institut zum Studium der Kabbala und der jüdischen Mystik. Hier erklärte Rabbi Noah Hefez unter anderem: »Israel ist das Haupt der Welt. Safed ist das Herz der ganzen Welt, und deshalb muß jedermann die Juden lieben. Wenn die Menschen die Thora, die Bibel, lieben, wenn sie erkennen, was Safed ihnen durch die Kabbala geben kann; wenn sie Israel helfen, dann finden sie zum Leben« (in der Fernsehdokumentation von Kaplan August Paterno und Regisseur Peter Zurek: »Die Stadt auf dem Berg. Kabbala – Jüdische Mystik in Safed«, am 2. 7. 1990 im Kanal Österreich 2). – Jüdische Kabbalisten und Mystiker erwarten den Messias in Safed.

3 Das lateinische Wort *arcanum* (Plural *arcana*) bedeutete ursprünglich »etwas in einer Kiste oder Truhe Verborgenes«, wird inzwischen aber generell im Sinne von Geheimnis oder Rätsel verwendet (vgl. Nevill Drury, »Lexikon esoterischen Wissens«, München 1988 [Knaur-Tb 4160], S. 45).

4 Das Wort »angeblich« stellte sich nachträglich als richtig heraus, als ich den Beitrag »Parapsychologie und Esoterik« von Prof. Dr.

Gebhard Frei las (in »Neue Wissenschaft«, 6. Jahrg. 1956, 43). Auf dessen Anfrage erwiderte Dr. Herbert Ricke vom »Schweizerischen Institut für ägyptische Bauforschung und Altertumskunde« in Kairo: »Es gibt in Memphis keinen ›Einweihungstempel‹, und es ist nichts von einem Bilderzyklus wissenschaftlich bekannt. Der große Ptah-Tempel ist so sehr zerstört, daß sich daraus keine Möglichkeit ergeben kann, 22 Bilder zu rekonstruieren.« Alles über Memphis Gefundene sei dargestellt in Porter, »Topographical Bibliographie etc.«, Vol. VIII, Memphis, S. 217 ff. – Andeutungen oder gar Behauptungen betreffs jenes Einweihungstempels im Zusammenhang mit Tarotbildern (wie z. B. von Eliphas Levi, Paul Brunton oder Woldemar von Uexkuell) sind daher ins Reich der Spekulationen zu verweisen, wie leider so vieles in der Esoterik; oder muß da wieder die Akasha-Chronik herhalten?

5 W. von Uexkuell, »Eine Einweihung im alten Ägypten. Auf der Grundlage des Buches Thoth«, München 1922.

Magie

Hier betreten wir ein ebenso außergewöhnliches wie unheimliches Lebens- und Wissensgebiet, das gewiß so alt ist wie die Menschheit selbst. Bei der Magie als einem Grundpfeiler der Esoterik wollen wir etwas länger verweilen, zumal sie als vielgestaltige Volksmagie ehedem allen Gesellschaftsschichten mehr oder minder vertraut war. Bei Völkern der Dritten Welt ist magisches Denken noch heute vielfach vorherrschend, während uns kaum noch zum Bewußtsein kommt, daß auch alle Religionen sowie religiösen oder pseudoreligiösen Kulte auf mystisch-magischen Weltbildern fußen. Kurt Aram meint in seinem Buch »Magie und Zauberei«, solange es eine Menschheit gibt, habe sie noch nie mehr als vier Weltbilder hervorgebracht: das magische, das mystische, das mechanische und als viertes eine Synthese dieser drei. Naturvölker bevorzugen das magische Weltbild, religiös orientierte Menschen das mystische und Rationalisten das mechanische. Bei Naturvölkern, die Aram »Natursichtige« nennt, herrscht die Beschwörung vor, bei den Religiösen die Versenkung in Form von Gebet und Meditation, bei Rationalisten die Beobachtung.[1]

In seinem Buch »Die Logurgie in den Philippinen« definiert Dr. Hans Naegeli-Osjord die Magie als »das Bemühen, durch geistige Zielvorstellungen die Materie und besonders das biologische Leben bei Pflanzen, Tieren oder dem Menschen ... zu ›be-wirken‹, sie also körperlich und geistig-seelisch zu beeinflussen und zu verändern«. Der menschliche Geist müsse demnach über Energieformen verfügen, die physikalisch und chemisch noch ungenügend erfaßt werden konnten. Durch parapsychologische Experimente sei genügend erwiesen, daß psychische Kräfte sich aktivieren »und speziell über die intensive Vorstellungskraft Energiewirkungen feststellen lassen«. Bei der heilmagnetopathischen Behandlung von Tieren oder Pflanzen beispielsweise werden augenscheinliche Wirkungen erreicht. Da in solchen Fällen von Suggestion oder Erwartungshaltung nicht gesprochen werden kann, muß etwas vorhanden sein, eine wirkende Energieform, die der Wissenschaft noch unbekannt ist. Wir Parapsychologen sprechen von Od, Fluidum, Bioenergie. Neben Mana, Prana Orenda u. ä. sind diese Bezeichnungen auch in der Magie gebräuchlich. Sie gelten als Teilaspekte einer hintergründigen Wirklichkeit, als eine Art »Welt-Innenraum«, als andere Realität, die teilweise der Raum- und Zeitbarriere nicht mehr unterworfen ist. So wissen wir von der Telepathie her, daß räumliche Entfernungen keine Rolle spielen, und beim Hellsehen in Zukunft oder Vergangenheit entfällt die Zeitkausalität.

Menschen, Tiere, Pflanzen sind Odträger. Und auch hier gilt der Erfahrungssatz »Pars pro toto«, der Teil steht für das Ganze, er enthält das Ganze. Über den Teil ist das Ganze erreichbar und rekonstruierbar, weil beide vom psychischen Weltinnenraum umfaßt werden. Dabei kann der Intensitätsgrad psychischer Kräfte sehr verschieden sein, so daß manche Gegenstände oder Örtlichkeiten als besonders od- oder manageladen, ja geradezu als Energieakkumulatoren gelten können. Solch ein Gegenstand oder Platz ist dann »tabu« bzw. heilig. Naht sich ihm jemand ehrfurchtslos oder ohne magische Schutzmaßnahmen, so kann eine Entladung der aufgespeicherten Energie höchst unerquickliche Folgen haben.

Wenn bei der Magie nach systematischer Unterscheidung gefragt wird, so werden gewöhnlich drei Arten genannt: Naturmagie (*magia naturalis*), Weiße, angeblich göttliche Magie (Theurgie) und Schwarze, satanische Magie (Goëtie).[2]

Jede dieser Arten wird unterteilt in eine schauende und eine wirkende Magie. Dabei erfährt die schauende eine weitere Untergliederung in eine äußerlich und eine innerlich schauende. Bei der äußerlich schauenden Naturmagie handelt es sich um Naturbeobachtung und ihre Ausdeutung, z. B. der Vogelschrei (man denke an den Kauz als angeblichen Todesverkünder), Signaturen[3] von Mineralien und Pflanzen (die herzförmigen Blätter der Melisse etwa zeigen ihre Verwendbarkeit bei Herzkrankheiten an), ferner Himmelsbeobachtung (Wolkenzug, Sternschnuppen, Kometen, Astrologie) und anderes mehr.

Zur innerlich schauenden Naturmagie gehören (aus rosenkreuzerischer, nicht aus parapsychologischer Sicht) der Umgang mit Pendel oder Wünschelrute, Kristallsehen, Kartenlegen, Spiegelmagie etc., und in erweitertem Sinne auch die verschiedenen psychischen Ausnahmezustände wie Hypnose, Trance oder Somnambulismus.

Zur wirkenden Naturmagie zählt beispielsweise die *Sympathieheilkunde*, zu der u. a. die magische Übertragung von Krankheiten auf Tiere oder Bäume gehört,[4] ferner gewisse Zeremonien, Räucherungen, Amulett- und Analogiezauber, Opferungen und dergleichen mehr – einschließlich der Anrufung von Naturgeistern, um sich ihre Kräfte nutzbar zu machen. Naturgeister mögen für den »Aufgeklärten« bloß Phantasiegestalten aus Märchen sein, der Esoteriker jedoch weiß, daß es sich um hierarchisch geordnete Seelenwesen handelt, denen im Naturgeschehen wichtige Aufgaben obliegen. Magier können mit ihrer Hilfe Erstaunliches fertigbringen. Das Geheimnis der »Wettermacher« würde aus dieser Sicht verständlich. Freilich kann es flugs passieren, daß man vom Beherrscher solcher Wesenheiten zu ihrem Opfer wird. Dem gottverbundenen Menschen hingegen, der – auf magische Praktiken verzichtend – gütigen Herzens auf alles und jeden seine Liebe ausströmt, dienen sie gegebenenfalls freiwillig. Auch hat ein solcher nicht nötig, Tag und Nacht auf die peinlich genaue Einhaltung sämtlicher rituellen Bedingnisse zu achten, um nur ja keinen Fehler zu begehen, der verhängnisvoll werden könnte!

Betrachten wir nun die sogenannte *Weiße Magie*. An sich gibt es nur eine Magie, aber man spricht von Weißen oder Schwarzen Magiern. Jeder ordnet sich durch seine Gesinnung und den Zweck, den er verfolgt, selber in die entsprechende Kategorie ein. Gut oder böse werden die Dinge ja erst durch den Menschen, der aufgrund freier Willensentscheidung und überlegten Handelns einem Gott gleichkommt. Bei der Magie ist es ähnlich wie mit dem Geld, von dem der Volksmund sagt: »Das Geld ist weder bös noch gut, es liegt an dem, der's brauchen tut!« Dennoch sollte man hier etwas differenzieren, denn jene Wesenheiten, mit denen ein Schwarzmagier zu arbeiten pflegt, sind nur selten harmlos oder neutral. Seinem Zwange beugen sie sich meist nur widerwillig und brechen aus, sobald sich eine Möglichkeit hierzu bietet.

Die wirkende Weiße Magie hingegen verzichtet weitgehend auf den Einsatz solch gefährlicher Kräfte. Der Weiße Magier fordert und zwingt nicht, sondern unterstellt all sein Tun und Wollen einem höheren Aspekt gemäß dem Wort: »Nicht mein, sondern dein Wille geschehe!« – Jedes magisch bewirkte Ereignis, auch eine Heilung, welches besagter Voraussetzung entbehrt, kann – wie Dr. Fritz Quade in seiner »Naturordnung«[5] ganz richtig bemerkt – dämonischen Kräften Angriffsflächen bieten. Und wenn es »im Willen Gottes« liegt, d. h., wenn es dem Karma und der Bestimmung, dem Entwicklungsziel jenes Menschen, für den weißmagisch gearbeitet oder gebetet wird, entspricht, so wird ein magisch bewirkter Erfolg gesegnet sein, und im Falle des Betens wird eine »Gebetserhörung« erfolgen. Dem gottvertrauenden und innigen Gebet sollte überhaupt der Vorzug gegenüber magischen Praktiken eingeräumt werden. Dann haben jene lichten Helfer, die als Gottesboten dem Hilfsbedürftigen zur Seite stehen, zusätzlich noch unsere Gedankenenergie zur Verfügung, mit der sie arbeiten können. Freilich sollte man neben Bitte und Fürbitte auch den Dank nie vergessen.

Weiße Magie beginnt gedanklich schon damit, daß man einander Gutes wünscht, und gipfelt im selbstlosen Dienst am anderen. Fühlt man sich darüber hinaus zur Ausübung Weißer Magie berufen, so begibt man sich trotz allen guten Wollens auf gefährliches Terrain. Ein echter Weißmagier wird deshalb in stiller Demut bemüht sein, Liebe und Eintracht in seinem Einflußbereich zu fördern. Auch wird er niemals Reklame für sich machen oder dulden. Vor magisch bewirkten Partnerzusammenführungen wird er zurückschrecken, weil er ja nicht wissen kann, ob die betreffende Verbindung für das Schicksal der Beteiligten wünschenswert und ihrem spirituellen Lebensziel dienlich ist. Anders mag es sein, wenn es um die Rettung einer gefährdeten Ehegemeinschaft geht, besonders wenn unmündige Kinder da sind. Aber auch da wird er größte Vorsicht walten lassen, denn jede, auch eine gutgemeinte, magisch herbeigeführte Partnerschaft erfolgt ja unter einem gewissen Zwang.

Wer sich jedoch als Magier anbietet, der steht entweder bewußt im Dienst des negativen Prinzips, oder er hat von den das All regierenden Gesetzen physischer, seelischer und geistiger Art, die auf allen drei Ebenen aus dem Chaos zum Kosmos führen, aus der Unordnung zur Harmonie, wenig oder gar keine Ahnung. Nach ebendiesen Gesetzen aber wird jeder Frevler sein verdientes Schicksal zu erleiden haben ...

Die Naturgesetze, auch die seelisch-geistigen, lassen sich wohl eine Zeitlang überlisten und manipulieren, aber nicht auf Dauer außer Kraft setzen. Zu beneiden ist sowieso keiner von diesen Leuten, mag es ihnen derzeit auch recht wohl ergehen. Mit dem letzten Hemd, das bekanntlich keine Taschen besitzt, hört auch jede magische Betätigung auf. Dann gibt es nur noch das passive Erleiden und Erdulden selbstverschuldeter Folgen. Und das muß nach all dem, was wir »von drüben« wissen, grauenhaft sein! Mit den Worten »Wer das Schwert nimmt, wird durch das Schwert umkommen« (Matth. 26,52) könnte auch jenes Gesetz gemeint sein, wonach jede Gewalt sich gegen den kehrt, der sie angewendet hat!

Bevor wir uns einigen Formen der Grauen bis Schwarzen Magie zuwenden, sollen hier, gewissermaßen zur Auflockerung, ein paar beispielhafte Begebenheiten folgen. Die erste aus der weißmagischen, die weiteren aus der Gebetspraxis.

Ein deutscher Urlauber auf Sizilien ließ sich allmorgendlich von einem jungen Mann namens Beppo aufs Meer hinausfahren. Beppo war ein sympathischer, arbeitsamer Geselle, und bald schon kannte der Deutsche alle Herzensgeheimnisse von ihm. Beppo liebte ein Mädchen heiß und innig. Sie hieß Marietta und liebte Beppo genausosehr, aber infolge einer alten Streitigkeit waren beider Familien verfeindet und die Liebe der beiden somit aussichtslos. Als es nun gar zwischen Beppo und dem Bruder Mariettas zu einem heftigen Streit kam, da flammte der alte Zwist von neuem auf ...

Dem Deutschen tat der Junge leid, und weil gerade ein alter Freund zu Besuch kam, mit dem zusammen er oft magisch experimentiert hatte, beschlossen sie, dem Liebespaar zu helfen.

In diesem Fall haben wir es mit der sogenannten talismanischen Magie zu tun. Es galt, die verfeindeten Familien zu versöhnen und damit die Voraussetzung zu einer eventuellen Heirat Beppos und Mariettas zu schaffen. Das schien unseren beiden Magiern eine gute und somit vertretbare Sache zu sein. Sie besprachen das Für und Wider ihres Planes und vergewisserten sich anhand der Astrologie, ob ihr Vorhaben vertretbar und aussichtsreich erschien.

Einzelheiten der reichlich komplizierten Prozeduren übergehend, sei hier lediglich erwähnt, daß überwiegend zur Venusstunde gearbeitet wurde, sich beide Akteure in all jenen Tagen vegetarisch ernährten und Räucherungen sowie bestimmte Symbole eine wesentliche Rolle spielten. So entstand ein Talisman, den sie in blaue Seide einnähten.

Dieses Amulett bekam Beppo mit der Weisung, es – ohne mit jemandem darüber zu sprechen – bei all seinen Familienangehörigen für eine Nacht im Bett zu verstecken. Dann sollte er es zurückbringen.

Beppo tat wie geheißen, und es überraschte die beiden Magier keineswegs, als der Sizilianer ihnen erzählte, seine Mutter habe – während der Talisman in ihrem Bett war – von einer Wallfahrt zusammen mit Mariettas Mutter geträumt.

Mit dem gleichen Auftrag gab man nun Marietta das Amulett, und auch sie berichtete danach Absonderliches. So habe ihr Bruder davon gesprochen, daß Beppo eigentlich gar nicht schuld gewesen sei an dem Streit, denn er habe Beppo gereizt. Einige Tage später erwischte Mariettas Vater sein Töchterlein bei einer Plauderei mit Beppo. Sonst pflegte ihn das zu einer lautstarken Schimpferei zu veranlassen, aber diesmal murrte er unerklärlicherweise nicht.

Nun, das war noch keine Versöhnung, aber wie diese dann zustande kam, war höchst merkwürdig und überraschend. Beppos Mutter, eine robuste, gesunde Frau, war einkaufen gegangen. Ihr Weg führte sie am Haus der Familie Mariettas vorbei. Und genau an dieser Stelle wurde die kräftige Frau plötzlich ohnmächtig! Welch ein »Zufall«! Ebenfalls »zufällig« beobachtete das der Vater Mariettas, eilte der Frau zu Hilfe und veranlaßte, daß sie ins Haus getragen wurde. Als Beppos Mutter bald darauf wieder zu sich kam, staunte sie nicht schlecht, bedankte sich herzlich für die Hilfeleistung und machte sich auf den Heimweg. Weil sie sich noch etwas schwach fühlte, gab man ihr Marietta zur Begleitung mit. Beppo glaubte zu träumen, als er die beiden ankommen sah! Er nutzte die Gelegenheit zu einem ausgiebigen Plausch mit seiner Liebsten. Und dann begleitete er Marietta nach Hause, um ihren Angehörigen den Dank seiner Familie auszusprechen – und er wurde freundlichst aufgenommen! So kam es, daß die Familien sich beim sonntäglichen Kirchgang wieder grüßten und miteinander sprachen. – Bleibt nur noch zu berichten, daß Marietta und Beppo ein glückliches Paar wurden ...

Zu Frau Resi Passmoser, einer in den fünfziger Jahren bekannten Sensitiven, kam eine Frau und bat in folgender Angelegenheit um Rat: Die verheiratete Frau hatte eine Freundin, von Beruf Kellnerin, die vor vier Monaten zugereist war mit der Bitte, sie für ein paar Tage aufzunehmen, bis sie eine neue Stellung, um die sie sich beworben hatte, bekommen und damit auch eine Unterkunft habe.
Das Ehepaar nahm die Frau selbstverständlich auf. Sie bekam aber die erhoffte Stelle nicht, und so blieb sie weiterhin bei ihren Gastgebern. Woche um Woche verging, ohne daß sie Anstalten machte, wieder abzureisen; und schließlich bemerkte die Gastgeberin, daß ihre Freundin intime Beziehungen zu ihrem Mann aufgenommen hatte. Außerdem nahm sie ihr nach und nach den gesamten Haushalt aus den Händen, und zuletzt gab der Mann das Haushaltsgeld nicht mehr ihr, sondern jener Freundin.
Von da an konnte die Frau nichts mehr recht machen, und eines Tages wurde ihr ziemlich unverblümt nahegelegt, sich eine Wohnung zu suchen. So klagte sie Frau Passmoser ihr Leid und sagte: »Ich halte diese Zustände nicht mehr aus! Was soll ich tun? Soll ich bleiben oder gehn? Ich weiß keinen Rat mehr.«

Frau Passmoser kannte die Frau und wußte, daß sie von gutem Charakter und sehr gottgläubig war. Sie sprach: »Ich weiß, daß Sie ein großes Gottvertrauen haben, und nun tun Sie folgendes: Sie bitten ab heute, und zwar neun Tage hindurch täglich, die Schutzengel von Ihnen, Ihrem Manne und der Freundin, sie möchten doch zusammen beraten, was sich in diesem Falle machen läßt. Denn die Schutzengel wissen ganz genau, was vor sich geht und was zu tun ist. Sprechen Sie mit ihnen, und bitten Sie vertrauensvoll, im Namen der höchsten göttlichen Führung, daß Ihnen geholfen und im Hause die natürliche Ordnung wiederhergestellt wird. Dann segnen Sie Ihren Mann, Ihre Freundin und Ihr Heim mit dem Kreuzeszeichen, was sehr wichtig ist, denn das Kreuzeszeichen hat eine große Wirkung, es hält alles Ungute ab und strömt eine besonders starke Kraft aus. Hernach beten Sie andächtig und konzentriert einige Vaterunser. Wenn Sie das getan haben, so dürfen Sie aber an die ganze Sache nicht mehr denken, dürfen auch weiter nichts unternehmen, sondern lediglich – ohne alle Sorge und Angst, das ist wichtig – fest daran glauben, daß Ihnen geholfen wird!«

Resi Passmoser empfahl der Frau außerdem für den Fall, daß sie irgendwie Unruhe in sich verspürt oder Zweifel aufkommen wollen, stets die Worte »Christus in mir« zu sprechen, denn die Christus-Kraft sei in jedem Menschen guten Willens vorhanden und alle Schutzengel stünden in seinem Dienst. Zusätzlich gab sie der Frau das Versprechen, sich ebenfalls im Gebet einsetzen zu wollen, auf ihre Art.

Beruhigt und getröstet, ging die Frau weg, nachdem sie versichert hatte, alles genau so zu tun, wie es ihr geraten worden war.

Nach elf Tagen kam sie freudestrahlend wieder und rief, kaum daß ihr die Tür geöffnet worden war: »Sie ist fort!« Und nun erzählte sie, daß jene Freundin, am neunten Tag abends, in Gegenwart des Mannes plötzlich erklärt habe:

»Morgen reise ich ab! Ich will nicht mehr dableiben. Ich halte es hier einfach nicht mehr länger aus!«

Den Mann hob es fast vom Stuhl, und er fragte bestürzt, warum es ihr denn auf einmal nicht mehr gefalle? Während sich die Ehefrau bei dem nun folgenden Gespräch klugerweise absolut passiv verhielt, erklärte die Freundin resolut, daß ihr niemand etwas zuleide getan habe, aber sie wolle einfach nicht mehr dableiben, weil es ihr langweilig geworden sei. Am folgenden Morgen reise sie früh ab!

Und so geschah es denn auch. Die Ehefrau erzählte dann weiter, wie sie gleich darauf Gott und den Schutzengeln im stillen gedankt habe für diese wunderbare Hilfe. Und als die Freundin das Haus verlassen hatte, entschuldigte sich der Mann bei seiner Frau wegen seines schlimmen Benehmens und bat, es ihm nicht übelzunehmen. Seine Frau versprach ihm, an das Vergangene nicht mehr zu rühren, und legte ihrem Mann nahe, doch künftig etwas mehr Gottvertrauen aufzubringen, dann könne das Verhältnis zwischen ihnen wieder so gut werden, wie es vordem war. Und so ist es dann auch wieder geworden.

Das intensive, innige Gebet kann allerdings einem magischen Akt gleichkommen und als regelrechte Gebetsmagie (die hawaiianischen Kahuna-Magier z. B. kennen sogar das »Totbeten«) ein zweischneidiges Schwert darstellen, auch wenn es in guter Absicht geschehen mag. Vielleicht hat jene Frau, von der im folgenden die Rede ist, das »Dein Wille geschehe« außer acht gelassen.

Frau A. erzählt von ihrer Mutter, wie diese schwerkrank darniederlag und ärztlicherseits aufgegeben war. Als sie den Ernst ihrer Lage begriff, bäumte sich ihr Lebenswille auf: Nein, sie wollte und durfte nicht sterben! Was sollte aus ihren Kindern werden? Stundenlang, ohne Unterlaß, rang sie im Gebet um Verlängerung ihres Lebens. Gott *müsse* sie erhören, um ihrer Kinder willen! Da wurde es plötzlich hell vor ihren Augen, ein majestätisch wirkender schöner Greis mit langem, schneeweißem Bart stand vor ihrem Bett und sprach: »Liebe Menschenschwester, dein Gebet wird erhört, denn deine Bitte, deine Kinder großzuziehen, entsprang edlen Motiven. Du wirst gesunden, noch ... (die Zahl wurde genannt, aber von ihr vergessen) Jahre leben, wirst deine Kinder großziehen und Freude an ihnen haben, wie du erbeten hast. Aber beklage dich niemals, daß du diese Verlängerung deines Lebens erbatest.« Die würdige Erscheinung entschwand ihren Blicken, sie dankte Gott für die Erhörung und schlief ein. Am nächsten Tag bemerkten die Ärzte mit Erstaunen, daß die vermeintlich Sterbende ihrer Genesung entgegenging. »Hier ist ein Wunder geschehen«, meinte einer von ihnen.

Im Alter von über sechzig Jahren wurde diese Frau von schweren Darm- und Blasenkrebs befallen. Mehr als drei Jahre blieb sie ans Bett gefesselt. Im letzten Stadium schrie sie Tag und Nacht, bis sie unter Qualen starb. Als sie noch reden konnte, erzählte sie ihrer Tochter, jener Frau A., die vorstehende Begebenheit und schloß: »Wer heimgehen soll, der soll gehen, aber niemals um Verlängerung seines Lebens bitten.«[6]

Der folgende Fall gedanklicher Magie war von vornherein dämonischer Natur, da hier kein Gebet zu Gott erfolgte, sondern allein Geldgier die allesbeherrschende Triebfeder war.

Herr F., obwohl fleißig, verdiente nur wenig. Seine Frau aber wollte reich sein und kaufte ein ganzes Lotterielos. Von Stund an sprach sie von nichts anderem mehr als von dem zu erwartenden Hauptgewinn. Dr. Joseph Murphy und Catherine Ponder würden es wohl »positives Denken« nennen. Bis zum Tage der Ziehung war die Frau wie im Fieberdelirium. Tagelang ohne Nahrung, richtete sie all ihr Sinnen auf den einen Punkt, das große Los müsse ihr zufallen. Und das Wunder geschah, sie erzielte tatsächlich den Haupttreffer! Wäre es anders gekommen, würde sie wahrscheinlich irrsinnig geworden sein, so hatte sie sich in ihre Wunschvorstellung verkrampft. Segen brachte ihr das viele Geld allerdings keinen: Spielbank Monaco, Scheidung, Geiz, krankhafte Prozessiersucht. Das Geld schmolz ihr unter den Händen hinweg, sie verarmte gänzlich und sank immer tiefer. Der Berichterstatter verlor sie schließlich aus den Augen.

Wie schon betont wurde, gibt es allerlei Arten von Magie, wie die Symbol-, Zeichen-, Wort- und Lautmagie (zugänglich sowohl in der Kabbala als auch in miesen »Zauberbüchern«), ferner Runen-, Sexual-, die Psalmenmagie u. a. Letztere war früher in ländlichen Gegenden sehr verbreitet. Überhaupt wurde viel Mißbrauch getrieben mit magischen Hinweisen aus der Bibel und mit biblischen Namen. Die mittelalterliche Magie gründete sich überwiegend auf das 3. Buch Mosis, den sogenannten Levitikus, das Priesterbuch. Dort steht nämlich allerlei über magische Praktiken. In der Volksmagie wurde der 148. Psalm gegen Feuersbrünste angewendet, andere Psalmen gegen Krankheiten (der 38. z. B. gegen Krebs). Manche sollen Magie unwirksam machen oder Prozesse gewinnen helfen.

Mit den Fluchpsalmen wird noch heutzutage Schindluder getrieben. An sich gehören sie nicht in die Bibel, denn sie stehen im totalen Widerspruch zum Jesus-Wort »Liebet eure Feinde, segnet, die euch fluchen«. Der 109. Psalm als ausgesprochener Fluchpsalm aber rechtfertigt die schlimmsten Verwünschungen gegenüber dem Feind und seiner Familie. Wie man so etwas mit der christlichen Lehre vereinbaren kann, bleibt vorerst eines der schwer zu ergründenden Geheimnisse abendländischer Theologie. Und ob Jesus wirklich einen Feigenbaum verfluchte, weil er keine Früchte trug

(Matth. 21,18 ff.), ist zweifelhaft. Möglicherweise wurde dieser Bericht, wie so manches andere, im Laufe der Zeit entstellt.[7]

Verfluchungen an sich, entsprechend emotionell »geladen«, sind keineswegs harmlos. Wäre man kirchlicherseits nicht davon überzeugt gewesen, hätte man nicht so oft und ausgiebig davon Gebrauch gemacht. Allgemein ist es ja leider so, daß Worte des Wohlwollens und der Liebe gefühlsmäßig weit weniger intensiv zu sein pflegen als Worte des Schmerzes oder gar solche, die in der Aufregung oder gar im Zorn ausgestoßen werden. Doch gerade der Intensitätsgrad an innerer Beteiligung ist es, der das Energiequantum eines ausgesendeten Wortes oder Wunsches bestimmt.

Im Volksmund schlug sich die Kenntnis solcher Zusammenhänge in mancherlei Redensarten und Sprichwörtern nieder. In Österreich beispielsweise pflegt man von jemandem, der sich ärgert, zu sagen: »Er giftet sich.« Auch der Ausspruch »Gift und Galle spucken« gehört hierher.

Von der psychosomatischen Erfahrung her wissen wir, daß ein zorn- und haßerfüllter Mensch, wenn er unbeherrscht dieser Seelenregung nachgibt, seinen Organismus tatsächlich langsam, aber sicher regelrecht vergiftet und damit sich selbst, d. h. seiner Gesundheit, schadet. Der amerikanische Prof. Elmer Gates konnte dies exakt nachweisen, indem er seine Versuchspersonen in gekühlte Glasröhrchen hauchen ließ. Dabei fiel auf, daß die so gewonnenen Kondensate eine unterschiedliche Färbung aufwiesen. Gates untersuchte nun diese Flüssigkeiten. Seine Analysen ergaben das Vorhandensein von mehr oder weniger starken Giften, wenn die Versuchsperson sich im Zustand nachhaltigen Ärgers, Neids oder gar Hasses befunden hatte. In einem Fall soll die Giftwirkung so beträchtlich gewesen sein, daß ein damit behandeltes Meerschweinchen in wenigen Minuten starb! Zum esoterischen Grundwissen gehört, daß sich all unser

Denken zweifach auswirkt: nach innen und nach außen. Der Gedanke wirkt zuerst in seinem ureigentlichen Bereich, dem mental-geistigen; danach im astralen und schließlich auf der physischen Ebene. Fluchkräfte können demzufolge sehr realistischer Natur sein, aber sie unterliegen dem Reperkussionsgesetz genauso wie jeder ausgesandte Gedanke. Schon im 18. Kap., Verse 20 und 21, der »Sprüche Salomo« lesen wir von der Reperkussionswirkung, der Rückwirkung gedanklicher Energien auf den Erzeuger, wenn es dort heißt: »Jeder bekommt die Frucht seines Mundes sattsam zu schmecken; den Ertrag seiner Lippen muß er auskosten. Tod und Leben stehen in der Gewalt der Zunge, und wer sie viel gebraucht, wird das, was sie anrichtet, zu schmecken bekommen.« Damit dürften nicht bloß die Folgen unseres Denkens und Handelns nach dem Tode gemeint sein. Für K. O. Schmidt ist ein Fluch »ein in die Kapsel eines Wortes gebannter hochexplosiver Vernichtungsgedanke«.[8]

Auf dieser Ebene liegt auch das sogenannte »Zitieren vor den Richterstuhl Gottes«, in höchster Todesnot ausgesprochen von unschuldig Verurteilten gegenüber ihren Anklägern und Richtern. Als der Templerorden ausgerottet wurde, ordneten der damalige Papst Klemens V. und König Philipp IV. (der Schöne genannt) die Verbrennung des Ordensgroßmeisters Jakob von Molay an. Auf dem Scheiterhaufen stehend, zitierte er die beiden vor den Richterstuhl Gottes – innerhalb eines Jahres. Wirklich starb der Papst bald danach, am 20. 4. 1314, und der König am 29. 11. 1314. Da diese beiden weder bei der Verurteilung noch bei der Verbrennung ihres Opfers zugegen waren, entfällt der Verdacht auf eine autosuggestive Wirkung. »Alles Zufall« zu sagen wäre die letzte Ausflucht für Rationalisten; aber das ist zumeist nur ein selbstberuhigendes Verlegenheitsargument.

Ähnlich war es im Zusammenhang mit der Verurteilung von Jeanne d'Arc, der »Jungfrau von Orléans«: Der Bischof von

Beauvais, als Gerichtsvorsitzender, hatte Johanna wider besseres Wissen zum Feuertod verurteilt. Als er am Morgen ihrer Hinrichtung, am 30. 5. 1431, ihre Gefängniszelle betrat, rief ihm Johanna zu: »Bischof, ich sterbe durch Euch!« Und: »Ich rufe Gott an als Rächer allen Unrechts, das Ihr mir antut!« Bevor sie den Holzstoß bestieg, kniete sie nieder, betete laut und verzieh ihren Feinden.

Der Bischof starb bald darauf eines unerwarteten Todes, und auch alle anderen, die Johannas Tod mit verschuldet hatten, sollen eines unnatürlichen oder doch plötzlichen Todes gestorben sein.

Schiller sagt: »Das Leben ist der Güter höchstes nicht; der Übel größtes aber ist die Schuld!« In diesem Sinne hüte man sich vor jeglichem Unrechttun. Die Ergebnisse der modernen Todes- und Jenseitsforschung lassen dies geraten erscheinen!

Als nächstes wollen wir die Symbolmagie kurz beleuchten. In der Esoterik werden Symbole seit jeher nicht als leblose Zeichen, Embleme und Bilder aufgefaßt, sondern als Angelpunkte lebendiger Kraftfelder von geheimer Bedeutung und Wirkung. Deshalb waren Zeichen, Symbole und Formen für die Geheimgesellschaften aller Zeiten überaus bedeutsam. Nach wie vor gelten sie als Auslöser zur Erschließung und Aktivierung psychodynamischer Kräfte.

Dem Esoteriker können Symbole durch meditative Betrachtung lebendig werden und ihren inneren Sinn offenbaren. Und je nach dem persönlichen Reife- und Erkenntnisgrad erschließen sie ihm (und darin liegt ihr verborgenes Wesen) einen allgemeineren oder einen tieferen Sinn. Symbole können interessante Einsichten in das geheimnisvolle Walten der Naturkräfte vermitteln. Magisch werden sie benutzt als Träger zielgerichteter Energien. Beim Zeichnen von Symbolfiguren müssen in der Regel ganz bestimmte Faktoren beachtet werden. Ihr Wirksamkeitsgrad wird überdies von der gedanklichen Konzentration und der Intensität der Gefühle mitbestimmt, die man hineinprojiziert.

Jede Form, ob in der Geometrie, Architektur oder in der Natur, erzeugt ein Magnetfeld und ein magisches Schwingungsfeld. Dieses wiederum zieht Wesensverwandtes an, auch aus der Astralwelt. Im Fernen Osten sind es die Mandalas, die dort zur Meditationshilfe dienen. Das bekannteste ist das schwarzweiße Yin-Yang-Symbol. In Südamerika sind es die »Pontos riscados«, mit deren Hilfe man die gewünschten Astralwesen herbeiruft. Letzteres wird durch kultische Gesänge unterstützt, die man »Pontos candados« nennt. Auch jede Körperstellung, Geste, Fingerhaltung (Mudra) bewirkt eine Aktivierung, Veränderung und Umformung kosmischer Energien, in die wir eingebettet sind, die uns ständig umfluten, durchstömen und mit unseren körperlich-seelischen und spirituellen Kraftfeldern korrespondieren.[9] Durch uns als Transformatoren werden sie dann quasi zu »Knotenpunkten der Weltdynamik«. Symbole sind, wie jedem Esoteriker bekannt sein sollte, von dreifacher Wirksamkeit: physisch (irdisch), seelisch (astral) und kosmisch (geistig). Zudem scheint es Sinnbilder zu geben, die auf eine der genannten drei Ebenen primär einwirken. Als das gewaltigste kosmische Symbol gilt das Kreuz. Seine Horizontale versinnbildlicht das negative, die Vertikale das positive Prinzip der Polarität.

Beim sogenannten Davidstern (auch Hexagramm genannt) stellt das mit der Spitze nach unten zeigende Dreieck das dunkle, zerstörende Schöpfungsprinzip dar, während das aufbauende, leben- und lichtbringende Prinzip vom weißen Dreieck mit der Polspitze nach oben symbolisiert wird. Die Winkel an den Polspitzen des Davidsterns (Magén oder Schild Davids) entsprechen dem berühmten Neigungswinkel der Seitenflächen der Cheopspyramide. Seine genaue Konstruktion soll noch immer ein ungeklärtes Geheimnis sein.

Die herkömmliche Darstellung des Hexagramms in Form der gegenseitigen Verschränkung zweier gleichseitiger Dreiecke gilt als falsch; sie müssen gleichschenkelig sein, um die Kräfte voll zur Entfaltung bringen zu können.

Eine ebenfalls häufig gebrauchte magische Figur – auch in der Heraldik – ist das Pentagramm, der Fünfstern oder auch Drudenfuß genannt. Dieses Zeichen symbolisiert den aufrecht stehenden Menschen mit gespreizten Beinen und ausgestreckten Armen. Der Kopf ist die Spitze des Fünfsterns. Die Armeen der USA und der UdSSR haben beide dieses Symbol, die Amerikaner weiß, die Sowjets rot. Von der Gemeinsamkeit ihrer Symbole her ist es höchst unwahrscheinlich, daß diese beiden Großmächte sich jemals offen bekriegen.[10] Doch das nur nebenbei. In der Magie dient das Pentagramm sowohl zur Anrufung als auch zum Schutz, zur Bannung und zur Abwehr. Und je nach dem Zweck, der erreicht werden soll, muß es in ganz bestimmter Weise gezeichnet sein; mit der Spitze nach unten gilt es als Teufelssymbol. Uneingeweihte mögen über all dies lächeln. In der magischen Praxis aber würde ihnen das Lächeln sicher sehr bald vergehen ...

Auch das buntscheckige Gebiet der sympathetischen alias *Sympathieheilkunde* gehört zum Bereich magischer Praktiken (siehe auch Anmerkung 4). Das Wort »Sympathie« bedeutet hier, daß eine gewisse Verbindung dasein oder geschaffen werden muß, um gewünschte Wirkungen zu erzielen. Daß auch hierbei nicht alles Hokuspokus ist oder von der Glaubenshaltung abhängt, steht fest. Andererseits zeitigte die Sympathetik eine Unmenge närrisch-abergläubischer Mätzchen von bisweilen erheiternder Art. Der Originalität halber sei hier ein Mittel gegen Impotenz angeführt: Der Mann soll einen goldenen Ring nehmen und ihn mit einem Seidenfaden von gewisser Farbe am Zeigefinger der rechten

Hand befestigen. Durch diesen Ring hat er dann täglich, während der Dauer des zunehmenden Mondes, zu urinieren! In einer anderen Anweisung der sich zumeist christlich verbrämt präsentierenden alten Volksmagie heißt es: Wer üppigen Haarwuchs erzielen möchte, der schneide sich sieben Haare vom Kopf, bohre schweigend ein Loch in einen Baum und verstöpsele die Haare darin. Man dürfe aber nicht vergessen, die Heilige Dreifaltigkeit anzurufen und ein Vaterunser zu beten!

Zur Warzenbeseitigung beispielsweise gab es vielerlei Methoden, die sich mancherorts zum Teil bis heute erhielten. Die erforderlichen Manipulationen sollen in der Regel bei abnehmendem Mond vorgenommen werden, aber scheinbar gibt es auch hier Ausnahmen: Ein Mann berichtet, er habe als Elfjähriger plötzlich eine Warze am rechten Daumen bekommen. Daraufhin mußte er seinen Vater nachts, bei zunehmendem Mond, auf einen Berg begleiten. Beide schauten zum Mond, und der Vater strich dreimal über die Warze. Alles geschah schweigend. Der Bub durfte erst wieder reden, als er im Bett lag. Am nächsten Tag sei die Warze verschwunden gewesen.

Eine Methode bei Neumond hingegen ist folgende: Jede Warze muß mit einer Hülsenfrucht berührt werden. Letztere tut man dann in ein Leinensäckchen und wirft es, ohne sich umzusehen, hinter sich. – Und das soll helfen!

Derartige Volksmagie wurde ehemals sogar von frömmsten Kirchgängern ohne Unrechtsbewußtsein ausgeübt. Eingetretene Erfolge mögen zwar oft von der Intensität des damit verbundenen Glaubens abgehangen haben; doch auch der Aberglaube kann Erfolge zeitigen, eben weil und wenn die meist den Ausschlag gebende Glaubensvorstellung stark genug ist.

Die Hinwendung zur Sympathieheilkunde mag in früheren Zeiten, als die Menschen bitterarm waren und ärztliche Hilfe sich oft nicht leisten konnten, verständlich gewesen sein, heute läßt man besser die Finger davon. Pfarrer Johann Christoph Blumhardt (1805–1880) warnte aufgrund seiner entsetzlichen Erlebnisse mit Gottliebin Dittus eindringlich vor sympathetischen Methoden, ja überhaupt vor magischen Praktiken. Auch hier ist die Erfahrung der beste Lehrmeister: Magisch bewirkte Heilungen stellen gegebenenfalls Einfallsmöglichkeiten dar für dämonische Kräfte, besonders wenn man des schützenden Gottvertrauens entbehrt. Selbst ein ausgesprochen guter Mensch kann dunklen Einflüssen preisgegeben sein. Sobald man zu merken beginnt, daß man unfähig wird zu herzlicher Liebe und Freude, so ist dies ein Alarmsignal!

Die auch gegenwärtig noch weitverbreiteten Praktiken des sogenannten *Besprechens* sind gleichfalls der magischen Praxis zuzuordnen. Mit genau festgelegten Worten in sorgfältig einzuhaltender Reihenfolge und eventuell in Verbindung mit einem bestimmten Ritus werden oft erstaunliche Wirkungen erzielt. Da das Ganze aber einer magischen Beschwörung entspricht, pflegt sich der Teufelsfuß zumeist erst später zu zeigen. Daß jedoch am Besprechen etwas dran sein muß, beweist u. a. die Erfahrung, der zufolge es auch schon bei Bewußtlosen wirkte. [11]

Zu warnen ist aber nicht bloß vor dubiosen Praktiken allgemein, auch die Konsultation sogenannter *Heiler* ist keineswegs immer problem- und gefahrlos (was allerdings mitunter auch auf einzelne Vertreter der offiziellen Medizin zutreffen mag). Die Palette außerschulmedizinischer Diagnostizierungs- und Behandlungsmethoden ist ungeheuer farbenreich. Allein die *Geistheilung* unterteilt Dr. med. Hans Naegeli-Osjord in vier verschiedene Grundformen. [12]

Bemerkenswert erfolgreiche Heilmethoden gab es seit jeher in Asien. Bei uns in Europa wurden sie erst in neuerer Zeit allgemein bekannt. Ich meine hier u. a. Akupunktur und

Akupressur, Shiatsu[13], das ist eine japanische Heilmassage, die ebenso wie die beiden vorgenannten Methoden eine Harmonisierung der biologischen Grundkräfte Yin und Yang herbeiführen soll. Wir sprechen da von Bioenergetik: Sie umfaßt das Wissen um die Energiezentren (Chakras), die Energiebahnen (Meridiane) und die Energiefelder (Auren) des Menschen. Hier könnte unsere Schulmedizin viel lernen und zu einer wesentlichen Kostendämpfung im Gesundheitswesen (ehrlicher wäre der Begriff Krankheitswesen) beitragen.

Als »Wissenschaft universeller Lebensenergie zur Förderung ganzheitlicher persönlicher Entwicklung und Bewußtseinserweiterung« wird *Reiki* angepriesen. Ein christlicher Mönch namens Dr. Mikao Usui soll dieses System vor rund einhundert Jahren wiederentdeckt haben. Aus den mir vorliegenden Unterlagen ist sein Orden nicht ersichtlich, sonst wäre vielleicht feststellbar, ob zu jener Zeit Mönche mit akademischen Graden als Missionare in Japan tätig waren.

Im Prinzip handelt es sich bei Reiki um die altbekannte Handauflegung, von Christen seit Anbeginn und unter Gebet erfolgreich praktiziert. Von einer Wiederentdeckung kann also kaum die Rede sein; aber mit einem fremdländischen Namen garniert, pflegt so etwas bei uns besser anzukommen. Außerdem lockt hier der Erwerb von vier Einweihungsgraden – gegen erkleckliche Geldsummen natürlich –, bis man als »Reiki-Meister« dann selber anderen Geld abknöpfen darf. Die hohen Preise rechtfertigte man mir gegenüber mit der reichlich naiven Ansicht, damit solle der Zustrom Unwürdiger möglichst eingedämmt werden. – Als ob Geld jemals ein Schutzfaktor vor unlauteren Elementen gewesen wäre!

Weiter heißt es in der Reiki-Werbung: »Durch Reiki lernen Sie, mit der *höchsten* Lichtenergie, der universellen Lebenskraft, direkt in verstärkten Kontakt zu kommen.« Hier muß die Frage erlaubt sein: Wieviel oder wie wenig Ahnung von der höchsten Lichtenergie mögen solche Manager eigentlich haben? Vermutlich gar keine, denn die höchstvorstellbare Lichtenergie kann nur das göttliche Urlicht sein; und mit solchen »Starkströmen« zu arbeiten vermochte wohl nur ein Christus, der es von seinem Wesen her verstand, sie transformierend anzuwenden. Aber von ihm oder Gott ist in besagter Werbung keine Rede, sondern bloß von der »Kraft«. Kennen wir das nicht zur Genüge von den linkspfadigen Kraftanbetern her? Erzielte Heilerfolge sollten uns bei alledem nur wenig imponieren, denn »auch der Teufel kann heilen, wenn er damit etwas erreichen will«, sagt der Volksmund und trifft damit – im wahrsten Sinne dieses Wortes! – ins Schwarze.

Christlich eingestellte Heiler hingegen arbeiten um Gotteslohn und aus reinem Helfenwollen heraus, es dabei dem »Willen Gottes«, d.h. Gott und seinen Geistesgesetzen, überlassend, ob Besserung oder gar eine Heilung erfolgen darf oder nicht. Ein in diesem Sinne wirklich begnadeter Heiler wird ohnehin spüren, wissen oder gesagt bekommen, ob er sich einsetzen darf. Dies zur Information für jeden, der sich Heiler nennt, auch für Reiki-Meister, von denen es viele sicherlich gut meinen mögen.

Auf der Ebene der Körperberührung liegen auch »Touch for Health«[14] und »Therapeutic Touch«. Am erfolgreichsten scheint aber immer noch die chinesische Akupunkturmethode zu sein.

Bei den sogenannten *Passes* der Magnetopathen und Spiritisten wird direkte Berührung vermieden und lediglich über die Aura auf den Organismus des Patienten eingewirkt. Dies geschieht mittels Streichbewegungen um den Körper herum. Man sollte sich aber keinem Heiler anvertrauen, ohne sich zuvor vergewissert zu haben, ob der Betreffende charakterlich in Ordnung ist und eine einwandfreie Grundhaltung im

Sinne der Bergpredigt vertritt. Wird nämlich ein ethisch hochstehender Mensch von einem Heiler minderwertigen Charakters behandelt, so empfängt er von diesem einen höchst unerwünschten Zustrom an niederfrequenter Vitalenergie. Aber nicht nur das, bei jeder intensiven Berührung oder Begegnung mit einem anderen Menschen wird neben Vitalkraft auch »seelischer Lebensäther«, sprich psychische Energie (vom Astralleib), mit übertragen. Dies um so mehr, wenn die Astralvitalität des Behandlungsbedürftigen sehr geschwächt ist, z.B. durch Kummer, Ängste, Melancholie und dergleichen, und ihm in der Person des Heilers eine dominante Persönlichkeit gegenübersteht. Bei öfterer Konsultation solcher Heiler oder Magnetopathen kann es zur Abhängigkeit führen und zu Phänomenen wie nach häufiger Hypnose. Damit will ich nur sagen, daß auch auf dem Sektor »Heilen« Vorsicht geboten ist.

Wie verhält man sich am besten, wenn man einen Heiler aufsuchen möchte? Hier ein Rat aus Erfahrung: Beten Sie, wenn Sie bei ihm sind bzw. im Wartezimmer sitzen. Fühlt er sich durch Ihr innerliches Gebet blockiert, dann wissen Sie, wie Sie dran sind!

Dr. Kurt E. Koch behauptet, berühmte Geistheiler wie Harry Edwards oder William Branham hätten nichts ausrichten können, wenn gläubige Christen zugegen waren und still beteten. In bezug auf Harry Edwards möchte ich dies zwar bezweifeln, aber bei Branham erlebte es Dr. Koch selber mit: Als ersterer in Karlsruhe und Lausanne sprach, war Dr. Koch mit einigen Glaubensgeschwistern unter den Zuhörern. Sie beteten still: »Herr, wenn dieser Mann die Kräfte von dir hat, dann segne und gebrauche ihn. Wenn die Heilgaben nicht von dir sind, dann hindere ihn.« Dr. Koch schreibt: »Und was geschah? In beiden Fällen erklärte Branham auf der Rednertribüne: ›Es sind störende Kräfte da. Ich kann nichts tun.‹«[15]

Ein seinerzeit bekannter Geistheiler war in München Dr. Kurt Trampler. Von ihm berichtet Dr. Koch ähnliches: Als zwei gläubige Frauen betend in Dr. Tramplers Sprechstunde saßen, sagte er: »Mit Ihnen kann ich nichts anfangen. Gehen Sie wieder heim.«

So falsch es sein mag, alle Heiler und alternativen Behandlungsmethoden in Bausch und Bogen abzulehnen oder gar zu verteufeln, so richtig ist es, wenn Dr. Koch schreibt, daß es »oft ein schmaler Grat zwischen Göttlichem und Dämonischem« sei. Aber gilt dies nicht ebenso für die Schulmedizin mit ihren chemischen Giften und Kobaltbestrahlungen? Mir sind Heiler von wahrhaft christlicher Einstellung und untadeligem Charakter bekannt. Freilich nur wenige. Und woran erkennt man solche?

Ein gottverbundener Heiler wird keine Werbung betreiben und nie Geld fordern. Er darf zwar nehmen, was man freiwillig zu geben geneigt ist, aber er soll nicht fordern. Wenn er um die geistigen Gesetze weiß, wird er die Anweisung Jesu befolgen: »Umsonst habt ihr's empfangen, umsonst gebt es auch« (Matth. 10,8). Alte Erfahrungen deuten hier eine gewisse Gesetzmäßigkeit an: Wer aus seiner Begabung ein Geschäft macht, der wird sie entweder einbüßen oder unter den Einfluß niederer Kräfte geraten. Das gilt für alle medialen bzw. »Gnadengaben«. Deshalb sollte niemand Heiler sein wollen, der finanziell auf Einnahmen aus dieser Tätigkeit angewiesen ist. Jeder halbwegs vernünftige Mensch, der die Zeit und Hilfe eines anderen beansprucht, wird ohnehin zu einem Entgelt bereit sein. In einer auf medialem Wege empfangenen Erläuterung zum Matthäus-Evangelium wird betont, daß außergewöhnliche Begabungen als Gnadengaben empfunden und angewendet werden sollen; in erster Linie, um Menschen in ihrem Gottvertrauen zu stärken. »Trachtet am ersten nach dem Reich Gottes, alles andere wird euch zufallen« (Matth. 6,33) bedeutet, daß man immer genug zum

Leben haben wird, wenn man sich im Sinne der Grundforderungen des christlichen Glaubens einsetzt. Dies wird durch vielfache Erfahrungen auch bestätigt. Medien, die das mißachten zu dürfen glauben, scheinen nach ihrem Abgang von dieser Erdenbühne in keine beneidenswerte Lage zu kommen.

Auf dem noch unzureichend erforschten Gebiet medialer Behandlungsformen gilt es eben, wie überall, die Unterscheidungsgabe zu entwickeln – gemäß 1. Kor. 12,20. Überhaupt scheinen die christlichen Verurteiler alles Paranormalen das 12. und 14. Kapitel des ersten Korintherbriefes noch nicht begriffen zu haben. Vermutlich lesen es die wenigsten, sonst müßte klargeworden sein, daß nichtalltägliche Fähigkeiten wie Heilen, Weissagen, Zungenreden, Geister unterscheiden usw. im Neuen Testament als göttliche Gnadengaben oder »Geistesgaben« bezeichnet werden. Gaben, die man in rechter Weise gebrauchen und zum Nutzen anderer anwenden solle. Der erste Vers des 14. Kapitels enthält sogar die Aufforderung: »Befleißiget euch der geistlichen Gaben, am meisten aber, daß ihr weissagen möget!«

Was aber ist unter »Weissagen« zu verstehen? – Nicht unbedingt Prophetie, sondern vielmehr ein »Weisheiten-Sagen« in Form praktischer und gottbezogener Lebensberatung. Wenn Paulus dies als »Geistesgabe« betrachtet, als besondere Begabung, so vermutlich deshalb, weil das Weissagen zumeist in einem außergewöhnlichen psychischen Zustand zu geschehen pflegt, in einem ekstatischen »Verzückungszustand«, den man heute Trance nennt.

Die Quelle des Weissagens kann im Menschen selber liegen; es kann sein sogenanntes Höheres Ich sein, das da spricht. Auch muß nicht immer ein Trancezustand vorliegen. Ebensogut kann aber auch ein Jenseitiger sich teilweise oder ganz des Körpers eines »vom Geist Ergriffenen« bedienen und belehrend wirken im Sinne von »Weissagen«.

Dennoch müssen es keineswegs immer regelrechte Weisheiten sein, die bei der Gabe des Weissagens zutage treten. Niedere Geister können sich nämlich ebenfalls einschalten. Das geht schon aus zahlreichen Stellen im Alten Testament hervor. Bei Samuel 18,10 heißt es: »Der böse Geist kam über Saul, und er weissagte.« Kann man von einem bösen Geist oder Menschen Weisheiten erwarten, die auf Gott hinweisen? Wohl kaum. Jedenfalls kämen unsere Theologen bald zu einem umfassenderen Bibelverständnis als bisher, wenn sie den Mut aufbrächten, die ausgefahrenen Schmalspurgeleise ihres Denkens zu verlassen und aufnahmefähig zu werden für weiterführende Einsichten. Es würden sich ihnen dann Naturzusammenhänge eröffnen und seelisch-geistige Fähigkeiten des Menschen, wovon sie als »blinde Blindenleiter« bislang keine Spur einer Ahnung hatten!

Zurück zur Magie bzw. zur Vorsicht im Umgang mit Heilern im allgemeinen und magisch praktizierenden im besonderen. Dr. Koch erzählt von einer Schweizerin, die einen Heiler konsultierte. Dieser schrieb etwas auf einen Zettel, den sie unterschreiben mußte. Dann forderte er sie auf, den Zettel in kleine Stücke zu zerreißen und mit Wasser hinunterzuschlukken. Sie tat es. Daraufhin wurde sie zwar körperlich gesund, litt jedoch von da an unter Depressionen und Selbstmordgedanken!

Dr. Beat Imhof pflegt einen Fall zu erzählen, wo die Mutter eines kranken Kindes von einem Heiler ein Amulett erhielt mit der strikten Weisung, das Kind müsse es immer um den Hals tragen und es dürfe nie geöffnet werden, weil es sonst seine Kraft verlieren würde.

Das Kind wurde tatsächlich gesund. Als es einmal allein daheim war, öffnete es das Amulett. Die Mutter erschrak nicht wenig, als sie zurückkam. Aber noch mehr erschrak sie, als sie den Zettel las, der in dem Amulett gesteckt hatte. Da

stand im Klartext: »Satan, hilf diesem Kind, und es sei Dein!«
Das Kind war von da ab wieder krank.

Von harmlosen Maskottchen und Schmuck abgesehen, hüte
man sich, irgendwelche Talismane oder Amulette zu tragen,
wenn man nicht genau weiß, von wem sie unter welchen
Absichten angefertigt und mit was für Kräften sie geladen
wurden. Auf den Einwand, auch Katholiken pflegen geweihte Medaillons zu tragen, erwiderte der hervorragende katholische Priester und Parapsychologe Prof. Dr. Gebhard Frei
(1905–1967), daß man sehr wohl eine Heiligenmedaille wie
ein magisches Amulett tragen könne. »Wenn man aber die
Anweisung eines Magiers zur Herstellung eines Amuletts und
das Gebet der Kirche über eine Benediktusmedaille neben-
einanderhält, wird daran der ganze Unterschied zwischen
Magie und Religion sichtbar.« Während ein Schwarzmagier
wie »Meister Gregorius« als Zutaten zur Amulettherstellung
u. a. Weingeist empfiehlt, vermischt mit Blut und Sperma und
ähnlichem mehr, läßt die Kirche den Priester über der Me-
daille beten: »Unsere Hilfe ist im Namen des Herrn, der
Himmel und Erde gemacht hat. Allmächtiger Gott, du
schenkst uns alles Gute. Wir bitten dich demütig, gieße du
auf die Fürbitte des heiligen Benedikt hin deinen Segen über
diese Medaillen. Alle, die sie tragen und sich guter Werke
befleißigen, mögen Gesundheit an Seele und Leib, die Gnade
der Heiligung und die Verzeihung der Sündenstrafen bekommen. Dämonische Nachstellungen und Täuschungen mögen
durch die Hilfe deiner Barmherzigkeit ihnen fernbleiben. Vor
deinem Angesicht mögen sie heilig und fleckenlos erscheinen.
Durch Christus, unseren Herrn. Amen.« Das sei der Ton,
bemerkt Prof. Frei, in dem die Kirche segnet, und sie habe
für hundert Dinge solche Segensgebete geschaffen. Von allem
magischen Zwingen sei dies weit entfernt.[16]
Im weiteren leuchten wir noch tiefer in den Sumpf der
Schwarzen Magie hinein, dem zu entrinnen erfahrungs-

gemäß – wenn überhaupt – nur durch eine totale Hinwendung zu Gott und Christus noch möglich ist. Wie schon
gesagt: Es muß etwas dran sein an der christlichen Lehre und
ihrem Begründer, sonst würde sein Name dämonischerseits
nicht so gefürchtet und von Satanisten nicht so gehaßt ... Wie
könnte man etwas hassen, das gar nicht existiert?

Eine besondere Form menschlicher Dummheit und leichtfer-
tigen Wahnwitzes stellt die *Blutmagie* dar. Hierzu gehören
die als finsterer Aberglaube belächelten Bluts- alias Teufels-
verschreibungen. Magische Manipulationen mit seinem Blut
sind so ziemlich das Schlimmste, was ein Mensch sich selber
antun kann.

In seinem Buch »Seelsorge und Okkultismus« schreibt Dr.
Kurt E. Koch, er habe so etwas für den Auswuchs mittelalterlichen Aberglaubens gehalten, bis er dann in der Seelsorge
damit konfrontiert worden sei. Warnend schildert er in
seinen Schriften diesbezügliche Fälle. Daß er dabei mitunter
genaue Anweisungen wiedergibt, wie es gemacht wird, gehört zu den Unbegreiflichkeiten menschlicher Logik. Hier
zwei Beispiele aus der Fallsammlung dieses Theologen:

Eine Frau hatte sich mit ihrem Blut dem Teufel verschrieben,
brachte aber noch die Kraft auf, sich loszusagen und Jesus
Christus nachzufolgen. Als sie diesen Entschluß gefaßt hatte,
setzten furchtbare seelische Kämpfe ein. Eines Nachts erschien auf ihrer Brust eine rote Tätowierung in Form eines
Hufeisens mit einem S darin. Mit Hilfe eines Gebetskreises
wurde diese Frau schließlich frei.

In einem anderen Fall, dessen nähere Umstände ich hier
weglasse, hatte ein armer Mann ebenfalls eine Blutsverschreibung vollzogen und sich eine gewisse Geldsumme erbeten.
Als er das Zeremoniell um Mitternacht vornahm, sah er
plötzlich zwei rotglühende Augen über sich. Zugleich fuhr
eine fahle Hand über den Tisch. Der Mann erschrak und
knipste das Licht an. Da lag ein Bündel Banknoten auf dem

Tisch, und sein Zettel mit der Blutsverschreibung war verschwunden. Statt dessen lag ein anderer Zettel da mit der Aufforderung, morgen um Mitternacht an einen bestimmten Kreuzweg oberhalb des Dorfes zu kommen. Die Geldscheine ergaben genau den Betrag, den er gewünscht hatte.

Der Mann beschloß, jener unheimlichen Aufforderung keine Folge zu leisten. Als dann aber der Zeitpunkt heranrückte, fühlte er sich mit unerklärlicher Gewalt zum Gehen gedrängt. Er steckte eine Pistole zu sich und ging. An der Wegkreuzung nahm er eine scheußliche Gestalt wahr, halb Mensch, halb Tier. Er feuerte das ganze Magazin auf die Erscheinung ab, die daraufhin verschwand.

Das Geld hingegen blieb eigenartigerweise erhalten. Es kam auch niemand, es von ihm zurückzufordern, und so gab er es schließlich aus. Aber er wurde eine drückende innere Unruhe, die ihn seit diesem merkwürdigen Erlebnis zu plagen begann, nicht mehr los. Manchmal fühlte er sich wie von Furien gehetzt. Er bekam einen unsteten, flackernden Blick und schlohweißes Haar. Mit seinen 43 Jahren sah er aus wie ein Siebzigjähriger! Der Mann suchte dann Hilfe beim Pfarrer und beichtete. Es half jedoch nichts, er wurde nie wieder frei.[17]

Sollte es also doch Geister geben? Oder gar Dämonen? Ist das nicht alles mittelalterlicher Blödsinn? – Ach was, für Psychologie und Psychiatrie sind solche Fälle völlig klar: Wahnvorstellungen labiler Leute, autonome Komplexe psychisch Kranker. Dämonen sind sekundäre Spaltpersönlichkeiten, die von der primären Persönlichkeit nicht integriert werden und deshalb ein Eigenleben führen. Paranoide Psychosen, Epilepsie, Hysterie ... Alles klar, und streng wissenschaftlich.

Wie immer man solche Begebenheiten deuten mag, oft bleibt der berühmte »unerklärbare Rest«, und über den pflegt man sich weiter keine Gedanken zu machen. Satanisten und Schwarzmagiern kann das nur recht sein und der dämonischen Welt ebenfalls; denn solange seitens unserer Justiz eine magisch bewirkte Schädigung oder gar Tötung als »strafloses Wahndelikt« eingestuft wird, haben sie freie Fahrt ...

Jeder Gebrauch und Einsatz astraler Kräfte und Wesenheiten ist ureigentliche Magie. Bei der diesbezüglichen »Arbeit« weiß der Okkulttäter um die schützende Wirkung des sogenannten Zauberkreises und gegebenenfalls der zweckdienlichen Kleidung. Auch das »magische Schwert« dient keineswegs als theatralisches Requisit, sondern zur Abwehr ätherisch-astraler Wesen, deren relativ dichte Astralkörper verletzbar sind. Und wehe dem Magier, der in seiner Konzentration nachläßt oder einen Fehler macht: Irrsinn (Besessenheit) oder Tod auf der Stelle können die Folge sein.

Daß magische Manipulationen in die Transzendenz wirken und umgekehrt, bekam Polizeikommissar Dr. Alfred Strauß zu spüren. Er experimentierte mit einem sehr starken Medium, einer Dame, die sich von Astralwesen zum Selbstmord gedrängt fühlte. Als sie um Hilfe bat, wurde ihr in Trance von wohlwollenden Jenseitigen ein Beschwörungsmodus diktiert, der dem Kommissar reichlich bizarr vorkam. Er hatte von alledem so gut wie keine Ahnung.

Den Anweisungen zufolge mußte sich Dr. Strauß mit einer Lanze bewaffnen und einen genau vorgeschriebenen magischen Kreis herstellen. Während der dann folgenden Beschwörung, die er – immer noch skeptisch – nach den Angaben des in Halbtrance befindlichen Mediums vollzog, wurde ihm dann doch recht eigentümlich zumute. Er sah zwar nichts, hatte aber ein äußerst unangenehmes Gefühl, wie wenn ihm jemand das Rückenmark heraussauge.

Vorschriftsmäßig ging der Kommissar im Kreise umher, die Lanzenspitze nach außen gerichtet, als das Medium plötzlich aufschrie: »Um Gottes willen, treten Sie nicht aus dem Kreise!« Er schreibt: »Noch während der ersten Worte, als ich noch gar nicht wußte, was das Medium eigentlich wollte, verspürte ich einen so heftigen elektrischen Schlag gegen das eine Knie, daß ich zurücktaumelte und fast zusammenbrach: Ich war unverhofft mit einem Fuße außer den Kreis getreten.« Mit Mühe führte er die Beschwörung, die sich später als wirksam erwies, zu Ende, »nunmehr überzeugt, daß an der Sache doch etwas dran sei«.[18]

Zurück zur Blutmagie. Blut spielt seit jeher eine mystisch-magische Rolle im menschlichen Denken. »Blut ist ein ganz besonderer Saft«, läßt Goethe den Mephisto sagen. Daß dem wirklich so ist, beweist die magische Erfahrung.

Blut gilt als Träger des Lebens und als Sitz der Seele. Nicht die Gene sind im magischen Weltbild Träger der Erbanlagen und der Rassenmerkmale, sondern das Blut. Schon Jahwe achtete streng auf die Blut- und Rasseneinheit seines Volkes. Im 5. Mose 23,3 lesen wir: »Der Gemeinde Jahwes darf kein Bastard angehören; keiner, der auch nur im zehnten Gliede von einem solchen abstammt, darf der Gemeinde Jahwes angehören.«[19]

In der Esoterik ist Blut mehr als nur eine rein biologische Flüssigkeit, die in unseren Adern zirkuliert. Blut ist physisch Träger der Lebenskraft. Seelisch, nach Paracelsus und anderen Eingeweihten, auch Träger astraler Energien. Geistig soll es Träger des Akasha- und Reinkarnationsgedächtnisses[20] sein.

Sogenannte Blutsverschreibungen erstrecken sich, ebenso wie »Blutsbrüderschaften«, weit über den materiellen Bereich und damit über das Grab hinaus. Keine Art Blutmagie, und sei es auch »nur« in Form ritueller Blutmischung in Logenbünden, ist harmloser Natur. Durch das schon von manchen Indianerstämmen bekannte Blutzeremoniell wird quasi auf künstliche Weise eine Verwandtschaft geschaffen. Freilich keine körperliche oder seelische, sondern eine energetisch-astrale. Sie bewirkt eine magische Verkoppelung der Astralleiber. Diese Verkettung auf der Astralebene wird dort wohl kaum zu lösen sein. Als Fessel bleibt sie möglicherweise über Inkarnationen hinweg bestehen, bis man endlich den »Zweiten Tod« und damit die Stufen der Astralwelt überwunden hat. Es stimmt nachdenklich, wenn Dr. Kurt E. Koch bekennt, in der Seelsorge fürchte er Fälle von Blutsverschreibungen mehr als Besessenheit. Immerhin registrierte er an die hundert solch trauriger Vorkommnisse, wußte aber bloß von vier oder fünf jungen Menschen, die von der damit verbundenen furchtbaren Bedrückung frei geworden waren.

Neben den wenig bekannten, aber erfahrbaren Folgen sogenannter Blutsverschreibungen und Blutsbrüderschaften sind es zumindest drei weitere Faktoren, die zu denken geben und zur Warnung dienen sollten:

1. Erfahrungsgemäß kann es nach Bluttransfusionen zu seelischen Verhaltensänderungen kommen. Das vergeht erst dann, wenn die ursprüngliche Natur des Blutempfängers sich wieder durchzusetzen beginnt.
2. Der Verwendung von Tierblut für kultische und schwarzmagische Zwecke (die Weiße Magie lehnt Blutzauber ab) werden reale Wirkungen zugeschrieben. Das ist keine unbeweisbare Annahme, sondern erfahrbar, nachvollziebar und schon aus den einschlägigen Anweisungen im Alten Testament ersichtlich.
3. Andere Erfahrungen aus der magischen Praxis wie beispielsweise der sogenannte Liebeszauber mit Menstruationsblut.

Dieser letztgenannte Punkt ist überhaupt belangreich. Seit jeher galt eine Menstruierende als unrein. Sie durfte nicht in den Weinkeller, weil sonst die Gärung unterbrochen wurde oder zu stark einsetzte. Sie durfte keinen Brotteig anrühren, weil er dann nicht richtig aufging. Ja, in manchen Gegenden ließ man menstruierende Frauen mit hochgehobenen Röcken vor Sonnenaufgang über die Felder schreiten, um Ungeziefer zu vertreiben!

Wir lächeln über solch »verschrobene« Ansichten unserer Altvorderen; aber daß sie naturverbundener waren und infolgedessen auch mehr von der Natur und ihren geheimnisvoll anmutenden Wechselbeziehungen wußten als wir, das steht fest. Und so manches schon, was als abergläubischer Unsinn abgetan worden war, fand sich später wissenschaftlich bestätigt.

In der Nr. 29 der »Umschau«, einer der ehemals angesehensten wissenschaftlichen Zeitschriften, wurde über Untersuchungen des Wiener Mediziners Prof. Dr. Bela Schick berichtet, die ermitteln sollten, ob Zusammenhänge bestünden zwischen Menstruation und Umwelt. Ergebnis: Bei vielen – wenn auch nicht bei allen – Menstruierenden fand man jene Erscheinungen bestätigt, die der Volks- und Aberglaube kennt: Blumen verwelken beim Berühren, Gärung ging zurück oder setzte zu heftig ein, das Konservieren von Obst oder Marmeladen durch Einkochen mißlang, Backteig ging nicht auf und anderes mehr. Ja sogar Fernwirkungen wurden konstatiert – ohne direkte Berührung oder persönliche Anwesenheit der betreffenden Versuchsperson. Diese Wirkungen sind am ersten Tag am stärksten, lassen am zweiten nach und schlagen am dritten Tag eigenartigerweise ins Gegenteil um. Ab dem vierten Tag ist dann alles wieder normal.

Beim sogenannten Liebeszauber war Menstruationsblut als Mittel der Volksmagie schon immer gebräuchlich. Auf dem Balkan, im Orient und bei Völkern der Dritten Welt mag dies noch heute der Fall sein.

Spaßeshalber sei hier eine christlich verbrämte Beschwörungsformel wiedergegeben, die zwar ohne Blut auskommt, jedoch bei verschmähter Liebe helfen soll. Noch zu Anfang des 20. Jahrhunderts wurde diese »Zauberformel« in Schwaben – und vermutlich nicht bloß dort – fleißig angewendet, und zwar von Katholiken gleichermaßen wie von Protestanten. Der oder die Betreffende mußte dreierlei Pulver von verschiedenen Kräutern in ein Feuer werfen und dabei sagen:

> Ich streue dir die Pulver in die Glut: Das ist für deine Lieblosigkeit, das für deine Hartnäckigkeit und das für deine Zerstreutheit. Diese drei Pulver sollen dich quälen bis an den Tag und die Stunde, wo du mir meine Liebe zurückgibst!
> Gott der Vater soll dich führen, Gott der Sohn soll dir deine Ruhe nehmen, Gott der Heilige Geist soll mein Gebet erhören!
> Ich, eine Dienerin Gottes (!), berufe, begehre, beschwöre dich bei den heiligen Worten, daß du gewiß kommst und erscheinst vor mir und bringst mir die Liebe, die ich von deinem Herzen begehre.
> Aber nur dein Wille geschehe, Herr Zebaoth.
> Du sollst aber weder Rast noch Ruhe haben, wo du gehst, wo du liegst, issest oder trinkest!

Dann mußten drei Vaterunser gebetet werden. Ob's half, entzieht sich meiner Kenntnis, aber drollig ist diese ergötzliche Mischung von Frömmigkeit und Begehrlichkeit auf jeden Fall!

Die obengenannte Verwendung von Tierblut für kultische Zwecke ist in jedem Fall der Schwarzen Magie zugehörig, und es besteht keinerlei Grund, sie im Alten Testament als »von Gott befohlen« zu interpretieren, ansonsten aber als Schwarzmagie zu verdammen. Jede »Opferung« lebender Wesen, wozu auch die Tieropfer im vielgelobten Hinduismus gehören, ist teuflisch, und nur ein Teufel kann so etwas Perverses fordern und sich daran ergötzen. Das sogenannte Tieropfer diente und dient noch immer als nekromantisches

Mittel zur Toten- und Dämonenbeschwörung sowie zur Erlangung magischer Kräfte und Wirkungen. Die Verbrennung bestimmter Teile des Opfertieres, die Verdampfung des Blutes und der Genuß des Fleisches unter Einhaltung spezieller Zeremonien bezweckt die Bannung der Tierseele und ihre Dienstbarmachung. Das bei der Fleisch- und Blutverbrennung entstehende Od als Kraftfeldverstärkung diente (und dient noch) niederen jenseitigen Wesenheiten zu ihrer Manifestation. Mit derart üblen Mitteln können nach dem Anziehungsgesetz des Ähnlichen freilich nur Verstorbene aus den untersten und erdnächsten Astralbereichen sowie Dämonen erreicht werden, eventuell auch Naturgeister einer gewissen Sorte. Schon so mancher hat sich dabei dermaßen die Finger verbrannt, daß er seines Lebens nie mehr froh wurde!

Ein weiteres Eingehen auf solche Abgründe menschlicher Entartung möchte ich unterlassen. Das schließt auch Praktiken des Schadenszaubers ein, die leider Eingang gefunden haben in Gegenwartsesoterik und New-Age-Szene. Sogar über »Die Kunst des magischen Tötens« kann man Anleitungen kaufen!
Genauer besehen, ist aber auch vieles von dem, was heutzutage unter dem Deckmantel der Wissenschaftlichkeit geschieht, nichts anderes als schwärzeste Magie. Denken wir doch nur an das Erfinden und Herstellen immer grausamerer Massenvernichtungsmittel wie Nuklearwaffen, Nerven- und Giftgase, Bakterienbomben und dergleichen. Auf Frauen und Kinder erfolgt überhaupt keine Rücksichtnahme mehr; man geht gegen Menschen vor, als seien sie Ungeziefer! Ist das nicht weit satanischer als aller okkultistischer Satanismus?[21]
Teuflisch ist es auch, wenn sogenannte Wissenschaftler vorsätzlich einen riesigen Waldbrand entfachen, wie dies im August 1985 in Kanada geschah. Zweck: Es sollte geprüft werden, ob und wie der Rauch das Wetter beeinflußt. Daraus

wollte man schließen, welche Auswirkungen ein Atomkrieg auf das Wetter haben würde. Genügen zwei verheerende Weltkriege mit 55 Millionen Toten noch nicht?

Oder nehmen wir in der Medizin die Frischzellentherapie, die den natürlichen Alterungsprozeß hinauszögern soll; was ist das im Grunde anderes als Schwarze Magie? In den Sanatorien für Frischzellenkuren werden junge Lämmer, die man kurz zuvor aus den Muttertieren herausgeschnitten hat, geschlachtet, gewisse Organe werden in Mörsern zerkleinert, verdünnt und Leuten, die dafür kräftig bezahlen, in den Hintern gespritzt. Solche Unternehmen machen Millionen-umsätze! Berühmtheiten haben auf diese makabre Weise versucht, ihr Leben zu verlängern. Gestorben sind sie alle: Adenauer, Churchill und Eisenhower, Thomas Mann, Aga Khan und Ibn Saud ebenso wie Papst Pius XII.

Meines Erachtens läuft die Frischzellentherapie auf dasselbe hinaus wie die »Blutkuren« im Mittelalter und das Men-schenbluttrinken als ein vermeintliches Verjüngungsmittel. Schon die Römer praktizierten das mit Vorliebe. So weiß der römische Geschichtsschreiber Rufus Festus zu berichten, daß die von Ausschweifungen aller Art geschwächten Herrschaf-ten »Assiratum« genossen. Dieser Trank war ein Gemisch von aromatischem Wein und dem Blut junger Sklaven. Als Papst Innozenz VIII., in dessen Pontifikat der berüchtigte »Hexenhammer« fällt, im Jahre 1492 im Sterben lag, sollte ihm das Blut von drei zehnjährigen Buben eingeflößt werden, die man für je einen Dukaten gekauft hatte. »Der Sterbende, so sagt man, gab seine Einwilligung dazu nicht, er stieß den Arzt von sich«, heißt es in der »Geschichte der Stadt Rom im Mittelalter« von Ferdinand Gregorovius.[22]

Im 11. Jahrhundert hatte die Kirche den Genuß menschlichen Blutes als Stärkungs- und Heilmittel verboten. Aber im Frankreich des 17. Jahrhunderts war dies wieder dermaßen Mode geworden, daß es 1668 unter Strafe gestellt wurde.

Menschenblut galt im alten Orient als Heilmittel gegen den Aussatz, was auch Paracelsus bekannt war. Zum gleichen Zweck empfahl es der Zürcher Stadtarzt Johannes von Muralt in seinem »Hippokrates Helveticus« (Basel 1692).

Bei primitiven Völkerschaften meinte man seit jeher, der Kraft des getöteten Feindes teilhaftig zu werden, wenn man dessen Blut trinkt. Dagegen klingt es schon fast human, wenn man im Psalm 58, Vers 11, liest, daß der Fromme, der sich am Anblick der Rache (Gottes) ergötzt, im Blut der Gottlosen lediglich seine Füße baden will ...

Das ursprüngliche Bestreben gottverbundener Magie mag gewesen sein, »die geheimen Gesetze der Natur, ihre wunderreichen Verwandlungen und Wahlverwandtschaften zu ergründen« und hinter das verborgene Wesen der Dinge zu kommen, wie der protestantische Forscher und Kirchenrat Georg Conrad Horst (1767–1838) meinte. Horst befaßte sich intensiv mit der Auswertung magischen Schrifttums. Unsere derzeitige Wissenschaft aber wird künftig um Studien auf magischem Gebiet kaum noch herumkommen. Im »Handbuch des deutschen Aberglaubens« (Berlin 1987, Spalte 829) heißt es zur Magie: »Als Mahnung an eine einseitig mechanisch und rational orientierte Welt ist in der Geschichte auch der Magie ihre Rolle zugewiesen, die keineswegs ausgespielt ist. Darin liegt Sinn und Bedeutung ihres Studiums für den, der ihrer Dogmatik nicht folgen und noch weniger ihre Praxis sich zu eigen machen kann.«

Dem dürfte zuzustimmen sein. »Ich zweifle nicht«, schrieb Prof. Dr. Ludwig Staudenmaier (1865–1933), »daß über kurz oder lang die Magie als letzte der uralten Künste dem Aberglauben einerseits und der Verachtung andererseits entrissen und zur regelrechten Wissenschaft gestaltet werden wird.« Dieser Überzeugung war auch Dr. Carl du Prel. Staudenmaier war Chemiker und katholischer Theologe. Er experimentierte an sich selbst 33 Jahre lang und ging dabei bis an die Grenze des Wahnsinns. Obwohl er alles animistisch interpretierte, ist sein Buch »Die Magie als experimentelle Naturwissenschaft« (Darmstadt, 3. Aufl. 1968) nicht nur für den akademisch gebildeten Forscher lesenswert. Staudenmaier starb in Rom. Erfolglos hatte er sich um eine Berichterstattung beim Papst bemüht.

Es wäre gewiß verfehlt, die Magie in Bausch und Bogen nur deshalb zu verwerfen, weil mit ihr soviel Mißbrauch getrieben wird. Auf welchem Lebensgebiet war und ist das nicht der Fall? Wurde nicht schon alles, was menschlicher Intellekt erfand oder entdeckte, mißbraucht? – Und was magische Belästigungen anbelangt, so ist Angst davor das verkehrteste Verhalten. Dies betonte auch Gebhard Frei und meinte, einem christgläubigen Menschen sollte bewußt bleiben, daß Christus der Herr ist über alle kosmischen Kräfte und dämonischen Wesen. Die panische Furcht der letzteren allein schon vor dem Aussprechen des Namens Jesu beweise dies in aller Deutlichkeit. Im engen Anschluß an ihn und mit Gottvertrauen im Herzen bräuchten wir uns vor keinerlei dunklen Mächten und Machenschaften zu fürchten. Vielmehr sollten wir, »ohne die negativen Kräfte in Kosmos und Psyche zu leugnen, nicht angstvoll auf sie starren, sondern in froher christlicher Zuversicht durch sie hindurchgehen im Vertrauen auf Gott und das Wort Christi: ›Seid getrost, ich habe die Welt (und damit die Kräfte diese Äons) überwunden‹« (Joh. 16,33).

1 Berlin 1929. Aram ergänzt: »Die Natursichtigen scheuen das Jenseits, die Religiösen erstreben es, die Rationalisten diskutieren es aus der Welt.«

2 Theurgie kommt vom griech. *theurgós*, was göttliche Handlung heißt, Goëtie vom griech. *goeteía* = Zauberei, Täuschung.

3 Vom lat. *signum* = Zeichen, Anzeichen. – Paracelsus verstand darunter die allen Lebewesen anhaftende astrale Schwingung, die sie mit anderen von gleicher oder sehr ähnlicher Schwingung in Beziehung setzt. Die Signaturenlehre beim Menschen, heute Psychophysiognomik genannt (z. B. jene von Carl Heinrich Huter, 1861–1912), erlaubt von Gesichtsbildung und Schädelform her recht genaue Rückschlüsse auf Wesen, Charakter und Veranlagung.

4 Sympathie kommt vom griech. *sympátheia* = Mitleiden, Mitgefühl. – Die Krankheitsübertragung auf Bäume ist riskant. Wird nämlich der betreffende Baum gefällt oder vom Sturm umgerissen, so soll das mit ihm sympathetisch verbundene Menschenleben ebenfalls erlöschen. Stirbt aber der Mensch zuerst, so geht sein Lebensgeist angeblich in den Baum über (nach Dr. J. Nistler in ZfO 1931/32, 129). Wäre somit die Vorstellung, manche Naturgeister seien ehemalige Menschen, von der Magie her begründet? – Früher leisteten Holzfäller dem Baum, den sie fällen wollten, Abbitte ...

5 »Die Naturordnung. Von der Mechanistik zur Pneumatologie«, Pforzheim 1958, S. 57.

6 Warum jene Mutter zuletzt so furchtbar leiden mußte, bleibt ein Rätsel, auch im Hinblick auf das Bild, das wir uns von Gott machen. Diesbezügliche Zweifel freilich können nur entstehen aufgrund unserer Unkenntnis der maßgeblichen Gesetze, die jeglichem Geschehen zugrunde liegen.

Ohne Bezugnahme auf die vorgenannte Begebenheit sei hier Dr. Fritz Quade (a.a.O., S. 57 ff.) zitiert: »Auch ein hartnäckiges Wünschen in scheinbar guter Absicht, etwa zur Erzwingung der Gesundung eines erkrankten Familienangehörigen, kann Luzifer mißbrauchen, wenn es eigensinnig fordert, nicht demütig bittet. So ist mancher Heiler, der sich auf seine Menschenliebe etwas zugute tut und sich als weißer Magier fühlt, doch durch seine Eigenwilligkeit dem Teufel in die Schlinge gegangen ... Viele Menschen wissen nicht, daß die Wunschkräfte nur im Namen Gottes oder Christi und mit Unterordnung unter den göttlichen Willen betätigt werden dürfen; daß sich aber bei aller eigensinnigen, eigennützigen Mobilisierung dieser Kräfte der Widersacher einschaltet, so daß schon beim *Besprechen* oder der Erteilung an das Unterbewußte gerichteter Befehle in der *Hypnose* die Dämonen ihre Hand im Spiel haben können ... Man müßte aber die dunklen Mächte für sehr töricht halten, wenn man glaubte, daß sie *immer* täuschten und Mißerfolge brächten. Gerade dadurch, daß sie eine Zeitlang die Wahrheit sagen und Erfolge verschaffen, gewinnen sie Vertrauen. Außerdem haben sie dadurch die Wissenschaftler zu der Vorstellung geführt, es ließe sich auf diesem Gebiet wie auf jedem anderen experimentieren, jenseits von Gut und Böse ... und es gäbe Heilungen überall und keinen Unterschied zwischen solchen der Christus-Jünger und der Selbsterlöser.«

7 Dasselbe gilt für die angebliche Äußerung Jesu (Luk. 19,27): »Doch jene meine Feinde, die nicht wollen, daß ich über sie herrschen sollte, bringet herbei und erwürget sie vor mir«, d. h., man solle sie vor seinen Augen ermorden! Ob er so etwas wirklich gesagt haben sollte?

8 Auf einem Hügel des Dorfes Cibanas in Portugal soll vor vielen Jahren eine alte Frau einen Fluch ausgesprochen und danach gestorben sein. Nunmehr fällt jeden Tag ab 16 Uhr Regen auf den Hügel, auch wenn die Sonne scheint. Meteorologen bestätigen es, haben aber keine Erklärung (Pressemeldung vom 16. 9. 1988) – das Werk von Naturgeistern in Zusammenhang mit einem Fluch?

9 Unter dem Begriff »Mudra« oder »Mudras« werden bestimmte Hand- und Fingerstellungen verstanden, wie sie nicht bloß bei rituellen Tänzen im Hinduismus üblich sind. Es ist eine Liturgie der Gestik. Ähnlich wie bei den verschiedenen Körperstellungen des Yoga wird hierdurch das persönliche Kraftfeld unterschiedlich beeinflußt und auf gewisse Wechselwirkungen eingestimmt. – Die erhobene Faust als »Gruß« gehört zum Negativsten, was auf diesem Gebiet möglich ist.

10 Im Gegenteil, sie unterstützen sich gegenseitig. Der Ostblock wäre wirtschaftlich längst zusammengebrochen und hätte sich auch keine so wahnsinnige Hochrüstung leisten können, wäre er vom Westen nicht seit Jahr und Tag mit Unmengen an Wirtschaftsgütern, Technologie, Lebensmitteln sowie Milliarden an Dollars versorgt worden.

11 Die entsprechenden Anweisungen und »Zauberformeln« entstam-

men zumeist üblen Machwerken in Buchform, wie z. B. das angeblich 6. und 7. Buch Mose. (Das geht bis zum 11.! Im 6. Kapitel des 6. Buches Vers 6 wird ausdrücklich der Schutz Satans verheißen für den Buchbesitzer und -benützer.) Kahir nannte es eine Unverfrorenheit, solche Schwarten auf den Markt zu bringen. Damit ist das Problem aber nicht abgetan, denn derlei Erzeugnisse werden gekauft wie frische Semmeln. Man beachte jedoch folgendes: Jedes Buch bildet entsprechend seiner Grundtendenz, die der Verfasser hineinlegte, ein Kraftfeld von ganz bestimmter Frequenz. Bücher der genannten Art nun ziehen nach dem Gesetz der Wesensverwandtschaft (Affinitätsgesetz) dämonische Einflüsse an. Mir sind Personen bekannt, bei denen sich nach dem Erwerb solcher Literatur (in einem Fall sogar die »Gespräche mit Seth«!) spukartige Erscheinungen und nächtliche Belästigungen einstellten.

12 »Die Logurgie in den Philippinen«, a.a.O., S. 24 ff.

13 Die Shiatsu-Methode scheint beachtenswert zu sein. Shiatsu (zu deutsch: Fingerdruck) soll zu Beginn des 20. Jahrhunderts entwickelt worden und inzwischen vom japanischen Gesundheitsministerum als verläßliche Therapieform anerkannt sein. Shiatsu nutzt vierzehn Energiebahnen (Meridiane) im Körper und versucht durch sanften Druck (mit Fingern, Ellenbogen, Knien und Füßen), diese Energien besser zirkulieren zu lassen. Es soll eine Mischung aus Yoga und Massage sein.

14 »Touch for Health« nennt Dr. Harald Richter (in »Esoterik und Wissenschaft« Nr. 155/157–1988, 6) eine umfrisierte Akupressur und verweist auf die Tatsache, »daß sich hinter neuen Begriffen eigentlich zum Teil altbekannte Methoden verbergen, die lediglich erweitert und umgearbeitet, d. h. modifiziert wurden.« Trotz der Gefahr, daß hochgeschraubte Erwartungen unerfüllt bleiben müssen, werden solche Neuerungen »von sogenannten Therapeuten als der Weisheit letzter Schluß in kostspieligen Seminaren an den Mann gebracht.«

15 »Okkultes ABC«, Basel o.J., S. 351.

16 »Neue Wissenschaft« Nr. 6/1958, 248.

17 Jenen verhängnisvollen magischen Akt hatte der unglückliche Mann mit einer Luzifer-Anrufung verbunden; ein abermaliger Hinweis darauf, daß sich unter diesem Namen nur Dämonisches manifestiert. –
In der brasilianischen Umbanda-Religion werden solche Wesenheiten »Exús« (sprich Eschus = Teufel) genannt. Ihre hierarchische

Gliederung gipfelt in einer teuflischen Dreieinigkeit: Exú-Lucifer, Exú-Beelzebub, Exú-Rei.

18 Alfred Strauß, »Theurgische Heilmethoden«, 2. Aufl. von G. W. Surya, Lorch 1936, S. 170.

19 Aufgrund dieser Weisung löste Esra, der 458 v. Chr. mit einer zweiten Gruppe Rückwanderer aus Babylon nach Jerusalem gekommen war, rücksichtslos alle Mischehen zwischen Juden und Nichtjuden auf. Nach Kurt Aram war diese Rassentrennung nicht nur biologisch zu verstehen, sondern vor allem magisch (Esra, Kap. 10).

20 Akasha-Chronik: siehe Anm. 47 auf S. 123.

21 Auf gleicher Ebene liegt meines Erachtens der Handel mit Föten, mit ungeborenen Menschen, die u.a. zu Busencreme »verarbeitet« werden! Pressemeldung vom 28. 3. 1984: »In Frankreich wird Frauen fast 13 000 Mark geboten, wenn sie per Kaiserschnitt abtreiben. An den lebenden Embryos werden dann Experimente gemacht (!). An der Grenze Schweiz/Frankreich wurde ein Lastwagen der ehemaligen DDR mit einer Ladung tiefgefrorener Embryos sichergestellt.« Ein amerikanischer Arzt nannte das Abtreibungsgeschäft in den USA bei einer ständig steigenden Nachfrage nach Embryos »eine der zehn größten Industrien mit einem jährlichen Umsatz von 500 Millionen Dollar«. Die Nachfrage sei so groß, daß man Frauen mit Geld und moralischem Druck zur Abtreibung zwinge. Die Rockefeller-Stiftung unter Führung von Bruder David des ehemaligen Vizepräsidenten Nelson Rockefeller begann eine großangelegte »Familienplanungs-Aktion«: »Aufgabe des privaten wie des öffentlichen Sektors ist es, die Entwicklung der legalen Abtreibungen zu beschleunigen, damit sie in den USA 1,2 bis 1,8 Millionen pro Jahr erreichen«! Noch mehr Satanismus gefällig? »Ich tue es nie wieder!« erklärte New Yorks berühmter Abtreibungsarzt Dr. Bernard Nathanson. Er selber hat mehr als 5000 Kinder im Mutterleib zerstückelt und von 35 Kollegen während zehn Jahren rund 100 000 Abtreibungen vornehmen lassen! Als er den Vorgang einer Abtreibung filmen ließ und den Film sah, packte ihn das Entsetzen: Die Kamerasonde im Mutterleib zeigt, wie das winzige, erst elf Wochen alte Baby vor dem Abtreibungsgerät zurückweicht, strampelt, mit den Ärmchen um sich schlägt und den Mund zu einem stummen Schrei öffnet, bevor es von den stählernen Instrumenten gepackt, zerstückelt und dann abgesaugt wird! Den Film, dem Dr. Nathanson den Titel »Der Stumme Schrei« gab, ließ er vom Fernsehen ausstrahlen und erklärte dazu: »Bei jeder anderen

Abtreibung würde die Kamera dasselbe zeigen: das Kind im qual-vollen Todeskampf, wie es auseinandergerissen wird. Abtreibung ist Mord.«

Zur selben Kategorie einer sich wertfrei nennenden und damit luziferisch gewordenen Wissenschaft gehören die mißbräuchliche Gentechnologie (»Menschen nach Maß«), die künstliche Befruchtung (wobei im Falle von Mehrlingsschwangerschaften die »überzähligen« Embryos abgetötet werden) sowie Manipulationen mit dem Gedächtnis: Schon 1967 war auf einer Tagung der »US-Vereinigung für den naturwissenschaftlichen Fortschritt« bekanntgegeben worden, daß es gelungen sei, bei Fischen das Gedächtnis chemisch auszulöschen (»Saarbrücker Zeitung«, 23. 6. 1967). Und was soll man von Wissenschaftlern halten, die menschlichen Samen in Schimpansenweibchen verpflanzen (»Esoterik und Wissenschaft« Nr. F 143/44–1988, 32)? Kahir nennt jene, »die ihre Erkenntnis in den Sold luziferischer Kräfte stellen«, bei allem Intellekt »vollendete Repräsentanten eines Untermenschentums, um dessentwillen das ›Weltgericht‹ so nahe gerückt ist«. Die heiligen Gesetze der Natur verkennend, wissen sie nicht, »daß ihr ›Fortschritt‹ ein Fortschreiten ist dem Abgrunde entgegen« (Kahir, »Nahe an 2000 Jahre«, Bietigheim 1961).

22 In dem Dokumentationsband »Ceausescu – der rote Vampir« (Hamburg 1990) berichtet Joachim Siegerist über die allmonatlichen »Blutkuren« des ehemaligen kommunistischen Staats- und Parteichefs: jedesmal fast drei Liter Babyblut, das den Kindern am Hals entnommen, gereinigt und dem in einem Nebenraum liegenden Diktator – per Tropfinfusion – in die Venen geleitet wurde. »Es ist unbekannt, wie viele dieser Säuglinge, die nie älter als ein Jahr waren, nach der Blutentnahme starben oder schwerste körperliche und geistige Schäden davontrugen.« – Komisch, daß hier das sonst so überaus empfindsame »Weltgewissen« unberührt bleibt!

Hypnotismus, Somnambulismus, Trance und Heilmagnetismus

Diese außergewöhnlichen psychischen Zustände mit ihren vielfältigen Phänomenen gehörten ehedem zur geheimnisumwitterten Magie. Agrippa von Nettesheim (1486–1535) erwähnt sie in seiner »Occulta Philosophia«. Wegen dieses Werkes und seiner erfolgreichen Krankenheilungen der Schwarzen Magie verdächtigt und 1533 inhaftiert, war Agrippa jedoch wieder freigelassen worden. Er hatte auch im Gefängnis seine Heiltätigkeit fortgesetzt.

Zweihundert Jahre später war es der Arzt Franz Anton Mesmer (1734–1815), der mit seinen »magnetischen Kuren« für Aufsehen sorgte. Er begründete seine Lehre vom »animalischen Magnetismus« mit der Annahme einer dem Menschen innewohnenden Lebenskraft, die in Form eines unsichtbaren Fluidums vom Gesunden auf den Kranken übertragen werden kann und heilsam wirkt. Auf Mesmer geht die noch heute gebräuchliche Anwendung der »magnetischen Striche« zurück, der sogenannten Passes. Mittels dieser magnetopathischen Methode werden Heilerfolge auch bei Kleinstkindern erzielt, bei denen das Argument der autosuggestiven Erwartungshaltung ebenso entfällt wie bei Tieren oder Pflanzen. Weil hierbei manchmal psychische Ausnahmezustände auftreten können, die den Anschein hypnotischer Phänomene erwecken, meinte man später, Mesmers Erfolge hätten auf Hypnose beruht.

Nachdem seine Methode 1840 von der Académie française in Grund und Boden verdammt worden war, ja ihren Mitgliedern jede Diskussion darüber rundweg untersagt wurde, entfachte der britische Chirurg James Braid (1795–1860) aufs neue das Interesse daran. Er war überzeugt, daß es sich bei alledem um künstliche Schlafzustände handelt. Um die Phänomene jeglicher Geheimnistuerei zu entkleiden, führte er 1843 den Begriff Hypnose ein (vom griech. hypnos = Schlaf). Braid glückten schmerzlose Operationen in Hypnose, was damals größte Verwunderung auslöste; doch trug schließlich die Chloroformnarkose den Sieg davon.

Damit war der Hypnotismus für die offizielle Wissenschaft kein Thema mehr, bis die Hypnoseschule von Nancy unter Hippolyte M. Bernheim (1840–1919) sowie Ambrose A. Liébeault (1823–1904) und der Pariser Arzt Jean-Martin Charcot (1825–1893) in der Heilanstalt Salpêtrière mit ihren Experimenten an die Öffentlichkeit traten. Charcot deutete die Phänomene als körperliche Reflexerscheinungen hysterischer Personen, während Liébeault von psychischer Beeinflussung durch Suggestion sprach. Bernheim schloß sich dem an und verschaffte dem Hypnotismus mit dem Begriff Verbalsuggestion wieder wissenschaftliche Beachtung. Dennoch wurde die Hypnose noch um die Wende zum 20. Jahrhundert erbittert bekämpft. So schrieb ein Wiener Medizinprofessor, er glaube an die hypnotische Suggestion erst, nachdem er einen solchen Fall gesehen habe. Dies würde jedoch nicht geschehen, weil er sich solche Dinge nicht anschaue!

Braid meinte ursprünglich, der »animalische Magnetismus« der Magnetopathen sei nichts anderes als Hypnotismus, worin er sich jedoch später korrigierte. Die Heilmagnetiseure kämpften ständig gegen diese irreführende Vereinfachung an: Wie könne man z. B. beim magnetopathisch forcierten Pflanzenwachstum von einer Suggestionswirkung reden?[1]

Hypnose, Somnambulismus, mediumistische Trance und Heilmagnetismus werden oft noch heute durcheinandergeworfen und mangelhaft definiert. Unter platzbedingter Weglassung vieler wichtiger Einzelheiten will ich im folgenden einige wesentliche Unterscheidungsmerkmale angeben.

Hypnose liegt vor, wenn die Versuchsperson die laut ausgesprochenen oder bloß gedachten Suggestionen ihres Hypnotiseurs aufnimmt, nur mit diesem in Rapport ist und posthypnotische Befehle ausführt. Je tiefer die Hypnose, desto leichter ist die Beeinflußbarkeit. Je geringer die Hypnosetiefe ist, um so stärker bleibt die Kritikfähigkeit der Versuchsperson erhalten, so daß Suggestionen, die dem eigenen Wollen und Wesen zuwiderlaufen, abgelehnt werden können. Bei totaler hypnotischer Unterjochung jedoch kann sogar die innere Hemmschwelle als »ethische Kontrollinstanz« ausgeschaltet werden.

Der Schwede Poul Thorsen definiert die Hypnose als »Zustand körperlicher und seelischer Entspannung, in dem Kritik und Urteil mehr oder weniger ausgeschaltet sind und der Hypnotiseur in Kontakt mit dem Unbewußten steht, das die physischen und psychischen Funktionen lenkt, wodurch die Beeinflussung möglich wird.«[2]

Thorsen sagt, jede Hypnose sei eine Leistung der eigenen Psyche und somit eine Selbsthypnose. Ob dem zuzustimmen ist, sei dahingestellt, denn trotz des Vorliegens Hunderter Bücher und Arbeiten auf diesem Gebiet ist das Wesen der Hypnose noch immer zuwenig erforscht, als daß Endgültiges feststünde. Jede Hypnose hat nämlich ihren eigenen Charakter und ist – wie Thorsen zugibt – keine für immer und jeden feststehende Prozedur. Sie ist nicht nur von der jeweiligen Persönlichkeitsstruktur abhängig und infolgedessen bei jedem Menschen anders, sondern sie wechselt auch in ihrer Tiefe und Art bei jeder neuen Versenkung! Hinzu kommen fließende Übergänge und bisweilen das Überspringen einzelner oder mehrerer Stufen, so daß sich eine allgemeinverbindliche Klassifizierung dieser psychischen Ausnahmezustände als so gut wie unmöglich erwiesen hat. Thorsen schreibt ganz richtig, seit Mesmer seien die Meinungen alle voneinander unterschieden und ebenso die Techniken, die gemäß dieser

Meinungen anempfohlen werden. Eine einheitliche Auffassung habe sich trotz aller Bemühungen von anderthalb Jahrhunderten nicht durchsetzen können, daher biete sich dem Neuling auf diesem Gebiet ein sehr verwirrendes Bild. Keiner der Experten und Buchautoren habe die wahre Ursache des so geheimnisvollen Phänomens entdecken können. Auch Werner F. Bonin gibt in seinem »Lexikon der Parapsychologie« an, die physiologischen Grundlagen der Hypnose seien trotz zahlreicher Untersuchungen nach wie vor ungeklärt. Es hat daher wenig Sinn, auf einzelne Theorien näher einzugehen.[3]

Jedermann weiß, daß man sich dies oder jenes einbilden kann, mitunter sogar eine Krankheit. Das Wort »einbilden« besagt unmißverständlich, daß man etwas in sich *bildet*. Und gerade die Hypnose beweist dies sehr augenscheinlich. Man denke nur an das beliebte Beispiel mit der Münze, die man einem Hypnotisierten auf den Arm legt mit der Suggestion, sie werde heiß und immer heißer. Ja, schon die Berührung mit einem harmlosen Holzstäbchen bei gleicher Suggestion kann genügen, um eine Brandblase hervorzurufen. Ebenso gelang die hypnotische Neutralisierung von Giftwirkungen im Körper.

Suggestion klappt aber auch ohne Hypnose. Ein britischer Arzt unternahm folgenden Versuch: Er ließ eine größere Anzahl von Patienten gefärbtes Wasser als angebliche Medizin trinken. Nachdem alle das Scheinmedikament geschluckt hatten, rief der Arzt plötzlich: »Um Himmels willen, ich habe mich vergriffen! Ich habe Ihnen versehentlich ein starkes Brechmittel gegeben!« Prompt stellte sich bei achtzig Prozent der Patienten Brechreiz ein!

Durch autosuggestive Vorstellungen kann es sogar zur Stigmatabildung kommen. So wird verständlich, daß auch die Mantratechnik, dieses fortgesetzte Wiederholen bestimmter Worte oder Formeln – als Wortmagie –, im Endeffekt zur

Selbsthypnose und damit zur Bewußtseinseinschränkung führen kann.

Somnambulismus (vom lat. *somnus* = Schlaf und *ambulare* = umhergehen) kennen wir in der Parapsychologie als unwillkürlich-spontan auftretendes Phänomen bei den sogenannten Schlafwandlern (Autosomnambulismus) und als tiefstes Stadium eines hypnotisch oder magnetopathisch herbeigeführten Schlafzustandes.

Während Hypnose die eigene Geistestätigkeit beträchtlich einengt und die Versuchsperson schlimmstenfalls alles tut, was ihr zu tun befohlen bzw. eingeredet wird, bewirkt das Stadium des Somnambulismus keine verminderten, sondern erhöhte geistige Fähigkeiten; hier behält man seinen Willen, während man durch Hypnose zum Sklaven des Hypnotiseurs werden kann.[4] Im somnambulen Zustand sind hellsichtige Wahrnehmungen möglich, die Gedanken Anwesender werden erkannt, Krankheitsdiagnosen bei sich selbst oder Dritten werden exakt gestellt, Heilmittel angegeben und der weitere Krankheitsverlauf zutreffend vorausgesagt.

Beim spontanen Somnambulismus, dem landläufigen Schlafwandeln, das oft mit einer bestimmten Mondphase im Zusammenhang zu stehen scheint, bewegt sich der Betreffende »mit schlafwandlerischer Sicherheit« und geschlossenen Augen durch das Haus oder auf der Straße. Manche vermögen auf Mauervorsprüngen oder Dachfirsten entlangzulaufen, ohne abzustürzen, was selbst die stärkste hypnotische Suggestion nie fertigbrächte. Im Gegensatz zur Hypnose ist im somnambulen Zustand die physische Gehirntätigkeit ausgeschaltet, was eindeutig für die Unabhängigkeit des Geistes – unseres Ichs – vom Körper spricht. Es wird quasi eine höhergeistige Macht über den physischen Organismus erlangt, was beim Hypnotismus in diesem Ausmaß nicht erreicht wird.

Trance (vom lat. *transire* = hinübergehen und *transitus* = Übergang, Durchgang) ist ein weiterer wenig klar umrissener

Sammelbegriff für psychische Ausnahmezustände, wie sie uns speziell im Bereich des Spiritismus begegnen.

Ein in tiefer Trance befindlicher Mensch ist im Unterschied zum hypnotisierten nicht bloß auf eine einzige Person fixiert und nur mit dieser im Rapport, sondern von allen Anwesenden ansprechbar.[5] In Hypnose erfolgt lediglich passives Antworten auf Fragen, in Trance jedoch aktives Reden. Nach spiritistischer Auffassung kann der Tieftrancezustand die erforderliche physiologische Voraussetzung sein zur Manifestation Jenseitiger, indem der Körper des Mediums von fremden Intelligenzen mehr oder weniger in Beschlag genommen wird und somit als Instrument bzw. »Werkzeug« dient. Mit Persönlichkeitsspaltung im Sinne »autonomer Komplexe« hat dies nichts zu tun. Prof. Giorgio di Simone, Neapel, gelang mit Hilfe moderner Meßmethoden der Nachweis, daß Medium und Trancepersönlichkeiten voneinander völlig unabhängig sind.[6]

Wenn, wie die Tatsachen zeigen, neben der verbalen auch wortlose, rein gedankliche Suggestionen möglich sind und angenommen werden, d. h. sich umsetzen in Sprechen, Schreiben, Handlungen oder organische Veränderungen, so kommt es doch wohl sehr darauf an, aus welcher Quelle die jeweiligen Suggestionen kommen. Gemäß der spiritistischen Hypothese kann die Quelle auch außerhalb des menschlichen Bereiches liegen. Gestützt wird diese Annahme durch den gravierenden Unterschied zwischen Manifestationen in Hypnose und solchen in mediumistischer Trance: Kein Hypnotiseur wird in der Lage sein, der Versuchsperson einen ganzen Vortrag zu suggerieren, der dann von ihr in fließender Sprache wiedergegeben oder mit großer Geschwindigkeit zu Papier gebracht wird, wie dies im Spiritismus gang und gäbe ist. Ganz zu schweigen von anderen Phänomenen wie jenem der »direkten Schrift« (gegebenenfalls in geschlossenen Behältern) oder der Materialisation. Auf einen erheblichen

Unterschied zwischen Hypnose und Trance weist auch die Erfahrungstatsache hin, daß Tiere (Hunde und Katzen) sich bei spiritistischen Sitzungen anders verhalten als bei hypnotischen Experimenten.

Heilmagnetismus: Bei der magnetopathischen Behandlung kann manchmal ebenfalls somnambuler Schlaf oder Trance eintreten, aber niemals Hypnose. Hypnotisieren kann jeder lernen; magnetisieren mit Erfolg nur, wem die entsprechende Fähigkeit angeboren ist und wer über genügend Od bzw. Vitalenergie verfügt. Hypnotiseure pflegen erfahrungsgemäß keine guten Magnetopathen zu sein. Der Hypnotiseur wird nur dann versuchen können, eine Heilung einzuleiten, wenn sein Patient sich in Hypnose befindet. Ein Heilmagnetopath bedarf derselben nicht. Er will dem krankheitsgeschwächten Organismus gesunde Vitalenergie zuführen, um den natürlicher Selbstheilungsprozeß zu unterstützen.[7]

Der seinerzeit weithin bekannte Magnetopath Willy Reichel (1858–1919) fragte einmal eine im somnambulen Zustand befindliche Person nach dem Unterschied zwischen Magnetismus und Hypnose. Die Antwort lautete, der Magnetismus sei eine heilende geistige Kraft, der Hypnotismus eine zwangausübende seelische. Letzterer würde keine Krankheitsursachen beheben, sondern lediglich Symptome beseitigen und eventuell verlagern, so daß die Krankheit später an einer anderen Stelle des Körpers zum Vorschein käme. Dr. Alfred Strauss spricht in seinem gemeinsam mit G. W. Surya verfaßten Buch »Theurgische Heilmethoden« von »seelentötender« Hypnose und lehnt sogar die Nutzung des Somnambulismus zu diagnostischen Zwecken ab, »weil die seelische Abhängigkeit, in welche Patient und Somnambule *dauernd* verfallen, wenn man das seelische Band nicht wieder zu lösen versteht, schwere seelische und auch organische Schädigungen nach sich zieht, die oft erst nach Jahren erkennbar werden und bei denen niemand auf diesen Zusammenhang

kommt«. Immerhin erkannte man im Bereich der Tierhypnose ihre negative Auswirkung auf die Fortpflanzungs-
fähigkeit, selbst bei so fruchtbaren Tiergattungen wie Kanin-
chen. Mithin sind Hypnoseschäden langfristig auch beim
Menschen denkbar.[8]

Die meisten Hypnotiseure werden dies energisch bestreiten,
doch sind Beweise und Gegenbeweise nur schwer beizubringen. Poul Thorsen sieht in der Hypnose sogar eines unserer
besten Heilmittel und verweist auf die gesundheitsfördernde
Wirkung allein schon des hypnotisch bewirkten Ruhezustan-
des an sich. Er gibt zu, daß die suggestive Beseitigung von
Schmerzen und Beschwerden keine Heilung darstellt, meint
aber, die Symptombeseitigung könne den Beginn der Krankheitsheilung bilden. Thorsen verweist auf Erfolge bei Migrä-
ne, schlechter Verdauung, Impotenz und Frigidität sowie bei
Stotterern. Auch verbesserter Haarwuchs konnte erzielt werden, sofern die Zellen noch reaktivierbar waren. Ferner kann
auf suggestiv-hypnotische Weise die Magensaftproduktion
beeinflußt werden, desgleichen der Blutkalziumgehalt und
der Blutzucker.[9]

Bewährt hat sich Hypnose auch in der Chirurgie bei Patienten, für die eine Vollnarkose zu riskant wäre.[10]

Bei der Raucherentwöhnung wird schon seit langem mit
hypnotischer Suggestion gearbeitet, wenn auch nicht immer
mit anhaltendem Erfolg. Dasselbe gilt für Süchte aller Art,
wenn die Betreffenden aus eigener Kraft nicht mehr davon
loskommen. Minderwertigkeitskomplexe und krankhafte
Eifersucht sind der hypnotischen Behandlung ebenfalls zugänglich. Ob sie hingegen bei Schlankheitskuren auf die
Dauer ohne gesundheitliche Nachteile nützlich sein könnte,
wäre überprüfenswert. Man muß dabei ja nicht übertreiben
wie der 1967 verstorbene Tscheche Bretislav Kafka. Er beließ
manche seiner Versuchspersonen jahrelang, ja sogar lebenslänglich in Hypnose! Einmal versetzte Kafka einen Mann

drei Wochen lang in eine imaginären Obstgarten. Der Mann lebte die ganze Zeit über nur von dem eingebildeten Obst, brauchte nie auf die Toilette zu gehen und soll am Ende jener Hungerkur auch noch zugenommen haben!

In jüngerer Zeit wurde sogar Empfängnisverhütung durch hypnotische Suggestion erreicht. Dies gab der Mailänder Hypnotherapeut Marco Marchesan 1975 bekannt. In mehrstündigen Sitzungen sei insgesamt zwanzig Frauen eingeredet worden, sie würden von einem bestimmten Datum an nicht mehr schwanger. Dies habe zugetroffen. Wie lange die Suggestion anhielt, wird nicht berichtet.[11]

Hypnose ist einsetzbar auch als Hilfe zu besserem Lernen sowie zur Weckung und Entwicklung brachliegender Talente. Der Russe Wladimir Raikow soll dies erfolgreich praktiziert haben. Kunststudenten beispielsweise suggerierte er, sie seien dieser oder jener berühmte Maler der Vergangenheit. Die Betreffenden malten dann besser, als es vordem der Fall war, und die so geförderte Begabung bleibt angeblich auch nach Beendigung der hypnotischen Ausbildungsdauer erhalten. Raikow muß jedoch ungute Erfahrungen gemacht haben, denn er betonte, es sei ein Trugschluß, zu glauben, man könne die Hypnosetechnik per Schnellkursus erlernen. Eindringlich wies er auf die Gefahren einer Persönlichkeitsverzerrung hin. Niemand außer einem sehr erfahrenen Fachmann solle versuchen, jemandem oder sich selbst eine Fremdpersönlichkeit zu suggerieren.[12]

Zum Gebiet der hypnotischen Talentförderung gehört auch das Aktivieren *medialer* Fähigkeiten, wie dies Dr. Milan Ryzl mit Erfolg getan hat. Aus meiner nunmehr dreißigjährigen Erfahrung heraus möchte ich jedoch von derartigen Experimenten abraten; zu groß sind die Gefahren gesundheitlicher Nachteile und der Persönlichkeitsveränderung. Nach Heinz E. Hammerschlag (1902–1958) bleibt zwar der Persönlichkeitskern »fast unberührt. Erst mit zunehmender Vertiefung (der Hypnose) wird die Willensfreiheit und damit auch die ethische Verantwortlichkeit des Hypnotisierten mehr und mehr beschränkt.« Unter Umständen findet die zeitweilige Ausschaltung des Persönlichkeitskerns statt, so daß von einer Willensfreiheit nicht mehr die Rede sein könne. Die graduelle Abstimmung der hypnotischen Tiefenwirkung spiele eine entscheidende Rolle.[13]

Einen Gefahrenherd besonders heimtückischer Art bildet die Möglichkeit des Erteilens posthypnotischer Befehle. Das sind Suggestionen, die erst mehr oder weniger lange nach dem Erwachen aus der Hypnose zeitgenau ausgeführt werden, mitunter nach Tagen oder Wochen, ohne daß sich ein solches Hypnoseopfer über die wahren Ursachen seines ihm selber unverständlichen Verhaltens oder Handelns klarwerden kann. Hinlänglich bekannt sind z. B. posthypnotisch suggerierte Blindheit oder Taubheit, so daß die Versuchsperson bestimmte Leute, Geräusche oder Gegenstände ihrer Umgebung (beispielsweise eine Tür) nicht mehr wahrzunehmen vermag. Daß mittlerweile auch unter machtpolitischen Aspekten auf diesem Gebiet geforscht und experimentiert wird, läßt nichts Gutes ahnen: Da drillt man Hellseher für Spionagezwecke, Fernhypnose wird ausprobiert und anderes mehr. Bei den bekanntgewordenen sowjetischen »K.-O.-Experimenten« z.B. werden Menschen auf telepathischem Wege regelrecht zusammengeschlagen, k.o. geschlagen. Die Erfolgsquote soll achtzig Prozent betragen.[14]

Hier gewinnt nun die Frage an Gewicht, ob auch hypnotisch suggerierte Verbrechen möglich seien.

Sie sind es. Erstaunliche Fälle wurden aktenkundig. Dr. Hammerschlag meinte zwar, dies komme nur selten vor; naheliegender scheint mir jedoch, daß solche Delikte nur ausnahmsweise bekannt werden (z. B. in bezug auf Sittlichkeitsverbrechen). Häufig hört man das Argument, ein Mißbrauch der Hypnose für kriminelle oder unmoralische Handlungen sei nur bei Personen möglich, die entsprechende Anlagen oder Neigungen hierzu besitzen. Das mag in vielen Fällen zutreffen, aber keineswegs immer. Der Wiener Hypnotiseur Walter Senn inszenierte im Rahmen eines hypnotischen Experiments ein Scheinattentat auf den berühmten Prof. Wagner-Jauregg in dessen Klinik. Die Sache wirbelte damals viel Staub auf. Senn jedoch glaubte, damit den Beweis erbracht zu haben, »daß mittels Hypnose auch ein moralisch einwandfreier Mensch zu einem Verbrechen gezwungen werden kann«.[15]

Dieser Beweis wurde freilich schon öfter erbracht, beispielsweise in dem aufsehenerregenden Heidelberger Prozeß von 1936 gegen den Hypnoseverbrecher Franz Walter, der eine unbescholtene junge Frau sieben Jahre lang in übelster Weise hypnotisch beeinflußt und praktisch an alles gedacht hatte, um sich vor der Entdeckung abzusichern. Doch selbst die kompliziertesten in Hypnose suggerierten Gedächtnissperren konnten seitens eines erfahrenen Arztes behoben werden. Hierzu waren allerdings mehr als vierhundert Sitzungen im Zeitraum von neunzehn Monaten erforderlich; aber dieser Fall beweist, daß keine noch so raffinierte hypnotische Suggestion geeignet ist, die schließliche Aufklärung eines in Hypnose begangenen Verbrechens zu verhindern.[16]

1951 versetzte der Däne Björn Nielsen seinen Freund Palle Hardrup in Hypnose und veranlaßte ihn zu einem Bankraub. Während der Hypnotiseur in einem dreißig Kilometer entfernten Wirtshaus saß, erschoß sein Freund zwei Bankangestellte. Verurteilt wurde aber nicht der Schütze, sondern Nielsen. Er bekam lebenslänglich und beging 1974 Selbstmord.

Zu fragen wäre nun, ob es denn keinen *Schutz vor Hypnose* gebe? Einen wirksamen Schutz vor Hypnose gibt es durchaus, und zwar ist es vor allem das Gebet. Ein ernsthaftes Gebet kann jeden Hypnotiseur blockieren. Diese Erfahrungstatsache beweist, daß die Gebetskraft einer höheren Ebene angehört als die Kraft der Hypnose. Sollte das nicht nachdenklich stimmen?

Hat man jedoch während eines Gesprächs mit einem suggestiv wirkenden Menschen keine Gelegenheit zum innerlichen Gebet, kann man sich gegen seinen Einfluß auch abschirmen durch das Verschränken der Arme (rechts über links) und, wenn man sitzt, der Beine. Schützend wirkt ferner das Fixieren der Nasenwurzel des Betreffenden, des Punktes zwischen den Augenbrauen. In der größtenteils mit haarsträubendem Aberglauben durchsetzten Volksmagie wird außerdem einer bestimmten Handstellung, der sogenannten »Neidfeige«, eine schützende Wirkung zugeschrieben, ebenso wie dem vierblättrigen Klee. Das Gebet aber, auf der Grundlage eines krisenfesten Gottvertrauens, hat sich noch immer als der beste Schutz erwiesen gegen dunkle Einflüsse – gleich, welcher Art und Herkunft.

Wenn nun einerseits mittels Hypnose Giftwirkungen im Körper aufgehoben und andererseits durch Einnahme von Wasser oder harmlosen Tabletten meßbare medizinische Wirkungen erzielt werden können (wie z. B. Änderung von Blut- oder Leberwerten), so macht dies recht überzeugend den Primat des Geistes über die Materie anschaulich. Denn die Hypnose, so betont Thorsen, ist ein *geistiges* Phänomen, besser gesagt, ein seelisch-geistiges, weil ja nicht unbedingt der *Wille* des Hypnotisierten den Ausschlag gibt, sondern angeblich seine *Vorstellung*. Da sich jedoch kaum jemand richtig vorzustellen vermag, wie sich beispielsweise seine Blutzuckerwerte bessern sollen, diese Besserung durch Fremd- oder Autosuggestion aber dennoch nachweisbar eintritt, so muß es sich hier um eine schöpferische Aktivität der Gestaltungs- und Regenerationskraft unserer *Seele* handeln, welcher schon Carl du Prel zwei Funktionen zuschrieb: das Denken und das Organisieren!

In Hypnose zeigt sich überdies, wie peinlich genau wir unterbewußt alles registrieren, was wir jemals gehört, gesehen, erlebt und empfunden haben. Selbst Narkose oder Volltrunkenheit behindern in keiner Weise die Speicher- und Erinnerungsfähigkeit unseres Ichs. So konnte ein in Narkose gewesener Patient alles wörtlich genau wiedergeben, was während seiner Operation gesprochen worden war. Das lückenlose Gedächtnis erweist sich auch in Form des »Lebensfilms« bei Klinisch-tot-Gewesenen und in Nahtod-Erfahrungen. Aus alledem ergibt sich die Vermutung: Unser Bewußtsein ist sicherlich eine Einheit, erweckt aber in unserer dreidimensional orientierten Denkweise den Anschein einer Schichtung in unterschiedliche Stufen, für die wir Bezeichnungen wie Wach- oder Tagesbewußtsein, Unter- und Überbewußtsein etc. erfanden.

In all den hier angedeuteten psychischen Ausnahmezuständen unterliegt der Mensch ganz offensichtlich anderen Gesetzen, die besser als bisher zu erforschen der Zukunft vorbehalten bleiben mag – und einer Forschergeneration von gehobener ethischer Entwicklungsstufe. Man wird dann unschädliche, zwangslose Möglichkeiten entdecken, die den Hypnotismus überflüssig machen.
Ein wahrhaft Wissender wird jedenfalls kein Freund von Hypnose sein und sie nur ausnahmsweise für vertretbar halten. Auch kein wirklicher esoterischer Meister bzw. Eingeweihter, d. h. ein solcher, der ein Führer zu Gott sein will, wird jemals Hypnose anwenden.
Der bereits erwähnte Eremit sagte: »Hypnose ist für uns nur ein Studiengebiet zum Beweise der ungeheuren Kräfte der menschlichen Seele und des menschlichen Geistes darin, aber niemals irgendein Mittel zu irgendeinem Zweck. Vergiß nicht, das alleroberste Gesetz jedes okkulten Forschens, jedes Eindringens in Mystik und in Gotteserkenntnis lautet: freier

Wille! Wir maßen uns niemals an, jemanden zu zwingen, wenn das nicht einmal Gott, das allerhöchste denkbare Wesen, tut ...«[17]

Anmerkungen
»Hypnotismus, Somnambulismus, Trance und Heilmagnetismus«

1 Beim Kongreß deutscher Heilmagnetiseure 1888 in Eisenach war die Berufsbezeichnung »Magnetopath« beschlossen worden. Wer öffentlich als solcher wirken wollte, mußte sich nunmehr einer Prüfung unterziehen, »um das Publikum vor Pfuschern auf diesem Gebiete zu sichern«.

2 Poul Thorsen, »Methodik und praktische Anwendung der Hypnose«, Freiburg 1961, S. 50. Hypnose bewirkt vor allem erhöhte Beeinflußbarkeit, sofern eine Person ausreichend suggestibel und konzentrationsfähig ist. Geistig Behinderte, Geistesschwache und Schizophrene sind unempfänglich für Hypnose, weil sie sich keine zwei Minuten auf etwas konzentrieren können. Thorsen behauptet, jeder normale Mensch sei hypnotisierbar, vorausgesetzt, der richtige Hypnotiseur wendet die richtige Methode mit genügender Energie und Geduld an.
Hypnose wird gewöhnlich als eine Art Schlafzustand betrachtet, doch bestehen hier wesentliche Unterschiede. Mit dem Schlaf verwandt ist lediglich die fehlende Bewußtseinskontrolle, mehr nicht. Während ein Schlafender sich im Zustand verringerter Konzentration befindet, ist es beim Hypnotisierten (im Hinblick auf die ihm erteilten Suggestionen) umgekehrt. Im Schlaf werden Sinneseindrücke bestenfalls in Träumen verarbeitet, und im Falle sehr starker Eindrücke reagiert man durch Erwachen. In der Hypnose hingegen tendiert man zur Verwirklichung der angenommenen Suggestionen. Die wesentlichsten Unterschiede zwischen Schlaf und Hypnose bringt Dr. Heinz E. Hammerschlag in seinem Buch »Hypnose und Verbrechen«, Basel 1954, S. 24.

3 Werner F. Bonin, »Lexikon der Parapsychologie, Bern/München 1976, S. 240. – Fest steht, daß der Suggestion bei den meisten Hypnosen eine vorrangige Rolle zukommt, wobei eine Suggestion

sich immer im Unbewußten vollzieht (nach Dr. med. Karl Schmitz, »Was ist, was kann, was nützt Hypnose?«, München 1951, S. 25). Schmitz meint, jede Suggestion erzeuge im Unbewußten eine Vorstellung, so daß jede Fremdsuggestion letztlich eine Autosuggestion sei. Unser Gedächtnis würde ja nicht aus sprachlichen Gedanken bestehen, sondern aus bildhaften Vorstellungen, deren Wiederauftauchen durch gedankliche Assoziationen bewirkt werde. Dies sei selbstverständlich, weil das Gedächtnis älter ist als die menschliche Sprache und hauptsächlich aus visuellen Bildern zu bestehen scheint, während die Sprache mit dem Gehör verbunden ist (a.a.O., S. 66).

4 Ein Mann, selber Hypnotiseur, äußerte einmal einem Kollegen gegenüber sein Erstaunen, daß ein gemeinsamer Bekannter sich grundlos feindselig verhalte. »Was?« erwiderte jener Kollege. »Das hätten Sie mir schon längst sagen können. Er steht doch unter meiner Suggestion. Er wird von jetzt ab Ihr Freund werden, denn er muß tun, was ich will.« – Eine recht deutliche Aussage!

5 Wer den Hypnotiseur während des Experiments berührt, kommt mit der Versuchsperson ebenfalls in Rapport. – Übrigens wäre nachzuprüfen, ob Magneten tatsächlich die Suggestionswirkung umkehren können, wie Cesare Lombroso in seinem Buch »Hypnotische und spiritistische Forschungen« (Stuttgart 1909, S. 55) angibt.

6 »Esotera« Nr. 4/1979, 317 ff. (s. auch R. Passian, »Neues Licht auf alte Wunder«, Buschhoven 1985, S. 225 ff.).

7 Der Glaube, in diesem Falle an die Fähigkeiten des Heilers (die sogenannte Erwartungshaltung des Patienten), kann einen Erfolg zwar ebenso begünstigen wie beim Vertrauensverhältnis von Patient und Arzt, ist aber keineswegs Voraussetzung, wie Experimente an Tieren und Pflanzen erwiesen haben. Hinzu kommt, daß der Heilmagnetismus oft als wohltuender Strom empfunden wird, während Hypnose keine organische Kraft darstellt, sondern einen mentalen Zwang, den ein willensstarker Mensch auf einen weniger willensstarken ausüben kann.

8 Zu Adelma von Vay war »von drüben« gesagt worden: »Der Hypnotismus heilt nicht, er hebt nur momentan, zum Scheine, die Krankheiten auf; ein Eingreifen in den freien Willen seines Subjektes, was oft schädlich wirkt. Dem Hypnotismus fehlt die heilende Lebenswärme.« Laurentius, der jenseitige Kommunikator, unterscheidet drei Arten von Magnetismus: den animalischen, den medialen und den geistigen. Der animalische Magnetismus »liegt in

allem, was auf der Erde existiert, in jedem Element, in Erde, Stein, Pflanze, Tier und Mensch«. Der »mediale Seelenmagnetismus« sei mit animalischem gemischt. Letzterer stamme vom Menschen, ersterer von seinem Geiste, und stelle die wirkende Kraft jedweder Medialität dar. Der geistige »Urlicht- oder Akasha-Magnetismus« (für uns verstehbare Begriffsbildungen scheinen schwierig zu sein) wirkt vor allem im Gebet, in Wort und Gedanke, im Willen. »Er ist die höchste Kraft; er ist das Band, welches alle Geister mit dem Vater verbindet, und das alle zu ihm und zum Urlicht führt« (A. v. Vay, »Aus meinem Leben«, Bd. 1, Wien 1900, S. 411).

9 Demgegenüber verweist Dr. Franz Völgyösy in seinem Buch »Menschen- und Tierhypnose« (Zürich 1938) darauf, daß sich durch hypnotische Einwirkung die feinsten Verästelungen der Blutgefäße (Kapillaren) verändern. Infolge der hierdurch hervorgerufenen Veränderungen in der Zellatmung käme es auch zu solchen in den Nervenbahnen. In weiterer Folge könnten Wandlungen ganzer Organe erfolgen, doch würden derartige Schädigungen oft erst viel später zutage treten. Aus diesem Grunde müsse auch der ärztlich angewendeten Hypnose, selbst wenn sie hinsichtlich des unmittelbar behandelten Leidens Heilerfolge aufweisen mag, mit Vorsicht begegnet werden.

10 Außer James Braid arbeitete schon in den vierziger Jahren des 19. Jahrhunderts der in Indien praktizierende Chirurg J. Esdaile unter Verzicht auf die damals lebensgefährliche Vollnarkose mit hypnotischer Suggestion. Trotz der sensationell geringen Sterblichkeitsrate seiner Patienten wurde ihm keine Anerkennung zuteil (A. Stelter, »PSI-Heilung«, München 1973, S.156). Die erste Amputation (eines Beins) in Hypnose nahm Anfang Juli 1903 Dr. Frank Aldrich in Clapton an einem 38jährigen Patienten vor.

In der neuzeitlichen Hypnotherapie bedient man sich der modernen Technik: Mit dem »Multihypnophon« können über ein Verteilersystem bis zu zwölf Patienten gleichzeitig in Hypnose versetzt werden, indem sie über Ohrhörer von einer Tonbandkassette einschläferndes Meeresrauschen und Suggestivformeln vernehmen. Der Hypnotherapeut Claus H. Bick erklärt hierzu, zunächst käme es darauf an, die für logisches und analytisches Denken zuständige linke Gehirnhälfte außer Aktion zu setzen. Dies geschehe durch monotones Meeresrauschen und die knapp unter der Hörschwelle liegende suggestive Stimme. Nun sei der Weg zur rechten Gehirnhälfte frei. »In ihr sitzen die Schaltstellen für gefühlsmäßiges Denken und Handeln. Von dort aus lassen sich über hypnotische Befehle im Unterbewußtsein verborgene Ängste ausräumen. Außerdem kann das körpereigene Immunsystem gegen Krankheitserreger mobilisiert werden. Da werden dann gewaltige Energien geweckt. Sie setzen alle verfügbaren Abwehrmechanismen des Körpers in Gang« (lt. »Bild am Sonntag«, 8. 10. 1989).

11 »Esotera« Nr. 1/1976, 80. – Wie sehr Hypnose zum Mißbrauch verleitet, stellte der kalifornische »Psychologe« John Wallace unter Beweis. Auf einem Psychologenkongreß in New York führte er seine Frau Kathy als Roboter vor: Nachdem er sie in Hypnose versetzt hatte, funkte er über einen Minisender Signale zu einem winzigen Empfänger in ihrem Ohr. Diese Signale lösen in ihrem Gehirn die gewünschten Reaktionen aus. So kann er sie jederzeit auf »Liebe« einstellen oder zur Hausarbeit schicken. Dies sei eine »phantastische Methode, das Eheglück zu garantieren«, erklärte Wallace. Kathy sei jetzt die ideale Ehefrau und würde nie widersprechen. – Wie er die bedauernswerte Frau auf die Elektroimpulse trainierte, wollte er jedoch nicht verraten (Pressemeldung vom 27. 2. 1990).

12 Ostrander/Schroeder, »PSI, die Geheimformel des Ostblocks«, Bern/München 1971, S.135 ff. – Talententwicklung und -förderung mittels Hypnose ist keineswegs neu. Raikow war hierzu angeregt worden durch eine gleichartige Begebenheit, die den russischen Komponisten Sergej W. Rachmaninow (1873–1943) betraf. Nachdem dessen Erste Sinfonie bei ihrer Uraufführung im damaligen St. Petersburg durchgefallen war, resignierte Rachmaninow und beschloß, das Komponieren aufzugeben. In den folgenden Jahren schien jedes schöpferische Schaffen bei ihm blockiert zu sein, worauf seine Freunde ihm die Konsultation eines Hypnosetherapeuten namens Dr. Dahl empfahlen. Rachmaninow befolgte diesen Rat. Dr. Dahl bestätigte ihm suggestiv sein großes Talent und die Fähigkeit, es zum Ausdruck bringen zu können. Die Inspiration in ihm würde völlig frei strömen, nichts könne sie behindern. Schließlich lehrte Dahl ihn noch die Autosuggestion (was gemäß der Coué-Methode lediglich in der Stärkung des Selbstvertrauens via Unterbewußtsein durch bewußt positives Denken besteht), und so kehrte in Rachmaninow die Fähigkeit des Komponierens zurück. Er schuf sein weltberühmt gewordenes Zweites Klavierkonzert in c-Moll und widmete es seinem Hypnotiseur Dr. Dahl (a.a.O., S. 142)!

13 Heinz E. Hammerschlag, »Hypnose und Verbrechen«, Basel 1954, S. 113.

14 Ostrander/Schroeder, a.a.O (s. Anm. 12), S. 107 f.

15 ZfO 1920/21, 500. – Derartige Experimente können für das Seelenleben des Mediums von Nachteil sein: Dr. August Voisin, ein
seinerzeit namhafter Arzt der Salpêtrière, gab im Beisein von hohen
Justizvertretern einem seiner Medien die posthypnotische Suggestion, eine im Bett liegende Frau mit einem Messer umzubringen. In
das Bett hatte man eine täuschend aufgeputzte Figur gelegt. – Die
Hypnotisierte wurde geweckt, führte sofort den Auftrag aus, setzte
sich wieder hin, als ob nichts geschehen wäre, und wußte offenbar
nichts von dem, was sie getan hatte. Sie wurde in guter Verfassung
entlassen. Nach drei Tagen jedoch kam sie wieder und klagte, sie
habe in den letzten Nächten nicht schlafen können, weil sie von einer
entsetzlichen Vision geplagt worden sei. Sie sähe beständig eine alte
Frau vor sich, die ihr bittere Vorwürfe mache, von ihr ermordet
worden zu sein. – Durch erneute Hypnose befreite man sie von ihren
Halluzinationen (»Revue de l'Hypnotisme«, Januar 1894, wiedergegeben in »Sphinx«, Bd. 18/April 1894, 247).

16 Ludwig Mayer, »Das Verbrechen in Hypnose und seine Aufklä-
rungsmethoden«, Berlin 1937. Als Sachverständiger vor Gericht
erklärte Dr. Mayer, aufgrund dieses Falles habe er seine Ansicht
über Hypnose revidieren müssen. Ebenso wie andere Experten sei
er bislang der Meinung gewesen, daß hypnotisch suggerierte Verbrechen unmöglich seien. Man habe angenommen, im Menschen
bleibe auch dann noch ein Rest persönlicher Widerstandskraft und
sittlicher Urteilsfähigkeit wirksam, wenn er durch Hypnose der
freien Willensbestimmung beraubt sei. Doch komme es wohl nur
darauf an, daß der Hypnotiseur etwas könne und das Opfer leicht
beeinflußbar sei.
Carl du Prel empfahl im Falle des Verdachts auf ein hypnotisch
bewirktes Verbrechen (das auch bei unglaubwürdigen Selbstankla-
gen vorliegen kann, wie die berüchtigten stalinistischen Schaupro-
zesse in den dreißiger Jahren vermuten lassen), den Angeklagten
oder Selbstankläger zweimal hintereinander in Somnambulismus zu
versetzen; beim zweitenmal würden alle Erinnerungen wiederaufle-
ben (C. du Prel, »Das hypnotische Verbrechen und seine Entdek-
kung«, München 1889, S. 36). Auch die Suggestion, niemand
anderer als man selbst könne die betreffende Person hypnotisieren,
kann auf besagte oder ähnliche Weise umgangen und die gewünschte Information posthypnotisch erlangt werden (a.a.O., S. 38).

17 Felix Schmidt, »Der Eremit«, St. Goar 1988, S. 56 f.

»Musik wird oft nicht schön empfunden ...«

»... dieweil sie mit Geräusch verbunden«, meinte Wilhelm Busch und mußte dafür den Vorwurf einstecken, unmusikalisch zu sein. Dabei hatte dieser Glückliche keine Ahnung vom Geräuschpegel heutiger Pop- und Rockveranstaltungen mit ihren Lautstärken bis zu 120 Dezibel!

Die vorherigen Abschnitte über Magie und Hypnose bedürfen einer Ergänzung durch den Hinweis auf ein besonders erfolgreiches Mittel zur negativen Massenbeeinflussung, wie dies in der sogenannten modernen Musik vielfach der Fall ist. Das Wort »vielfach« wähle ich deshalb, weil jede Verallgemeinerung auch hier fehl am Platz wäre, aber das, was an unbestreitbaren Tatsachen vorliegt, ist alarmierend genug. Während Schwarzmagier oder ganze Gruppen von Okkultkriminellen durchaus in der Lage sein können, einzelne Menschen zugrunde zu richten, ohne der Justiz eine Handhabe zu bieten, sind sie dennoch geradezu harmlos gegenüber dem, was im großen Rahmen und seit langem mit Hilfe von Pop- und Rockmusik inszeniert wird.

Nun läßt sich über Kunst und Geschmack zwar streiten, aber es ist doch auffallend, daß vieles, was ein unverdorbenes Gemüt natürlicherweise als disharmonisch und abstoßend empfindet, unter großem Werbeaufwand bejubelt, mit Steuergeldern unterstützt und zur Kunst erklärt wird.[1] Die hierfür Verantwortlichen scheinen vergessen zu haben, daß das Wort »Musik« von »Muse« stammt und »Kunst« von »Können«. Die abendländische Kunst gründete auf dem Goldenen Schnitt, und die Musik orientierte sich an der Harmonie des Dreiklangs. »Freilich«, schrieb Kahir, »wenn sich die Verflachung des Seelenlebens eines (großen) Teils der Menschheit fast dem Zustande primitiver Urvölker nähert, nur überdeckt durch etwas Zivilisationskleister, so kann es nicht wundernehmen, daß die musischen Äußerungen solchen Seelenlebens sich gleichfalls den Urwaldklängen nähern, nur überdeckt mit Orchestergefunkel.[2] Würde das Gekreisch dieser maßgebenden Vergnügungsfabrikanten wenigstens auf allgemeine Heiterkeit oder gar Ablehnung stoßen, wäre die Sache o.k., um mit dem Schlager der Schlagworte zu reden. Aber durch Duldung und bereitwillige Aufnahme solcher niederastraler Schwingungen wird das kollektive Unterbewußtsein der Menschheit nur noch mehr vergiftet, als es durch den ewigen Zank und Hader ohnehin schon geschieht. Darüber hinaus besteht die Gefahr, daß unsere Jugend ... eine Verbildung des geistigen Ohres erleidet, das durch keinerlei Harmonie mehr in die Bahnen höherer Feinstofflichkeit geleitet wird. Der Rundfunk trägt dabei ein gerüttelt Maß an Verantwortung.«[3]

Kahir schrieb diese Sätze im Jahre 1952. Seitdem ist alles viel schlimmer geworden. »Musikpflege ist Ausbildung der inneren Harmonie«, sagte Konfuzius, und von Robert Schumann stammen die Worte: »Licht senden in die Tiefen des menschlichen Herzens ist die Berufung des Künstlers.« Genau das Gegenteil bietet uns, von Ausnahmen abgesehen, die sogenannte moderne Kunst, auf musikalischem Gebiet vor allem Richtungen wie Hard Rock und Heavy Metal. »Die klangliche Erscheinungswelt des Pop spiegelt in jeder Einzelheit das Gegenteil dessen wider, was Europa bisher als Wesen der Musik – als eine Botschaft aus der Höhe – erkannt und erlebt hat«, schreibt der Wiener Musikfachmann Friedrich Oberkogler und bemerkt zum Begriff »Pop« (von »populär«): »Populär ist für ein anspruchsloses Publikum alles, was ›durchhörbar‹ ist, was keinerlei Anforderungen an das Verständnis stellt und im Hören bequem mitvollzogen werden

314

kann ... Demgegenüber versteht der Pop unter Durchhörbarkeit jene an Primitivität grenzende Einfachheit, die von Durchführung und Verarbeitung nichts wissen will und sich auf die Wiederkehr des Gleichen beschränkt. Dieser ›Popularität‹ beugen sich im Pop alle drei Grundkomponenten des Musikalischen: Melodie, Harmonie und Rhythmus.«[4]

Man muß keineswegs Esoteriker sein, um zu wissen, daß jeder Ton als Schwingung über den Körper bis in die seelischen Bezirke hinein wirkt. Sogar das Kind im Mutterleib reagiert auf die Musikart, welche die Mutter hört, der Musik natürlich als Ganzes, weniger des Einzeltones. Nach neueren Pressemeldungen registrierten Wissenschaftler bei schwangeren Frauen die Kindesbewegungen während unterschiedlicher Musik. Ergebnis: Mozart und Brahms beruhigten die Kinder, sie hörten auf zu strampeln. Beat und Rock hingegen machten sie geradezu rebellisch. Werdende Mütter sollten daher nur sanfte, harmonische Klänge hören. Es ist genugsam erwiesen, daß solche Musik wohltuend wirkt auf Körper und Gemütsstimmung. Logischerweise ist von stark disharmonischem Getöse und Musik in Überlautstärke das Gegenteil zu erwarten. Die Begriffe »Höllenlärm« und »himmlische Musik« besagen eigentlich alles!

Allein schon der Radau in Diskotheken wirkt auf Dauer gesundheitsschädigend. Das Ärztemagazin »Selecta« sprach von einer »auditiven Vergewaltigung des Menschen«, und das bezieht sich nicht bloß auf den harten, schrillen Beat und Rock, sondern erstreckt sich auch auf die moderne Orchestermusik à la Stockhausen, Boulez, Nilson oder Penderecki. Die Folgen derartiger Musik für die ausübenden Musiker umreißt »Medical Tribune« mit den Worten: Nervosität, Gereiztheit, Streitsucht und Impotenz.[5]

Recht Bedenkliches ergab eine Langzeitstudie von M.-L. Fuhrmeister und E. Wiesenhütter, die 208 Berufsmusiker erfaßte. Diese gehörten drei verschiedenen Sinfonieorchestern an, von denen das erste fast ausschließlich, das zweite mit steigender Tendenz und das dritte nur selten Werke moderner Komponisten aufführte. Die meisten der Musiker äußerten sich enttäuscht darüber, daß sie fast alles, was sie gelernt und worum sie sich auch künstlerisch bemüht hatten, bei zeitgenössischer Musik nicht anwenden können. Sie beschwerten sich über Sinnlosigkeit, Unfug und Ausweglosigkeit in den Werken moderner Komponisten, sprachen von unmotiviertem Krach und Lärm bis zum Exzeß. Gesundheitlich klagten sie über Schlafstörungen, Kopfschmerzen, Nervosität und Gereiztheit, über Herzbeschwerden, Durchfall und Erschöpfungszustände bis hin zu Störungen des Ehe- und Familienlebens und zur Impotenz. Die Mitglieder jenes Orchesters jedoch, das nur klassische Musik spielt, sind von all diesen Beschwerden nicht betroffen. Nach anstrengenden Proben fühlen sie sich weder zermürbt noch ausgelaugt, sondern spüren bestenfalls eine »allgemeine wohlige, zufriedene Ermüdung.«[6]

In neurophysiologischen Untersuchungen wurde zu klären versucht, ob es generell das jeweilige Musikstück ist, das Beeinträchtigungen im Herz-Kreislauf-System verursacht, oder ob es daran liegt, wie man individuell die Musik aufnimmt.

Beides trifft zu. Gerhard und Hildegund Harrer, Autoren des Buches »Grundlagen der Musiktherapie und Musikphysiologie«, fanden bestätigt, daß es Kompositionen gibt, die streckenweise zu einer beschleunigten Herztätigkeit führen, zur Anspannung von Muskeln und ähnlichem mehr. Ein Trommelwirbel beispielsweise ergab eine Steigerung der Pulsfrequenz von achtzig auf hundert pro Minute. Andererseits hängen musikbedingte innerkörperliche Reaktionen auch von der Intensität des Aufnehmens ab: Bewußtes Hinhören bedeutet mehr Erlebnistiefe und bringt die in der Musik liegenden Kräfte besser zur Entfaltung, egal, ob diese

316

heilsamer oder gegenteiliger Natur sein mögen. Daß Radau nervenzehrend und auf die Dauer gesundheitsabträglich wirkt, darf als Binsenweisheit gelten.[7]

In Parapsychologie und Esoterik wissen wir vom aurischen Hellsehen her, daß Töne nicht bloß aus physikalischer Schwingung bestehen, sondern zugleich auch *Form* und *Farbe* erzeugen, und zwar außerhalb des uns wahrnehmbaren Spektrums. Wunderbar anzuschauen soll z. B. das Farbenspiel eines Chorals oder mancher Werke der klassischen Musik sein, und Kahir bemerkt, viele würden wohl für immer von ihrer Vorliebe für moderne Musik kuriert, wenn sie diese Zerrbilder von Musik und Kunst in ihrer astral-energetischen Manifestation hellsichtig schauen könnten!

Jeder Ton und jede Tonfolge erzeugt aber auch Schwingungen auf astral-seelischer und mental-geistiger Ebene, deren Energie sich im jeweils zuständigen Bereich niederschlägt. Daher können ständig wiederholte Klang- und Wortfolgen (vgl. Mantras) uns über die Psyche von innen her beeinflussen, können im Endeffckt heilsam oder störend wirken. Letzteres steht außer Zweifel, selbst wenn man robust genug ist, »eine gute Portion« zu vertragen. Wer täglich stundenlang, via Kopfhörer, »heiße Rhythmen« aufnimmt, der setzt sich zugleich ihren dreifachen (körperlich-seelisch-geistigen) Wirkungen aus, und die sind vor allem auf die *unteren* Körperregionen ausgerichtet. Belangreiche Aufschlüsse hierzu ergaben die beobachteten Reaktionen Somnambuler auf Musik: Die untere Körperhälfte reagiert auf den Rhythmus der Baßbegleitung![8]

Atonale Musik, Pop, Rock und besonders Hard Rock scheinen so ziemlich zum Schlimmsten zu gehören, was in der Welt der Klänge an Disharmonischem möglich erscheint. Kahir meint, das sei keine Musik mehr, sondern »die Tonkatastrophe des 20. Jahrhunderts«, ein Rückfall in die Urinstinkte der primitivsten Menschheitsstufe.[9]

Begonnen hatte es mit Elvis Presley, dessen hüftenwackelnder Musikstil als Protest vor allem gegen das (angebliche) sexuelle Tabu interpretiert wurde. Mit den Beatles kam die ziemlich offene Drogenpropagierung und -verharmlosung in die Szene. Eine weitere Steigerung stellten dann Gruppen wie Led Zeppelin, Black Sabbath und die populären Rolling Stones dar. Mit ihnen gewannen satanistische Strömungen mehr und mehr die Oberhand, bis jetzt im Hard Rock bzw. Heavy Metal die Propagierung totaler Anarchie und Gewalt einen Höhepunkt erreicht.

Parallel zu dieser musikalischen Entwicklung war ein zunehmendes Umsichgreifen von Satans- und Hexenkulten bemerkbar. Ein gewisser Anton La Vey (sofern er wirklich so heißt) hatte 1966 in San Francisco offiziell eine Satanskirche gegründet. In der Califonia Street. Mit dem Song »Hotel California« der Gruppe Eagles, der ein sogenannter Superhit wurde, ist jene »Church of Satan« gemeint.

Die Gruppe Black Sabbath, deren Name auf einen Horrorfilm zurückgeht, soll den Anfang gemacht haben. Einer ihrer Texte lautet: »Nimm dir ein Leben, es wird billig. Töte jemanden, niemand wird weinen. Die Freiheit ist dein, tue nur deine Pflicht. Wir wollen nur deine Seele.« Bei den Rolling Stones erreichte der Song »Sympathie für den Teufel« Höchstumsätze. Dagegen ist Rex Gildo mit seiner Platte »Ein Fest für Luzifers Freunde« ein kleiner Fisch.

Seitdem tauchen auf Plattenhüllen in vermehrtem Maße Teufelsfratzen und schwarzmagische Symbole auf: umgekehrte Kreuze und Pentagramme, die Zahl 666 und das satanistische Handzeichen, welches man mit dem Spruch »Lang lebe der Hard Rock« tarnt. Viele der Musiker selber putzen sich entsprechend heraus, und manche führen sich während ihrer »Konzerte« demgemäß auf: Lebende Kleintiere werden zertrampelt, Mäusen die Köpfe abgebissen, das hysterisch rasende Publikum wird mit tierischen Eingeweiden – meist von Schweinen – beworfen, man onaniert öffentlich u. a. m.[10]

Gewiß ist in der Rock- und Popszene bei weitem nicht alles negativ. Zahlenmäßig stellen die satanistisch orientierten Gruppen eine kleine Minderheit dar, aber sie gewannen überragenden Einfluß, erzielten die größten Umsätze und werden mit Vorliebe propagiert. Und: Schlechte Beispiele verderben bekanntlich gute Sitten. Ein junger Rockkomponist sagte mir, daß zehnmal mehr Pop- und Rockplatten verkauft werden als solche mit klassischer Musik, und mindestens 95 Prozent der ersteren seien gut und positiv gemeint. Könnte es aber nicht sein, daß harmloser Rock in seiner musikalischen Eigenart zur »Einstiegsdroge« wird für den durchweg negativen Hard Rock, der mit seinen Exzessen fraglos zur Verrohung führt und zur Abtötung aller edlen Empfindungen des Menschenherzens? Mithin dessen, was uns überhaupt erst zum Menschen macht? Wenn nämlich das natürliche Empfinden für Schönheit, Wohlklang und Harmonie abgetötet wird, so bemerkt Rolf Carsjens in seinem Buch »Macht und Wahn« treffend, dann »entfesseln sich die niederen zerstörerischen Triebe, die den mühsam erarbeiteten Wohlstand vernichten, den Nebenmenschen zum Feind werden lassen und damit das Gemeinwesen zum Einsturz bringen.« Das gelte besonders für Eindrücke und Einwirkungen der Musik, die vom Intellekt nicht sogleich erfaßt werden und deshalb – den Filter des kritischen Verstandes durchdringend – auf die tieferen Bewußtseinsschichten einwirken, »die vom Geist noch nicht durchleuchtet und beherrscht werden«.[11]

Töne, soweit sie im hörbaren Bereich liegen, werden uns über Gehör und Gehirn bewußt. Nach allem bisher Gesagten sollte deutlich geworden sein, daß Klangwirkungen nicht allein auf ihrer Hörbarkeit beruhen. Es sind vielmehr die von den Klangfolgen ausgehenden Schwingungen, die auf Körper, Seele (d. h. unsere feinstofflichen Systeme) und Gemüt eindringen. Dieser Beweis wird vor allem und besonders überzeugend erbracht durch die Reaktionen *Gehörloser* auf Musik: Der jugendlichen Insassen eines Zürcher Gehörlosenheims bemächtigte sich nach Rockdarbietungen im Fernsehen jedesmal eine regelrechte Zerstörungswut, sie wurden rabiat, traten Türen ein und zerschlugen Einrichtungsgegenstände. Die Klänge des Mozart-Films »Amadeus« hingegen beeinflußten sie überraschend positiv, sie benahmen sich danach ungewohnt höflich und zuvorkommend und besuchten den Film mehrere Male. Man bedenke: Gehörlose! Ob sie die Klangschwingungen, vielleicht besonders jene der ohnedies kaum hörbaren Obertöne, spüren mögen?[12]

Wenn also mancher Psychologe oder Seelsorger meint, satanistische Musik könne unmöglich schaden, wenn die Texte nicht verstanden werden, so übersehen sie die Möglichkeit, daß vor allem die Schwingungen wirken, nicht die hörbaren Klänge oder Texte allein; obwohl letztere sich nachgewiesenermaßen im Unterbewußtsein festsetzen. Und ist es nicht schlimm genug, wenn große Rockstars, mit ihrem Einfluß auf Millionen Jugendliche, sich zum Anarchismus bekennen und offen Gewalt verherrlichen? Wenn sie dies mit sozialpolitischen Bezügen bemänteln, so hört sich das dann so an: »Jim Morrison ist eine der ganz großen Rockmythen, einer der letzten großen Fixpunkte einer sozial und kulturell wichtigen Dekade: der sechziger Jahre. Er versuchte, mit einem innerlich und äußerlich ausschweifenden Leben seine engen persönlichen und gesellschaftlichen Grenzen zu sprengen. Seine Devise war, alles zu versuchen, aus dieser Welt auszubrechen, um zu einer anderen, geläuterten (!) und visionären Welt zu gelangen. Der Weg dazu hieß Revolte, Unordnung und Chaos. Er sagte einmal: ›Man muß in einem permanenten Zustand der Revolution sein, oder man ist tot.‹« Und: »Die einzige Kultur, die es wert ist, daß man über sie spricht, ist die Kultur der Revolution.« – »Rockmusik aber«, so erklärte ein Schweizer Fernsehkommentator, »ist im Kern Revolution. Sie ist ohne soziale Bezüge nicht verständlich und nicht interpretierbar ...«[13]

Mittlerweile wurden ganz besonders heimtückische Methoden zur unterschwelligen Beeinflussung der »Kids« und »Fans« ruchbar, und es ist schier unglaublich, wozu menschlicher Intellekt fähig ist. Ich meine hier das *Backward-masking*-Verfahren, aber auch *reverse-masking* genannt: Spielt man die Platte oder das Band rückwärts ab, so vernimmt man Texte wie »Satan ist Gott«, »Christus, der Dreckige«, »Satan, du bist mein König« oder »Ich beginne, Marihuana zu rauchen« und ähnliches in mehrfacher Wiederholung wie bei einer hypnotischen Suggestion.

Bei diesem technischen Kniff gibt es zweierlei Methoden. Bei der ersten sind Liedtexte so gestaltet, daß sie rückwärts gelesen ihren wahren Wortlaut ergeben. Beispiel: Während des Stückes »When daylight electricity came to Arkansas« der Gruppe »Black Oak Arkansas« hört man plötzlich grunzende Töne und Schreie: »Dog, dog, natas, natas!« Richtig lauten diese rückwärts gesprochenen Worte: »Gott, Gott, Satan, Satan.« Da es sich hier um ein Livekonzert handelt, muß das Rückwärtssprechen, das Crowley ausdrücklich empfahl, absichtlich erfolgt sein. – Im weiteren Text: »Satan, er ist Gott« in mehrmaliger Wiederholung.[14]

Bei der zweiten Methode verfährt man folgendermaßen: Die zur Aufnahme der Stücke verwendeten Bänder haben 24 oder 32 Spuren, die zur getrennten Aufnahme einzelner Instrumente und des Gesangs dienen. Es ist technisch kein Problem, ein oder zwei Spuren mit Rückwärtstext zu belegen. Die eingeschleusten Texte kann man abhören, indem man den Plattenteller in entgegengesetzter Richtung bewegt. Oder man überspielt das Stück auf ein Tonband, das man umgekehrt einlegt, so daß die Aufnahme rückwärts zu hören ist.

Wem dies alles als Zufall erscheinen mag, der höre beispielsweise den rückwärts eingespielten Text der Platte »Leiter
zum Himmel« der Gruppe Led Zeppelin: »Ich möchte in das
Reich. Ich möchte in die Hölle hinabsteigen ... Ich singe im
Einklang mit Satan. Alle Macht meinem Satan. Er wird uns
dreimal sechs geben. Ihr müßt für Satan leben.« Das Unterbewußtsein kehrt die Botschaft um und liefert die korrekte
Version, wie sich in Hypnose herausstellte. Der Rocksänger
und -gitarrist Jimi Hendrix, der an Heroin starb, wußte
offensichtlich, wovon er sprach, als er erklärte: »Durch
unsere Musik können wir in das Unterbewußtsein hineinle-
gen, was wir wollen.« Und wozu auch all der Aufwand, wenn
man sich keinen realen Nutzeffekt davon verspräche?
Die Beatles, die aus ihrer »Sympathie für den Teufel« nie ein
Hehl machten und denen von Radio Vatikan Ende August
1989 bescheinigt wurde, daß ihre Musik »gottesfürchtig«
sei, bedienten sich als erste der »maskierten Botschaften«,
und zwar 1968 in dem Stück »Revolution Nr. 9« ihrer
Doppellangspielplatte »The White Album«. 1988 verlieh die
Universität von Sussex dem Ex-Beatle Paul McCartney den
Doktor ehrenhalber. Der also Geehrte erschien in geziemen-
der Kleidung: scharlachrote Robe und schwarze Handschu-
he. Schwarz und Rot gelten weltweit als des Teufels Farben.
Eine weitere Raffinesse zur Förderung unterschwelliger Beeinflußbarkeit stellt der Einsatz sogenannter Stroboskopan-
lagen in Diskotheken dar. Sie verbinden Ton und Rhythmus
mit grellem Licht-und-Schatten-Wechsel, woraus sich ein
Verlust der Tiefenwahrnehmung ergibt (bei sechs bis acht
Unterbrechungen pro Sekunde). Zwanzig Unterbrechungen
in der Sekunde ergeben bereits eine Überlagerung (Interfe-
renz) mit den Alphawellen des Gehirns, wodurch eigenes
Denken eingeengt oder völlig ausgeschaltet wird. Mit solcher
Wellenüberlagerung wurde Massenhypnose weitgehend zu
einer Sache der Technik. Realitätsbewußtsein, Orientie-

rungssinn und Selbstkontrolle scheinen in dem Maße abzunehmen, wie der Licht-Schatten-Wechsel erhöht wird. Das enge Zusammensein mit vielen anderen, die der gleichen Suggestivwirkung ausgesetzt sind bzw. ihr mehr oder weniger unterliegen, kann leicht zu tranceähnlichen Zuständen führen. Die durch Rhythmus und Lärmpegel bewirkten chemischen Reaktionen im Gehirn sollen der Wirkung von Drogen ähneln. Beruhen die Lichtblitze gar auf Laserstrahlen, so schädigen sie nachhaltig die Hornhaut der Augen.[15]
Aber es geht noch weiter: Erzeugnisse der »schwarzen Musik« müssen nicht unbedingt versteckte Informationen enthalten, sie können noch auf ganz andere Art imprägniert sein, nämlich magisch. Von einem ehemals leitenden Direktor des angeblich größten US-Konzerns für Konzertaufnahmen (»Producciones Zodiaco«) erfuhr die hierüber beträchtlich schockierte Öffentlichkeit einiges von dem, was bislang geheimgehalten worden war: Jede Erstaufnahme einer Schallplatte oder Kassettenaufnahme mit destruktiver Musik – die sogenannte Matrix, von der dann Kopien angefertigt werden – bringt man in einen für Uneingeweihte nicht zugänglichen Raum. Dort befindet sich innerhalb eines auf den Boden gezeichneten magischen Kreises eine Art Altar. Im Rahmen eines Rituals legen dreizehn speziell ausgewählte Leute ihre Hände auf die Matrix und rufen bestimmte Namen an. Die so beschworenen Dämonen werden beauftragt, jede einzelne Platte oder Kassette der neuen Matrix zu begleiten und die in die Musikstücke hineingelegten Kräfte zur Wirkung zu bringen bei jedem einzelnen Hörer! Aus meiner Kenntnis der Dinge kann ich jenem Konzernmanager nur zustimmen, wenn er versichert, dies seien ernstzunehmende Tatsachen. Er sagt, die Anzahl der Rockplatten oder -bänder, die man besitzt, ergebe zugleich die Anzahl der magisch beschworenen Dämonen, die man in der Wohnung hat und die sich von dieser Musik nähren. Manchmal verzichtet man auch auf

jegliche Tarnung der eigentlichen Beweggründe und Absichten. So stand auf einer Plattenhülle von »Black Sabbath« zu lesen: »Und du, armer Narr, der du diese LP in Händen hältst, wisse denn, daß du mit ihr deine Seele verkauft hast; denn sie wird schnell in diesem höllischen Rhythmus, in der teuflischen Kraft dieser Musik gefangen sein. Und dieser musikalische Tarantelbiß wird dich tanzen lassen, ohne Ende, ohne Pause.«

Aber selbst wenn der Jugendliche keine Rockkonzerte solcher Gruppen besucht oder Platten kauft, kann er sich dem gefährlichen Sog kaum entziehen, denn aus den Lautsprechern der Radios tönt überwiegend Beat, Pop und Rock, somit auch die Produkte dieser Bands. »Wenn man es recht bedenkt«, sagte ein Vertreter der Marktbeobachtungsstelle eines Schallplattenkonzerns, »sie *können* uns ja nicht entgehen. Wenn sie das Radio anstellen, haben wir sie schon.«[16]

All dies verniedlichen oder als harmlos hinstellen zu wollen halte ich für gefährlich. Hier wird nämlich handfeste Dämonomagie praktiziert in ihren übelsten erfahrbaren Formen. Führende Pop- und Rockgrößen gaben das schon öfters offen zu. »In einer spiritistischen Sitzung versprach mir der Spirit Ruhm und Weltherrschaft durch die Rockmusik und Reichtum im Überfluß. Das einzige, was er von mir verlangte, war mein Körper, um ihn zu besetzen. Und so wurde ich weltberühmt unter dem Namen, den er mir als den seinen gab: Alice Cooper«, erklärte der unter diesem weiblichen Namen auftretende Satanist, der eigentlich Vincent Fournier heißt.[17]

Mit dem »Körperbesetzen« ist Besessenheit im spiritistischen (und auch biblischen) Sinn gemeint. Der Hard-Rock-Sänger von der Gruppe Meat Loaf erklärte am 11. 9. 1978 der »Times« gegenüber: »Wenn ich auf die Bühne komme, werde ich besessen«, d. h., eine Fremdpersönlichkeit nimmt von seinem Körper Besitz. Es liegt eine Reihe ähnlicher Aussagen vor. Unter dem Titel »Rock und Schwarze Magie« heißt es in »Spotlight« Nr. 10/1978: »Kreativität, emotionales Über-sich-hinaus-Gehen, explodierende Energie, Trance und sich total ausgeben: Attribute, die *jede* Rockschau beherrschen und denen *jeder* Rockmusiker unterliegt, sind gleichwohl Attribute der Magie. Und so ist der Schritt nicht weit, den Künstler und Musiker unternehmen müssen, um sich den dunklen Mächten der Magie zu stellen, sie herauszufordern, sie dienlich zu machen, ihnen zu begegnen zu suchen.« Und man weiß nicht, über was man sich mehr wundern soll, über die Unverfrorenheit oder über die Leichtfertigkeit, wenn Jimmy Page erklärt, Magie sei niemals gut oder böse, schwarz oder weiß, »sondern einfach eine Methode, der dämonischen Wirklichkeit teilhaftig zu werden und diese für sich zu erschließen«.[18]

Derlei Aussagen als unbedeutend einzustufen zeugt von eklatanter Unkenntnis jener »anderen Wirklichkeit«, die sich unserer begrenzten Wahrnehmbarkeit entzieht und zumeist erst jenseits des Grabes in ihrer Realität erkannt wird. Dämonische Kräfte für sich erschließen zu wollen setzt ja deren Vorhandensein und Dienstbarkeit voraus, doch scheint es noch keinem gut bekommen zu sein, der sich auf solches einließ. Das Dämonische kennt keine Gratisdienstleistungen, irgendwann muß man dafür bezahlen. Andererseits beweisen diese an sich bedauernswerten Geschöpfe durch ihr Verhalten und ihren Haß indirekt das Vorhandensein übergeordneter Lichtkräfte. Sie bestätigen ungewollt die prinzipielle Richtigkeit unserer Gottesauffassung, ja sogar der Historizität Jesu Christi. Ihre haßgeprägte Haltung gegen seine Person und gegen christlich-ethische Prinzipien kommt ja nicht von ungefähr. Für mich hat dies ausreichende Beweiskraft. Für die meisten Mitmenschen freilich gilt Joh. 1,5: »Das Licht scheint in der Finsternis, und die Finsternis hat's nicht begriffen.«

Und wie verhält es sich mit der den jugendlichen Rockfans

versprochenen Freiheit? – Nun, kann von Freiheit noch die Rede sein, wenn statt einer Erweiterung des Bewußtseins im positiven Sinne seine Einengung erfolgt auf ein rein trieb-orientiertes Denken? Und was soll die Erziehung zum Haß, zur Rebellion, zur Ablehnung altbewährter ethischer Normen und jeglicher Autorität? Welcher halbwegs vernünftige Mensch könnte von solcher Saat gute Früchte erwarten?

Man verstehe mich recht: Als Demokrat würde ich niemals für ein Verbot von Rockveranstaltungen oder irgendwelcher Gruppen und Bestrebungen plädieren, wohl aber für Wachsamkeit und eine rückhaltlose Aufklärung. Damit allein ist es aber nicht getan. Wir sollten vermehrt jene Verteidigungswaffe einsetzen, die von den Dunkelmächten am meisten gefürchtet wird: Das gottvertrauende Gebet! – Als in Zofingen/Schweiz am 19. 4. 1989 eine Rockgroßveranstaltung mit dem Satansverehrer Ozzy Osbourne beginnen sollte (3000 ausverkaufte Plätze zwischen 28 und 50 Franken), sah dieser sich plötzlich außerstande aufzutreten. Das Konzert platzte. Was war geschehen?

Hunderte, wenn nicht Tausende Christen hatten zuvor und besonders an jenem Abend *gebetet*, »daß Gott die Führung übernehme und dieses satanisch-okkulte Konzert verhindere«.[19] Von jungen Christgläubigen waren 3000 Aufklärungsschriften verteilt worden, und so geschah »das Wunder von Zofingen«. Das danach für den 20. April vorgesehene Konzert in der Bundesrepublik fiel ebenfalls aus. Osbourne hatte schon am 31. März in der schwedischen Stadt Salna eine Pleite einstecken müssen; auch dort war in größerem Rahmen gebetet worden. – Zufälle?

Jedermann kann selbst entscheiden, welcher Musik er den Vorzug geben will. Der große Cellist Pablo Casals meinte, es läge auch an den Eltern, »etwas zu tun. Sie sollen ihren Kindern gewiß nicht verbieten, Beat zu hören, aber sie könnten ihre Kinder lehren, bessere Musik zu verstehen und zu würdigen.« Und weiter: »Ich glaube, die Musik, die man Rock 'n' Roll nennt, ist ein Greuel, eine Schande, ein vertontes Gift, und wenn ich sie höre, tut mir nicht nur die Musik leid, sondern auch die Menschen, die ihr verfallen sind. Ich trauere um die Länder, in denen die offenen Ohren der Menschen dieses wilde Destillat der Häßlichkeit unserer Zeit aufnehmen müssen, und ich halte es für eine seltsame Fügung des Schicksals, daß unsere Kinder nicht nur unter der ständigen Gefahr atomarer Bomben aufwachsen müssen, sondern auch unter so scheußlichen Einflüssen, wie sie Rock 'n' Roll, Twist und Beatmusik darstellen.« Der Sound des Beat brutalisiert nach Meinung von Pablo Casals den Menschen, »er macht ihn zum wilden Tier; er ist gegen die Kunst und gegen das Leben, denn er führt fort von jener Erhöhung des Geistes, zu der jede gute Musik hinführt«.[20]

Zur modernen Kunst im allgemeinen sei noch kurz gesagt, daß selbstverständlich auch hier nicht alles über einen Leisten geschlagen werden darf; es gibt Darstellungen von positiv-künstlerischer Gestaltungskraft, die Bewunderung verdienen. Leider jedoch überwiegen – aus meiner Sicht – »Plastiken« skurrilster und dümmlichster Art, »Dichtungen« aus »sinnfreien« Wort- und Buchstabenorgien, Theaterstücke perversen Inhalts, alberne Schmierereien in der Malerei etc. pp., von Narren für Narren produziert. Wie soll man z. B. seinen Kindern erklären, warum ihre Strichmännchen und Kleckereien *keine* Kunst sind, dieselbe Qualität aber in der »documenta« ebenso als Kunstwerk gilt wie eine am Besenstiel montierte Wurst oder ein Klacks Fett an einer alten Badewanne? Es ist bezeichnend, daß diese »Kunstrichtungen« allesamt im 20. Jahrhundert entstanden, dem – wie Nobelpreisträger Kurt Lorenz sagte – Jahrhundert der Narren.

Mir scheint, die Erzeugnisse heutigen Kunstgeschmacks lassen sich grob in drei Kategorien einordnen. In a) harmlose Scherze, die aber ernst genommen werden, b) Hochstapeleien und c) Produktionen psychisch und/oder geistig Kranker.[21]

Über das Wesen echter Kunst sagte Willy Hess in einem Vortrag: »Was hat der unverbildete Mensch in der Kunst eh und je gesucht? Schönheit! Schönheit in der Welt der Klänge, Schönheit in der Welt des Sichtbaren. Damit haben wir ein erstes und untrügliches Merkmal des Künstlerischen. Tatsächlich bedeutet den meisten Menschen die Kunst jenes Schöne und Sonntägliche, das uns aus dem Grau des Alltags in eine höhere und geläuterte Welt entführt. – Schönheit aber bedeutet Ordnung (Harmonie), ist das Gegenteil von Unordnung, Willkür und Chaos. Und wenn wir hier die Tatsache (vorwegnehmen), daß dieser künstlerischen Ordnung ewige Gesetze zugrunde liegen, die von eines Höheren Hand geschaffen sind und im Aufbau des ganzen Kosmos gestaltend wirken, so verstehen wir, weshalb große Kunstwerke über das Emotionelle hinaus als eigentliche Offenbarungen des Göttlichen empfunden werden, uns das Walten von über uns stehenden Kräften ahnen lassen.« Richtig! Deshalb mahnte Schiller die Künstler mit den Worten: »Der Menschheit Würde ist in eure Hand gegeben. Bewahret sie! Sie sinkt mit euch; mit euch wird sie sich heben!« – Wie recht hatte unser Dichterfürst; tiefer als gegenwärtig sank die Menschheit als Ganzes wohl noch nie, und ihre Kunst desgleichen.

Schließlich sollen noch zwei jenseitige Freunde zu Wort kommen, deren aufschlußreiche Mitteilungen stets von höherer Stufe zeugten.

Auf die Frage nach seiner Meinung zur abstrakten Kunst erklärte Aredos in dem seinerzeitigen Berliner Speer-Kreis: »Wenn die Schöpfung so aussehen würde, wie sie sich die abstrakten Künstler vorstellen, wäre sie ein einziges Chaos. Die wahre Kunst ist eine zusammengefaßte oder ausgesuchte Wiedergabe der Schöpfung. Wo keine Harmonie und keine

328

Schönheit ausgedrückt werden, da gibt es auch keine Kunst und keine Künstler.«[22]

Zu Pfarrer Landmann wurde gesagt: »Die Kunst ist neben der Religion und dem Erkenntnisdrang das Höchste, was Gott der Menschheit gegeben hat. Wer danach hungert, d.h., wer empfänglich ist für ihre Wirkungen, hat vor anderen, die es nicht sind, viel voraus. Kunst, so wie sie immer sein und bleiben wird als Symbolisierung tiefer göttlicher Gedanken, ist Schönheit, Harmonie, weckt erhebende Empfindungen, hebt aus dem Staub des Alltags heraus und führt zu lichten Höhen.« Und: »Kunst ist in der geistigen Lichtwelt dasselbe, was in der irdischen Welt *das tägliche Brot* ist. Sie ist für unser Leben unentbehrlich.«[23]

Wir dürfen also getrost sein. Denn hier wird uns genau das bestätigt, was unser großer Friedrich Schiller mit den Worten kündete: »Was wir als Schönheit hier empfunden, wird einst als Wahrheit uns entgegengehn.«

Das walte Gott!

Anmerkungen
»Musik wird oft nicht schön empfunden ...«

1 Man geht wohl kaum fehl in der Deutung dieses Rummels als gelenkte und bewußte Volksverdummung (das bestätigt u. a. Richard W. Eichler in seinen mutigen Büchern »Könner, Künstler, Scharlatane« und »Der gesteuerte Kunstverfall«, beide München, 1962 und 1965. Ebenso Willy Hess in seinem von der Presse totgeschwiegenen Werk »Parteilose Kunst, parteilose Wissenschaft« (Tutzing 1967). Eine Mafia von skupellosen Geschäftemachern im Verein mit wendigen »Kunstkritikern« und Redakteuren bestimmt selbstherrlich und keinen Widerspruch duldend, was als Kunst zu gelten hat. Von Willy Hess stammt das Wort: »Der Kritik von gestern war das Meisterwerk der Gegenwart ein Chaos. Der Kritik von heute ist das Chaos der Gegenwart ein Meisterwerk.« In bezug auf Kunstkritiker meint Hess, sie hätten eine fast pathologi-

sche Angst, »sich zu blamieren, als rückständig zu gelten; sie zergliedern wortreich den blühendsten Unsinn, nur um unter allen Umständen mit der Zeit zu gehen. Daß im übrigen heute eine enge Zusammenarbeit und Interessengemeinschaft zwischen dem futuristischen Pseudokünstler und dem Presseschreiberling herrscht, ist den Wissenden ein offenes Geheimnis« (in einem später in Druck erschienenen Vortrag vom 16. 2. 1978).

Wenn jede Lebensäußerung des Menschen ein Spiegelbild seiner Seele ist, so muß es in den Seelen der meisten modern sein wollenden und avantgardistischen Abstraktionstechniker schauerlich aussehen; es sei denn, sie machen den Trend bloß mit, um rasch zu Geld zu kommen, und lachen sich dabei heimlich ins Fäustchen. Wie Picasso (1881–1973) zum Beispiel. Vor dem Ersten Weltkrieg war er wegen seines gediegenen Könnens bereits hoch angesehen. Bald aber verursachten seine Werke zunehmend Kopfschütteln unter Kennern. Trotzdem oder vielleicht gerade deswegen nahm seine Berühmtheit rasch zu. Eine Bewunderin seines ursprünglichen Schaffens fragte ihn, warum er jetzt so anders male. Auf einer Karte antwortete er: »Weil mein Gut an der Riviera mich soviel kostet.« Bei anderer Gelegenheit gestand Picasso: »Ich wollte sehen, wie weit sich die Menschheit an der Nase herumführen läßt, und ich wollte auch mehr Geld verdienen« (MuSch 8. Jg., Nr. 2,18). In Madrid erklärte er am 2. 5. 1952 ganz offen, daß er sich nicht mit großen Meistern wie Giotto, Rembrandt und Goya messen könne. Er sei »nur ein Spaßmacher, der seine Zeit verstanden hat und alles, was er konnte, herausgeholt hat aus der Dummheit, der Lüsternheit und Eitelkeit seiner Zeitgenossen«.

In ihrem Buch »Picasso – Schöpfer und Zerstörer« weist die US-Autorin Arianna Stassinopoulos nach, daß Picasso ein Sadist war. Der nur 1,55 Meter große Vergötterte schlug seine Freundinnen, bis sie bewußtlos am Boden lagen. Seine erste Ehefrau beging Selbstmord. Eine Geliebte desgleichen, eine andere wurde verrückt. Mit siebzehn verführte er seinen ersten Nachhilfelehrer, und kleine Mädchen waren auch nicht vor ihm sicher. Politisch linksextrem, hätte Crowley seine blanke Freude an ihm gehabt. Dessen Praktiken schienen Picasso sowieso vertraut gewesen zu sein, denn vom Friseur pflegte er alle ihm abgeschnittenen Haare sorgsam mitzunehmen, aus Angst, »irgendein anderer könne das Haar gegen ihn als bösen Zauber verwenden« (Pressemeldung vom 9. 6. 1988).

Picasso unterschätzte das Format der meisten »Kunstverständigen«

keineswegs. Es gibt heute auf dem Gebiet der Pseudo- und After-kunst kaum etwas, das zu dummdreist wäre, um nicht Geld einzu-bringen. So erwarb die Bayerische Staatsgalerie im Haus der Kunst vier »Werke« von Fontana. Eines davon besteht aus vier »provoka-tiven« Schnitten in einer Leinwand, betitelt »Erwartung« (»Abend-zeitung« vom 7. 5. 1986). Postminister Schwarz-Schilling kaufte im Jahr einer saftigen Portoerhöhung (Briefe bis 20 g kosten bereits eine Mark, obwohl die Bundespost 1987 einen Gewinn von 2,87 Milliarden Mark erzielte), für 63 000 Mark (!) zwei mit Kabeln verbundene leere Blechbüchsen, die Beuys als »Plastik« unter der Bezeichnung »Telefon S–E« zum Kunstwerk erhoben hatte (»Spie-gel« Nr. 50/1989, 248).

Ein mehrteiliges Altarbild schuf eine Hamburger »Künstlerin«, indem sie in der Gnadenkirche von St. Pauli mit dem Luftgewehr auf selbstbemalte Pappscheiben schoß, die sie an den Altar stellte. Solchermaßen entstandene »Schußbilder« belegt sie hinterher mit Blattgold. Vom Amt des Kultursenators bekam sie 1250 Mark aus dem Etat für »projektgebundene Zuschüsse für die Entstehung von Kunstobjekten«! Der Irrsinn scheint mit Methode betrieben zu werden.

»Irre und Tollhäuser gab es schon früher«, meint Prof. Dr. Karl Steinbuch in seinem Werk »Kurskorrektur« (2. Aufl. 1973, S. 103), »aber neu in unserer Zeit ist, daß der Irrsinn akademisch geweiht wird und die Tollheit über unzählige Kanäle in Millionen Köpfe fließt.« – Hierbei ist in seiner Breitenstreuung nichts so geeignet wie das Fernsehen.

Die öffentlich-rechtliche Fernsehanstalt ARD z. B. zeigte am 19. 3. 1989 Szenen aus einem Film des »Aktionskünstlers« und Kultur-preisträgers Hermann Nitsch aus Österreich, Gründer eines »Or-gien- und Mysterien-Theaters«, wo man sich für 400 Mark Eintritt mit Tierblut und Fäkalien bewerfen lassen kann. – »Reden wir nicht von Kunst. Denn das kann wohl keine sein, wenn ein Mann eine nackte Frau ans Kreuz fesselt, Tierblut über sie gießt und sie mit einem Kunstpenis malträtiert«, schrieb eine Sonntagszeitung vom 26. 3. 1989 über jene Filmszenen. – Laut Pressemeldungen dieser Zeit bekam Nitsch eine Stelle als Kunstprofessor (mit 8000 Mark Monatsgehalt!) am 1816 gegründeten Städelschen Kulturinstitut in Frankfurt. Dessen Rektor erklärte: »Wir sind eine Akademie, an der auch in solchen Grenzbereichen geforscht (?!) werden muß. Ich will Nitsch.« Dieser sei ihm »als Kollege herzlich willkommen.«Diese kleine Auswahl an staatlich geförderter »Kultur« möge genügen. Aber hat eine solche Staatsverwaltung überhaupt noch das Recht, Gesetzesverstöße »Im Namen des Volkes« zu ahnden, da sie doch offensichtlich selber die Zerstörung sittlicher und kultureller Werte fördert? – Auf einer österreichischen Briefmarke wird als »modernes Kunstwerk« eine verfaulte Birne dargestellt. Erst nachdem die Marke erschienen war, interpretierte der Künstler sein Werk und erklärte, die faule Frucht symbolisiere den »maroden Staat!«

In seinem Beitrag »Die satanische Pseudokunst unserer Tage« sagte Frithjof Fischer-Sörensen (in »Esotera« Nr. 11/1972, 892 ff.): »Lebten nicht allzu viele gute und starke Menschen in angeekelter Gleichgültigkeit vor dem Treiben dieser Zeit, lebten nicht allzu viele Esoteriker weltabgewandt nur in ihren Jenseitsgedanken; würden sie den Blick in diese Zeit lenken und ein entschiedenes, weithin hörbares *Nein!* zu ihrem (der ›Brüder des Schattens‹, R.P.) Treiben sagen, es wäre nicht so weit gekommen wie jetzt« (987). Fischer-Sörensen, der wohl kaum ahnen konnte, daß es noch viel schlimmer kommen würde, schließt mit den Worten: »Lerne *Nein!* sagen, ein hartes und unbeugsames ›Nein!‹ zu allem, was nicht den urewigen und unwandelbaren Menschheitsgesetzen von Zucht, Sitte und Ordnung entspricht, denn ihre Verleugnung führt zum Zusammenbruch und zum Chaos. Und bringe den Mut auf, das gleiche ›Nein!‹ zu allem zu sagen, was du als ungut und schlecht empfindest und was man dir als gut und nützlich aufschwätzen will. Aber sage ›Ja!‹ zu allem, was du in deiner Seele als gut empfindest, vor allem aber, *tue es!* Dieser Mut wirkt wie ein Funke in trockenem Gras und wird im Nu zum Steppenbrand, der alles satanische Unkraut verzehrt. – Aber darauf wartet die Menschheit noch, zumindest die Einsichtigen unter ihnen, denn sie wissen um den Ernst der Stunde.«

2 Hierzu schrieb mir der Musikwissenschaftler Willy Hess: »Die Musik aller außereuropäischen Völker war *einstimmig*. So war das Melos dieser Musik noch nicht an die Harmoniegesetze gebunden, sondern konnte sich auch in Drittel- und Vierteltönen sowie gleitend ergehen. Das war für jene Stufe der Musikentwicklung ganz normal und natürlich. Erst nachdem das harmonische Element hinzukam, traten die Gesetze der Tonverwandtschaften in Kraft, und damit wurde die Musik ausdruckshaft und in ihrer geistigen Strahlung auf eine Höhe gehoben, in welcher der Rückfall in die ›Urwaldklänge‹ sich als Zerstörung des Harmonischen und damit als schwarzmagisch erwies.«

3 Diese und weitere Stellungnahmen Kahirs entstammen der Zeitschrift »Mensch und Schicksal« (MuSch), 5. Jg., Nr. 20,15.

4 Prof. Dr. Friedrich Oberkogler in seinem Beitrag »Pop-Musik, die Faszination der Jugend« (in »Soziale Hygiene, Merkblätter zur Gesundheitspflege im persönlichen und sozialen Leben«, Bad Liebenzell, Nr. 42, 2 ff). Oberkogler zitiert Gedankengänge von Dr. med. W. Bühler, wonach in Pop und Rock die Kräfte des Melodischen, welche die ungeläuterte Gefühlswelt zu durchlichten und zu klären ausersehen sind, pervertiert werden. »Denn gerade sie sollten den im Herzen erweckten Gefühlen den Zugang in das Haupt eröffnen und durch ein solcherart von Empfindung durchwärmtes Denken die wahren Ichkräfte der Seele wachrufen.« Und Kahir bemerkt: »Was ist Musik anderes als geistiges Schöpfen; was sind Töne anderes als übersinnliche Gebilde, denen Zahl und Idee als Schwingung innewohnt? Darum ist Musik die unmittelbarste Kunst und wird zum direkten Spiegelbild dessen, der sie gestaltet.«

5 »Die Welt« vom 3./4. 4. 1976. Die Kassenärztliche Vereinigung Nordrhein in Düsseldorf gab 1977 bekannt, daß die dauernde Berieselung mit moderner Musik in Freizeit, Haushalt und am Arbeitsplatz zu Hirnschäden führen könne. Durch den Beat seien Teile des Wissens vorübergehend nicht verfügbar oder würden ausgelöscht (»Passauer Neue Presse« vom 18. 6. 1977).

6 Diese Untersuchung erschien 1973 unter dem Titel »Meta-Musik« im J. F. Lehmanns Verlag, München.

7 »Aufjaulende Saitentöne elektronisch verstärkter Gitarren, hektisches Stakkato von Schlagzeugen lassen die Nerven vibrieren, schalten jegliches Denken aus ... Die Kontrolle über die Körperfunktionen geht verloren. Ein Zustand der Verzückung mit epilepsieartigen Gliederzuckungen, Heulen, Beißen, Lachen, Einnässen und Zerreißen der Kleider wird als Glücks- und Lusterlebnis empfunden« (Beitrag »Musik als Droge und Umweltschutz« in »Medizin heute«, Nr. 8/1982, 15).

8 L. Deinhard, »Das Mysterium des Menschen« (Berlin 1910, 125). Das Spielen der Tonleiter von unten nach oben ruft ein Zittern des ganzen Körpers hervor, bei den Füßen beginnend, aufwärts durch Brust und Schultern bis in den Kopf. Wird die Tonleiter von oben nach unten vernommen, so erfolgt der umgekehrte Vorgang. Dabei zeigen sich Reaktionsunterschiede bei Dur und Moll: Die Ausdrucksbewegungen sind zwar ziemlich dieselben, bei der Molltonleiter jedoch schwächer und weniger frei.

9 MuSch 8. Jg., Nr. 4,15 – Atonale Musik empfindet Rolf Carsjens (in seinem Buch »Macht und Wahn. Panorama der Weltgeschichte«, Düsseldorf 1984, S. 64) als das letzte Röcheln einer sterbenden Kultur, »vermischt mit Klagelauten primitiv-tierischen Ursprungs und dem triumphierenden Grunzen der Hölle.« Die Veranstalter von Konzerten verstünden es immer wieder, atonale Stücke in die Programm-Mitte zu plazieren, »so daß sich die Zuhörer weder durch spätes Kommen noch durch früheres Gehen entziehen können«.

Kahir weist darauf hin, »mit welcher Sorgfalt die moderne Musik den reinen Dreiklang und seine Umkehrungen vermeidet. Gerade aber dies bildete den erhebenden Zauber in der Kunst der alten Meister... Jeder irgend mögliche Dreiklang wird (heutzutage) durch Beifügung der Sekunde oder Septime seiner geistigen Eigenart entkleidet. Erfüllung wird zur Unerfülltheit abgebogen, Bejahung wird zur Verneinung, und Sammlung verliert sich in Zerstreuung« (MuSch, a.a.O.).

10 Menschen darstellenden Puppen wird das Gesicht eingeschlagen, der Bauch aufgeschlitzt, und sonstige Scheußlichkeiten werden demonstriert. »Wenn ihr blutgeil seid, müßt ihr auf unser nächstes Slaughter-in-Hell-Konzert (Schlächterei, Gemetzel in der Hölle) kommen. Wir zersägen blutige Köpfe auf der Bühne, erschießen Mönche und Jesus Christus«, heißt es in der Einladung einer solchen Gruppe. – Die in der New-Age-Szene als Repräsentationsfigur herumgereichte Nina Hagen geruhte in der »Club-2«-Sendung des Österreichischen Fernsehens vor laufenden Kameras eine sexuelle Selbstbefriedigung vorzuführen!

11 Carsjens, a.a.O (siehe Anm. 9), S. 62.

12 Auf meine Frage, wie Gehörlose Musik aufnehmen können, antwortete Willy Hess u. a.: »Man weiß heute, daß Blinde mit den Händen Farben fühlen können. Farben sind ja Schwingungen verschiedener Art, und es ist durchaus möglich, die Schwingungen der verschiedenen Farben wahrzunehmen und auf diese Weise, um ein Beispiel zu nennen, Blau von Rot unterscheiden zu können. Nun sind auch Töne Schallwellen, und warum soll hier nicht das gleiche möglich ein: Der *Tastsinn* ist bei solchen Menschen derart entwickelt, daß sie Töne als Wellen empfinden und emotionell erleben können.«

13 Aus »Ticket«, Adliswil/CH, von einem »Swami« redigiert, Nr. 1/September 1981, 14. – Jim Morrison bekannte: »Wir sind Politiker und Erotiker. Was uns interessiert, ist der Umsturz und das

Chaos« (F.S. Banol, »Die okkulte Seite des Rock«, München 1987, S. 74. Banol, Schlagzeuger in seiner eigenen Rockband, organisierte Rockfestivals und ist heute Professor für Musiktherapie, laut »Münchner Buchmagazin« Nr. 60 vom April 1987). Ein Journalist äußerte: »Um eine Nation zu vernichten, bedarf es keiner Atombombe; es genügt, die moralischen Strukturen der Jugend durch diabolische Musik, Drogen, Zigaretten, Alkohol und Sex zu zerstören. Wenn wir so weitermachen, werden wir in Kürze eine Generation von Geisteskranken haben« (Banol, a.a.O., S. 73). Schon Platon (427–347) warnte in seinem »Staat«: »Ja, Gesetzlosigkeit dringt leicht in die Musik ein, ohne daß man es gewahr wird. Freilich, sie scheint bloßes Spiel zu sein und ohne üble Wirkung zu bleiben. Sie hat auch keine andere Wirkung, als daß sie sich allmählich festsetzt und heimlich auf Charakter und Fähigkeiten überträgt, dann weiter und offener um sich greift und das bürgerliche Leben vergiftet, bis sie schließlich alles zerstört, das ganze Leben des einzelnen sowohl wie der Gesamtheit« (Carsjens, a.a.O. [siehe Anm. 9], S. 64).

14 W. Weirauch in den »Flensburger Heften« Nr. 19/1988, 167 ff. (wiedergegeben im »Materialdienst« der Evang. Zentralstelle für Weltanschauungsfragen in Stuttgart, Nr. 5/1988, 148). In »Abschied ohne Wiederkehr?« (St. Goar, 5. Aufl. 1988, S. 328) schildere ich einen Jenseitskontakt, der mittels Planchette (Buchstabenbrett) erfolgte. Die sich ungestüm meldende Intelligenz antwortete auf das »Gott zum Gruß« mit den Worten: »TTOG – Es gibt keinen TTOG … Ihr seid alle Narren, blödsinnige Narren, mit eurem TTOG.« Auf die Frage, ob die Verkehrtschreibung eine Art Gotteslästerung darstellen solle, lautete die Erwiderung: »Ja, TTOG, TTOG.« – Man mag daraus folgern, daß man sein irdisches Denken mit hinübernimmt.

15 Aus dem Gesundheitsteil von »Bild am Sonntag«, 11.2.1990. – Eine grundlegende Darstellung der verborgenen Einflüsse aller Musikgattungen bringt Cyrill Scott in dem Buch »Musik – ihr geheimer Einfluß« (München 1985). Wenn auf visueller Ebene eine Getränkewerbung, die in einzelnen Bildern zwischen den vielen Bildern eines Kinofilms mitläuft und wegen des kurzen Augenblicks vom Bewußtsein gar nicht erfaßt werden kann, dennoch in der Pause zu einem beträchtlich erhöhten Getränkekonsum führt, so werden beim Rock über die viel sensibleren Aufnahmekanäle des Musikempfindens die niedersten, archetypischen Instinkte des Menschen geweckt und angeregt. – In einem US-Supermarkt ließ man mehrere

Tage lang in kodifizierter Form (d. h. unter rascher Abspielung, so daß kein Wort zu verstehen war) die Sätze hören: »Ich bin ehrlich. Ich bin gut. Ich stehle nicht.« Ergebnis: Die Diebstähle gingen um siebzig Prozent zurück!

16 Laut D. Hartwig-Wiechell in »Pop-Musik« (Köln 1974, zitiert in »Soziale Hygiene« Nr. 42, 9). Dies darf als weiterer Hinweis auf die Tatsache gelten, daß unser Unterbewußtsein restlos alles registriert, auch das bewußt nicht Wahrgenommene oder Unverstandene.

Aleister Crowley war dies bekannt. Und auch hier waren es die Beatles, die seine kultische Verehrung begannen. Auf dem Umschlag ihrer LP »Sergeant Pepper's« ist er mit einigen anderen seines Schlages abgebildet. »Das sind Leute, die uns beeindruckt haben«, erklärte Ringo Starr. – Jimmy Page, Rock-Kultfigur der ehemaligen Gruppe »Led Zeppelin«, fühlt sich als Nachfolger Crowleys und bewohnt dessen Haus am Loch Ness.

»Seit den frühen sechziger Jahren beruft sich eine große Zahl führender Beat-, Pop- und Rockmusiker auf Crowley«, schreibt Arnold Groh in seinem Beitrag »Rockmusik im Zwielicht« (»Material-Dienst« Nr. 12/1986, 356. Ozzy Osbournes Platte zu Ehren von Crowley »Blizzard of Ozz« (1981) gelangte als meistverkaufte Picture-Disc (Schallplatte mit eingearbeitetem Bild) in das »Guiness Buch der Rekorde«. Mick Jagger spielte die Hauptrolle in dem Film »Luzifer Rising« des Regisseurs, Schwarzmagiers und Crowley-Schülers Kenneth Anger. John Lennon ruft in seinem Song »Bring on the Lucie« (auf seiner Platte »Mindgames« von 1973) Satan/Luzifer unter dessen Code-Nummer 666 an, er möge doch die Leute befreien. Crowley ahnte oder wußte anscheinend, was sich in unserer Zeit zutragen würde; die von ihm mit in Bewegung gesetzten dunklen Kräfte sollten gegen Ende des 20. Jahrhunderts in der »Erleuchtung aller« gipfeln. Dieselbe »Erleuchtung«, die laut Bhagwan im Tode erfolgen soll?

Crowleys Forderung nach einer sich ständig wiederholenden lauten Musik, nach Drogenkonsum und hemmungslosem Sex wird in der »schwarzen Musik« ausgiebig entsprochen. »Sex and Drugs and Rock 'n' Roll is all your body needs«: Sex und Drogen und Rock 'n' Roll ist alles, was dein Körper braucht (Ian Dury). Geist interessiert sowieso nicht, und die Seele nur insofern, als sie von gewisser Seite begehrt wird. »Die Verehrung des Teufels ist nichts anderes als die Religion des Fleisches und der Materie«, bekennt Satanskirchengründer La Vey.

17 Bei »Alice Cooper« soll es sich um eine ehedem verbrannte Hexe handeln. – Wegen Gewaltverherrlichung verbot München im April 1988 Jugendlichen unter achtzehn die Teilnahme an einem Schreckenskonzert dieses »Künstlers«. »Coopers Show ist wahrhaft sadistisch«, hieß es dazu in einem Pressebericht. »Er schlitzt Schwangeren den Bauch auf, zerfetzt Babys und reißt Menschen Arme und Beine ab, natürlich nur mit Puppen. Aber auf der Bühne sieht's wie echt aus. Die Musik von Cooper (Besucher: ein Lärm-Inferno) ist Nebensache. Nach zwei Stunden Horror-Rock wird Cooper zu seinem Song ›Killer‹ an einem sechs Meter hohen Galgen ›erhängt‹. 3000 Besucher johlten ›Zugabe‹!«

18 S. Schmidt-Joos und B. Graves, »Rock-Lexikon«, Reinbek 1973, S. 54. – Tony Sheridan gibt an, 1962 mit John Lennon in Hamburg eine spiritistische Sitzung besucht zu haben. Dort sagte ihm Lennon: »Ich weiß, daß die Beatles Erfolg haben werden wie noch keine andere Gruppe. Ich weiß es genau, denn für diesen Erfolg habe ich dem Teufel meine Seele verkauft« (»Pop« Nr. 23/1976, s. Bäumer, S. 54). Zwei Jahre danach waren die Beatles bereits weltberühmt und landeten einen »Hit« nach dem andern. Bis 1973 wurden 90 Millionen Langspielplatten und 125 Millionen Singles ihrer Stücke abgesetzt! Die Rolling Stones ihrerseits kassierten allein für die TV-Rechte eines einzigen Konzerts (am 19.12.1989 in Atlantic City) 36 Millionen Mark. Laut Pressemeldungen brachte ihnen die gesamte US-Tournee 350 Millionen Mark ein.

19 Nationalrat Reinhard Müller, Williberg, im »Zofinger Tagblatt« vom 22. 4. 1989. Leider ist es selten geworden, daß Politiker sich nachhaltig für christliche Wertvorstellungen einsetzen.

20 Zeitschrift »Vital«, Nr. 3/1967.

21 In Abhandlungen über die »Gestaltungskraft« Geisteskranker in der »bildenden Kunst« verschweigt man stets schamhaft die nachweisbare Verwandtschaft dieser »Kunst« mit dem Schaffen sogenannter abstrakter Künstler. Die Produktionen beider Gruppen sind absolut identisch. Hierzu ein historisches Beispiel: Kaiserin Charlotte von Mexiko, eine belgische Prinzessin (1840–1927), war eine talentierte Malerin. Als das Kaiserreich Mexiko bedroht war, reiste sie nach Europa, um Hilfe von Napoleon III. zu erbitten. Da dieser aber zu jener Zeit all seine Truppen gegen Preußen benötigte, mußte er ihre Bitte abschlagen. Die Kaiserin regte sich darüber dermaßen auf, daß sich ihre Sinne zunehmend verwirrten. Als »vollkommene Geisteskranke« wurde sie in einem belgischen Schloß interniert. Dort

begann sie wieder zu malen, aber nicht mehr »gegenständlich« wie früher, sondern wirre, unverständliche Klecksereien. Spätere Kunstkritiker erklärten, keinen Unterschied feststellen zu können zwischen diesen Bildern der Kaiserin und den Werken abstrakter Maler (H. Kotulla in »Rheinpfalz«, 7. 3. 1964).

22 »Mene Tekel«, März 1963, 1119.

23 Rudolf Schwarz, »Mehr Licht aus dem Jenseits«, Büdingen 1956, S. 54. – Mit der »geistigen Lichtwelt« sind Bereiche des höherstufigen Jenseits gemeint. Es heißt dann weiter: »Alles, was wir hier sehen, hören, erleben, ist irgendwie Kunst ... Es gibt nichts Häßliches, Unharmonisches, den Gesetzen der Schönheit und Folgerichtigkeit Widersprechendes ... (Unsere) Lichtwelt spiegelt das Wesen Gottes in all ihren Erscheinungsformen wider; ist also viel mehr als die irdische Welt, als Seiner Hände Werk zu erkennen.«

Alle Macht den Hexen!

»Hexen-Kunst bringt Macht und Reichtum«, verspricht ein Zeitungsinserat von 1989 und bietet für DM 36,– plus Versandkosten »Anleitungen für Beschwörungen, Anrufungen, Rituale und Zauberformeln, die jedes Problem lösen können«. Und nach einer Pressemitteilung vom 22. 4. 1989 bewilligte das Oberkommando der US-Luftwaffe der Rekrutin Patricia H. (21) acht zusätzliche Feiertage zur Ausübung ihrer Religion, weil jedem Rekruten freie Religionsausübung erlaubt sei. Patricia H. bekennt sich zum Wicca-Kult und betrachtet sich als Hexe.

Auch im deutschen Sprachraum sind die Hexen im Kommen. Es gibt Hexenschulen und radikale Feministinnen auf der politischen Bühne, die sich als Hexen fühlen. In fast allen Städten existieren geheime Zirkel dieser Art, denen zumeist nicht mehr als dreizehn Frauen angehören dürfen. Ihre Vorliebe für diese Zahl wird mit den dreizehn Vollmondnächten im Jahr begründet; der Mondkult spielt eine bedeutende Rolle im Hexenglauben.

Die Sensationspresse nimmt sich mit Vergnügen dieses Themas an, und das Fernsehen darf natürlich auch nicht fehlen: »Ich töte, wenn Satan es befiehlt« lautete eine ZDF-Sendung vom 17. 9. 1984, bei der die Schwarzmagierin Ulla von Bernus, Tochter des Esoterikers Alexander Freiherr von Bernus (1880–1965, bekannt u. a. durch seinen »Gesang an Luzifer«), ein magisches Tötungsritual vorführte. Für unsere Justiz freilich ist so etwas »objektiv unmöglich«. Deshalb wurde Ulla von Bernus vom Landgericht Kassel zur Rückzahlung von 30 000 Mark an eine Frau aus Bremen verurteilt, deren Freund zurückzuholen mißlungen war. Und ein protestantischer Pfarrer, der wegen jener Fernsehsendung Strafanzeige wegen Mordes und Verführung zum Mord erstattet hatte, wurde belehrt, daß es sich um ein strafloses Wahndelikt handle, weil so etwas nicht funktionieren könne. Eine Art Heimat der Hexen scheint England zu sein. Nach der 1951 erfolgten Aufhebung des Hexereigesetzes nahm der dortige Wicca-Kult einen Aufschwung. Das Wort »Wicca« soll keltischen Ursprungs sein und angeblich soviel wie »weise Frau« bedeuten (später *witch* = Hexe, Zauberin). Offiziell wird Weiße Magie praktiziert, und im Gegensatz zu den rein feministischen Hexenzirkeln sind im Wicca-Kult auch Männer beteiligt. Bei den Einweihungsriten, die teils noch von Crowley persönlich für den ehemaligen Oberhexer Gerald B. Gardner verfaßt wurden, agiert der leitende Hexenmeister in der Maskerade des Teufels. Der Leitspruch lautet auch hier: »Tue, was du willst.« Nicht grundlos wird dem einzuweihenden Neuling in allem Ernst die Frage vorgelegt, ob er sich seinen Schritt reiflich überlegt habe und bereit sei, die Geheimnisse und Rituale des Coven »unter allen Umständen« zu wahren (Coven ist eine Bezeichnung für Hexenzirkel). Bedürfen edle Bestrebungen irgendwelcher Geheimhaltungsgelöbnisse?

Insgesamt betrachtet kann von einer einheitlichen Hexenbewegung allerdings nicht die Rede sein. Die britischen Hexen z.B. sind in zwei Richtungen gespalten, in die »Gardnerians«, die sich als Anhängerinnen von Gerald B. Gardner verstehen, und die »Alexandrians« des Alexander Sanders.[1] Daneben gibt es Hexenbünde, die auf das Mitwirken von Männern verzichten. Allen gemeinsam jedoch ist Haß. Haß auf irgend etwas und gegen irgendwen ist Grundlage allen satanistischen Denkens. Die modernen alias »neuen« Hexen als radikale und extrem links orientierte Feministinnen erhoffen sich wenig vom astrologischen Wassermannzeitalter, sie wünschen sich ein weibliches herbei. Ihnen geht es nicht mehr um Gleichberechtigung, sondern um eine Art Kulturrevolution, eine Wiedereinführung des absoluten Matriarchats, um Zurückdrängung des Mannes aus dem öffentlichen und privaten Leben. Dies geht einher mit der Entthronung des jüdisch-christlichen Vatergottes und dessen Ersatz durch weibliche Gottheiten wie Diana oder Astarte, Isis und Artemis. Erdmuttergöttin und Mondgöttin genießen hierbei ebenso Verehrung wie jener ziegenbockgestaltige »Gott«, den manche Esoteriker uns als Thot/Hermes/Pan/Christus schmackhaft machen wollen.

Hexliche Gemeinsamkeiten zeigen sich ferner im Befürworten der Abtreibung und in Kinderfeindlichkeit sowie in der Hinwendung zur Magie als Mittel der Machterlangung über andere. »Du sollst die Kunst des Giftmordes lehren, jene zu vergiften, die sich große Herren über alles dünken. Ja, in ihren Palästen sollst du sie sterben lassen, und die Seele des Unterdrückers sollst du fesseln«, heißt es in einem erstmals 1886 veröffentlichten Text. Unter dem Deckmantel des Rechtes auf weibliche Geselligkeit wird »der Anspruch auf die Nacht« propagiert, »auf eigenständige sexuelle Lüste, auf luziferische Wißbegierde und das Recht auf Kontrolle des eigenen Körpers«, d. h. auf Abtreibung, wie es in einem Frauenlexikon heißt.[2]

Von »Befreiung« ist natürlich auch wieder die Rede. »Die Befreiung fängt an, wenn Frauen sich weigern, nach den herrschenden Maßstäben ›gut‹ und/oder ›gesund‹ zu sein...«, erklärt Mary Daly in ihrem Buch »Jenseits von Gott Vater Sohn & Co.« Ihre Kennzeichnung einer Hexe (sie schreibt »Häxe«) lautet: »Häxliche Frauen sind solche, die widerspenstig, eigensinnig, zügellos, unkeusch sind und, vor allem, männlicher Werbung nicht zugänglich ... Als Furien lehnen die Frauen in der Tradition der großen Häxen den Fluch des Kompromisses ab.«[3] Ziel des Hexenglaubens sei nicht, Gott zu erkennen, sondern Gott zu sein.[4]

In der hexlichen Religionsphilosophie wird der biblische »Sündenfall« merkwürdigerweise zugegeben, aber so interpretiert, daß Eva erkenntnismäßig dem Adam weit voraus gewesen sei: Ihr Wissen hatte sie von Luzifer. Der Apfel, den sie Adam gab, symbolisierte ihre Bereitschaft, ihr frauliches Wissen mit ihm, dem Manne, zu teilen. – Luzifer sei in Wirklichkeit Gott. Teufel sind die Männer, denn »sie raubten den Frauen die Macht ganzheitlichen Denkens«. Und: »In jeder Frau leben hexische, teuflische, göttliche Energien, die Kraft zum Ganzen, zum höchstmöglichen Leben ...« – »Unsere weibliche Göttlichkeit erreichen wir mit der Verbindung des ursprünglichen ›Teufels‹«, nämlich Luzifers. Und wenn überhaupt noch etwas aus dem atomaren Dilemma herausführen könne, »dann der Weg zu uns selbst, zur eigenen luziferischen Kraft, mit unserem weiblichen Geist. Der Weg der heutigen Hexen.«[5]

Für diesen Weg wird geworben und gelockt mit wohlklingenden Buchtiteln und Werbesprüchen wie »Heilung und Erfüllung durch die Große Mutter«; »Leben aus der Kraft der Göttin« – »Dieses Buch kann der Leserin zu ihrer schon lange erwarteten und ersehnten Neugeburt verhelfen«; »Der Weg zur Göttin der Tiefe« – »Ein neues Bewußtsein wird aus der Umarmung mit der weiblichen Weisheit der Tiefe entstehen: sensibel, instinktvertrauend, kreativ und weise.« Im Veranstaltungsangebot eines Zentrums »für weibliche Entfaltung« heißt es: »Wir versuchen, mit unseren Kursen zu den verborgenen, unbewußten Quellen weiblicher Kraft vorzudringen ... zum schöpferischen Ur-Feuer, das Deine Intuition erweitert, Dir zu neuen geistigen Fähigkeiten verhilft, Dir Dein eigentliches Wesen mitteilt, das einer kraftvollen, eigenmächtigen Frau.« Nach außen also die Wiedererrichtung des Matriarchats, nach innen »die Wiedergeburt der Göttin in uns. Der Göttin als einem Einen, universalen Selbst.« Womit wir abermals bei der narzißtischen Selbstvergottung angelangt wären, die in der heutigen Esoterik fröhliche Urständ feiert.

An sich sollte das bisher Dargelegte zur Einschätzung der ideologischen Grundtendenz moderner Hexenkulte ausreichen; denn daß hier alles denkbar andere, nur keine Wege zu Gott gelehrt und beschritten werden, ist deutlich erkennbar. Die Erdgöttin und sonstige Naturgottheiten in Ehren, und soweit sie in der Natur beseelend weben und schaffen, haben auch sie im weisheitsvollen Schöpfungsplan ihren Platz, und es ist keineswegs falsch, ihnen dankbare Anerkennung zu zollen; die Moderne hat da viel altes Wissen in Vergessenheit geraten lassen. Doch sollte bei alledem nicht verschwiegen werden, daß jedem Menschen – neben einem Dämon als Vertreter des negativen Prinzips – auch ein wirklicher Lichtbringer und Führer zum göttlichen Urlicht beigesellt wurde, nämlich unser Schutzengel. Wäre es nicht klüger, sich an diesen zu wenden statt an Seelenwesen (Naturgottheiten und -geister), die des Gottesfunkens persönlicher Unsterblichkeit noch entbehren? »Weh dem, der zur Wahrheit geht durch Schuld«, sagt Schiller im »Verschleierten Bild zu Sais«. Man wundere sich daher nicht, wenn die erhoffte weibliche Entfaltung zur Eigengöttlichkeit im Satanismus endet oder in der Psychiatrie. Manche Hexen (und das sind eigentlich schon keine mehr) wissen sehr wohl, warum sie jede Art von Schadenszauber wie z. B. Partnertrennung ablehnen, wegen der alten Hexenerfahrung: »Was du aussendest, bekommst du dreifach zurück.« Gegenmanipulationen können den auch in der Parapsychologie bekannten »Choc de retour« zwar verzögern, aber nicht ausschalten.[6]

Die heutige Zunft der Hexen und Radikalfeministinnen rechtfertigt ihr Verhalten gern mit dem Hinweis auf die ehemals tonangebende Rolle der Frau als Priesterin, und sie wollen diesen Status wiedererlangen. In der Tat stand die Frau als naturbevorzugte Trägerin übersinnlicher Fähigkeiten bei manchen Völkern in hohem Ansehen. Der männlichen Priesterschaft schien das noch nie so recht zu behagen, denn es steht historisch fest, daß die Herren so ziemlich alles, was ihre Stellung zu festigen vermochte, monopolisierten. So nahmen sie die Kochkunst ebenso für sich in Beschlag wie die Astronomie, die Heilkunde und die Kunst der Wettervorhersage. Klar, daß sie den magischen und divinatorischen Künsten der Frauen gegenüber nicht gleichgültig bleiben konnten. Mancherorts nahmen sie solche Frauen als Prophetinnen in ihre Dienste, doch deren Einfluß und Ansehen überwog oft die priesterliche Autorität. So war es zum Teil im alten Rom. In die Geheimnisse der »Guten Göttin«, deren Priesterinnen die Vestalinnen waren, wurden nur Frauen eingeweiht und stellten damit eine Konkurrenz zur männlichen Priesterschaft dar. Diese muß irgendwann auf die Idee gekommen sein, sich selber mit Frauengewändern zu bekleiden. Cesare Lombroso schreibt: »Wo die Priester die Frauen nicht aus dem Felde schlagen noch bemeistern konnten, maskierten sie sich als Frauen. Der Erfolg gab ihnen recht. Die Oberhoheit blieb ihnen, nachdem sie auch in der Magie und in Prophetenkunst wieder die erste Stelle eingenommen hatten.«[7]

Bei den Germanen galten Frauen als Vertreterinnen der hochheiligen Nornen-Dreieinheit Urda, Verdandi und Skuld. Das Noviziat bildeten die sogenannten Halgadomsmaiden, aus deren Mitte sich die höheren Grade rekrutierten – die Druda oder Truthe (altdeutsch für »Hexe«; unter »Trut« versteht man im Bayerischen noch heute eine Frau mit magischen Fähigkeiten [Trude, Drude, Drudenfuß, Druiden]), die Hag-Idise oder Hechsa und die Wala oder Totenfrau, auch Trotenweib oder Trotenwählerin genannt. Sie vollzog als Opferpriesterin den Ritualmord an Männern, überwiegend an Kriegsgefangenen. Als »Heilsrätinnen« blieben sie unverheiratet und mußten den Mann, der ihre Gunst genossen hatte, töten.[8] Die Leibesfrucht solcher Begattungsakte wurde, sofern man sie für rasserein hielt, als Halgadomskind erzogen oder – wenn männlichen Geschlechts – als Koting anerkannt.[9]

Zurück zum Verhältnis Frau/Mann. Der Frauengleichstellung wurde in unserem Sozialgefüge weitgehend Rechnung getragen, wiewohl das eine oder andere noch verbesserungsbedürftig sein mag. Heute stehen jeder Frau theoretisch sämtliche Berufe offen, ja, im marxistischen Sozialismus dürfen sie gleichberechtigt sogar in Bergwerken oder als Straßenarbeiter schuften. Letzte Sinkstufe der Umkehrung des Weiblichen ist dann die »Soldatin« mit der Waffe in der Hand; Flintenweiber, die erfahrungsgemäß in Gefühlskälte und Grausamkeit entsprechend veranlagten Männern in nichts nachstehen. Aber ist so etwas erstrebenswert? Esoterisch betrachtet tritt die Frau aus ihrem Gesetz und vermännlicht, wenn sie sich als Parodie des Mannes gibt. Das Eindringen in typische, den Frauen wesensfremde Männerberufe macht sie nicht liebenswerter, sondern rächt sich durch den Verlust ihrer Fraulichkeit. Letztere zu bewahren gelingt nur wenigen Frauen in Männerpositionen. Unsere neuen Hexen, die sich auf ihr esoterisches Wissen soviel zugute tun, scheinen erstaunlicherweise das Dualitätsgesetz, dem die Geschlechter unterliegen, ebenso zu ignorieren wie das Polaritätsgesetz in der Schöpfung. Ohne Kenntnis und Beachtung dieser und anderer Lebensgesetze ist man aber kein Esoteriker, sondern eher jemandem vergleichbar, der im Nebel die Orientierung verloren hat.[10]

Man sollte wissen, daß die allgemeine Polaritätsauffassung, »männlich = plus, weiblich = minus« nur für die physische Welt Gültigkeit besitzt. Im Astralbereich ist es umgekehrt und in der Mentalebene wieder andersherum. Nach Hans Geisler, der sich auf die Aussagen Eingeweihter stützt, setzt sich dies auch in den darüberliegenden Ebenen fort, bis auf der letzten und höchsten Ebene die Polarität völlig »verschwindet und alles Denken, Vorstellen und Spekulieren in der übersteigenden Einheit aufgeht«.[11]

Schon auf der Gefühlsebene des Astralbereiches wird die gegenläufige Polarität für jedermann erkennbar: In der Regel ist der Mann in puncto gefühlsbetonter Erotik, die weit mehr ist als bloßer Sex, der (noch weiblich gebliebenen) Frau unterlegen. Hier hat sie das Plus, und der Mann ist im Minus. Fast jedes Mädchen geht mit heiligsten Gefühlen in die Ehe, bereit, dem Manne alles zu geben und alles zu sein. An sie stellt das Leben von vornherein die größeren Anforderungen. Allein Kindererziehung und Haushalt stellen sie täglich zigmal vor Entscheidungen und erweitern ihre Verantwortlichkeit in einem Maße, wie sie dem Manne in nur wenigen Berufen abgefordert werden.

Auf der nächsthöheren Ebene, der gedanklich-intellektuellen (mentalen), ist naturgemäß das männliche Prinzip dominierend. Die Frau neigt ja schon deshalb mehr zur Magie und auch zur Mystik, weil sie infolge ihrer Mutterschaftsberufung naturnäher ist und noch nicht so weitgehend intellektualisiert wie der Mann. Das ist, nach Kurt Aram, »einer ihrer größten Vorzüge vor dem anderen Geschlecht«. Eine echte Frau denkt mehr mit dem Herzen als mit dem Kopf; eine bewunderswerte Fähigkeit, die für Hexen außerhalb ihrer Begriffswelt zu liegen scheint. Mit ihrer Gabe der Intuition reicht die Frau bereits in jenen Bereich hinein, wo Begabungen wie Hellsehen, Hellfühlen, Hellwissen usw. beheimatet sind. In divinatorischen Künsten wie dem Handlinienlesen, dem Kristallsehen, dem Kartenlegen etc. und in ihrer oft ans Wunderbare grenzenden Gabe der Ahnungen, der Eingebungen, des gefühlsmäßigen Erfassens wesensverborgener Zusammenhänge sind die Frauen den Männern weit überlegen. Kurt Aram hat gewiß recht, wenn er meint, dadurch, daß die Kirche während vier Jahrhunderten der

Hexenprozesse das Erbgut solcher Begabungen weitgehend ausrottete und damit dem Leben entzog, habe sie ungewollt, aber sehr wirksam ihrem stärksten Gegner in die Hände gearbeitet: dem wachsenden Intellektualismus und Rationalismus. Nur sollten derlei Fähigkeiten nicht mißbraucht werden, sondern zu unser aller Heil, zum Heilwerden des Menschen, der Menschheit und der Natur dienen. »Dem Ganzen zum Heil tue jeder sein Teil«, lautet ein alter Spiritualistenleitspruch. Jeder Mißbrauch aber rächt sich irgendwann.

Aus christlich-spiritualistischer Schau sind weder Mann noch Frau bevorrechtigt. Jeder hat seinen naturgesetzlichen Aufgaben- und Entfaltungsbereich, so daß beide einander ergänzen können und sollen. Vom Dualseelenprinzip her[12] sind Frau und Mann in ihrer wesensbedingten Unterschiedlichkeit zwei gleichwertige Hälften eines ursprünglich spirituellen Ganzen und zur Wiedereinswerdung naturgesetzlich bestimmt. Wissen Hexen, die so gerne von der Ganzheit reden, nichts von alledem? – Dieser Naturgesetzlichkeit können wir zwar zeitweilig widerstreben, sogar ein Erdenleben lang und noch darüber hinaus, uns ihm auf Dauer jedoch nicht entziehen. Jede Absonderung (das Wort »Sünde« kommt von »absondern«) entfernt uns von diesem Entwicklungsziel und erschwert unnötigerweise die Rückkehr zum Gesetz.

Unbestrittenermaßen finden wir in orientalischen Religionen eine teils geradezu wahnhafte Frauenverachtung. Sie ist somit kein Ausschließlichkeitsmerkmal des Christentums. Die unsere Kirchengeschichte so belastende Frauenfeindlichkeit geht zweifellos auf das alttestamentlich verhaftete Denken des Paulus zurück und widerspricht fundamental der Lehre Christi. Jesus ließ den Frauen Schutz und Gerechtigkeit angedeihen. »Wer unter euch ohne Sünde ist, der werfe den ersten Stein«, lautet eine der ergreifendsten Stellen im Neuen Testament. Leider obsiegte das paulinische Christentum, nicht jenes des Jesus von Nazareth. Andererseits bestreitet heute niemand mehr das Unrechtmäßige der entsetzlichen Hexenprozesse im Mittelalter; aber erstens waren nicht *nur* Frauen davon betroffen, und zweitens wird sich jeder wahre Esoteriker vor heftigen Pauschalverurteilungen lange zurückliegender Ereignisse hüten, weil er unter dem Gesichtswinkel des Reinkarnationsgedankens möglicherweise selber schuldhaft beteiligt war. Freilich hätte die Minderschätzung der Frau im Christentum keinen Boden finden dürfen.[13]

Fazit: Trotz meines redlichen Bemühens, Andersdenkende zu verstehen, indem ich ihre Argumente kennenlerne und prüfe, komme ich auch im Hinblick auf das radikalfeministische Hexenwesen und den Wicca-Kult zu keiner besseren als der angeführten Gesamtbewertung. Vom rein Menschlichen her kann ich desillusionierte, vom Leben bitter enttäuschte Frauen sehr wohl verstehen, wenn ihnen die Motive und vorgeblichen Ziele der Hexenbewegung sympathisch dünken. Hier finden sie über ein bis dahin ungeahntes Weltbild zu einem vielleicht nie gekannten Selbstwertgefühl und erkennen Möglichkeiten, sich für erlittene Unbill zu rächen. Aber das Sichrächenwollen zeugt von einem sehr unterentwickelten Charakter. Das Verzeihenkönnen hingegen läßt menschliche Größe erkennen. Freilich mag es verlockender erscheinen, anderen die Alleinschuld an dieser oder jener Misere zuzuweisen und Haßgefühle abreagieren zu können, statt einen tieferen Sinn auch im eventuell unschuldig erlittenen Leid zu suchen und sich zu einer höheren als der allgemein üblichen, im Grunde genommen primitiven Lebensauffassung durchzuringen.

Des Menschen Wille ist bekanntlich sein Himmelreich, und das göttliche Prinzip respektierte noch stets die menschliche Willensentscheidung, sie der naturgesetzlichen Ordnung überlassend. Daher die Volksweisheit: »Gottes Mühlen mah-

348

len langsam, aber sicher.« Wenn nur irdische Evastöchter sich für Göttinnen halten und lieber den »fortschrittlichen« Linken Pfad wählen statt des etwas mühseligen, aber lohnenden Rechten, so steht ihnen auch das frei. Man entsinne sich jedoch einer anderen zum geflügelten Wort gewordenen Erfahrungsweisheit: »Hochmut kommt vor dem Fall!«

Mit viel gutem Willen kann man ein Positivum der modernen Hexenszenerie vielleicht in der Wiederhinwendung zur Natur und ihren heilsamen Kräften erblicken, doch wäre dies auch ohne Schwarzmagie und Mondscheinrituale erreichbar. Meines Erachtens hat die heutige Frau durchaus eine Befreiung nötig, nämlich die Befreiung vom Makel des Sexkonsumartikels, der sexuellen Wegwerfware, wozu sie von profitgierigen Materialisten herabgewürdigt wurde und ständig noch wird. Schamlosigkeit ist zwar allenthalben Trumpf, aber wenn Sigmund Freud recht hat, so ist dies ein Zeichen von Schwachsinn. Jenes Ewigweibliche jedoch, das Goethe meinte, zieht uns hinan, nicht aber hinab. Eine noch nicht aus ihrem Gesetz getretene Frau verbindet Herzensbildung mit der Bereitschaft zum selbstlosen Dienen, was für sie zugleich Reifung bedeutet und ihr eine Anmut verleiht, die keinem Alterungsprozeß unterliegt. Außerdem wird sie sich ihrer Rolle als Mittlerin wahren Gottglaubens bewußt sein, besonders den ihrer Obhut anvertrauten Kindern gegenüber, deren Seelenleben sie maßgeblich mitprägt.[14]

Gustav Meyrink schrieb in seinem Vorwort zu Bô Yin Râs »Buch vom lebendigen Gott«: »Seit ... die Russin H. P. Blavatsky die sogenannte Theosophische Gesellschaft ins Leben rief, die Lärmtrommel rührend für die fast stumm gewordene Kunst der Magie, seitdem ist eine geistige Bewegung im Anschwellen, die – wird sie nicht noch in letzter Stunde in richtige Bahn gelenkt – ein neues finsteres Mittelalter mit Hexenglauben, Hysterie und Wahnvorstellungen heraufbeschwören wird. Ja Schlimmeres noch: Eine Nachäffung der echten Magie, eine fratzenhafte Maske vor dem wahren Antlitz unsterblicher Geistigkeit, eine Scheusalsgestalt, die drapiert mit dem Modermantel sogenannter Wissenschaftlichkeit einherstolpert.«

Meyrink behielt leider recht. Und würden die Anstrengungen des negativen Prinzips, den Lauf der Entwicklung umzukehren, nicht in sich selber zum letztlichen Scheitern verurteilt sein, so käme es möglicherweise tatsächlich zur gnadenlosen Diktatur eines Hexenmatriarchats. Dann könnte es sein, daß unsere männlichen Nachkommen dereinst – wie jetzt die Feuerländer – ein jährliches Fest feiern zum Gedenken an die Befreiung der Männer von den Zaubereien der Frauen ...[15]

Anmerkungen
»Alle Macht den Hexen«

1 Der führende britische Oberhexer Sanders war Fabrikarbeiter und wollte »etwas mehr vom Leben haben«. Eigenen Angaben zufolge vollzog er, unter Anrufung eines im Alten Testament erwähnten Dämons, einen Sexualritus mit seiner Schwester, um zu »Reichtum und Macht« zu gelangen. Sie starb nach sechs Monaten überraschend an Krebs. Sanders jedoch wurde mehrfacher Millionär und Besitzer von siebzehn Häusern, davon acht Bungalows auf den Seychellen, auf Barbados und Kreta (»UNICORN«, Zeitschrift für Magie, Schamanismus etc., Nr. X/10984, 177;180). Während seiner ersten Deutschlandtournee 1984 zahlten Hunderte seiner Anhänger jeweils 280 Mark für ein dreitägiges Seminar, meistens Frauen (»Quick«, Nr. 46/1987, 18).

2 Claudia Honegger im »Frauenlexikon«, München 1983, S. 130.

3 Das Zitat von Mary Daly stammt aus »Gyn/Ökologie. Eine Meta-Ethik des radikalen Feminismus«, München 1983, S. 130. Daß der Hexenglaube aus Urzeiten überliefert sei, hält der Sektenbeauftragte Pfarrer Friedrich-Wilhelm Haack für Unsinn (in »Jugend & Gesellschaft«, Nr. 4/1988, 2), weil seine rituelle Ausprägung erst im 19. Jahrhundert erfolgte.

4 Miriam Simons, genannt »Starhawk«, in »Der Hexenkult als Ur-Religion der Großen Göttin«, Freiburg 1985, S. 88. Als Israelitin sollte sie es eigentlich besser wissen.

5 Renate Schweizer in »Hexen gegen den Atomtod«, Bonn 1984, S. 66.

6 Pfarrer F.-W. Haack warnt davor, sich »einfach mal so aus Spaß« aufs Hexentum einzulassen oder gar »Hexe zu spielen«. Eine Frau, die einmal an einem Hexenritual teilgenommen hatte, erzählte ihm, es sei anfangs recht schön gewesen. Doch dann sei dies alles für sie zum Alptraum geworden. Erst habe sie überall Schritte gehört, dann Stimmen, und dann war es ihr, wie wenn um sie herum irgendwelche Wesen wären. Sie habe dann sogar mit Selbstmordgedanken gespielt (»Quick«, Nr. 46/1987, 17).

7 Cesare Lombroso, »Hypnotische und spiritistische Forschungen«, Stuttgart 1909, S. 194.

8 »Neue metaphysische Rundschau«, Bd. 8/1906, 225.

9 Nicht rassereiner Nachwuchs verfiel dem Opfer. Die Rassen, als materieller Ausdruck seelisch-geistiger Bedingnisse, entstanden infolge gottgegebener Naturgesetzlichkeit und haben sicherlich nicht bloß einen physisch-materiellen Sinn. Jahwe wußte offenbar sehr genau, warum er strikte Rassereinhaltung gebot (vgl. u.a. Josua 23, Verse 7 und 12). Demgemäß schrieb der britische Premierminister Benjamin Disraeli (1804–1881) in seinem Buch »Endymion«: »Rasse ist eine Gruppe von typischen Erbanlagen, nicht eine Gruppe von Menschen. Nicht die vielen Menschen einer Gruppe ›bilden‹ zusammen die Rasse, sondern jeder von ihnen hat Rasse, *eine* Rasse oder mehrere Teile von verschiedenen.«
»Systematisch haben wir versucht«, erklärte der Mikrobiologe und Nobelpreisträger für Medizin und Physiologie David Baltimore, »das Gefühl der Unterschiede auszurotten, das auf so abergläubischen Kriterien wie Rasse und Hautfarbe beruhte.« Nun aber gebe die Molekularbiologie den »alten Vorurteilen« neue Nahrung, und zwar mit dem naturwissenschaftlich exakten Nachweis von Unterschieden im genetischen Programm (»Spiegel«, Nr. 47/1982). Differenzierung ist eines der Grundprinzipien der fortwährenden Schöpfung. Sie bildete im Laufe von Jahrtausenden unterschiedlich veranlagte Rassen und Völkerschaften heraus, von denen ein deutscher Philosoph einmal sagte, sie seien »Gedanken Gottes«.

10 Dr. Beat Imhof stellte zwölf erkannte Schöpfungsgesetze zusammen, unterteilt in drei Gruppen: I. Lebensgesetze: Dualitätsgesetz, Polaritätsgesetz, Sympathiegesetz, Energiegesetz. II. Entwicklungsgeset-

ze: Rhythmusgesetz, Resonanzgesetz, Ausgleichsgesetz, Stirb-und-werde-Gesetz. III. Ordnungsgesetze: Wandlungsgesetz, Kausalitätsgesetz, Entsprechungsgesetz, Ganzheitsgesetz.

11 »Die andere Welt«, Nr. 12/1968, 1080.

12 Zusammengefaßt dargelegt in R. Passian, »Wiedergeburt. Ein Leben oder viele?«, Kapitel »Die Dualseelen-Lehre«, München 1985 (Knaur-Tb.4154), S. 124 ff.

13 Im indischen Nationalepos Mahabharata mit seinen rund 100 000 Doppelversen aus elf Jahrhunderten lesen wir: »Der Mensch häuft um des Weibes willen böse Werke auf; dafür muß er Pein erdulden im Jenseits und schon hinieden« (XII, 321,85). »Die Weiber sind es, welche das Gewebe des Samsara fortsetzen« (Samsara bedeutet im Hinduismus den ewigen Kreislauf der Wiedergeburten). »Sie sind von Natur das Ackerland, die Männer sind ihrem Wesen nach die Kenner des Ackerlandes. Darum soll der Mann sie ohne Unterschied ganz besonders meiden. Denn verschmitzt sind sie und von schrecklicher Art und betören den Unkundigen; sie sind ganz in Leidenschaft versunken und eine ewige Verkörperung der Sinnlichkeit« (»Indriyanam«, XII, 213, 7–9). Im Gesetzbuch des Manu 3,56 hingegen heißt es: »Wo die Frauen geehrt werden, da freuen sich die Götter.«
Im Alten Testament überwiegt das negative Urteil über die Frau, z.B. Sirach 9,18 ff.; 25,12 ff. und das 26. Kapitel. Im Neuen Testament ist dies auf die Weisung abgemildert, das Weib habe dem Manne untertan zu sein und zu schweigen in der Gemeindeversammlung (Kol. 3,18; Eph. 5,24; 1. Kor. 14, 34–35; 1. Petr. 3, 1–6; 1. Thim. 2, 11–12). In der Offenbarung des Johannes (14,4) jedoch kommen die lieben Frauen wieder schlecht weg, denn jene 144 000 Geretteten auf Zion sind solche, »die sich mit Weibern nicht befleckt haben«.
Auf dem Konzil zu Nicäa (325) debattierte man die Frage, ob der Frau eine Seele zugesprochen werden könne, und fränkische Bischöfe disputierten noch Ende des 6. Jahrhunderts, ob die Frau den Namen »Mensch« überhaupt verdiene! Luther bezweifelte ebenfalls das Vorhandensein einer Seele im Weib. Im Islam gilt die Frau noch heute als seelenloses Wesen, und Kap. 3 Vers 38 des Korans erlaubt, Frauen zu schlagen. Thomas von Aquin (1225–1274), der »Doctor Angelicus« und größte Scholastiker, hing den Frauen gleich eine dreifache Minderwertigkeit an: die biogenetische (weil sie aus der »Rippe« des Mannes erschaffen wurde), die funktionelle (wegen der passiven Rolle der Empfangenden beim Fortpflanzungsakt), und die

qualitative (weil sie dem Geist des Mannes nicht gewachsen sei). Trithemius, Abt von Sponheim (1462–1516), von Esoterikern hoch geschätzt, der die Magie in drei Richtungen unterteilte, in die natürliche, die kabbalistische und die satanische, schrieb in seiner »Anleitung zum priesterlichen Leben« über die Frauen: »Pforte des Teufels, Tor der Hölle, Weg der Ruchlosigkeit, harte Verderbnis des Skorpions und schädliches Geschlecht: den keuschen Mann zu täuschen, ist die vertraute Frau. Wenn sie sich nähert, reizt sie an; wenn sie spricht, entzündet sie; wenn sie berührt, facht sie jäh an.« – Diese traurige Aufstellung ließe sich fortsetzen.

14 In einer Jenseitskundgabe heißt es, das Weib solle die Erhalterin und Trägerin des Gottglaubens sein. Im göttlichen Sinne zu wirken und selbst das Bild seelischer Reinheit darzustellen gehöre zu ihrer Aufgabe. Dadurch könne sie auch den Mann vom Wert höherer Anschauungen überzeugen. »Je mehr die Frauen keck ihre Häupter zwischen Männer stecken, desto erbärmlicher werden sie, weil sie aus ihrem Gesetz – der empfangenden, hingebenden Natur – heraustreten, erzeugen wollen und es nicht können.« Und weiter: »Ihr wollt ... öffentlich auftreten, den Männern gleichgestellt werden, und hoffet hierin eine nie geahnte Größe zu erreichen? O Frauen, wollt ihr euch eurer angeborenen Größe berauben? Wollt ihr euren Wirkungskreis, der so umfassend in das innere soziale und zivilisatorische Leben eingreift, selber zerstören? Es wäre dies der größte Fehltritt und eine ungeheure Derotation aus eurem Gesetze« (Vay, »Studien über die Geisterwelt«, Leipzig 1874, S. 25). In der Tat entsprach die soziale und rechtliche Geringschätzung der Frau weder früher noch heute ihrem tatsächlichen Einfluß. Schiller hat wohl auch hier recht mit seinen berühmten Worten: »Mächtig seid ihr; ihr seid's durch eurer Gegenwart ruhigen Zauber. Was die stille nicht wirkt, wirket die rauschende nie.« – Gewiß, und schon gar nicht als Hexe!

15 Am Internationalen Frauentag 1990 zogen 450 Damen parolenschreiend durch Zürich, riefen: »Feuer und Flamme dem Patriarchat«, forderten die »Abschaffung der Institution Ehe«, blockierten den Verkehr, besprayten Gebäude und machten Jagd auf krawattentragende Männer. Entledigten letztere sich nicht unverzüglich ihres »mackrigen Statussymbols«, so wurde mit Schere und Farbspraydose »gearbeitet«, und es setzte Prügel. »Aufruhr, Widerstand, es gibt kein ruhiges Vaterland!« lautete eine der geschlechtskämpferischen Parolen. – Soll das die künftige Frau im Wassermannzeitalter sein (Zürcher Presse vom 10. 3. 1990)?

Naturgeister und Elementseelen

G. W. Surya kannte einen Bergwerksdirektor, der im Laufe seiner jahrzehntelangen Tätigkeit mehrmals Gnomen und Berggeister gesehen zu haben versicherte. Ihr Erscheinen war ihm stets Veranlassung, den Stollen sofort zu verlassen. Einmal befand er sich mit seinem Sohn zu Vermessungsarbeiten unter Tage, als wieder ein grünes Bergmännlein vorbeihuschte. »Sofort Schicht aus und auffahren!« befahl der Direktor. »Fällt mir nicht ein«, erwiderte der Sohn, »ich bleibe unten und vermesse mit meinen Leuten weiter. Wer wird denn so abergläubisch sein.« Da alles weitere Drängen umsonst war, entfernte sich der Vater. Nach zwei Stunden erfolgte eine Schlagwetterexplosion in jenem Schacht. Von den fünf Begleitern des Sohnes waren drei tot; er selbst wurde bewußtlos geborgen und konnte erst nach langen Wiederbelebungsversuchen gerettet werden.

Frau Marianna Pflaum war von Kindheit an zeitweise hellsichtig. Während eines erholsamen Waldspaziergangs nahm sie unter einer mächtigen Eiche Platz, um in ihrem Schatten auszuruhn. Ein Gefühl des dankbaren Losgelöstsein von Alltagsproblemen hatte sich ihrer bemächtigt, als sie plötzlich, einen Ballwurf weit entfernt, ein Wichtelmännchen gewahrte, wie es in den Volksmärchen beschrieben wird: Etwa einen halben Meter groß, stand es an den Stamm einer Eiche gelehnt und lugte mit fragendem, etwas ängstlichem Blick zu ihr herüber. Sie nickte ihm freundlich zu und bat ihn herzukommen. Der Gnom blieb bewegungslos und schaute nur lange zu ihr herüber. Sie schreibt: »Da bemerkte ich einen goldenen Strahlenweg, der alle Bäume der gleichen Art verband, und ahnte, daß die Betreuung der Waldriesen dem lieben Zwerglein anvertraut war. Dieses glitt nun über den lichtgezeichneten Pfad von einer Eiche zur anderen, schaute vom Stamm hinunter ins Wurzelwerk, ob auch alles in Ordnung sei ... Ich kam aus dem Staunen nicht heraus, bis plötzlich das Märchenbild verschwunden war. Während ich über das seltsame Erlebnis nachsann und die Weisheit der Schöpfung bewunderte, die auch den Bäumen einen treuen Wächter gibt, wehten auf einmal frische grüne Blätter von oben auf mich herab. War es ein Gruß von meinem Wurzelmännchen oder ein Zeichen der Gruppenseele der alten Eichen?«[1]

Baronin Adelma von Vay konnte ihre Hellsichtigkeit, wenn sie sich dazu disponiert fühlte, aktivieren, indem sie in ein mit Wasser gefülltes Glas blickte. Sie gab an, nebelartige Wolken darin zu sehen, aus denen sich dann klare und bewegliche Bilder formten. Einmal sah sie im Wasserglas Gnomen zwischen dem Felsengestein ihres Parks herumhuschen. Hierzu erhielt sie auf schreibmedialem Wege folgende Aufklärung: »Die Gnomen, die du sahst, sind wirklich existierende Elementseelen. Sie lieben euch beide (Adelma und ihren Gatten; R.P.) sehr, weil ihr ihnen Ruhe lasset und die Grotten nicht sprengt, wo sie wohnen. – Wenn die Leute hier bauen, sind die armen Gnomen in großer Angst und Qual; sie müssen sich in der Erde dann andere Grottengänge suchen. Diese Gnomen können sehr gut und hilfreich gegenüber den Menschen sein, die sie lieben; aber feindlich und böse gegen jene, die ihnen schaden. Sie freuen sich, wenn man Blumen und Bäume pflanzt, da fühlen sie sich sicher. Wenn du im Garten wandelst, so sprich nur zu ihnen, sie verstehen dich ...«[2] Weiter heißt es, die Wichtelmännchen würden Musik lieben und den Garten vor Unwetterschäden schützen. Sie hätten sich gefreut, als Adelma unlängst einen Kaktus in die Höhlung ihres Felsens gepflanzt habe. Dafür würden sie die Ratten aus dem Park vertreiben. Die Baronin bemerkt hierzu, dies habe sich erfüllt. Zwei Wochen nach dieser Mitteilung seien die sonst zahlreichen Nager vom Grundstück verschwunden gewesen.

Mit diesen drei kurzen Erlebnisschilderungen, denen ich zahlreiche ähnliche anfügen könnte, gelangen wir in ein weiteres und weites Feld geheimnisvoller Naturzusammenhänge, die dem Esoteriker zumindest nicht fremd sein sollten. Von »Aufgeklärten« geringschätzig lächelnd als Humbug, Halluzination und Märchenerzählerei abgetan, haben wir es dennoch wiederum mit erfahrbaren Fakten zu tun.

Was an Berichten hierzu vorliegt, deckt sich in den Angaben der äußeren Erscheinungen völlig. Auch hinsichtlich der Kategorien von Luft-, Wasser-, Erd- und Feuergeistern herrscht Übereinstimmung, aber die übliche Uneinheitlichkeit beginnt spätestens bei den Unterscheidungen und Namen. So wird von Elementalen gesprochen, von Elementseelen, Elementargeistern, Naturgeistern und Devas. Was die einen Elementale nennen, sind für andere Naturgeister. Nach theosophischer Ansicht – obschon auch da widersprechende Aussagen zu finden sind – stellen die Naturgeister die niedrigste Stufe im Reiche der Devas dar. Dieses Sanskritwort rangiert als Bezeichnung »für sämtliche Engel und Naturgeister im Universum, vom Erzengel bis zum Gnom«.[3]

Als »Elementargeister« gelten bei den Theosophen die Seelen bzw. niederen Wesensbestandteile gestorbener Menschen, die sich im Kama-Loka, dem »Fegefeuer« der unteren Astralwelt, aufhalten, in spiritistischen Sitzungen angeblich als Foppgeister auftreten und zuletzt der Auflösung anheimfallen. Unter dem Begriff »Elementale« ordnen manche die Naturgeister ein, wie Gnomen, Sylphen, Nixen usw., jedoch herrschen allenthalben unterschiedliche Auffassungen vor. Einig ist man sich nur in der Überzeugung, daß es diese Naturwesen gibt, wobei es sich um gute und böse (dämonische) oder indifferente Wesenheiten handeln kann. Die guten, in der gesetzlichen Ordnung wirkenden Naturseelen gelten als Mittler zwischen der astralen und der materiellen Welt sowie als Träger und Bewahrer der Naturgesetze. Letzteres können gegensätzlich gewordene und wirkende Wesenheiten nicht mehr sein, doch sind auch sie den tragenden Naturgesetzen unterworfen.

In den uns über Adelma von Vay zugekommenen Aufschlüssen wird zwischen Elementargeistern (Naturgeistern) und Elementseelen unterschieden. Letztere seien »Seelengruppenkeime« und wirken naturgesetzlich-mechanisch, während erstere bereits aus solchen Gruppenkeimen entstandene Geister sind, deren Aufgabe es ist, Naturabläufe und das Wirken der Elementseelen zu überwachen.

Auch bei Jakob Lorber finden wir diese Unterscheidung. In der Schöpfung gebe es keinen Geist ohne Seele, hingegen Seelen ohne Geist, ebendiese Naturwesenheiten. Betont wird, sie seien keine unsterblichen Individuen, sondern lebendige Einzelerscheinungen eines Gruppenseelenprinzips, in das sie nach ihrer Auflösung wieder eingehen zu neuer Verwandlung. Wir wollen hier bei der Bezeichnung »Naturgeister« verharren, um die aus dem Elementseelenbereich herausgebildeten höherstufigen Wesen als solche zu kennzeichnen. Im allgemeinen spricht man von vier Gruppen:

1. *Erdgeister:* Gnomen, Wichtelmännchen, Berggeister, Kobolde, Zwerge, Hausgeister (Penaten), Satyre, Faune, Trolle etc.;
2. *Wassergeister:* Nixen, Nymphen, Undinen, Wassermänner, Sirenen; im Meer die Nereiden, in Quellen und Bächen die Najaden (Nixen);
3. *Feuergeister:* Salamander; die Sturmgeister mit in diese Rubrik einzuordnen halte ich für verfehlt;
4. *Luftgeister:* Sylphen, Feen, Elfen, Wald und Lichtgeister, Dryaden.

Die Angaben hierzu differieren allerdings und sind ein Merkmal unseres mangelhaften Wissens über diesen Schöpfungsaspekt. Anschaulicheres fand ich bei Adelma von Vay. Hier werden *fünf* Gruppen genannt: Licht-, Luft-, Wasser-, Erd- und Feuergeister. Jede Gruppe unterteilt sich in jeweils drei Kategorien (A, B, C), wovon die Gruppe A von magnetischer Beschaffenheit sein soll, die Gruppe B mehr elektromagnetischer und die Gattung C von elektrischer Art. Als höchstentwickelte Wesen werden jene der Kategorie A genannt, ihnen unterstehen die anderen (aus B und C). Bei der Gruppe B soll es sich um gefallene Embryogeister aus den Paradieswelten handeln, die niemals Menschen waren, während zur C-Klasse ehemalige Menschen gehören sollen, die eventuell reinkarnieren müssen. Nixen, Sirenen, Sylven, Gnomen etc. gehören hier zur untersten Stufe C, während Elfen und Feen, die durchweg in sehr anmutiger menschlicher Form beobachtet wurden, zur führenden Gattung A gehören. Freilich sollte man keiner der diesbezüglichen Aussagen irrtumsfreie Gültigkeit beimessen; aber solange keine besseren Forschungsmöglichkeiten als die bisherigen gegeben sind, müssen vorhandene Angaben als hypothetische Grundlage dienen.[4]

Zur *Entstehung* der Naturgeister, über Herkunft und Zweck, gibt es ebenfalls uneinheitliche Angaben. Karl Spiesberger bringt in seinem Buch »Naturgeister« (Berlin 1978, 64 ff.) vier Theorien. Jene nach Adelma von Vays »Geist, Kraft, Stoff« scheint ihm unbekannt zu sein. Nach Erhard Bäzner (1867–1963), dessen theosophisch orientiertes Buch »Die Naturgeister« ebenfalls viel Richtiges enthält, sind letztere »Schöpfungen des menschlichen Willens, Verkörperungen des selbstlosen bzw. selbstsüchtigen Willens der Menschen«, sind somit des Menschen Schöpfungen, deren Dasein von dem unseren stark abhängig sei. Man könne sie als Schöpfungen des Manas, des Denkprinzips, bezeichnen.[5]

Was die *Entwicklung* der Elementarwesen und Naturgeister

anbelangt, so schreibt Gina L. Hirsche in ihrem Buch »Auf dem Pfade der Mystik«:[6] »Im Laufe ihrer Evolution durchschreiten diese Wesen alle Bereiche der Natur, angefangen vom Erdreich über das Element des Wassers, des Feuers, der Luft bis zum Licht. Die Wesen im Bereiche des letzteren sind bereits hochentwickelt und engelhaft. Als Gruppenseelen wirken sie zuerst im Gestein, im Pflanzen- und Tierreich, bis hinauf zu den höchstentwickelten Tierrassen, die im Haustier gipfeln. Hier wirkt bereits ein eigenes Seelenprinzip, das seinen Weg der Höherpotenzierung weiterschreitet. Einer dieser Wege führt solche Seelen von der Erde fort in höhere Welten, wo sie von den dortigen Bewohnern gesehen und weitergebildet werden. So geht ihr Weg durch das All, bis sie als vollentwickeltes dynamisches Seelenprinzip in das Urlicht eingehen, wo sie vom Hauch Gottes zu unsterblichen Geistern erweckt werden und als sogenannte Paradieses-Geister ihren Weg fortsetzen.«

Dem »Buch Emanuel« zufolge entstanden aus dem Urprinzip »Gott«, nach dem Fall der Erstlinge, neue Naturgesetze, welche die durch den Geisterfall in chaotischer Form entstandene, sagen wir, »Halbmaterie« entwicklungsfähig machten. In langen Zeitumläufen waren mittlerweile die nichtgefallenen Erstlingsgeister zu hohen Geistern herangereift und standen entwicklungsmäßig so hoch über den Gefallenen, daß diese, »dem ewigen Gesetze des Ähnlichen gemäß«, die Sprache der ersteren nicht mehr verstanden. Deshalb sollte als Bindeglied zwischen Hohem und Niederem eine *zweite Schöpfung* dienen, aus der sogenannte Paradiesesgeister hervorgingen. Diese reinen, entwicklungsfähigen und mit Willensfreiheit begabten Geschöpfe bewohnten nunmehr jene quasi halbmateriellen Welten, die sich gesetzmäßig aus den durch den Geisterfall entstandenen Stoffkeimen gebildet hatten. In der Bibel wird dies sinnbildlich dargestellt als »Erschaffung Adams«.[7]

Gleichzeitig und als weitere Folge des »Engelsturzes« entstand in unfreier Entwicklungsnotwendigkeit »ein zweites Lebendiges« von sekundärer Natur, das Emanuel Lebensprinzip nennt. Dieses entwickelt sich über die Stufen des Mineral-, Pflanzen- und Tierreiches allmählich zum *Seelenprinzip* mit einer Art Empfindungsleib, einem Nervensystem und einem aufdämmernden Bewußtsein. Nach der höchsterreichbaren Stufe der Tierwelt erfolgt dann die Umwandlung zu Naturgeistern. Hier gelangt das Seelenprinzip zu mannigfacher Gestaltung, die sich mehr und mehr der Menschenform nähert. Und erst dann, wenn auch hier die Wesenheitsvollendung erreicht wurde, erfolgt durch einen Schöpfungsakt im Urlicht die Umwandlung zu ichbewußtem Geist, dessen nunmehr erworbene Willensfreiheit zugleich Selbstverantwortlichkeit für Denken und Handeln bedeutet. Diese Willens- und Entscheidungsfreiheit als Attribut persönlichkeitsbewußten Geistes geht so weit, daß derjenige, der vorsätzlich in ständigem Gegensatz zum göttlichen Urprinzip verharrt, bis zur Entwicklungsstufe des Lebensprinzips zurücksinken kann. Er muß sich dann »in Unfreiheit gesetzlich fortentwickeln, bis er wieder eine Stufe erreicht hat, auf der ihm Willensfreiheit, Schöpfungskraft und Gesetzeserkenntnis neuerdings möglich werden« (Emanuel). Beides, Rückfall und Neubeginn, beansprucht allerdings ungeheure Zeitspannen, und das ist der Grund, warum das luziferisch-satanische Prinzip keine Anstrengung scheut, möglichst viele Menschen irrezuführen und wahre Erkenntnis zu verhindern, um dadurch den Fortbestand der Materie zu sichern! Nach Emanuel wäre demnach die Ebene der Elementar- und Naturgeister eine höhere als jene der Tiere.[8]
In »Geist, Kraft, Stoff« wird unterschieden zwischen dem Lebens-, Seelen- sowie Geistprinzip:

1. Das Lebensprinzip, aus dem Urlicht strahlenförmig strömend, folgt dem Naturgesetz mechanisch. Durch die

Kraft der Urlicht-Vibration in rotierende Bewegung versetzt, belebt es nach abwärts verdichtend, nach aufwärts vergeistigend. Beim Aufwärtsweg belebt es den Äther, das Licht, die Fluide, gewinnt an Kraft und Bewußtsein, bis es sich zum

2. Seelenprinzip gestaltet, um zuletzt, geläutert in die Verschmelzung mit Gottes Urlicht eingehend, von dort dreifach beeigenschaftet als individuelles
3. Geistesprinzip zu erwachen und nun in Form von »Embryogeistern« das All zu beleben.

Auf diese Weise, so heißt es weiter, ginge »kein Hauch der Pflanze, kein Atom der Luft, kein Atem des Menschen, kein Leben des Tieres, und wäre es noch so klein, im Universum seelisch verloren. Die kleinste Bewegung der Atome, das mikroskopischste Leben, gehört zum großen Lebensprinzip (1), welches in seiner Ausbildung seelisch wird (2) und nach seiner Einswerdung im Urlicht als geistiges Prinzip (3), als individuelle Schaffung, von dort in das All wiederbelebend zurückkehrt.«[9]

Bei alledem stellt der »Hauch Gottes« als gebendes Prinzip den männlichen Pol dar (Gott = Vater), das Seelenelement als Empfängerin (von der Erde kommend, Erd-Mutter) den weiblichen Pol. Aus der Vermählung des Seelenprinzips mit dem göttlichen Urlicht entstehen somit unsterbliche Geistwesen, und zwar dualitätsbezogene Embryo- alias Paradiesesgeister (»Embryo«, weil sie geistig wachstumsfähig sind). Im Sinne des Dualgesetzes stellen diese freien und ichbewußten Geschöpfe metaphysische Individualitäten mit jeweils zwei »Verdichtungszentren« dar, die innigst miteinander verbunden sind und eine nur ihnen eigene Prägung aufweisen.

Bemerkenswert ist auch folgende Angabe: Wenn ein Mensch zur Welt kommt, so würden sich »in seinem Nervengeiste und Fluiden« sieben Arten von Elementseelen mit einverleiben. Man behält sie sein Leben lang und soll sie beherrschen lernen. Es seien dies Licht-, Luft-, Erd-, Pflanzen-, Wasser-, Feuer- und sogenannte Haus-Elementseelen. Jedes dieser Seelenprinzipien nimmt, artgemäß auf seiner Ebene, Einfluß auf den Menschen. Angeblich können sie Formen annehmen, als Gespenster oder in Träumen auftreten, im Mediumismus physikalische und psychische Phänomene bewirken und sich als verstorbene Menschen ausgeben.[10]

In seinem Buch »Die Naturordnung. Von der Mechanistik zur Pneumatologie« (Pforzheim 1958, S. 59 ff.) spricht Dr. Fritz Quade (1848–1944) von den »Gesetzesgeistern«. Er schreibt, es genüge nicht, die Gesetzmäßigkeiten bei physikalischen und chemischen Vorgängen als Naturgesetze zu konstatieren; es müsse vielmehr der Versuch einer Deutung ihres Zustandekommens gemacht werden. Leibniz habe mit seiner Monadologie einen derartigen Versuch unternommen. Der Chemiker und Patentanwalt Quade, dem 1941 jede weitere parapsychologische Tätigkeit untersagt worden war, schreibt hierzu: »Mit der Einführung der Vorstellung, daß gleichsam atomisierte lebende Gotteskräfte, die Gesetzesgeister, sich in Äther, Quanten und Uratomen verkörpern und, in Einheit mit Gott, in Kenntnis der göttlichen Pläne und Absichten, die Elemente und Moleküle aufbauen und ihr Verhalten regeln, wurde eine neue Grundlage geschaffen für eine *spirituelle* Auffassung der irdischen Natur.« Quade gelangte aufgrund seiner umfangreichen und gründlichen Studien zu der Überzeugung, daß kein Zufall zufällig entstandene organische Verbindungen zu Zellen zusammenfügt, keine Naturauslese aus zufällig durch Mutation entstandene Abarten herauszüchtet, »sondern von einem vorausschauenden, zielbewußten höchsten *Geist* sind die Instrumente geplant, die die inkarnierten Geister hier zu spielen lernen müssen und durch deren Gebrauch sie die Erfahrungen machen und Erlebnisse haben können, die zur Erreichung bestimmter Ziele erforderlich sind. Während ihres ganzen irdischen Lebens halten die Gesetzesgeister die von ihnen gebauten Leiber funktionstüchtig und bewirken alle die Anpassungen, Regenerationen und Regelungen, für die eine mechanistische Biologie auch nicht den Schatten einer Erklärung zu geben vermochte.«

Soweit Dr. Quade. Nun, es besteht Hoffnung auf ein Umdenken in Wissenschaftskreisen. Inzwischen machten einige Forscher von sich reden, die den *Geist* in der Materie, im Atom, suchen und hoffen, ihm in der Quantenmechanik auf die Spur zu kommen. Immerhin galt es schon Ende der siebziger Jahre nicht mehr als unwissenschaftlich, von »denkenden Elektronen« zu reden und von unsterblichen »Elektronen-Ichs«, von denen die Substanz unseres persönlichen Ichs angeblich bestimmt werde.[11] Spiritualisten und Esoteriker können also guter Dinge sein: Es hat nämlich den Anschein, als ob der theoretische Materialismus mit seinem Latein am Ende sei. Freilich kann es noch geraume Zeit dauern, bis ein neues Denken die Allgemeinheit erfaßt; zumal der Materialismus – nach du Prel – ja nur deshalb so viele Anhänger hat, weil er den geringsten Verstandesaufwand erfordert.

Adelma von Vay war »von drüben« gesagt worden, daß die Zeit kommen werde, in der Wissenschaftler mit Naturwesen und ihren Kräften, unter Anleitung höherer Naturgeister, arbeiten und bedeutende Erfindungen machen würden. Doch könne dies erst dann der Fall sein, wenn Wissenschaftler »demütige Schüler der Geister höherer Ordnung werden«.

Jedenfalls beruhen die Sagen und Märchen von Kobolden, Gnomen und Heinzelmännchen, von Nixen und Feen auf einem wahren Kern. Vor einhundert Jahren noch war dieser Glaube im Volke stark verwurzelt. In der Mark Brandenburg z. B. galt der St.-Johannis-Tag als Tag der Elfen, Feen und Naturgeister.

Schon im Altertum wußte man recht gut zu unterscheiden zwischen den Manifestationen verstorbener Menschen und solchen der Naturdämonen. In letzteren sah man mächtige Gottwesen von wohlwollender oder feindseliger Art. Unter einem Dämon bzw. *daimonion* verstand man bei den Griechen ursprünglich eine Gottheit schlechthin, aber auch des Menschen Seele sowie das Phänomen der inneren Stimme. Schließlich begann man zu unterscheiden zwischen Dämonen guter Art, den Agathodämonen, und den bösen alias Kakodämonen. Im Christentum gewann das Wort »Dämon« ausschließlich negative Bedeutung. Der protestantische Theologe Dr. Kurt E. Koch gibt zwar die Existenz von Naturgeistern zu, hält sie aber allesamt für schlimme Dämonen, deren oberster »Chef« der Teufel persönlich ist.[12]

Es ist jedenfalls recht unvernünftig, anzunehmen, daß alle, die solche Naturwesen wahrnahmen oder gar mit ihnen in Kontakt traten, halluziniert haben sollen und nur jene sich eines klaren Verstandes rühmen dürfen, die das alles für Hirngespinste halten. Daß man gegenwärtig bei uns kaum noch Menschen mit derlei Erfahrungen findet, mag zur Hauptsache wohl an unserer Hast und Unruhe liegen, ja an der Naturwidrigkeit unseres Lebens überhaupt. Feen, Elfen, Gnomen usw. zeigen sich nicht im Lärm unserer Städte und Schnellstraßen. Manche Kinder vom Land mögen sie gelegentlich noch wahrnehmen. Ansonsten wohl nur noch solche Menschen, bei denen die erforderliche Hellsichtigkeit vorliegt und ein entsprechendes Empfinden für alles Schöne, Natürliche und Edle noch nicht abgestumpft ist.

Dr. Wilhelm Mrsich, ein verdienter Forscher auf dem Sektor des Übersinnlichen, kann auf mehrere Erlebnisse mit Naturwesenheiten zurückblicken. Sein erstes Erlebnis dieser Art, das er schon in jungen Jahren hatte, war ganz außergewöhnlich. Es wäre schade, wenn es in Vergessenheit geriete: Als Junge pflegte Mrsich die Schulferien bei seinen Großeltern an einem oberbayerischen See zu verbringen. Damals war Fischen seine Leidenschaft, und so radelte er allmorgendlich zum See hinunter, einen ziemlich steilen und schmalen Fahrweg hinab, der unten in eine breite Querstraße einmündete. Gegenüber dieser Einmündung lag ein altes Gehöft, dessen Tor immer offenstand. In der Mitte des weiten Hofes befand sich ein runder gemauerter Ziehbrunnen mit einem Dach darüber, das von zwei starken Pfosten getragen wurde. An diesen war eine Seilwinde zum Hinablassen und Heraufwinden eines Holzeimers angebracht.

Eines Tages gegen Mittag vom See zurückkehrend, verspürte er Durst und labte sich am kühlen Wasser jenes Brunnens. Seitdem fühlte er sich irgendwie zu dem Brunnen hingezogen. Noch früher als sonst brach er zu seinen Fischzügen auf, um in der Stille des Morgengrauens eine Weile an »seinem« Brunnen verbringen zu können. Dr. Mrsich erzählt: »Ich saß dann auf dem Brunnenrand an einen der Dachpfosten gelehnt, den Kopf leicht vorgebeugt, und blickte unverwandt in die Tiefe, wobei mich ein nie gekanntes Sehnen überkam. Ich war damals noch unberührt von geschlechtlichen Regungen, hatte noch keine Erfahrungen mit weiblichen Wesen, noch kaum eine Schwärmerei. Um so seltsamer war mir jenes Sehnen ...«

Eines Tages war er besonders früh aufgebrochen. Der volle Mond tauchte den Brunnenhof in silbrigen Schein. Auf der Brunnenmauer sitzend, störte ihn der Druck seines Geldbeutels in der Hosentasche. Er zog die Börse hervor und legte sie auf den Mauersims. Aber dort störte ihn ihr Anblick. Er entleerte sie auf dem Brunnenrand, um den leeren Beutel wieder einzustecken. Dabei rollte ein Goldstück unbeabsichtigt in den Brunnen. »Ich sah ihm nach, wie es unten aufschlug und kleine Wellenkreise warf. Da formte sich plötzlich in diesen Wellen ein hauchzartes, unirdisch schönes Antlitz, für einen flüchtigen Augenblick nur, aber so eindrucksvoll, daß es sich mir unvergeßlich einprägte. Es hatte große, goldglänzende Augen, einen fein geschwungenen, üppigen Mund, bebende, fast durchsichtige Nasenflügel ... Umrahmt war das milchig zarte Gesicht von wogendem, blauschwarzem Haar.«

Noch lange saß der Jüngling da und blickte hoffend in die Tiefe, aber die märchenhafte Erscheinung blieb verschwunden.

Fortan weilte er jeden Morgen, zwischen Nacht und Tag, am Brunnen, dessen Wasser immer still, dunkel und geheimnisvoll blieb. Begreiflicherweise sann er darüber nach, wie er es erreichen könne, jenes holde Geschöpf wiederzusehen, dem sein Sehnen galt. Ob er es nochmals mit einem Goldstück versuchen sollte? Aber es kam ihm zu unschön vor, die Erscheinung des geliebten Wesens mit einer Münze erkaufen zu wollen. Er wollte seiner Fee ein passenderes Geschenk machen und erbat von der jungen Schwester seiner Mutter einen kleinen, goldenen Ring mit einer Perle. Ohne zu zögern, gab sie ihm den Ring. Der Erzähler fährt fort: »In einer dunklen mondlosen Nacht nahm ich ihn mit mir zum Brunnen. Auf dem Mauerrand sitzend, mit heftig klopfendem Herzen an den Dachpfosten gelehnt, streckte ich meinen linken Arm aus, bis sich meine Hand mit dem Ring über der Mitte des Brunnenschachtes befand. Dann ließ ich den Goldreif mit der Perle in den Schacht fallen. Wie im Fieber atmend, horchte ich ihm nach, hörte, wie ihn das Wasser mit einem leise zischenden, schluckenden Geräusch aufnahm, und sah in der Tiefe ein vibrierendes Flimmern und Funkeln wie von feinsten Silberstäubchen. Aus dem Silbernebel bildeten sich schleierhafte Formen. Kühle wehte mir entgegen ... Dann sah ich die Fee. Sie hatte dasselbe unirdisch zarte, berückende Antlitz wie das erste Mal. Aber es hob sich diesmal aus der Tiefe des Brunnens über den Wasserspiegel empor, und ich sah auch ihre Schultern und Brüste schimmernd wie Perlmutt, ihre Arme und ihren Leib bis etwa unter die Hüften. Von da ab war die Gestalt nur noch ein flimmerndes Fließen ... Mein Körper lehnte wie erstarrt am Pfosten. Trotzdem beugte sich mein Oberleib vor, aber nicht der fleischliche. Ich hatte in diesem Augenblick zwei Oberleiber. Einer lehnte starr und steif am Dachpfosten; der andere leicht und durchsichtig, beugte sich über den Brunnen und in den Brunnen hinein, ohne daß ich Übergewicht bekam. Vom Kreuzbein abwärts waren fleischlicher und feinstofflicher Leib in einem ... Ich strebte so tief in den Brunnen, und die zarte Elementargestalt der Brunnenfee hob sich mir so weit entgegen, bis wir Mund an Mund waren. Ein Wonneschauer durchrieselte mich wie einen Durstigen ein kühles Labsal. Ich breitete die Arme aus, um die Feengestalt zu umfassen. Aber sie sank schnell hinab wie ein Hauch von Kühle, der in die Tiefe fließt, und verschwand im Wasser. – Berauscht und benommen blieb ich zurück, und erst als die Sonne aufging, kam ich richtig zu mir und verließ den Brunnen.«

Mit zunehmender Sehnsucht im Herzen strebte der Vierzehnjährige weiterhin jeden Morgen vor Tagesanbruch seinem Brunnen zu, bis zu jener unvergeßlichen Nacht zum Sonntag, dem 14. September. Doch lassen wir ihn selbst erzählen.

»Schon gegen drei Uhr morgens traf ich am Brunnen ein. Ich war ungewöhnlich erregt und hastig, konnte es kaum erwarten, mich auf den Brunnenrand zu schwingen. Dabei streifte ich unversehens mit der Innenfläche des linken Handgelenks einen vorstehenden Nagel am Dachpfosten und riß mir eine stark blutende Wunde nahe der Pulsader. Ich war so erregt, daß ich die Beträchtlichkeit der Verletzung erst merkte, als das warme Blut über meine Hand zu fließen begann. Unwillkürlich, wie durch eine plötzliche Erleuchtung veranlaßt und wie von einer äußeren Macht gezwungen, hielt ich den blutenden Arm über die Mitte des Brunnens nach unten und ließ das Blut über die Hand in die Tiefe tropfen ...

Mir wurde dunkel vor Augen. Ich lehnte mich krampfhaft an den Pfosten, um nicht zu fallen. Dann fühlte ich meinen Körper erstarren. Gleichzeitig aber löste ich mich aus diesem erstarrten Leib und schwebte frei und leicht, als feinstoffliche Gestalt, über dem Brunnen und in ihn hinein. Wunderbare Kühle durchwehte mich, und erschaudernd nahm ich wahr, wie das zarte, hauchfeine Haupt der Brunnenfee sich aus dem Wasserspiegel erhob, ihre schimmernden Schultern, die Brüste, der Leib, und wie sie mich liebend umfing. Ich fühlte mich von ihr durchströmt, von einem kühlen, prickelnden Schauer erfaßt, in kreisende Wirbel gesogen und selber saugend, aufnehmend; in überirdischer Wonne gebadet, durchtränkt von Glück, erfrischt, gelabt. Man kann diese Erfüllung nicht beschreiben. Sie übertrifft unmeßbar alles, was Körpersinne empfinden können. Wir gingen ganz ineinander auf.

Wie lange es währte, ist nicht zu ermessen. Was ist der höchsten Wonne die Zeit? Wenn der feinstoffliche Leib eines Menschenwesens und die ätherische Hauchgestalt eines Elementargeschöpfes sich liebend vereinigen, dann könnten Jahrtausende verrinnen, es könnte die Welt vergehen, sie würden es nicht achten in ihrem Glück ... Als wir endlich beseligt voneinander ließen und uns entschwebten, graute der Morgen. Nebel umwehte den Brunnen, und in diesem Nebel entschwand und versank die Liebesbotin des Elements. Ihre großen, goldschimmernden Augen glänzten feucht und dankbar und doch traurig zugleich, als wollten sie von mir Abschied nehmen. Ihr Antlitz war bleicher als sonst und ihre Gestalt noch zarter und wesenloser, als sei ihre Kraft erschöpft.

Ich aber war erfüllt von Freude. Wohl eine Stunde noch lehnte ich, langsam zu mir kommend, taumelig vom Rausch des überreichen Erlebens, am Pfosten des Brunnendaches, bis die ersten Sonnenstrahlen mich aus meiner Verzückung lösten. – So war meine erste Geliebte ein Wesen nicht von

Menschenart, und das mag auch der Grund gewesen sein, warum ich später als Sechzehnjähriger so bitter enttäuscht war von meiner ersten Liebesvereinigung mit einem weiblichen Menschenkind, von der ich mir in meinen Träumen noch mehr Glück erhofft hatte und dann die Schalheit allzu hart erfuhr, die alle Menschenlust hinterläßt.«

Nach jenem unvergleichlichen Erlebnis hielt ihn eine gewisse Scheu davor zurück, den Brunnen sogleich wieder aufzusuchen, und er vermied es längere Zeit, an jenem Gehöft vorbeizufahren. Erst an seinem Geburtstag wagte er es, fast sechs Wochen später.

»Es war ein dunkler, feuchter Morgen. Leichter Nieselregen hatte den steilen Fahrweg, der zum Brunnen führte, schlüpfrig gemacht. Ich war ungeduldig und ließ meinem Rad freien Lauf, so daß es mehr und mehr in Schuß kam und ich schließlich die Gewalt darüber verlor. Zum Unglück versagten auch die Bremsen, und ich glitt in sausender Fahrt hinab, geradewegs auf den Brunnen zu. Kurz vor ihm schlitterte das Rad. Ich konnte nicht mehr abbiegen und raste mit Wucht gegen die Brunnenmauer, stürzte und schlug mit dem Kopf an einen der Dachpfosten. Es hätte nicht viel gefehlt, und ich wäre kopfüber in den Brunnen gefallen, hätte ich mich nicht mit einer letzten Kraftanstrengung von seiner Mauer weggestoßen, so daß ich neben ihr niederfiel. – Eine Weile mochte ich bewußtlos dagelegen sein. Dann erhob ich mich. Mein Kopf schmerzte heftig, aber der Schädel war noch ganz und meine übrigen Knochen auch. Ich getraute mich nicht, in den Brunnen zu schauen; denn ich ahnte irgendwie, daß das Opfer meines Lebens gefordert war zur Vereinigung mit meiner Fee für immer. Mein Lebenswille war stärker gewesen als meine Liebe. Mich beschämte das, und doch war ich froh, daß ich noch da war. Bedrückt verließ ich den Brunnen, ohne einen Blick hineingetan zu haben. Es kam mir wie eine Flucht vor ...«

Dr. Mrsich schließt: »Der November kam. Ich mußte in die Stadt und tat es, ohne von meinem Brunnen, der mir unheimlich geworden war, Abschied zu nehmen. Erst im nächsten Jahr, im Mai, wagte ich wieder einen Besuch am Brunnen. Aber diesmal ging ich vorsichtigerweise zu Fuß. Doch ich war nicht freudig erregt wie früher, als ich vor meinem Brunnen stand. Ich fühlte mich von einer unbestimmten Schuld bedrückt und von bangen Ahnungen betrübt. Fast hatte ich Furcht, einen Blick in den Brunnen zu tun. Schließlich überwand ich mich und schaute hinab. Da war ich zutiefst erschrocken: Kein Wasserspiegel war in der Tiefe zu sehen. Der Brunnen war leer, versiegt, vertrocknet und blieb so den ganzen Sommer lang.

Im Jahr darauf hatte das alte Gehöft einen neuen Besitzer, der es umbauen und erneuern ließ. Der versiegte Brunnen wurde abgerissen, sein vertrockneter Schacht zugeschüttet, das Tor des Hofes geschlossen. Meine Fee war tot.«

Dr. Mrsich, den ich persönlich kenne, traue ich keine Phantastereien zu. Ihm waren Einblicke vergönnt in unseres Herrgotts geheime Werkstatt, wie selten einem Menschen. Ob man seine Schilderung glaubt oder nicht, was tut's! Der Wissende streitet nicht. Der überaus vorsichtige niederländische Parapsychologe Prof. Dr. W. Tenhaeff sagte, wer wie er selbst »jahrzehntelang in Gesellschaft sensitiver Menschen gelebt hat, weiß, daß es unter ihnen welche gibt, die viel mehr erfahren haben, als die Parapsychologie bisher ans Licht gebracht haben kann.« Und: »... all diese Menschen ohne Unterschied als verwirrte Phantasten anzuschwärzen ist etwas, dem ich aufgrund meiner Versuche und Gespräche mit manchen von ihnen nicht beipflichten kann.«[13]

Anmerkungen
Naturgeister und Elementseelen

1 Wenn man sich mit der Kraft eines Baumes »aufladen« will, so sollte
man möglichst wissen, welche Baumart zu einem am besten paßt
(kann gegebenenfalls mit dem Pendel ermittelt werden). Gefühlsmäßig und von der Sympathie her wird man ohnedies gewisse Bäume
bevorzugen. Schon Comenius empfahl, alte Buchen oder Eichen
aufzusuchen. Vor diese stelle man sich hin, mit dem Rücken an den
Stamm gelehnt und die Handinnenfläche fest an die Rinde drük-
kend. Dann beginne man mit tiefen Atemzügen, sich in das Baum-
wesen einzufühlen, um Übertragung seiner Kraft zu bitten und der
Baumseele – Gottes Segen wünschend – zu danken. Etwa zehn
Minuten reichen erfahrungsgemäß zu einer spürbaren Kraftaufla-
dung, besonders wenn dies öfters und am gleichen Baum geschieht.

2 Wenn man Blumen pflückt, betrübt man die Naturgeister, denn sie
betreuen dieselben, bis die Fortpflanzung gesichert ist. Blumenelf-
chen müssen vorzeitig sterben, wenn man abgerissene Blumen weg-
wirft oder eine Wiese mäht.

3 B. Flemming, »Kleines Lexikon & Register für das theosophische
Weltbild«, München 1976, 10. – Die Devas bilden hier eine eigene
Entwicklungslinie. Nach Madame Blavatsky soll es 330 Millionen
geben, was – auf das ganze Universum bezogen – ein bißchen wenig
wäre. Im Christentum sind Engel (vom griech. *ággelos* = Botschaf-
ter) »überirdisch geschaffene Wesen«, als Mittler zwischen Gott
und den Menschen (»Konstanzer kleines Bibellexikon«, 3. Aufl.,
Konstanz 1964, 96). Ob sie unsterblich sind, wird nicht gesagt. Es
werden allerlei Rangstufen angenommen, von Erzengel und Engeln
angefangen, über Seraphim, Cherubim und »Throne« bis zu Mor-
gensternen (Hiob 38,7). Von den sieben Erzengeln (das Wort
kommt vermutlich von Erst-Engeln = Erstlingen) werden in der Bibel
namentlich bloß Michael und Gabriel genannt; apokryph, d. h.
außerhalb der kanonischen Schriften, Raphael und Uriel. Das Zweite Konzil zu Nicäa im Jahre 787 erlaubte die Engelverehrung bzw.
ihre Anrufung, jedoch keine Anbetung.
Vielfach herrscht die Ansicht vor, Engel als bewußtseinsbegabte
Teilkräfte des Gotteswillens hätten selber keinen freien Eigenwillen.
Das dünkt mir fragwürdig zu sein; denn beim Urprinzip »Gott«
scheint es keinerlei Zwang zu geben (selbst in den zehn Geboten
heißt es nicht »du mußt«, sondern »du sollst«), und da es uns

offenkundig freisteht, durch die Wahl einer naturwidrigen Lebensweise gegen in uns, um uns und durch uns wirkende Naturgesetze bewußt oder unbewußt zu verstoßen, so können die hochentwickelten Engelwesen – so meine ich – unmöglich Instinktautomaten sein. Wie hätte es auch zu einem Engel- respektive Geisterfall kommen können ohne Wahl- und Entscheidungsfreiheit? – Auch die Ansicht, jeder Engel müsse Mensch gewesen sein, mutet mir unwahrscheinlich an; kann es dann *vor* der Menschwerdung schon Engel gegeben haben? Am glaubwürdigsten kommt mir persönlich die Aussage in »Geist, Kraft, Stoff« vor, der zufolge Engel entweder gut *gebliebene* oder gut *gewordene* (geläuterte) Geister der Nachschöpfung, der zweiten Schöpfung, sind (»Reformierende Blätter« II, Budapest 1879, 105).

4 Eine sich als Naturseele ausgebende Wesenheit erklärte Baronin von Vay gegenüber: »Wir sind erschaffen wie ihr, nur nehmen wir andere Wege als ihr Menschen.« Und bei anderer Gelegenheit: »Ich lebe, walte, schaffe in der Natur nach dem Gesetze, das mich leitet und dem ich gerne, willig folge ... Wir, die Scharen der Wärme-Geister, heilen das, was die ... Kältegeister zerknittern« (ein etwas unpassender Ausdruck). »Wir rufen ins Leben, was sie erstarren, und heilen, wo sie zu töten glaubten. Wir schmelzen das Eis, treiben die Wellen, erwecken der kalten Erde Schoß. Wir hauchen den erstarrten Gräsern und Blumen Leben, Farbe, Duft ein. Wir erweitern die Brust des Kranken, geben Lebenslust dem müden Pilger. Wir nehmen viele starre Geister mit uns und bringen junge Wesen der Einverleibung zu. Wir leiten die Einverleibung des Seelenprinzips, d. h. jenes Seelenlebens, welches zur Bildung, Erhaltung und Wärme dient. Wir erzeugen ausgleichende Fluide ... Wir treiben die Knospen auf, machen die Blüten ersprießen, die Früchte reifen« (A.v.Vay, »Visionen im Wasserglas«, Budapest 1877, S. 81). Auf die Frage, wieso sie unsere Sprache verstünden und sprechen, lautete eine Antwort: »Ich kenne die Menschensprache und Schrift, ohne sie je gelernt zu haben, indem ich die Prinzipien derselben kenne. Ich suche mir die Ingredienzen zusammen und sage, was ich zu sagen habe. Das ist wahre Wissenschaft, die Prinzipien der Dinge zu kennen« (ebenda, S. 82).

5 Berlin, 2. Aufl. 1967, S. 33, 173 u. a. Stellen. Bäzner schreibt: »Der starke, von magischer Kraft erfüllte Wille des Menschen vermag Naturgeister, sei es bewußt oder unbewußt, zu schaffen.« Dasselbe könne jede Mutter, die in selbstloser Liebe auf das Wohl ihres

Kindes bedacht ist, und jeder Mensch, der helfen und dienen will. Auch jene »leitenden Mächte des Weltalls«, die man Adepten und Meister nennt, würden Naturgeister schaffen »als Werkzeuge zur Erfüllung ihrer erhabenen Aufgabe der großen Welt- und Menschheitsentwicklung.«

Bäzner scheint hier Gedankenformen und -kräfte mit Naturgeistern zu verwechseln. Andererseits entspricht es der Wahrheit, daß jeder Mensch Gedankenformen erzeugt, die als zweifach (nach innen und nach außen) wirkende Energiequanten nach ihrer Verwirklichung streben, je mehr man sie »nährt«, d. h. je öfter und intensiver man sie denkt und daher die schemenhaften Formen mit Energienachschub versorgt. Im Extremfall können auf solch rein gedankliche Weise durchaus eine Art Elementarwesen entstehen, aber das sind Gedankenautomaten, keine Naturgeister. Leider lassen die esoterischen Vorstellungen auf diesem Sektor oft mehr Unwissenheit als Wissen erkennen.

6 Remagen 1963, S. 131. Die stark medial veranlagte Autorin war Gründerin und langjährige Leiterin der Wiener »Liga für parapsychologische Forschung«.

7 Die Paradiesesgeister empfingen Belehrung nicht mehr direkt aus Gott, sondern von den treugebliebenen Erstlingsgeistern, während die Versuchung von seiten der gefallenen Erstlinge an sie herantrat. Der Gegensatz, die »Versuchung«, war also schon vorhanden. Die Geister der zweiten Schöpfung sollten durch ihren Widerstand, »im Erhalten ihrer Reinheit, den Gefallenen zur Lehre dienen. Es war daher ihre Bestimmung eine zweifache: zu lehren und zu lernen.«

8 Emanuel zufolge (in »Zu freien Ufern«, Nr. 6/1978, 515) entstehen Elementargeister aus hochentwickelten Tierseelen. Bei Jakob Lorber hören wir dasselbe mit anderen Worten (vgl. Walter Lutz, »Die Grundfragen des Lebens in der Schau des Offenbarungswerkes Jakob Lorbers«, Bietighcim 1969, S. 95 und 162). Ebenso Herbert Engel in seinem Buch »Der Sphärenwanderer« (Interlaken 1981, S. 235) und »Der Eremit« (St. Goar 1988, S. 99).

9 A.v.Vay, »Geist, Kraft, Stoff«, Berlin, 6. Aufl. 1969, S. 76, sowie »Die Sphären zwischen der Erde und Sonne«, Berlin 1890, S. 222. Hier findet sich eine der kürzesten Erläuterungen, die Adelma von Vay hierzu erhielt:

»Ein jedes Atom findet seine Belebung, Form und Ausbildung vom Geistigen bis zur Materie, durch alle Mineralien und Vegetabilien. Diesen Verwandlungen stehen leitende Erstlingsgeister vor. Aus der

Belebung der Mineralien führt die Rotation das Lebensprinzip in das pflanzliche Reich ein, wo es sich zu einem bewußteren seelischen Leben entwickelt; denn hier entfalten sich die belebenden Kräfte schon einzeln und nach Arten, es beginnen die Abstammungen des einen aus dem andern. Das Verwandeln des fluidischen, mineralischen, pflanzlichen, tierischen Lebens ist *ein* Leben, ist das innige Band, welches alles aneinanderknüpft. Nirgends ist eine Trennung, sondern überall Übergänge, Verwandlungen. Das Lebensprinzip wird geartet, indem es sich zum Seelenprinzip entwickelt. Der Geisterfall erzeugte Gegensatz-Fluide, -Kräfte und -Eigenschaften, ebenfalls durch das Lebensprinzip belebt, wodurch die gröbere Materie, die Giftpflanzen und die bösen Tiere entstanden, als Folgen des Geisterfalles. Es gibt kein uneinverleibtes Seelen- oder Lebensprinzip; nach dem Absterben erfolgt sofort die Wiedereinverleibung dieser Prinzipien. Das Lebensprinzip der abgestorbenen Pflanze erweckt sofort neues Leben, und ebenso ist es mit dem Seelenprinzip der Tiere. In der Erde und den Mineralien liegt das Lebensprinzip der Kindheit. Wenn es diese Phase – sich potenzierend – durchgemacht hat, so belebt es das Pflanzenreich; es wird dann sozusagen empfindsamer und fühlt Wärme, Kälte, Licht. Es hat einen rascheren Wechsel von Tod und Leben, es macht nun dieselbe potenzierende Stufenleiter durch und wird dann, das Tierreich belebend, ein Seelenprinzip, mit Instinkt, Selbsterhaltungstrieb, Gesicht, Gehör, Geschmack begabt. Das Seelenprinzip nähert sich dem Menschen im Tiere, daher ist das mutwillige Töten der Tiere unrecht, die Vivisektion eine Barbarei, ein Verbrechen gegen die empfindenden Seelen der Tiere. Einer unschuldigen Seele im Tierleibe mutwillig Leiden und Schmerzen der entsetzlichsten Art zu bereiten ist ein Verbrechen vor Gott und der Natur. Der Mensch hat nicht das Recht, Seelen so grausam zu quälen. Gott gab ihm andere, bessere Mittel an die Hand, wissenschaftlich zu forschen.«

»Nachdem das Seelenprinzip das Tierreich belebte, zieht es in die Belebung der Elemente ein und wird zu Element-Seelen. Diese haben Empfindung, Gehör, Gesicht, Sprache, Form; sie sind aber keine Individuen, sondern eben Seelen, die einer Verwandlung harren, welche sie erst individualisieren soll. Sie müssen dem Gesetze, an das sie gebunden sind, folgen und haben keinen freien Willen.«

»Die gereinigten Elementseelen steigen ... empor bis zum Urlicht, wo sie zu Embryogeistern werden. Die Verschmelzung mit dem Hauche Gottes, diesem Element der Unsterblichkeit, schafft aus den

Elementseelen Geister.« Dadurch bekäme der Geist zwei »Essenzen«: die unsterbliche individualisierende Essenz Gottes und die Seelenessenz, welche der Natur innewohnt. Damit seien männliches und weibliches Prinzip im Dualgeiste vereint.

10 Wirkende Kräfte bei paranormalen Phänomenen wie Tischrücken, Klopfen, spukhaften Vorgängen, Levitation (Schweben von Menschen oder Gegenständen) u. dgl. werden oft irrtümlicherweise auf Verstorbene zurückgeführt. Soviel wir bis jetzt wissen, ist die Vermutung, daß es sich um Seelenwesen aus dem Astralbereich handeln könnte, naheliegender. Schon die alten Hebräer führten das Tischrücken sowie das selbständige Schweben eines mit schweren Gewichten belasteten Tisches auf die Tätigkeit der *Schedim*, Zidim und Ohim zurück, der Elementargeister. Von Jesus wird berichtet, daß er die Macht besaß, z. B. über Sturmgeister zu gebieten (Matth. 8,26).
Das seinerzeit weltberühmte Medium Daniel Douglas Home (1833–1886), dem trotz unwahrscheinlichster Phänomene niemals Betrug nachgewiesen werden konnte (und der auch nie Geld für seine Demonstrationen nahm), arbeitete viel mit Elementar- und Naturgeistern zusammen. In Trance schwebte er manchmal bis zur Zimmerdecke, als ob er getragen würde. Am 16.12.1868 levitierte Home im Ashley House in der Londoner Victoria Street durch ein Fenster hinaus und kam zu einem anderen wieder hereingeschwebt. Das Stockwerk befand sich 21 Meter über dem Erdboden (W. Bormann, »Der Schotte Home«, Leipzig 1909, S. 71). Den Eindruck des Getragenwerdens hatte man auch bei dem in Trance schwebenden afrikanischen Medizinmann in dem Film »Reise ins Jenseits« von Rolf Olsen.

11 Jean E. Charon, »Der Geist der Materie«, Wien 1979, S. 147.

12 Kurt E. Koch, »Okkultes ABC«, o.J., S. 195. – Der christliche Platoniker Michael Psellus verfaßte um 1100 ein Buch über die Naturgeister und unterteilte sie in sechs Klassen, in Luft-, Erd-, Wasser- und Feuerwesenheiten sowie unterirdische und lichtscheue Geister. Trithemius und Agrippa behielten diese Einteilung bei. Für Paracelsus sind die Naturwesen keine gefallenen Engel, sondern »die Blüten der Elemente«; natürliche Wesen, mit einem gewissen Verstand begabt und in ihren Elementen lebend.
Während manche Naturgeister ihre Form ständig wandeln, bleibt bei anderen die menschliche oder menschenähnliche Form mehr oder weniger konstant, obwohl auch sie ihr Aussehen und ihre

Größe verändern können. In alten Chroniken wird manchmal sogar von ehelichen Verbindungen zwischen Feen oder Wassernymphen und Menschenmännern berichtet. Auch Paracelsus führt ein entsprechendes Beispiel eines Stauffenbergers an. Die solchen Verbindungen entsprungenen Kinder sollen normale Menschen gewesen sein, während es die jeweiligen Mütter erst durch ihre Ehe mit einem »Mann aus Adam« (laut Paracelsus) wurden, d.h. geistige Unsterblichkeit erlangten. Ob möglicherweise hier eine der Wurzeln zu suchen ist für den Wahn, Frauen hätten keine Seele?

13 W. H. C. Tenhaeff, »Kontakte mit dem Jenseits? – Der Spiritismus-Report«, Berlin 1973, S. 252.

Astrologie

Die Astrologie als »Säule der Esoterik« in allen wesentlichen Punkten – mit Pro und Contra – beleuchten zu wollen ist in Kurzform ebensowenig möglich wie bei anderen in diesem Buch behandelten Themen. Luther sagte einmal: »Astrologie ist eine feine Kunst, doch bisweilen arg trügerisch.« Diese Aussage ist von bleibender Aktualität, denn einerseits gibt es verblüffende Leistungen, andererseits ist keines der astrologischen Systeme unfehlbar. Ein Inder soll gesagt haben: »Wenn an der Astrologie so viel dran wäre, wie ihre Anhänger glauben, dann wäre sie die erste Wissenschaft auf Erden. Und wenn an ihr so wenig dran wäre, wie ihre Gegner glauben, so wäre sie nicht nach 6000 Jahren immer noch da.« Mithin gibt man ihr dieses Alter. Aber wie mag es überhaupt zur Astrologie und zur Tierkreiseinteilung gekommen sein? Es gibt da bloß Vermutungen, wobei die Tierkreisbezeichnungen anscheinend in mythologischen Vorbildern wurzeln. Vielleicht beobachtete man in längst versunkenen Zeiten, wie unter gewissen Gestirnstellungen bestimmte Menschen geboren wurden, die späterhin Bedeutung erlangten oder gar in ihrer Zeit bestimmend waren. So mögen den Planeten im Laufe der Zeit seelisch prägende Eigenschaften zugeordnet worden sein. Bemerkenswert ist immerhin, daß man ohne technische Hilfsmittel wußte, welche Planeten zu unserem Sonnensystem gehören.[1]

Astrologie und Astronomie waren damals eins. Heute verhalten sie sich zueinander wie die Physik zur Biologie. Beide gebrauchen zwar dieselben Fachausdrücke, meinen aber nicht dasselbe. Während die Astronomie auf heliozentrischer Basis das materielle Universum zu erforschen sucht, bleibt

die Astrologie geozentrisch auf den Menschen als Mittelpunkt fixiert und mag als Lehre von den übersinnlichen
Lebensbeziehungen des Alls definiert werden. Auch kann
von einer Identität der astronomischen mit den astrologischen Gestirnen nur bedingt die Rede sein. Letztere wertet
der Astrologe mehr als Symbole für psychische Prinzipien,
deren Charaktere bzw. eigenschaftliche Wirkungen sich als
zutreffende Erfahrungswerte darstellen. Astronomie (griech.
ástron = Stern und *nómos* = Gesetz) ist zuständig für die
Gesetzmäßigkeit der Gestirnsabläufe, Astrologie (*lógos* =
Wort, Kunde, Wissenschaft) für die Sinndeutung derselben.
Die alte exoterische Astrologie kannte allerdings nur die fünf
Planeten bis zum Saturn, was zusammen mit Sonne und
Mond die mystische Siebenzahl ergab. Uranus und Neptun
wurden erst 1781 bzw. 1846 entdeckt, und Pluto gar erst
1930. Demnach müßte die alte Astrologie weit unzuverläs-
siger gewesen sein als die heutige. Kahir meint, die übersinnlichen Wirkungen der erst viel später entdeckten Planeten
hätten gewiß auch schon im Altertum auf entsprechend
empfängliche Menschen eingewirkt; doch könne dies nur bei
solchen der Fall gewesen sein, die bereits weitgehend dem
Herdengeist der großen Masse entwachsen waren und die
vorderste Entwicklungsreihe der Menschheit bildeten. Der
damalige Durchschnittsmensch war gewiß ebensowenig wie
der heutige imstande, »auf derart subtile Schwingungen zu
reagieren«. Andererseits liege eine tiefe Entsprechung darin,
daß Planeten immer dann entdeckt werden, wenn ihre Astral-
schwingung für einen Großteil der Menschheit bedeutsam zu
werden beginnt. Möglicherweise bringt uns das kommende
Wassermannzeitalter noch die beiden »Verborgenen«, womit die pythagoreische Zwölfzahl der Vollendung – astrologisch betrachtet – erreicht wäre.
Im Zeitraum von rund 25 900 Jahren umkreist unsere Sonne
einmal ihr eigenes Zentrum. Damit vollendet sich ein soge-

nanntes platonisches oder Weltenjahr, das »Große Jahr der Sonne«. Dabei tritt sie alle 2160 Jahre (das ist jeweils ein Weltenmonat) in ein neues Tierkreiszeichen ein und eröffnet damit neuen astralen (und vermutlich auch geistigen) Kräften den Weg zu uns. Augenblicklich befinden wir uns im Übergang vom Fische- zum Wassermannzeitalter, von welchem sich lichte wie dunkle Mächte soviel erhoffen ...

Als Erklärungsversuche astrologischer Gegebenheiten dienen drei theoretische Modelle: Die Einflußtheorie, die Entsprechungslehre und die Feldtheorie. Die Einflußtheorie geht von der Eigenstrahlung der Himmelskörper aus, die zwar bei weit entfernten Planeten sehr schwach sein mag, mit der Erde aber dennoch in kausaler Beziehung steht. Die Entsprechungslehre besagt, daß zwischen dem Menschen als Mikrokosmos (samt der Erde) und dem All als Makrokosmos fortlaufend Entsprechungsbeziehungen bestehen; aber nicht solche kausal-mechanischer, sondern übersinnlich-metaphysischer Art. Hierbei gelten die Gestirne mehr als archetypische Symbole für kosmische Prinzipien, die überall wirksam sind, im Großen wie im Kleinen.[2] Nach der Feldtheorie schließlich stellen alle materiellen Gebilde eine Verdichtung formgebender Kraftfelder dar.

Dr. Beat Imhof bemerkt hierzu: »Welche der drei geschilderten Erklärungsmöglichkeiten für die Wirksamkeit der Sterne die richtige ist, vermag ich nicht zu sagen. Manches spricht dafür, daß wir Menschen tatsächlich aus den Himmelsräumen physikalische Wirkungen empfangen, die unser Leben beeinflussen. Ebenso einleuchtend ist die Annahme, daß wir, hineingeboren und eingebettet in irdische Kraftfelder, von dieser schicksalhaften Prägung erfahren. Aber gewiß auch wirken in uns die gleichen gesetzmäßigen Rhythmen, welche den Lauf der Gestirne ebenso bestimmen wie unsere eigenen biologischen, psychischen und mentalen Lebensströme. So sind wir einbezogen und hineinverwoben in ein großes, allumfassendes kosmisches Geschehen, in dem vielerlei Kräfte auf mehreren Daseinsebenen wirken, von denen wir zumeist nur die eine sehen.«[3]

Nun, den Einfluß von Sonne und Mond auf das irdische Wachstumsgeschehen und die Lebensvorgänge in Mensch, Tier und Pflanze bestreitet heute niemand mehr. In seelischer Beziehung können sich z. B. bestimmte Mondphasen besonders kraß bemerkbar machen, man denke nur an Mondsüchtige. Der Mondeinfluß ist auch bei geschlossener Wolkendecke nachweisbar.[4] Warum eigentlich sollen Kraftfelder anderer Gestirne unseres Sonnensystems wirkungslos sein? Kennen wir überhaupt schon alle vorhandenen Strahlungen und Kräfte? Jene wissenschaftlich leider unbeachtet gebliebenen »odischen Emanationen« des Freiherrn Karl von Reichenbach beispielsweise? In peinlich genauen Versuchsreihen wies er schon um die Mitte des 19. Jahrhunderts nach, daß nicht bloß Sonne und Mond merkliche Einflüsse auf uns ausüben, sondern auch einzelne Planeten sowie ganze Gestirnsgruppen.[5]

Nach esoterischer Überzeugung hat alles Sichtbare, körperlich Wahrnehmbare seine primären Ursachen im geistigen und seine sekundären im seelischen Bereich. »Alles Erkennbare ist Wirkung«, lautet ein Grundsatz. Gemäß der siebenfachen Konstitution des Menschen werden alle, auch die feinen kosmischen Energien empfangen und – entsprechend zweckmäßig – bis zur Physis transformiert. Demnach wäre nicht bloß unser Astralleib das korrespondierende Glied. Offenbar wirken alle Energiefelder und -ströme, einschließlich der planetarischen, auf sämtliche Prinzipien ein, die unsere Persönlichkeitsstruktur ausmachen; die in uns befindlichen fluidisch-feinstofflichen Systeme durchdringen einander, und unsere persönliche Aura besteht aus den Ausstrahlungen aller sieben Prinzipien. Erkrankungen unseres physischen Körpers gehen oftmals – wie es auch mittels der

Kirlianfotografie nachgewiesen werden konnte – vom inneren Leib aus. Wäre es möglich, auch ihn »widerstandsfähig zu machen«? Warum z. B. wird ein vollendeter Yogi nie krank und bleibt von Gestirnseinflüssen nahezu unberührt? Eine physische Ansteckung ist bekanntermaßen unmöglich, wenn keine Empfänglichkeit vorliegt; ebenso scheint die geistige Höherentwicklung des Menschen eine negative Beeinflussung des inneren Körpers durch planetarische Kräfte auszuschließen. Nach allgemeiner esoterischer Ansicht bleibt unser Kausalkörper ohnehin unbeeinflußt von astrologischen Konstellationen. Surya zufolge vollziehen sich die Gestirnseinflüsse auf den Menschen in vierfacher Weise: Die geistigen wirken auf unser Gedankenleben (Mentalkörper), die seelischen auf unsere Empfindungswelt (Astralkörper), die ätherischen auf unsere Lebenskraft (Ätherleib) und die physikalischen auf unseren physischen Organismus.

Unser Astralkörper gilt ja noch immer als »wissenschaftlich unbewiesen«, von den anderen feinstofflichen Prinzipien ganz zu schweigen. Und doch soll gerade er es sein, der auf planetarische Kraftfelder reagiert. Der Russe W. Injuschin erklärte beim parapsychologischen Kongreß 1968 in Moskau, unser »innerer Leib« würde auf alle Störungen des plasmatischen Gleichgewichts im Universum reagieren, auf alle subtilen Einflüsse, »von dem Gras, auf dem wir gehen, bis zu den Planeten im All«. So seien die Auswirkungen der periodischen Sonnenfleckentätigkeit nicht bloß in bezug auf die Wettergestaltung nachweisbar, sondern auch auf das Pflanzenwachstum sowie auf das Verhalten von Tieren wie auch Menschen. Heuschreckeninvasionen, Epidemien, Kriege, Revolutionen etc. stehen offenbar mit diesen Zyklen in Wechselbeziehung. Diagramme, die seit 1917 erstellt werden, bestätigen dies. Aber das ist durchaus nichts Neues, denn dieser Nachweis gelang Rudolf Mewes schon 1896 in seinem Werk »Kriegs- und Geistesperioden« (2. Aufl. 1917).

An einem Weltraumsymposium im Jahre 1962 war erklärt worden, daß alle »subtilen Veränderungen in den Magnetfeldern der Erde, die durch Sonne, Mond und Planeten verursacht werden, tatsächlich das Kraftfeld des menschlichen Körpers ändern, was wiederum auf das Nervensystem einwirkt«.[6]

Maßgeblich für die Erstellung eines astrologischen Geburtsbildes ist, neben dem Geburtsort, die möglichst genaue Geburtszeit und der sich daraus ergebene Aszendent. Als Aszendent (vom lat. *ascendere* = aufsteigen) gilt jenes Zeichen, das zum Zeitpunkt der Geburt am östlichen Horizont aufsteigt. Der Aszendent zeigt an, in welchem Rahmen ein Mensch sich anlagemäßig und charakterlich entwickeln und wie er seine Umweltbeziehungen gestalten kann, wie er zu seiner Umgebung steht. Da Astrologie in erster Linie Seelenkunde ist, vermittelt das Geburtsbild vor allem einen Einblick in die seelische Struktur des Horoskopeigners. Nach Swami Yukteswar, dem Lehrer von Paramahansa Yogananda (der eigentlich Mukanda Lal Gash hieß), studiert man in der Astrologie die Rückwirkungen des Menschen auf planetarische Reize. Denn nicht Planeten oder sonstige Kräfte als solche würden unser Leben und Schicksal beeinflussen, sondern die Reaktionen unseres persönlichen biophysikalischen Kraftfeldes mit seiner individuell-persönlichkeitsgeprägten Frequenz.

Diese Frequenz zu bestimmen liegt aber einzig und allein an uns selber. Ausschlaggebend sind hierbei unser Denken, Wollen und Handeln und nicht unser Horoskop. Daraus ergibt sich die vorrangige Forderung, daß jedermann sein Schicksal selbst gestaltet; zwar auf schicksalhaft vorbestimmten Bahnen, aber innerhalb derselben als freier Selbstgestalter, bewußt oder unbewußt. Eine These des bekannten Kosmobiologen Reinhold Ebertin lautet: »Wir haben den freien Willen, unser Leben innerhalb der kosmischen Gesetzmäßigkeiten frei zu gestalten.« Daher gelten die alten Weisheiten: »Der Weise regiert die Sterne« (»Sapiens regit astra«) und »Den Willigen führt das Schicksal, den Unwilligen zieht und zerrt es«. Wer auf der Stufe des Trieb- und Genußmenschen verharrt, der unterliegt den zwölf Planetenkräften mit zwangsläufiger Notwendigkeit; als geistig Strebender kann man sie transformieren, umwandeln. Yogananda erzählt, man habe bei seiner Geburt sein Horoskop erstellt und vorausgesagt, daß er dreimal heiraten und zweimal Witwer werden würde. Im Laufe seines Lebens seien alle astrologischen Prognosen eingetroffen; die der dreimaligen Verheiratung jedoch – da er sich für den Weg des Yoga entschieden hatte – erfuhren insofern eine Abschwächung, als seine Familie dreimal den Versuch unternahm, ihn zu verloben.

Was nun die gängigen astrologischen Berechnungsmethoden und Systeme anbelangt, so kommt es wohl weniger auf das jeweils bevorzugte System an als vielmehr auf Intuition und Einfühlungsvermögen des Astrologen. Und ebendas läßt sich nicht lernen. Deshalb sei die Astrologie kein Handwerk, sondern noch immer die königliche Kunst von einst geblieben, betont Kahir und versichert: »Mit Lehrbüchern und festgefügten Regeln ist da nichts zu machen, wenn diese höhere Weihe fehlt.« Nach Dr. Karl Gustav Bittner ist jede Methode richtig, »wenn sie der seelischen Grundhaltung dessen entspricht, der sich ihrer bedient«.[8]

Was präzise Voraussagen anbelangt, so sollte man astrologischerseits besser darauf verzichten, meint Fidelsberger, denn das sei mehr einem Glücksspiel vergleichbar. Er verweist darauf, daß kein deutscher Astrologe vor 1933 Hitlers Machtübernahme prognostiziert habe »und im Jahre 1939 niemand, also kein Astrologe in einem Land dieser Erde, den Ausbruch des Zweiten Weltkrieges mit dem Datum genau prophezeit hat«. Im nachhinein dafür freilich um so mehr;

aber das ist – nach Kahir – die Kunst, nachträglich etwas voraussagen zu können ...

Gewiß, wohl jeder möchte gern der Zukunft Schleier ein wenig gelüftet sehen, aber Tatsache ist und bleibt: Wir selbst sind die Hauptgestalter unseres Schicksals und unserer Zukunft. Unfrei sind wir nur hinsichtlich der Vergangenheit, da sind wir Sklaven, obwohl da auch vieles gemindert und gelindert werden kann durch gottvertrauendes Bemühen um eine spirituell positive Lebensgestaltung; aber wir sind Herren unserer Zukunft! Wer sich jedoch treiben läßt wie ein dürres Blatt im Winde und keine höheren Interessen kennt als die besagten drei »G«, bei dem hat ein Sterndeuter bzw. ein nichtesoterischer Astrologe gute Chancen, »zutreffende« Voraussagen zu errechnen. Die meisten seiner Kunden wollen sowieso bloß erfahren, was ihnen das Leben speziell in puncto Geld und »Glück in der Liebe« in absehbarer Zeit noch bringen wird. Auf hilfreiche Hinweise zur Lebensbemeisterung im Sinne ethischen Höherstrebens legen sie kaum oder keinen Wert, und gerade da könnte ihnen die psychologische Astrologie wertvolle Handreichungen bieten. Der Sterndeuter als Scharlatan wird geneigt sein, diese gefährliche Tendenz seelisch-geistiger Trägheit zu unterstützen, denn sie steigert die Treffsicherheit seiner Voraussagen. Paracelsus würde von solchen Astrologen und ihrer Kundschaft sagen, daß ihnen nicht nur das himmlische, sondern auch das natürliche Licht erloschen ist; denn ihm war keinerlei Wissenschaft Selbstzweck, sondern nur Mittel zum Zweck, nämlich zur Erlangung von Erkenntnissen, die unseren Lebenssinn und unsere Stellung in der Natur besser erkennen lassen. Ein verantwortungsbewußter Astrologe hingegen wird stets versuchen, an die Selbstverantwortlichkeit seines Klienten zu appellieren.

Ein bewußt an seiner Charakterveredelung arbeitender Mensch bringt sich hierdurch auf eine höhere Vibrationsoktave. Karmische Faktoren werden sich zwar auch bei ihm weiterhin und gesetzmäßig auswirken, aber so manches im Horoskop aufscheinende Unangenehme bleibt inaktiv und wird, wie Kahir erkannte, getilgt durch das »Gesetz der Gnade« bei denen, »deren kosmischer Reifegrad sie in diesen Aktionsradius einbezieht«.[9]

Surya bemerkt hinsichtlich der Möglichkeit, ungünstigen Gestirnseinflüssen zu begegnen, er sei »diesem ungemein wichtigen Problem nachgegangen und aufgrund von eigenen Erfahrungen sowie jener von Gleichstrebenden zur Einsicht gekommen, daß *Gebet* und *Meditation* wirklich imstande sind, schlimme und drohende Gestirnseinflüsse sehr abzuschwächen, unter Umständen sogar ganz aufzuheben«. Dies sei in Anbetracht der heutigen Verbreitung der Astrologie von großer Wichtigkeit, weil viele in ständiger Furcht vor schlechten Konstellationen leben und sie für unausweichlich halten. Surya versichert: »Dem ist aber nicht so! Denn jede Kraft, jeder Einfluß, kann nur so lange wirken, als nicht eine gleich große oder größere Kraft entgegenwirkt. So groß nun auch Gestirnseinflüsse sein mögen, im Verhältnis zu einer Kraft, welche alle Gestirne ins Dasein rief – also im Verhältnis zur Allmacht und Gnade Gottes –, sind alle Gestirnseinflüsse nur sekundäre und geringe Kräfte!«[10]

Bei alledem spielen natürlich auch Erbfaktoren eine wesentliche Rolle. Dr. Heinz Fidelsberger konnte anhand der Horoskope von astrologischen Zwillingen (d. h. zwei Geburten von verschiedenen Müttern im gleichen Kreißsaal und zur selben Minute) nachweisen, »wie massiv die Erbfaktoren sind und wie wenig oft der prägende Faktor der Geburtskonstellation eine Rolle spielt«.[11] Auch der französische Forscher Michel Gauquelin sagt in seinem Buch »Die Uhren des Kosmos gehen anders« (1973): »Der Mensch wird im Augenblick der Geburt, entsprechend einer genetischen Programmierung, auf ganz bestimmte ›Planeten-Uhren‹ eingestellt. Danach reagieren Menschen mit gleichem Erbgut auf bestimmte Einflüsse gleich, mit verschiedenem Erbgut jedoch verschieden. Der Organismus eines Kindes wird durch Vererbung geprägt, und dieser Prozeß macht das Kind bei der Geburt empfänglich für bestimmte Gestirnseinflüsse.« C.G. Jung, der sich eingehend mit Astrologie befaßte, schreibt in »Seelenprobleme der Gegenwart«: »Wir sind zu einem Augenblick, an einem gewissen Ort geboren worden, und wir besitzen, gleich wie berühmte Weinsorten, die Qualität des Jahres und der Jahreszeit, die uns zur Welt kommen sah. Nichts *mehr* behauptet die Astrologie.«

An Einwendungen gegen die Astrologie möchte ich hier bloß eine der häufigsten berühren. Es ist der Hinweis auf Massensterben, wenn manchmal Hunderte gleichzeitig umkommen oder, wie in Dresden, Hiroshima und Nagasaki, Hunderttausende, obwohl sie doch völlig unterschiedliche Horoskope haben. Dem wäre entgegenzuhalten, daß gewiß nicht jeder Unglücks- oder Todesfall karmisch vorbestimmt ist. Massenverbrechen wie Kriege und Revolutionen entspringen ursächlich *menschlicher* Willensanstrengung und nicht astrologischen Konstellationen; denn diese sind bekanntermaßen nicht zwingender, sondern lediglich hemmender oder fördernder Natur.

Wären wir dazu verdammt, dem Schicksal oder den Gestirnseinflüssen hilflos ausgeliefert zu sein, so könnte der Mensch für sein Tun oder Unterlassen ebensowenig verantwortlich gemacht werden wie das Tier. Ohne Zweifel mag unsere persönliche Willensfreiheit sehr relativ und von vielerlei Faktoren beengt sein, aber sie ist immerhin vorhanden und daher kausalgesetzlich schicksalsgestaltend. Da wir aber zugleich verwoben sind mit dem Schicksal unserer Familie, unseres Volkes und Landes, ja der ganzen Menschheit, so *kann* ein Massensterben als solches karmischer Natur, d. h. kausalitätsbedingt sein, aber gewiß nicht für jeden Betroffenen.

Sonst müßte ja in den Horoskopen aller Todesopfer der gleiche verhängnisankündigende Aspekt zu finden sein. Das aber ist nicht der Fall.

In der Gesamtschau darf die Astrologie als Lehre von den übersinnlichen, d. h. sinnfällig nicht wahrnehmbaren Wechselbeziehungen gelten zwischen Mensch und Umwelt, wozu auch die außerirdische Umwelt gehört, nämlich unser Sonnensystem. Für den religiösen Menschen kann die Astrologie zu einer stärkeren Glaubensgewißheit führen, dem Rationalisten hingegen mag sie ein Aberglaube sein. Würde letzterer sich allerdings näher und unvoreingenommen mit diesem Wissensgebiet befassen, käme er bald zu einer anderen Auffassung. »Möge man doch«, schreibt Fidelsberger, »wenn von astrologischen Erfahrungen die Rede ist, nicht immer gleich eine ablehnende Haltung einnehmen und von einem unbewiesenen Aberglauben sprechen. Wer den Wahrheitsgehalt der Astrologie bezweifelt, hat sich noch nicht mit den kosmobiologischen Fakten, die in den vergangenen drei Jahrzehnten gefunden wurden, auseinandergesetzt.«[12]

Was also ist mit Astrologie erreichbar? – Vor allem Selbsterkenntnis! Ein richtig gestelltes und ebenso richtig gedeutetes Horoskop kann uns dazu verhelfen, Stärken und Schwächen unserer Veranlagung zu erkennen und Disharmonisches in Harmonie umzuwandeln. Das dürfte in der Regel eine lebenausfüllende Arbeit sein; doch ebendadurch wird man fähig, die Sterne oder Unsterne seines Schicksals entscheidend zu lenken, anstatt von ihren Kräften gelenkt zu werden. Ferner sollte ein Horoskop dem besseren Verständnis der Vergangenheit und der Gegenwart dienen. Nach Thorwald Dethlefsen ist das Horoskop ein Lehrplan für die gegenwärtige Inkarnation und zugleich Kontoauszug aus früheren Leben. Außerdem muß es sich, wenn es richtig erarbeitet wurde, mit der chiromantischen, graphologischen und psychophysiognomischen Analyse decken.

Wie verhält es sich aber mit Frühgeburten und bei künstlich beschleunigter Niederkunft? Als schicksalsergebener Fatalist könnte man auch da von Vorbestimmung reden, doch ist dies sehr zu bezweifeln. Denkbar wäre allerdings, daß durch menschliche Manipulation eine andere Geburtsprägung erfolgt als jene, die von Natur aus vorgesehen war. Hierüber scheinen astrologischerseits noch keine Erkenntnisse vorzuliegen. Ob bei Frühgeburten eventuell das Kind selbst sein Früherkommen auslösen mag, wissen wir nicht.[13]

Gefahren der Beschäftigung mit Astrologie sehe ich eigentlich nur im Sichverlassen auf Prognosen und im Abhängigwerden vom Horoskop. Aber das liegt nicht an der Astrologie, sondern an einem selbst und gilt für alle Extreme (siehe Kettenraucher, Alkoholiker, Drogensüchtige usw.). Sobald man merkt, daß eine Neigung Macht über uns zu gewinnen beginnt, sollte man gegensteuern. Mit einem gutfundierten Gott- und Selbstvertrauen ist dies erwiesenermaßen möglich und erreichbar. Wir sollen ja Herren unserer selbst sein und nicht Sklave irgendwelcher Faktoren, die unsere bestimmungsgemäße Entwicklung behindern. Deshalb ist auch die Einstellung jener Astrologen lebensfremd, die da meinen, der Mensch *müsse* so und könne gar nicht anders sein und handeln, als sein Horoskop es bedingt.

Für viele Theologen freilich ist die Astrologie ein teuflischer Aberglaube. Sie verwechseln allerdings den gemäß 5. Mose 18,9–14 und Jes. 47,12–14 verbotenen Sterngötterkult mit Astrologie. Zudem seien sie an den Propheten Daniel erinnert, der am Hofe des Nebukadnezar das einflußreiche Amt des »Chefsterndeuters« keineswegs ablehnte. Und wenn die drei »Weisen aus dem Morgenlande« (die erst viel später zu »Königen« umgedeutet wurden) sich durch einen Stern veranlaßt fühlten, dem neugeborenen Heiland zu huldigen, so kann dies gewiß schwerlich einer teuflischen List zugeschrieben werden.[14]

Wenn ehedem am Petersdom in Rom ein Anbau vorgenommen werden sollte, so erfolgte die Grundsteinlegung nach astrologischen Gesichtspunkten. Heute z. B. läßt die amerikanische Rundfunk- und Fernsehstation RCA atmosphärische Störungen, die die Sendequalität beeinflussen, astrologisch vorausberechnen. Nach einer Pressemitteilung vom 23. 6. 1988 soll die Trefferquote 93,2 Prozent betragen.

Wie dem auch sein mag, dem Dermatologen Dr. Oskar Adler dürfte zuzustimmen sein, wenn er in seinem Buch »Das Testament der Astrologie« sagt, daß uns die Astrologie einen Weg zur Selbsterkenntnis weist. Diesen Weg »auch wirklich zu gehen lehrt uns die Liebe. Wer beides vereinigen kann, dem allein kann das Studium der Astrologie zum Heil gereichen.«[15]

Alles in allem: Es ist was dran an der seriösen Astrologie, aber nicht jeder Astrologe ist seriös.

Anmerkungen
»Astrologie«

1 Ursprünglich scheint die Astrologie im hohen Norden beheimatet gewesen zu sein. Das sagt uns schon die Bezeichnung »Tyrkreis«, denn »Tyr« ist ein altgermanischer Name für die Sonne, auch »der Son« genannt. Als der Sinn des Begriffes Tyr verlorengegangen war, setzte man ihn mit dem Wort »Tier« gleich. Daß dies unrichtig ist, zeigt allein schon die Tatsache, daß nur sieben von zwölf Sonnenkreisbildern Tiersymbole haben.

Auf den hohen Norden als Ursprung der Astrologie weisen auch die jahrtausendealten Sternwarten der nordischen Völker in Form sogenannter Steinkreise hin, die unsere germanischen Ahnen »Kirk« nannten. Das Alter mancher Anlagen dieser Art wird auf bis zu 7000 Jahre geschätzt. Aus der Kirk von Odry wie auch aus indischen Quellen geht hervor (vgl. Georg Biedenkapp, »Der Nordpol als Völkerheimat«; der Verfasser greift auf die Forschungen des Inders

Tilak zurück), daß die ariogermanischen Völker des Nordens bereits eine hohe Kulturstufe innehatten und die Zwölfteilung des Sternenhimmels in 12 x 30 = 360 Grade kannten. Auswandernde Nordvölker, wie etwa die Sumerer und Philister, gelangten auf dem See- und Landweg bis nach Kleinasien und Afrika und brachten ihre Himmelskunde mit. Davon zeugen die Pfeil- (Phallus-) und Tor- (Vulven-)Steine, die sich an den Gestaden der Ost- und Nordsee, des Atlantiks und Mittelmeeres ebenso finden wie vom Baltikum her über Polen und Rumänien bis nach Mesopotamien (Ferdinand W. Nielsen, »Rätsel der Bibel«, Danzig 1932, S. 8 ff).

Die ahistorische Geschichte der Wanderung der zwölf Söhne Jakobs stellt esoterisch verstanden den scheinbaren Lauf der zwölf Tierkreisbilder nach Süden dar. Dies geht auch aus dem Jakobsegen hervor, in welchem die Söhne mit Tierkreisbildern gleichgesetzt werden: Ruben = Wassermann, Juda = Löwe usw. (1. Mose 49). Im Wassermann beginnt das große Jahr der Sonne, deshalb heißt Ruben der Erstgeborene. Weil Judas Tierkreisbild Löwe das höchste ist, wurde Juda der Führer, nicht aber Ruben als Erstgeborener, was er nach dem Erstgeburtsrecht ja hätte sein müssen. (Ebenda, 35.)

2 Zu Jakob Lorber (in »Die geistige Sonne«, Bd. 2, 15. Kap.) war gesagt worden: »Es hat jede Sache zwei Seiten, nämlich eine Licht- und eine Schattenseite. Wir wollen uns daher nicht der Schatten-, sondern der Lichtseite dieses altertümlichen Mysteriums der Astrologie bedienen. Wie lautet aber diese? – Ihr Name heißt: Kunde der Entsprechungen. Auf dem Wege der Entsprechungen aber hat ein jedes Ding, eine jede Form und ein jedes gegenseitiges Verhältnis der Formen wie der Dinge einen entsprechend geistigen Sinn. Und so hatten einen solchen Sinn und haben es noch alle die Sterne und ihre Bilder. Wer demnach diese Dinge von dieser Lichtseite lesen und verstehen kann, der ist auch ein Astrologe; aber kein Astrologe mit Hilfe der finsteren Mächte, sondern ein Astrologe aus dem Reiche der Geister des Lichtes, d. h., er ist ein wahrhaftiger Weiser ...«

3 In seinem Beitrag »Astrologische Erklärungsversuche« (Zeitschrift »Astrolog« Nr. 7/36 vom 19. 2. 1987, 13). Dr. Imhof fährt fort: »Diese ganzheitliche Betrachtungsweise, die bereits im Jahre 1936 der amerikanische Astrologe Dane Rudhyar in seinem Buch ›Astrologie und Persönlichkeit‹ vertrat, sieht den Kosmos als ein allumfassendes psycho-physisches System, dessen Funktionen auf verschiedenen Daseins- und Entwicklungsebenen sich auswirken, wobei zwischen den einzelnen Ebenen ein synchroner, d. h. gleichzeitiger

und gleichsinniger Entsprechungszusammenhang besteht. – Lernen wir also in großen Zusammenhängen denken, dann erübrigt sich die Frage, welche der drei genannten Theorien die richtige sei. Eine jede hat ihre Richtigkeit auf der ihr entsprechenden Wirklichkeitsebene; die Wahrheit aber umfaßt die *ganze* Wirklichkeit, und diese enthält mehr als die Summe unserer beschränkten menschlichen Erkenntnisse.«

4 Es gibt Strafgerichtsurteile, die auf den Mondeinfluß strafmildernd Bezug nehmen. Bei einem Eisenbahnattentäter beispielsweise, der bei Vollmond einen Zug zum Entgleisen gebracht hatte, stellte man während der Untersuchungshaft fest, daß er bei Mondlicht in Raserei verfiel. – Eine Statistik der Schutzpolizei Ludwigshafen/Rhein ergab »ein signifikantes Ansteigen der Ereignisse bei Voll- und Neumond«. Während der Tagesdurchschnitt an »Ereignissen« 190 beträgt, schnellen die Zahlen zur Zeit besagter Mondstände nach oben, bis zu fünfzig mehr als üblich. Damit sei statistisch belegt, daß die »polizeiliche Ereignisdichte« (Unfälle, Selbstmorde, Gewalttaten, Einweisungen in Nervenkliniken usw.) »auch von den Mondphasen abhängig ist« (»Spiegel« Nr. 9/1990, 96).

5 K. v. Reichenbach, »Die Dynamide«, (Braunschweig, 2. Aufl. 1850); »Der sensitive Mensch und sein Verhalten zum Ode« (2 Bde., Stuttgart 1854/55); »Die Pflanzenwelt in ihren Beziehungen zur Sensivität und zum Ode« (Wien 1858); »Aphorismen über Sensitivität und Od« (Wien 1866); »Odisch-magnetische Briefe« (Heidelberg, Neuauflage 1955). Sterne mit reflektierendem Licht (Planeten) empfinden sensitive Menschen als unangenehm-laue Wärme, während Gestirne mit eigenem Licht das Gefühl wohltuender Frische vermitteln. Spätere Forscher, die Reichenbachs Methode nachprüften, kamen zu gleichen Ergebnissen.

6 S. Ostrander und L. Schroeder, »PSI, die Geheimformel des Ostblocks«, München 1971, S. 120 f. – Demnach suchten sowjetische PSI-Forscher schon damals nach den besten meterologischen, kosmischen und elektromagnetischen Bedingungen, unter denen parapsychologische Experimente wie Psychokinese oder Telepathie am leichtesten gelingen. Hierzu heißt es (S. 122): »Bei ihren Versuchen, die außersinnliche Wahrnehmung (ASW) voranzutreiben, ziehen die Sowjets Gesichtspunkte in Betracht, an die die meisten Forscher nie zuvor gedacht haben, einfach deshalb, weil einige dieser Faktoren vor dem Beginn der Weltraumforschung und dem Internationalen Geophysikalischen Jahr von 1957 noch gar nicht bekannt waren.«

In seinem Buch »Sterne und Schicksal« (Wien 1975, S. 80) schreibt der Wiener Arzt und Astrologe Dr. Heinz Fidelsberger: »Durch die Entdeckung der genetischen Information, weiter durch die Entdeckung der elektromagnetischen Felder, der sogenannten Magnetosphäre, hat die Astrologie eine … rein naturwissenschaftliche Basis erhalten.« Man könne heute den elektromagnetischen Einfluß auf die biologischen Rhythmen nachweisen und einwandfrei beweisen, »daß diese informatorischen Wechselwirkungen der Magnetosphäre chemische Reaktionen in Organismen auslösen, die zu bestimmten Reaktionen führen«. Fidelsberger betont, »daß alle modernen wissenschaftlichen Erkenntnisse die Astrologie nicht widerlegt, sondern bestätigt haben«.

Das von Dr. Fidelsberger hier Angedeutete wird heute unter dem Begriff »Kosmobiologie« zusammengefaßt. Unter diesem Aufhänger wird auch im Ostblock eifrig geforscht. So gibt es in der Tschechoslowakei, in der Stadt Neutra, ein vom Gesundheitsministerium finanziertes »Astra-Forschungszentrum für Geburtenplanung«. Frauen bzw. Ehepaare können sich dort den für sie günstigsten Zeugungszeitpunkt errechnen lassen. Die vom Institut gelieferten »Kosmogramme« sollen bis zu fast neunzig Prozent sicher sein. – Meiner Meinung nach wird die Kosmobiologie noch so manches enträtseln, was zugunsten des astrologischen »Aberglaubens« sprechen wird. Warten wir ab!

7 In seinem Beitrag »Was ist und was will die Kosmobiologie?«, MuSch 8. Jg., Nr. 7,6.

8 MuSch 8. Jg., Nr. 19,18 – Erich Wiesel, ein in den zwanziger Jahren angesehener Astrologe aus Dresden, arbeitete einmal das Horoskop des damaligen Reichspräsidenten Paul von Hindenburg aus, und zwar nach den zu jener Zeit gängigsten Systemen. Ohne Namensnennung des Horoskopinhabers schickte er es an die bekanntesten Kollegen seiner Zunft mit der Frage, ob dieser Mann aus besseren Kreisen im Leben etwas erreichen werde oder nicht. Die eingehenden Antworten lauteten einmütig: »Aus dem Manne wird nichts«!

9 MuSch 5. Jg., Nr. 15,18 – Peter Andreas schreibt in seinem Buch »Jenseits von Einstein« (Düsseldorf 1978): »Jeder Mensch hat seinen Lebenscode und seine persönliche Himmelsmechanik. Der Engstirnige oder von Trieben Geleitete ist ihr ausgeliefert. ›Schicksal‹ ist etwas Unerbittliches für ihn. Für den, der sich selbst befreit hat, sind die Sterne nicht mehr Zwingherren.« Es gehe auch nicht darum, ob Schicksalsschläge im Einzelfall abwendbar sind, sondern

darum, wie wir sie nehmen, wie wir reagieren. Ein »schlechtes« Horoskop ist sogar, nach Johannes Vehlow, ein Zeichen, daß es sich beim Horoskopinhaber um eine kraftvolle Natur handelt, die durch Kampf zum Sieg gelangen soll und auch die Fähigkeiten dazu besitzt (J. Vehlow, »Die Weltanschauung der Astrologie«, Bd. I, Zeulenroda, 2. Aufl. 1933, S. 89).

Dr. Beat Imhof schreibt (im 2. Studienheft seines Astrologie-Lehrgangs, Zug 1979, S. 4 und 16): »Was eine astrologische Analyse auszusagen vermag, betrifft in erster Linie die *Anlagen* eines Menschen und die in ihm vorhandenen Möglichkeiten und Tendenzen der eigenen Lebensverwirklichung. Hingegen vermögen wir aus dem Horoskop kaum herauszulesen, was der Mensch aus den bei seiner Geburt vorgegebenen Schicksalsmöglichkeiten im Verlaufe seines Lebens tatsächlich macht.« Und: »Der Mensch kommt mit einem bestimmten Lebenscode zur Welt, mit einer Art Lochkarte, in die im Augenblick der Geburt die kosmischen Konstellationen und die ihnen entsprechenden Kraftfelder als weitere Informationen eingestanzt werden und die, nebst vielen anderen Informationen wie Vererbung, vorgeburtliche Einflüsse, Zeit- und Umwelteinflüsse, im Verlauf des Lebens sich auswirken können.«

10 Aus »Begegnungen mit Jenseitsforschern« von Wilhelm O. Roesermueller (Nürnberg 1961, S. 52).

11 »Meridian« Nr. 3/1984, 55.

12 »Sterne und Schicksal«, a.a.O., S. 80. – Der ehemalige Direktor der Nürnberger Sternwarte, Dr. Wilhelm Hartmann, hatte seine Kollegen zur Überprüfung der astrologischen Grundlagen aufgefordert. Die meisten winkten ab. Einer von ihnen, ein bedeutender Experte, sagte zu Hartmann: »Ich lehne es ab, mich mit Astrologie zu beschäftigen, denn es könnte etwas Positives dabei herauskommen, und dann bin ich als Wissenschaftler erledigt.«
Dr. Hartmann begann nun allein mit seiner Prüfungsarbeit. Es hatte ihn stutzig gemacht, daß es unter den Gegnern der Astrologie keinen gab, der sich ernsthaft damit beschäftigt hätte! Nun, Dr. Hartmann wurde zum Astrologie-Befürworter. In seinem hochinteressanten Buch »Die Lösung des uralten Rätsels um Mensch und Stern« (Nürnberg 1950, S. 117) bekennt er: »Für mich ist diese kosmische Impulslehre kein Glaube mehr, keine ›Annahme‹, sondern in ihren Grundzügen ein an tausend Beispielen bewiesenes Wissen. Es mag sein, daß einige Voraussetzungen später durch andere ersetzt werden müssen, daß einige weitergehende Schlüsse falsch sind; der

Schluß jedoch, zu welchem diese Grundzüge führen, nämlich daß wir Menschen dauernd kosmische Impulse empfangen, die unser Handeln, Fühlen und Denken beeinflussen, ist für mich eine unerschütterliche Tatsache.«

13 Daß bei einer Geburt seelische und geistige Gesetze jedenfalls ebenso walten wie physiologische, dürfte kaum zu bezweifeln sein. Aus esoterischer Sicht skizzierte Surya (in »Der Mensch im Spiegel der Schulweisheit und im Licht der Geheimwissenschaft«, Lorch, 4. Aufl. 1935, S. 80) die Menschwerdung wie folgt: »Wenn gemäß der karmischen Gesetze (oder aus freier Wahl) die Zeit der Wiederverkörperung gekommen ist, so sieht zwar die unsterbliche Seele für einen Augenblick ihr kommendes Schicksal voraus, erkennt die Gerechtigkeit desselben, verliert aber dann ihr himmlisches Bewußtsein und nimmt immer dichtere Hüllen an, fühlt sich magnetisch von einem entsprechenden Elternpaar angezogen, und genau zu einer ihrer Fähigkeiten und Schicksal angemessenen Zeit und Gestirnskonstellation findet die Empfängnis und schließlich die Geburt statt.« – Surya verweist auf das Wirksamwerden eines ähnlichen Gesetzes wie beim Wachstum einer Pflanze: Der Keim entnimmt dem Erdreich nur jene Substanzen, die er zum Aufbau der Pflanze braucht. »So zieht auch das unsterbliche Ego aus der Mental- und Astralwelt nur jene feinstofflichen Kräfte an, die ihm aufgrund seines Karmas wahlverwandt sind.«

14 Für Thomas von Aquin, bis heutigentags »tragender Pfeiler der katholischen Kirchenlehre«, enthielt die Astrologie »nihil scientae vel fidei repugnans«, d. h. nichts, was der Wissenschaft oder dem Glauben widerspräche. Zwingli forderte sogar eine Zusammenarbeit von Theologen und Astrologen, um die Welt zu bessern (1530 in seinem Werk »Über die Vorsehung Gottes«). Im Mittelalter wurde neben Magie auch Astrologie gelehrt, so u. a. von Melanchthon. Dieser erläuterte 1. Mose 1,14 dahingehend, daß Gott die Sterne nicht bloß geschaffen habe, uns die Zeitberechnung, sondern auch »Zeichen« zu geben. – An der Universität Würzburg bestand dieser Lehrstuhl bis 1830. Auch Päpste befaßten sich mit Astrologie, weil sie anscheinend zu unterscheiden wußten zwischen Sternenanbetung und Astrologie. Andererseits erlitt der zu seiner Zeit berühmte Arzt und Mathematiker Cillus Asselus den Feuertod, weil er das Horoskop Jesu Christi berechnet hatte.

15 MuSch 5. Jg., Nr. 15,9.

Alchemie

Über den Ursprung der Alchemie, auch Alchimie oder Alchymie geschrieben, besagen die vorhandenen Quellen nichts Einheitliches. Spuren verweisen auf das alte Ägypten. Nach Miers soll der römische Kaiser Diokletian im Jahre 296 n. Chr. die Verbrennung aller ägyptischen Bücher über die Goldmacherkunst angeordnet haben. Und ums Goldherstellen scheint es in Alchemistenkreisen hauptsächlich gegangen zu sein, auch wenn es hie und da mit tiefschürfenden philosophischen Betrachtungen kaschiert wurde.

Zu den wichtigsten Dokumenten aus der Frühzeit alchemistischen Schrifttums zählt man zwei griechische Urkunden, die 1828 in der Nähe von Theben gefunden wurden: der Leidener und der Stockholmer Papyrus. Sie sollen aus dem 3. Jahrhundert n. Chr. stammen und enthalten Rezepturen für Metalllegierungen, zur Färbung von Glas, Edelsteinen und Metallen, für Purpurfärberei u. a. mehr.

Als älteste Überlieferung des Abendlandes gilt jedoch die »Tabula Smaragdina«, deren Herkunft in mystischem Dunkel liegt. Sie wird der ägyptischen Gottheit Hermes Trismegistos zugeschrieben, dem »dreifach Größten«, welcher nach Miers bei den Ägyptern bloß der »zweifach Größte« gewesen sein soll und der – laut Carl Kiesewetter – bald mit Thot, Hermes oder Ptha identifiziert wurde, bald mit Adam, Henoch, Moses oder dem Teufel. Nachweisbar ist die Tabula erst seit dem 13. Jahrhundert. »Wie oben, so unten«, lautet ihr hermetischer Grundsatz (unter »Hermetik« werden Lehren und Schriften des angeblichen Hermes aus dem 2. vorchristlichen Jahrhundert verstanden).

Erst infolge der Berührung mit der arabischen Geisteskultur

im 12. und 13. Jahrhundert scheinen alchemistische Ideen ins abendländische Denken eingedrungen zu sein. Es ging um den Gedanken der Urmaterie, um Verfahren einer Umwandlung (Transmutation) unedler Metalle in Gold und Silber, umschrieben mit dem vielerwähnten »Stein der Weisen«. Und in diesem Zusammenhang um die Herstellung zweier geheimnisvoller Tinkturen: der roten und der weißen, auch roter oder weißer Löwe genannt. Die weiße Tinktur soll zur Silbererzeugung geeignet gewesen sein, die rote hingegen als Universalmedizin und zur Goldgewinnung gedient haben (»Großes Magisterium« genannt).

Noch heute geistert durch Okkultistenköpfe die berauschende Vorstellung, daß ein Adept des Großen Magisteriums und Besitzer des sogenannten Trinkgoldes eine vollkommene Herrschaft über die Natur erlangt, daß damit die Lösung aller gesellschaftlichen Probleme verbunden sei, außerdem eine Verjüngung und Lebensverlängerung erreicht wird sowie »absolute Unverletzlichkeit und die ungebrochene Kraft des Moses, ja die Unsterblichkeit eines Henoch«![1] Noch versponnener und materialistischer kann Esoterik wohl kaum mehr ausarten ...

Dennoch rekrutierten sich die mittelalterlichen Alchemisten keineswegs nur aus Abenteurern und Scharlatanen. Unter ihnen befanden sich berühmte Ärzte und Philosophen, wie Albertus Magnus (1193 oder 1206–1280), Trithemius, Abt. des Klosters Sponheim (1462–1516), Agrippa von Nettesheim (1486–1535), Paracelsus (1493–1541) und sogar der Kirche größter Scholastiker Thomas von Aquin (1226–1274), der die von allem »Heidnischen« gereinigte Philosophie des Aristoteles mit der Kirchenlehre verschmolz.

Unterteilt wird die Alchemie in eine mystisch-philosophische und eine praktische. Im Rahmen der letzteren sind gelungene Goldumwandlungen historisch verbürgt. Meistens aber mißlangen derlei Versuche, und so manchen »Goldmacher«

kostete es Kopf und Kragen, wenn er sich in monarchischen, fürstlichen oder erzbischöflichen Residenzen niedergelassen hatte und die in ihn gesetzten Erwartungen enttäuschte. In einem Falle mißlang zwar die Herstellung von Gold, doch entstand dafür das berühmte Meißner Porzellan, und zwar durch den Alchemisten Johann Friedrich Böttger (1682–1719).[2]

Kurt Aram meint, den großen Denkern auf diesem Gebiet sei es gar nicht aufs Goldmachen angekommen. Ihnen lag vielmehr daran, durch Metallumwandlung die Entsprechungsgesetze zur Umwandlung der Seele zu finden, wozu sie sich allerdings einer heute kaum noch verständlichen, allegorischen Sprache bedienten. Mir scheint, in dieser Form gehört die Alchemie unwiderruflich der Vergangenheit an, mag sich auch der eine oder andere Ordensangehörige noch mit einem diesbezüglichen Nimbus umgeben.

Die exoterisch-praktische Alchemie, aus der sich zu einem guten Teil unsere Chemie entwickelte, wurde von ebendieser Chemie eingeholt und überholt; sie wird mit der Kernfusion (Umwandlung durch Verschmelzung), sofern sie gelingt, vermutlich ihren Gipfelpunkt erreichen. Ob mit diesem dann auch das ursprünglich alchemistische Ziel der Schaffung eines Universalheilmittels einhergeht, das zugleich verjüngend und lebensverlängernd wirkt, bleibe dahingestellt. Dieses durch die alchemistische Literatur geisternde »Trinkgold« wäre zur Zeit auch gar nicht wünschenswert, da es gewiß nur zur Verewigung irdischen Machtstrebens mißbraucht würde.

Fest steht auf jeden Fall, daß man in früheren Alchemistenkreisen ein bedeutendes Wissen von der Natur und ihren Geheimnissen besaß. Ein Beispiel nur: Wenn man die Planeten in chaldäischer Reihenfolge an die äußeren Spitzen (Winkel) eines siebenstrahligen Sterns (des Heptagramms) setzt, so sieht das folgendermaßen aus:

Beginnt man nun – in Pfeilrichtung – mit der Sonne, so erhält man nacheinander die sieben Wochentage: Sonn-Tag, Mond-Tag, Dienstag (Mars, Mardi), Mittwoch (Merkur, Mercredi), Donnerstag (Jupiter, Donar), Freitag (Venus, Freyja) und Samstag (Saturn, Saturday). Fängt man jedoch mit dem Mars an und überspringt – ebenfalls nach links, aber an der Peripherie des Sterns – jeweils einen Planeten, so erhält man die astrologisch zugehörigen Metalle, und zwar in der Reihenfolge ihres Atomgewichts und ihrer Ordnungszahlen nach der Tabelle der chemischen Elemente:

Atomgewicht	Ordnungszahl	Element	Planet
55,85	26	Eisen	Mars ♂
63,54	29	Kupfer	Venus ♀
107,87	47	Silber	Mond ☽
118,69	50	Zinn	Jupiter ♃
196,97	79	Gold	Sonne ☉
200,59	80	Quecksilber	Merkur ☿
207,19	82	Blei	Saturn ♄

Die wahren Alchemisten früherer Zeit waren somit Wissende, die keine Rastertunnelmikroskope oder Teilchenbeschleuniger und sonstige technische Errungenschaften unserer Zeit benötigten. Sie dürften sich allerdings bei ihren Studien und Experimenten nicht bloß auf den üblichen Gebrauch der normalen fünf Sinne beschränkt haben.

Neuerdings sollen sich Wissenschaftler in Ost und West mit alchemistischer Literatur befaßt haben, angeblich auch so bedeutende Physiker wie Wolfgang Pauli, Erwin Schrödinger und Werner Heisenberg. Was jedoch an zugänglichen Schriften über Alchemie existiert, hält Kahir für insofern wertlos, als ein Uneingeweihter ihre Symbolik nicht zu entschlüsseln vermag[3] und ein Eingeweihter solche Literatur nicht mehr braucht. Ihm stehen nunmehr andere Lehrer und Erkenntnisquellen zur Verfügung.

Für Kahir stellt alchemistisches Wissen einen inneren Einweihungsgrad dar, der von jedem Strebenden selbst erworben werden muß. Schon der verschwommene Begriff »Stein der Weisen« sei auf der Ebene der materiellen Alchemie (Goldmacherkunst) ein völlig anderer als auf der spirituell-alchemistischen (Umwandlung des Menschen).

Aus heutiger Sicht wäre es wohl nicht falsch zu sagen, daß zur esoterisch-philosophischen Entsprechung der alchemistischen Prozesse, wonach des Menschen Seele und Geist sich von den Schlacken niederer Begehrlichkeiten frei machen und sich transformieren soll in das »Gold« höherer Geistigkeit, es keiner langwierigen Alchemiestudien mehr bedarf. Heute kann man es wesentlich einfacher haben.

Alchemie wäre somit zu definieren als Lehre von der läuternden Wandlung aller Dinge vom Niederen zum Höheren. So wie dies in der Retorte materiell vollzogen werden kann, so soll sich auch der Mensch seelisch-geistig wandeln und läutern und eine höherstufige Veredelung seiner Persönlichkeit anstreben. Aber sind hierzu jahrelange Studien schwerverständlicher Schriften und komplizierte Experimente vonnöten?

Eine praktische Lebenshilfe vermag ich aus alledem nicht zu

erkennen, und obwohl ich mir versage, Wert oder Unwert der alten Alchemie ermessen zu wollen, scheint sie mir dennoch als Säule der Esoterik gegenwärtig entbehrlich zu sein.

Anmerkungen
»Alchemie«

1 ZfO 1930/31,73. – Selbst vom heiliggesprochenen Thomas von Aquin liegt eine Abhandlung über den Stein der Weisen vor, was kirchlicherseits wohl nur ungern zugegeben wird. Seinem Herstellungsrezept zufolge entsteht durch Destillierung menschlichen Blutes, das man zuvor »in warmem Dünger zur Fäulnis bringt« (!), zuletzt »ein klarer, roter Stein von bewundernswerter Wirksamkeit und Kraft, der das Blut stillt und zahlreiche Krankheiten heilt« (Ebenda, S. 113).

2 Böttger hat eigentlich bloß ein Verfahren des Mathematikers und Philosophen Ehrenfried Walter von Tschirnhaus (1651–1708), Begründer der ersten sächsischen Glashütten, ausgebaut.

3 Die Symbologie stellt eine Art »Geheimsprache der Eingeweihten« dar. Das Wort »Symbol« kommt vom griech. *symbolon* = Kennzeichen, Zeichen (zu dem Verb *symbállein* = zusammenwerfen, zusammenfügen; bezeichnet wurden ursprünglich zwischen Freunden oder Verwandten vereinbarte Erkennungszeichen aus Bruchstücken, die zusammengefügt ein Ganzes ergaben und die Zusammengehörigkeit bzw. Verbundenheit ihrer Besitzer belegten). Begriffe, die dem analysierenden Verstand nur schwer zugänglich sind, lassen sich in und mit einem Symbol anschaulich machen.
In der »Tabula Smaragdina« tritt – angeblich erstmals im Abendland – jene hermetische Symbolik auf, die bei allen Mysterien sowie esoterischen und pseudoesoterischen Gemeinschaften eine so große Rolle spielt. Zum Verständnis mancher Symbole scheint ein gewisser innerer Entwicklungsgrad erforderlich zu sein; wie der Physiognomiker aus dem Gesicht des Menschen oft dessen Charakter, ja die ganze Lebensführung herauszulesen vermag, so findet der Esoteriker in der Symbolik Aussagen, die der Unwissende nicht einmal ahnt.

Yoga und Meditation

Der Begriff »Yoga« stammt von dem Sanskritwort *yuga* = Joch oder Verbindung, Vereinigung. Diese Definition mag für christgläubige Ohren nicht gerade verlockend klingen, denn Christen sollen ja nur *eine* spirituelle Bindung akzeptieren, nämlich die Bindung an Gott, von dem wir ausgegangen sind und zu dem wir zurückkehren wollen (das Wort »Religion« wurde aus dem lat. *religio* = religiöse Scheu, Gottesfurcht entlehnt, das zum Verb *religare* = zurückbinden gehört).

Kahir interpretierte das Wort »Yoga« dahin gehend, daß der Yogaschüler sich selbst ins Joch spannt, um durch Beherrschung seines Gedanken- und Trieblebens den Weg zur Vervollkommnung zu gehen. Dieser Weg soll zum Ziel jedweder Yogapraxis führen: zur Erleuchtung, zum Samadhizustand; zum Aufgehen im Absoluten, in der All-Einheit. Die beste Definition des Yoga scheint mir jene des Indologen Heinrich Zimmer (1890–1943) zu sein, welcher sagte: »Yoga ist Aufhebung des Gewahrwerdens zugunsten des Innewerdens.« Die meisten Yogaarten dürften somit einen Weg der *inneren* Erfahrung darstellen. Ein Weg, der sowohl zu selbsterkennender Bewußtseinserweiterung als auch zur Gotterkenntnis führen kann; eines ist ohne das andere wohl kaum denkbar.

Freilich ist die Gottesvorstellung des indischen Yogi von der unsrigen grundverschieden. Wenn wir hier den Theosophen glauben wollen, so besteht die »geistige Wiedergeburt« des Yogapraktikers in der Verbindung mit dem eigenen Höheren Selbst, wodurch dieses zur Herrschaft über den ganzen Menschen gelangt. Der Christ hingegen versteht darunter die

Vereinigung mit Gott oder Jesus Christus, die er sich als Persönlichkeiten sowohl außerhalb seiner selbst als auch in ihm lebend vorstellt (vgl. Gal. 2,20: »Ich lebe, doch nicht mehr ich, sondern Jesus Christus lebt in mir«).[1]

Miers definiert Yoga als Möglichkeit, »das spirituelle Bewußtsein zu erweitern und auf diesem Wege dem kosmischen Bewußtsein oder der höchsten Bewußtseinsschicht im Weltall, praktisch der Gottheit, näherzukommen oder mit ihr eins zu werden.« Diese Einswerdung bilde letztlich das Ziel ernsthafter Yogaübungen. Aber auch beim Yoga ist es so wie bei der Magie und eigentlich auf allen Lebensgebieten: Es kommt darauf an, zu welchem Zweck, mit welcher Gesinnung und Zielsetzung man etwas tut. Immer ist es der Mensch selbst, der seinem Tun und Wollen die ethische Wertung verleiht.

Da als Begleiterscheinung jahrelanger Yogapraxis neben einer enorm gesteigerten Sensibilität, auch paranormale Fähigkeiten wie Hellsehen und außerkörperliche Erfahrungen aufzutreten pflegen, sind gewisse Bedenken nicht von der Hand zu weisen. Zum einen bestehen sie in der Gefahr des Abgleitens in die Magie und des Verharrens in Selbstgefälligkeit als Guru und »Meister«. Zum anderen darin, daß solche in uns schlummernden Begabungen zu früh geweckt und aktiviert werden. Ob dies durch aktive Yogapraktiken geschieht oder im Rahmen eines passiven Mediumismus, bleibt sich gleich; gefahrlos ist beides nicht. Dr. Georg Sulzer hielt denn auch eine gottbezogene Lebensführung für die einzig richtige und ungefährlichste Trainingsmethode. Hinsichtlich der Frau Blavatsky, die ihren Anhängern die Ausübung des Raja-Yoga empfahl, schrieb er, sie habe den Menschen durch den vorbildhaft dargestellten Adeptenweg auf eine Entwicklungsstufe heben wollen, auf der bereits die Wahrnehmungsweise jener Daseinsform herrscht, in die wir erst nach dem Tode eintreten, »ohne zu bedenken, daß dies bei der großen Mehrzahl der Menschen über das Ziel ihres irdischen Lebens hinausgeht«. Wir seien ins Erdenleben versetzt, um dessen Pflichten zu erfüllen, »und nicht um schon so zu leben, wie wir dereinst im Jenseits leben werden, und Kräfte auszuüben, die einer höheren Ebene angehören«.

Im Yoga werden bekanntlich ganz bestimmte Körperstellungen praktiziert (Asanas), verbunden mit Atemtechniken (Pranayama) und Meditation. Was ist von alledem zu halten?[2] Wir wissen, daß jede Körperhaltung ebenso wie der Atemrhythmus und jeder gesprochene oder gesungene Ton unser bioenergetisches Kraftfeld unterschiedlich beeinflußt und mitgestaltet; die vitalen Energiebahnen in unserem Organismus desgleichen. Zutreffenderweise wird der menschliche Körper in der Yogaphilosophie mit einer Art Diagramm verglichen. Man nennt dieses Diagramm »Yantra«. Die subtilen Zentren, aus denen sich das Yantra zusammensetzt, können durch Yogaübungen und Atemkontrolle so verändert werden, daß durch Umgestaltung jenes Diagramms eine Struktur- und damit Persönlichkeitsveränderung von innen her erfolgt.

Vieles spricht für die Richtigkeit dieser Theorie. Das bedeutet jedoch, daß Yoga keine harmlose Sache ist, sondern auf die Dauer einen erheblichen Eingriff in die Persönlichkeitsstruktur des Schülers darstellen kann. Man sollte deshalb in der Auswahl des Yogasystems die gleiche Sorgfalt walten lassen wie in der Wahl des Yogalehrers. Es ist ja erstaunlich, wo all die vielen Yogalehrer bei uns plötzlich herkommen. Ob sie wirklich alle über die Voraussetzungen indischer Yogameister verfügen, die aufgrund erlangter Aurahellsichtigkeit ihre Schüler mit individuell abgestimmten Übungen weiterführen können? Wenn es dann noch (in einer Prospektempfehlung zu Dr. Franz Hartmanns Buch »Was ist Yoga?«) heißt, die Yogalehre habe während der Jahrtausende ihrer Existenz »auch manche Wandlungen erfahren, die eine Verunreinigung, wenn nicht gar eine Verfälschung der ursprünglich reinen Yogalehre bedeuten«, so wird man erst recht unsicher. Zudem soll es 108 Yogaarten geben, und wenn Horst Miers[3] in einem Diskussionsbeitrag über Bewußtseinserweiterung durch Yoga schreibt, nichts täusche darüber hinweg, »daß Yoga ein fast mechanisches Hilfsmittel ist, dessen eigentliches Wesen dem westlichen Menschen *fremd* bleibt«, so muß einmal mehr die Frage erlaubt sein, ob man hier unseren Nachahmungstrieb nicht etwas zügeln sollte?

Trotzdem wäre es gewiß ungerechtfertigt, Yoga aus den vorgenannten Gründen in Bausch und Bogen abzulehnen; grundsätzlich falsch scheint mir nur zu sein, den Weg mit dem Ziel gleichzusetzen und Yoga als Religionsersatz aufzufassen.[4]

Von Sadhu Sundar Singh wird berichtet, er habe sich jahrelang Yoga- und Meditationspraktiken gewidmet, bevor er zum Christentum übertrat. Er gab an, über das kontemplative (betrachtende) Gebet einen anderen psychischen Zustand zu erleben als durch Yoga. Diesen nannte er »Ekstase« im Unterschied zur »Yogatrance«. Erstere identifizierte er mit dem, was im Johannes-Evangelium »im Geiste sein« genannt wird. Sundar Singh erklärte: »Die Ekstase ist keine gewöhnliche Trance. Als ich Yoga übte, fühlte ich keine andauernde Erfrischung, obgleich die Yogatrance angenehm war, solange sie anhielt ... Nach der Ekstase (womit der im Neuen Testament erwähnte Verzückungszustand gemeint sein dürfte) fühle ich mich gestärkt, wie belebt und erfrischt. Diesen Erfolg hatte Yoga nicht. Der Zweck der Yogatrance besteht nicht darin, das Herz zu befriedigen, sondern den Kopf.«[5]

Über Yoga und Meditation existiert ein reichhaltiges Literatur- und Kursusangebot. Folgende Yoga-Arten sollen für Europäer ungefährlich sein: Inana-, Krijya-, Karma-, Bhakti- und Raja-Yoga.

Inana- oder *Gnana-Yoga* als Weg des Wissens und der

Erkenntnis ist mehr theoretisch-philosophischer Natur, zu welchem das Studium heiliger Schriften gehört. Im Vordergrund steht angeblich die Unterscheidung des Wirklichen vom Unwirklichen; als unwirklich gilt alles, was Wandlung und Tod unterworfen ist.

Kriya-Yoga soll als »Weg des Handelns« die Quintessenz des Raja-Yoga sein.

Karma-Yoga, »Weg der Schicksalsmeisterung« ohne Rücksicht darauf, ob Aussicht auf Erfolg besteht, erzieht zur Pflichterfüllung. Miers sieht hier viele Parallelen zum Christentum. Wäre es nicht überhaupt denkbar, daß ein richtig verstandenes und gelebtes Christentum all diese Yogawege in sich vereinigen würde?

Bhakti-Yoga, ein Weg der Anbetung und Versenkung in das Wesen der Gottheit, des spontanen Hinwendens aller inneren Kräfte zu Gott; praktisch die wahre Anbetung Gottes »im Geist und in der Wahrheit« (Joh. 4,24). Möglicherweise spielt hierbei die Gottesvorstellung als solche eine untergeordnete Rolle.

Raja-Yoga wird fast durchweg als höchster Yogapfad eingeschätzt und soll praktizierter Inana-Yoga sein.[6]

Als nicht ungefährlich werden genannt: Mantra-, Kundalini-, Pan-Amrita- und Hatha-Yoga.

Mantra-Yoga lehrt das Erreichen höherer Bewußtseinsebenen mittels Konzentration auf die Lautkräfte, die als Abbild des göttlichen Logos im Menschen wirken und weben.[7]

Kundalini-Yoga bezweckt die Entfaltung und spirituelle Umwandlung des im ersten Charkra (am unteren Ende der Wirbelsäule) ruhenden »Feuers des Muladhara-Zentrums« alias Basis-, Wurzel oder Geschlechts-Chakras.

Pan-Amrita-Yoga als »Magie des Sexus« gehört zu den Tantra-Praktiken. Deren Einschätzung erfolgte bereits zu Beginn des Kapitels »Mit Sex zur Erleuchtung?«

Allenthalben gewarnt wird vor *Hatha-Yoga*, dessen Techniken sich auf die vorzeitige Entwicklung der physischen und psychischen Zentren richten. »Die auf diesem Weg erworbenen Kräfte können Schaden bringen, wenn den mentalen, emotionellen und ethischen Bereichen nicht genügend Aufmerksamkeit geschenkt wird«, schreibt Anna Kennedy-Winner in ihrem »Leitfaden zur okkulten Weisheit«. Nach Miers ist dies die volkstümlichste Form des Yoga und die einzige dem Europäer direkt zugängliche. Beim Hatha-Yoga arbeitet man, nach Dr. Norbert Lauppert, von außen nach innen; laut Beatrice Flemming von unten nach oben, um psychische Fähigkeiten zu wecken. In der Werbung zur Schrift »Hatha Yoga, die Physiologie des Astralkörpers« (von Dr. Franz Hartmann übersetzt) heißt es, dies sei »die niedrigste und verbreitetste Art von Yoga«. Sie berge schwere Gefahren in sich, da sie vorwiegend der Entwicklung astraler Kräfte diene. Schon so mancher sei dadurch dem Siechtum, der Besessenheit, dem Irrsinn »oder, was noch schlimmer ist, der Schwarzen Magie verfallen«.

Hatha-Yoga ist Magie, versichert Kahir, betont allerdings, daß vieles von dem, was bei uns hierzulande als Hatha-Yoga ausgegeben wird, lediglich eine Art Gesundheitstraining darstellt, das geeignet sei, so manches feiste Bäuchlein mit Erfolg zu dezimieren. Und dagegen sei ja auch nichts einzuwenden. In Übereinstimmung mit Annie Besant erklärte Dr. Norbert Lauppert, Hatha-Yogis würden zwar durch ihre Phänomene verblüffen und dadurch das Interesse westlicher Wissenschaftler wecken bzw. deren Skepsis überwinden, aber jedem Angehörigen unseres Kulturkreises könne nur geraten werden: Hände weg von Hatha-Yoga, Lebensgefahr! Raja-Yoga hingegen erwecke die feineren Kräfte im Menschen auf dem umgekehrten Wege, von innen nach außen.[8]

Vor Übungssystemen zur Erlangung übersinnlicher Fähigkeiten ist wohl allgemein zu warnen. Kahir ist auch hier zuzustimmen, wenn er meint, viele Menschen westlicher Prägung würden durch die Art ihres Denkens, Fühlens und Wollens unbewußt Yoga treiben. Auch der »Eremit« betont, die allein richtige Weise, in uns schlummernde außergewöhnliche Kräfte zu wecken, besteht in Verinnerlichung durch Gebet und gottbezogene Meditation, um unser Gottvertrauen zur Gottverbundenheit zu entwickeln. »Laßt euch nie durch Anzeigen und Anpreisungen dazu verleiten, an Kursen zur gewaltsamen Entwicklung okkulter Kräfte in euch teilzunehmen. Jeder (wirklich) Eingeweihte warnt ernstlich alle ... vor solchen Versuchen. Und sie warnen euch, weil sie als Eingeweihte sehr wohl in der Lage sind, die manchmal geradezu entsetzlichen Folgen solch gewaltsamer Entwicklung zu überschauen.« Wer einen derartigen Weg aus freien Stücken gewählt habe, dem könne kein Eingeweihter – und vermutlich auch kein Schutzengel – mehr helfen!

Der Theologe Dr. Kurt E. Koch warnt in seinen Büchern unterschiedslos vor sämtlichen Formen von Yoga, ja sogar vor der Meditation. Er gibt an, zahlreiche Fälle kennengelernt zu haben, wo Yogapraktizierende in den Bann dunkler Mächte geraten waren, aus welchem sie, wenn überhaupt, nur mit größter Mühe wieder herauskamen. Für Dr. Koch ist zudem der oberste Chef des Yoga ... der Teufel persönlich! Und wenn es stimmt, daß Gott Shiva als dritter und zerstörender Aspekt der Hindu-Dreieinigkeit, der »beständig alle Dinge neu macht«, »Herr des Yoga« ist, so läßt man als Westler vielleicht besser die Finger davon.[9]

Wenn Dr. Koch aber glaubt, auch vor Meditation warnen zu müssen, so sei daran erinnert, daß sich dieses Begriffes auch die Kirchenväter bedienten. Ferner wird es auf die *Art* der Meditation ankommen sowie auf die Gesinnung und Absichten des Praktikers. Versucht man während des Meditierens, an Licht und Liebe zu denken, sich oder andere lichtvoll eingehüllt vorzustellen in die schützende Liebe Gottes, dann kommt doch dies – so meine ich – einem tiefempfundenen

Gebet gleich. Besteht ein Gebet mehr aus inwendig gedachten als aus auswendig gelernten Worten, so wird es zur Meditation, zum Sichöffnen für die Kraft der Stille, in der das Göttliche am wirksamsten waltet. Warum sollte das verwerflich sein? Nur wenn dies ohne Gottbezug geschieht, können sich – wie beim Yoga ohne religiösen Rückhalt – unerwünschte Mächte einschleichen. Zum Selbstzweck freilich sollte Meditation niemals werden; Weg und Ziel sind nicht dasselbe.[10]

Yoga allgemein als Weg zur Selbstfindung nicht anerkennen zu wollen liegt mir fern. Die Yogaliteratur beweist zur Genüge, daß man hier zu tiefen Einsichten gelangen kann. Sri Aurobindo ist ein gutes Beispiel. Er revidierte die bislang als Richtschnur geltenden Ansichten vieler Yogaasketen und zeigte auf, daß der als Ziel angestrebte Nirwanazustand erst ein Anfang ist, der Beginn einer neuen Etappe auf unserem Wege zu Gott, den Aurobindo offenbar nicht als unpersönliches Sein erfuhr. »Was die abendländischen Mystiker philosophisch als Unio mystica bezeichnen, nennen die Weisen des Ostens das Eingehen ins Brahman, Nirwana, Samadhi oder das große Satori«, heißt es in einer Vortragseinladung des Paters Ulrich Brand über Meditation. Hier sei die Nahtstelle und Begegnungsmöglichkeit aller Weltreligionen, und seien sie noch so kontrovers. Dogmen und sektiererischer Buchstabensinn würden sich hier kindisch und engherzig ausnehmen.

Viel wird geschrieben über den schon erwähnten Kundalini-Yoga, die Kundalinikraft. Sie wird geradezu als die Evolutionsenergie angesehen. Gopi Krishna, der darüber eine Reihe bemerkenswerter Bücher verfaßte, sieht in ihr eine biologische Grundlage zur Religionserfahrung, zur Erleuchtung im Sinne eines transzendentalen Bewußtseins nicht bloß für den einzelnen, sondern für die gesamte Menschheit. Kahir schreibt hierzu: »Die ›Schlangenkraft Kundalini‹, wie

... nicht vergessen !

WEWA
preßzeckt

sie so oft in den Yoga-Lehren genannt wird, stellt die universelle Lebensenergie des Weltäthers (Shakti) dar, und zwar in ihrer *statischen* Form konzentriert im ... ›Muladhara-Chakra‹. Zweck des Kundalini-Yoga ist es nun, diese latente Kraft *dynamisch* zu gestalten, d.h. sie als lebendigen psychischen Nervenstrom (Prana) durch die anderen Zentren des Ätherleibs (Chakras) bis zum Scheitelpunkt, dem ›tausendblättrigen Lotus‹, zu leiten, wodurch diese geistseelischen Sinnesorgane erweckt und aktionsfähig werden und die Einheitlichkeit des Bewußtsein auf allen Ebenen hergestellt wird.«[11]

Kenneth Ring weist in seinem Buch »Den Tod erfahren, das Leben gewinnen« (München 1985) nach, daß die überwältigenden Eindrücke höherer Bewußtwerdung, wie sie als Ziel und Ergebnis langwieriger Kundalini-Yoga-Übungen auftreten, sich erstaunlicherweise mit den Nah-Todeserfahrungen und Berichten Klinisch-tot-Gewesener decken! Dies stellt eine weitere Stützung der Hypothese dar, wonach in uns Fähigkeiten schlummern, die uns – wenn sie im irdischen Leben zeitweilig zutage treten – außergewöhnlich dünken, nach dem Körpertode jedoch die Regel zu sein scheinen (sofern man eine entsprechende Entwicklungsstufe erreicht hat), weil sie offenbar Attribute unseres Geistes sind. Der Sinn jener heute so vielfach berichteten Todeserlebnisse liegt anscheinend im Erkennenlassen und Erkennbarwerden einer höheren, den ganzen Kosmos umfassenden Bewußtseinsebene. Dies berechtigt zur Hoffnung, daß bei Zunahme und verstärktem Bekanntwerden solcher Erlebnisse das verkrustete materialistische Primitivdenken der Allgemeinheit allmählich doch zu einem evolutionären Um- und Weiterdenken führt.

Kundalini-Erfahrungen anzustreben ist ein riskantes Unternehmen. Ohne religiöses Fundament und geeigneten Lehrer sind derartige Experimente ein leichtsinniges Spiel mit dem

(Kundalini-)Feuer. Manchen scheint dies schadlos zu glük-
ken, z.B. dem japanischen Wissenschaftler Hiroshi Motoyama, der auch in der Parapsychologie einen guten Ruf hat und
dessen »geradezu prototypischen« Erlebnisbericht Kenneth
Ring ab Seite 224 seines Buches bringt.

Schon als junger Mann war Motoyama spirituell interessiert
und übte eifrig Yoga. Mit 25 Jahren machte er seine erste
Kundalini-Erfahrung, als »eine unglaubliche Kraft« durch
die Wirbelsäule in den Kopf schoß. Enorme Kopfschmerzen
den ganzen Tag über waren die Folge. Bald stellten sich
prophetische Träume und telepathische Fähigkeiten ein. Bei
der Aktivierung seines Herz-Chakras geschah dann erstmals
ein Körperaustritt. Er spürte, wie die Kundalini-Energie vom
Herzen aufwärts stieg, und empfand sie dabei als leuchtend
weiß.

Motoyama erzählt: »Ich verließ meinen Körper durch den
Kopf und schwang mich hinauf in eine höhere Dimension ...
Als ich zehn, zwanzig Minuten später wieder zu mir kam,
sagte mir meine Mutter, sie habe über meinem Kopf und um
das Herz herum ein goldenes Licht gesehen ... Seither besitze
ich die Fähigkeit des Geistheilens ... Meine psychische Verfassung hat sich seit diesem Erwachen ebenfalls grundlegend
verändert; vor allem klammere ich mich nicht mehr an
materielle Dinge.«

Im Verlaufe weiterer Übungen gelang ihm die Erweckung des
fünften und sechsten Chakras, was mit jeweils noch höheren
psychischen Eindrücken verbunden war, die zunehmend besagten Nah-Todeserfahrungen zu ähneln begannen. Das Geschehen bei der Konzentration auf sein Stirn-Chakra beschreibt Motoyama mit den Worten: »Mein Atem ging so
leicht und ruhig, daß ich das Gefühl hatte, leben zu können,
ohne zu atmen ... zwischen meinen Augenbrauen strahlte ein
weißes Licht. Ich hörte, wie mich eine Stimme rief gleich
einem Echo ... Wenn ich mich in diesem Zustand befinde,

sind Vergangenheit, Gegenwart und Zukunft gleichzeitig wahrnehmbar.«

Eines Tages entfaltete sich das siebente und höchste Energie-zentrum, das Scheitel-Chakra: »Ein leuchtendes goldenes Licht begann durch meinen Körper zu fließen und ihn durch den Kopf wieder zu verlassen ... Ich sah etwas, das aussah wie der Kopf Buddhas ... und ein weißgoldenes Licht brach hin- und zurückpulsierend aus dem Tor der Buddha-Krone... Ich konnte eine mächtige und zugleich zarte Stimme hören, die das ganze Universum durchdrang. Während ich der Stimme lauschte, wurde mir plötzlich meine Mission klar, mein vergangenes Leben, meine eigene geistige Verfassung und viele andere Dinge ... Nach einiger Zeit spürte ich, wie ich gezwungen wurde, in die physische Welt zurückzukehren ... Ich mußte meinen Körper ganz bewußt von Energie durchströmen lassen, denn er war steif, und meine Gliedma-ßen waren wie gelähmt. Schließlich konnte ich Hände und Füße ein bißchen bewegen, und allmählich kehrte das nor-male Körpergefühl zurück.«

Wie immer man hierzu auch stehen will, das Positive an alledem scheint mir Gopi Krishna anzudeuten, wenn er versichert, daß die nachhaltige Erlebniswirkung solcher durch Kundalini-Yoga vermittelten Umwandlungsprozesse (sofern richtige Zielsetzung vorliegt) zu einem unerschütter-lichen Glauben an die Existenz Gottes führe, »selbst bei Menschen, die früher eher skeptisch waren«. Und zu einer radikalen Neuorientierung des Lebens, bei dem jede Ichbe-zogenheit in den Hintergrund tritt.

Auch hinsichtlich der Kundalinikraft gilt: Sie selbst ist neu-tral. Wird sie jedoch künstlich und unter Mißachtung ethi-scher Voraussetzungen forciert, so kann sie verheerend wir-ken und zum leiblichen wie astralen Tode führen. Dann freilich ist es aus mit aller Esoterik. »Letzterer wurde«, so meint Dr. Herbert Fritsche, »durch nichts gründlicher geschadet als durch das Heer jener, die Atemübungen mit Freiheit verwechseln oder Belesenheit mit Einweihung.«[12]

Emanuel sagt: »Jedes Ding hat seine Zeiten der Reife … In den kommenden Zeiten einer geistigen Ära eurer Erde wird der Mensch durch seine Erkenntnis *ewiger* Gesetze sich bis zu einem gewissen Grade von dem Bann *endlicher* Gesetze frei machen, der ihn jetzt noch – seiner Stufe gemäß – umgibt. Doch nicht im Freimachen von diesem Banne liegt der Fortschritt, sondern das Freiwerden ist nur eine Folge seiner Entwicklung. Dann wird euch von selbst, als Folge eurer Stufe, das gegeben sein, was der Buddhist als Folge mühevoller Übungen erreicht. Wenn er aber in der Zeit, die er auf diese Übungen verwendet, *einem* ringenden Brudergeiste durch die Kraft seiner Liebe geholfen hätte, nur *eine* Träne stummen Schmerzes durch den Hinweis auf ewige Gerechtigkeit und ewige Liebe getrocknet hätte – er wäre der Gottheit näher gekommen.«[13]

Anmerkungen
»Yoga und Meditation«

1 K. O. Schmidt schreibt: »Yoga ist seinem Wesen nach nichts als Konzentration auf das Höhere, das in dir zur Entfaltung kommen will und wird. Christlicher Yoga ist stete Besinnung auf den Christus in dir, als den Garanten deines ewigen Fortschritts und Aufstiegs.« Und: »Erwarte darum stets das Höchste von dir, dann rufst du Großes aus dir hervor. Dein Glaube an dich (im Sinne von Selbstvertrauen, R. P.) weckt und steigert dein Leistungsvermögen, und das ist ohne Grenzen.«

2 Was Atemübungen anbelangt, so schreibt Miers in seinem »Lexikon des Geheimwissens« (Freiburg 1970, S. 52), solche seien heute in den meisten theosophischen und esoterischen Gemeinschaften verpönt, »zumal sie dem einfachen Mitgliede ermöglichen könnten, den Entwicklungszustand der Meister zu prüfen und zu kontrollieren«.

3 Das Zitat von Horst Miers stammt aus der Zeitschrift »Esotera«, Nr. 4/1970, 361.

4 Rudolf F. Sieber meint (in MuSch 9. Jg., Nr. 14,4), für einen religiösen Menschen seien Yogapraktiken keine Gefahr, sondern eine Ausweitung. Wer jedoch meine, hierdurch zu Gott zu gelangen, der gebe sich falschen Vorstellungen hin. Die Aussagen von Hiroshi Motoyama und Gopy Krishna besagen allerdings das Gegenteil.

5 Wiedergegeben in K. Aram, »Magie und Mystik«, Berlin 1929, S. 598. – Jener ekstatische Zustand setzte beim Sadhu meistens ein, nachdem er ungefähr zwanzig Minuten betend und meditierend verbracht hatte (wobei ihm seine Yogapraxis zugute gekommen sein mag), und dauerte oft mehrere Stunden. Er versicherte, dabei jeglicher Zeitempfindung verlustig zu gehen, alles sei ihm Gegenwart. Dies sei weder krankhaft noch mit Halluzination oder Träumerei vergleichbar, sondern ein gesteigertes Wachsein. »Ich vermag darin klar und scharf zu denken ... Ich wage zu behaupten, daß die Geistestätigkeit in diesem Zustand nicht mehr durch das physische Gehirn behindert wird.« Die dann für ihn wahrnehmbaren Bilder würden zwar denen unserer Welt gleichen, und doch sei ein Unterschied vorhanden. Diesen versucht er mit den Worten zu verdeutlichen: »Wenn ich in dieser (physischen) Welt Blumen und andere schöne Dinge sehe, so bewundere ich sie, sie aber bleiben passiv. In der geistigen Welt jedoch, die ich während der Ekstase aufsuche, ist gerade das Gegenteil der Fall: Sie sind aktiv, und ich bin passiv.«

6 Miers Lexikon, a.a.O, S. 337 f. – Hans Freimark schrieb: »... das erzieherische Werk von Raja-Yoga ist das Herausholen der höheren Natur und die Umwandlung alles dessen, was nicht der göttlichen Seite zugehört. Somit wird in diesem System sowohl die physische als auch die intellektuelle und moralische Natur berücksichtigt und mit jener Aufmerksamkeit bedacht, welche ein vollkommenes Gleichgewicht in die Wege leitet« (in »Moderne Theosophen und ihre Theosophie«, Leipzig 1912, S. 37). Raja-Yoga, der »königliche Weg«, soll vom legendären Patanjali (die Angaben seiner Lebenszeit schwanken zwischen 800 vor und 400 nach Christi Geburt) in seinen »Yoga-Sutren« schriftlich niedergelegt worden sein. Hiervon gibt es mehr als zwanzig englische Übersetzungen, »und alle geben voneinander abweichende Auslegungen« (laut Anna Kennedy-Winner, in »Leitfaden zur okkulten Weisheit«, München 1981, S. 120). »Um das Patanjali-System richtig zu praktizieren und nicht nur seine Philosophie intellektuell zu erfassen«, schreibt die Verfasserin,

»wird geraten, daß der Schüler ständig von einem fortgeschrittenen lebenden Guru überwacht wird, der nachprüft, ob die Übungen des Schülers wirklich korrekt ausgeführt werden.« Ein solcher Guru sei jedoch für einen westlichen Studierenden nicht leicht zu finden – ein weiterer Hinweis auf die Problematik hiesiger Yogaschulung.

7 Kahir, in »Das verlorene Wort. Mystik und Magie der Sprache«, Bietigheim 1980, S. 39.

8 N. Lauppert, »Spiritismus, Magie, Yoga. Eine vergleichende Kritik«, Graz 1948, S. 27. – Trotzdem dürfte auch hier Vorsicht geboten sein gemäß dem Motto: »Eines schickt sich nicht für alle.« Mir kam ein schlimmer Fall zu Ohren, der im Zusammenhang mit Raja-Yoga einen jungen Mann betrifft. Vielleicht lag es auch weniger am System als vielmehr am Lehrer; solches läßt sich nur schwer beurteilen.

Auf Hatha-Yoga-Ebene liegen soll ferner das vielgelesene Buch von Karl Weinfurter (1870–1942) »Der brennende Busch« (Lorch 1953) sowie die von dem Deutschrussen Otto Hannisch (unter Esoterikern bekannt als Dr. Ottoman Hanish) gegründete Mazdaznan-Bewegung. Nach Miers nannte er sich seinen Anhängern gegenüber »Seine Demut Zar Aduscht Hanish«. Er soll sich als Perser ausgegeben haben und – wie kann es anders sein – aus Tibet kommend, wo er des Dalai Lamas Geheimnisse erfahren haben will. Miers schreibt, seine Lehren würden jedoch aus handelsüblichen Büchern stammen und eine Mischung aus Zarathustra, Hinduismus, Buddhismus, Christentum und Islam darstellen.

Dr. Norbert Lauppert schreibt (a.a.O., S. 25 ff.): »Durch die Konzentration des Atems oder das Meditieren einzelner Buchstaben auf bestimmte Körperstellen (ersteres gehört zur Mazdaznan-Methode, letzteres wird in Weinfurters Buch angeraten) besteht aber weiter einerseits die Gefahr, daß infolge fehlerhafter oder ungenauer Anwendung Zerstörungen hervorgerufen werden, die nicht wiedergutzumachen sind, andererseits aber wird das Bewußtsein durch diese Methoden auch der unmittelbaren Einwirkung niederastraler Kräfte in einem Zeitpunkt geöffnet, in dem der Mensch denselben noch keineswegs moralisch gewachsen ist ... Wenn aber ein moralisch nicht gereinigter Mensch mit den Bereichen der Astralwelt in bewußte Verbindung tritt, so kann er dies notwendigerweise nur mit ihren niedersten und dichtesten Unterabteilungen tun.« Dies aber sei die Welt der Dämonen. Durch vorzeitiges Öffnen seiner Chakras setze der Mensch sich diesen gefährlichen Einflüssen aus, noch ohne ihnen wirksam begegnen zu können. Überdies laufe er Gefahr, die erworbenen Kräfte für selbstsüchtige Zwecke zu mißbrauchen. Dies sei insbesonders auf sexuellem Gebiet nicht selten und werde in ihrer verderblichen Bedeutung zuwenig beachtet.

9 Dr. Fritz Quade schreibt auf S. 53 seiner »Naturordnung«: »Darum befinden sich die Selbsterlöser in Indien, so hoch sie auch bei ihren Bemühungen um äußere Beherrschung niederer und egoistischer Triebe, überhaupt ihres ganzen Gefühls- und Gedankenlebens steigen mögen, *nicht* auf dem richtigen Wege. Bringen sie es nicht zu der Gethsemane-Demut des ›Aber nicht wie ich will, sondern wie Du willst‹ und zu der Erkenntnis, daß sie ohne den Erlöser (Christus) noch in Lichtwelten werden Luzifer unterliegen können, so gewinnen sie nicht das ›Himmelreich‹.« Und ergänzend (S. 63): »Auf allen Gestirnen, auf denen gefallene Menschengeister inkarnieren, hat Luzifer Macht. Behält er doch die Beziehung zu den Geistern, die in den seiner Herrschaft unterstellten Welten lebten und ihm auf dem Wege der Trennung (Absonderung) vom Schöpfer gefolgt waren. Wäre diese Macht schrankenlos, so könnte kein gefallener Menschengeist zu Gott zurückfinden.« – Aus meiner gegenwärtigen Erkenntnis heraus kann ich dieser Aussage nur zustimmen. Außerdem findet Dr. Quades Hinweis Beachtung, wonach Yoga allgemein auf dem wenig empfehlenswerten Prinzip des »*Mein* Wille geschehe« beruht.

10 Eugen Vinnai (1899–1961) schrieb: »Stille ohne Gott ist eine gefährliche Sache. Sie zieht dämonische Mächte heran und macht den passiv erschlossenen Menschen zur medialen Austragsstätte dunkler Einflüsse. Viele Künstler sind daran zugrunde gegangen. Daher sagt die Schrift: ›Sei stille im Herrn!‹ (Psalm 37,7 und 62,2); also nicht außerhalb des lebendigen Gottes, sonst füllt der Geist der Gottferne das Vakuum der passiven Stille mit sich selbst, d. h. mit Satansgedanken« (Sédir, »Esoterisches Christentum«, St. Goar, 2. Aufl. 1988, S. 123).

11 MuSch 8. Jg., Nr. 9,15.

12 »Der große Holunderbaum«, Göttingen 1982, S. 9. – Kahir sprach in diesem Zusammenhang vom »Verstandes-Okkultismus« und bemängelte jene »verstofflichende Geistigkeit«, die zu einer allzu materiellen Auffassung der Geheim- bzw. Geisteswissenschaften verleitet. Hierzu rechnet er u. a. die Methoden zur Aktivierung paranormaler Kräfte, wie »durch Atemgymnastik (Hatha-Yoga; Atemübungen sind höhere Magie), zeremonielle Magie, Beschwö-

rungen, Talismane und alle stofflichen Hilfsmittel zur Erreichung astraler Wirkungen.« Nicht alle diese Wissens- und Erkenntniswege seien an sich »vermaterialisierend«, sondern das, was viele daraus machten und noch immer machen. Geistig aufgefaßt, könne uns ein jeder dieser Wege zum Entwicklungsziel hinführen, denn die Vielfalt des Seelenlebens erfordert persönliches Eingehen auf die jeweilige Entwicklungsstufe. Stufen jedoch seien zum Weiter- und Höherschreiten da, nicht aber zum Stillstehen (MuSch 4. Jg., Nr. 5,20). Das wiederum entspricht völlig dem »Cherubinischen Wandersmann« des Angelus Silesius, wenn er sagt: Freund, so du etwas bist (weißt), so bleib doch ja nicht stehn; man muß von einem Licht fort in das andre gehn!

13 Aus »Das Buch Emanuel«, München o.J., S. 237.

Wisse, wolle, wage, schweige!
Von Rosenkreuzern, Druiden und
Gralsorden

Die Rosenkreuzer

Nach ihrem Ursprung befragt, verweisen die meisten Rosenkreuzer-Gesellschaften auf zwei Persönlichkeiten, sofern sie
nicht bei den alten Ägyptern anfangen: auf Christian Rosencreutz, der von 1378 bis 1484 gelebt haben soll (und demnach 106 Jahre alt geworden wäre), und auf den lutherischen
Theologen Johann Valentin Andreae (1586–1654). Andreae,
später Hofprediger in Stuttgart, studierte in Tübingen und
war bald als kritischer Schriftsteller für seine humorvolle
Satire bekannt. Sein Familienwappen stellte ein Andreas-
kreuz dar mit je einer Rose zwischen den Kreuzbalken. Er
bekannte sich als Verfasser des 1616 anonym erschienenen
Buches »Die Chymische Hochzeit Christiani Rosencreutz«.
Zuvor schon waren, ebenfalls ohne Autorenangabe, zwei
Schriften aufgetaucht, und zwar die »Fama Fraternitatis oder
Brüderschaft des Hochlöblichen Ordens des R. C.« (1614)
sowie die »Confessio Fraternitatis R. C.« (1615). Ob Andreae daran beteiligt war, ist nicht erwiesen, doch tragen die
inhaltlichen Gedankengänge den Stempel seines damaligen
Tübinger Freundeskreises.
In der »Fama Fraternitatis« wird der Lebensweg des vorgeblichen Ritters Rosencreutz beschrieben, der im Kloster auf-
wuchs und als Sechzehnjähriger einen Bruder auf der Reise
zum Heiligen Grab begleitet habe. In Damaskus sei er mit
arabischen Wissenschaften bekannt geworden und habe ge-

hofft, auf ähnlicher Basis das europäische Geistesleben reformieren zu können. Da dieser Plan fehlschlug, habe er die Rosenkreuzer-Bruderschaft gegründet.

Außerhalb rosenkreuzerischer Kreise steht heute fest, daß Ritter Rosencreutz eine Romanfigur ist. Andreae distanzierte sich ab 1617 öffentlich von seinem Buch, das er lediglich als romanhafte Spottschrift auf die Geheimnistuerei okkultistischer Gruppen seiner Zeit aufgefaßt wissen wollte. Es hatte jedoch beträchtliches Aufsehen erregt, und der Spaß war ernst genommen worden. Andreae lag nach wie vor an seinen christlichen Reformideen. Er schlug die Schaffung aktiver Gruppen zur Neubelebung des Christentums vor und gründete eine solche in Calw. Der Dreißigjährige Krieg aber brachte alles zum Erliegen. Erst im 18. Jahrhundert sollen wieder Rosenkreuzerorden entstanden sein. Der bedeutendste unter ihnen war bis um 1800 der alchemistisch arbeitende »Orden der Gold- und Rosenkreuzer«, der – besonders in Preußen – auch politischen Einfluß gewann.[1]

Vermutlich um die »Chymische Hochzeit« zu retten, wird mancherorts behauptet, das Manuskript habe schon 1571 vorgelegen und stamme von einem gewissen Aegidus Gutmann. Andere wiederum führen den Ursprung des Ordens auf den Mitbegründer der britischen Royal Society Elias Ashmole (1617–1692) zurück, der jedoch – nach 1660 – selbst um Aufnahme in die Bruderschaft bat. Nach Carl Kiesewetter, dem »Geschichtsschreiber des Okkultismus« (1854–1895), ist die »Fraternitas Rosae Crucis« erstmals 1374 – also schon vor Rosencreutz – nachweisbar. Von seinem Urgroßvater, der rosenkreuzerischer Ordensimperator gewesen war, besaß er urkundliches Material. Zu jener Zeit war der Orden noch christlich fundiert. Allmählich aber starben die echten Rosenkreuzer aus. Kiesewetter schreibt: »Offenbar hatte das Eindringen illuminatischer und freimaurerischer Elemente das alte Gebäude des Ordens aus den

Fugen gedrängt, weshalb nach einem Memorandum meines Urgroßvaters im Jahre 1792 beschlossen wurde ... die Bibliothek wie das Archiv zu vernichten. Wann und wo das geschah, läßt sein Memorial unklar.«[2]

Der Illuminaten-Orden hatte sich die Feindschaft der Jesuiten zugezogen und wurde auch von den Rosenkreuzern abgelehnt, die ihrerseits, wie schon betont, auf christlichem Gedankengut fußten. Ihre sieben Grundregeln lauteten:

1. Alles Große und Göttliche ist einfach.
2. Gottes Kraft ist in uns, wenn wir in ihm sind. Diese Kraft überwindet die Welt.
3. Wirke durch deinen Willen den Willen Gottes, und du erwirbst dir das Leben.
4. Es gibt nur *ein* Gesetz, das keine Ausnahme kennt, das Gesetz der Liebe.
5. In dem Maße, als wir schuldig werden, können wir uns auch erlösen. (Das klingt, sofern der Text richtig überliefert wurde, mißverständlich und nach Selbsterlösung. Vielleicht ist hier Wiedergutmachung im Sinne des Karma- und Ausgleichsgesetzes gemeint.)
6. Was du gibst, empfängst du (gemäß Matth. 7,2: »Mit welcherlei Maß ihr messet, wird euch gemessen werden«).
7. Der größte Schatz der Menschheit ist für alle Zeiten die Bergpredigt.

In Anbetracht dieser Grundsätze erhebt sich die Frage, wieso ihre Realisierung einen Geheimbund erfordern soll? Weil, so wird argumentiert, die Rosenkreuzerei eine Mysterienschule ist. So jedenfalls lautet die Antwort des schon an anderer Stelle genannten Max Heindel alias Carl Louis Grashof (1865–1919), der als Maschinist zur See fuhr und sich 1903 in Los Angeles niederließ. Als Vizepräsident der Theosophischen Gesellschaft (Adyar) in Kalifornien reiste er nach

Deutschland zu Dr. Rudolf Steiner, von dem er sich jedoch enttäuscht abwandte. 1909 gründete Heindel in den USA »The Rosicrucian Fellowship«. Als »Rosenkreuzer-Gemeinschaft« in Deutschland spaltete sie sich 1954.[3]

Auch bei den Rosenkreuzern – wie könnte es anders sein! – gibt es Irrungen, Wirrungen und Abspaltungen. Eine davon ist die sogenannte Haarlemer Richtung des 1968 gestorbenen Holländers Jan Leene, der unter dem Namen Jan van Rijkenborgh das »Lectorium Rosicrucianum« gründete und als Erster Großmeister leitete. Seit 1936 befindet sich die Zentrale in Haarlem. Rijkenborgh hatte 1965 seinen Sohn Henk Leene zum Nachfolger ernannt und zuletzt geklagt: »All meine Arbeit ist umsonst gewesen, sie haben es nicht begriffen.«[4]

Zwischen Henk Leene und seines Vaters langjähriger Mitarbeiterin Catharose de Petri, ein Pseudonym, die sich an die Spitze des Lectoriums gestellt hatte, kam es zu Differenzen. Henk gründete daraufhin im Mai 1969 einen eigenen Verein, die »Gemeinschaft R. + C.« (Rosae Crucis), die 1972 umbenannt wurde in »Esoterische Gemeinschaft Sivas«. Die Bezeichnung »Rosenkreuzer« würde bei vielen Menschen Abneigung hervorrufen, »weil heute viele Rosenkreuzer-Bewegungen ihre fragwürdigen Methoden, Lehren und Verhaltensweisen unter dieser Fahne verbergen«. Man höre und staune!

Bei van Rijkenborgs Gruppe ist, ähnlich wie in anderen esoterischen Gemeinschaften, von katharischen Mysterien die Rede, vom Heiligen Gral, von einer wahren universellen Lehre und Kirche, von gnostischer Transfiguration, von einer »neuen transfiguristischen Welt-Freimaurerei des 3. Tempels« und Eckstein-Freimaurerei, von unmittelbaren Kontakten zur »9. Sphäre« (wo es keiner Reinkarnation mehr bedarf) sowie Verbindungen durch »geistige Schächte« zu Shamballa. Und natürlich vom Auserkorensein und vom kommenden Weltlehrer des Wassermannzeitalters, dem »Maitreya-Christus«.[5]

Unter dem Begriff »Shamballa« wird in der Esoterik teils ein Bewußtseinszustand, mehr jedoch ein »ätherischer Ort in der Wüste Gobi« verstanden. Laut Frau Blavatsky ist Shamballa der Sitz des »Herrn der Welt« (Sanat Kumara), des höchsten der von der Venus (andere behaupten: vom Saturn) zur Erde gekommenen »Herren der Flamme«, den mit der 9. Einweihung versehenen Begründern der Meisterhierarchie.

Shamballa, zumeist als unterirdisches Zentrum der Gewalt und Schwarzmagie charakterisiert, soll das Gegenstück darstellen zu Agarthi bzw. Aggartha, dem nicht minder legendären Zentrum der Weißen Magie und Meditation. Manche der spärlichen Quellen besagen Gegenteiliges. Als Zentren spiritueller Kräfte sollen Shamballa und Agarthi vor Urzeiten oberirdisch existiert haben. Am Ende des gegenwärtigen Zeitalters, des Kali-Yuga, auch Eisernes oder Dunkles Zeitalter genannt, soll Agarthi wieder an die Erdoberfläche gelangen und für jedermann, der reinen Herzens ist, erkennbar werden. Angeblich sprach schon Solon (gestorben ca. 560 v. Chr.) davon und habe gesagt, daß dann die Menschen das Paradies wiedererlangen würden.

Manchmal ist von überlebenden Führern aus Hyperboräa die Rede, die nunmehr jene mystischen Orte bewohnen und deren Land – der griechischen Sage gemäß – ein Hort des Friedens, des Lichtes und der Seligkeit war (als Hyperboräischer Kontinent gilt das jetzige Nordpolargebiet). Ähnlich soll es sich mit Asgard verhalten: einerseits mystische Stadt im Kaukasus, als deren Erbauer die Asen gelten, das mächtigste Göttergeschlecht der nordischen Mythologie; andererseits die Wohnung der Asen am Götterhimmel, verbunden mit der Erde (Midgard) durch die Brücke »Bifröst« (Regenbogen). Interessanterweise ist der Regenbogen ein New-Age-Symbol.

All dies und noch mehr geistert durch den bunten Dschungel Esoterik. Womit jedoch keinesfalls in Abrede gestellt werden soll, daß uralten Mythen und Sagen kein Wahrheitskern zugrunde liegen könne. Nur scheint mir der Glaube oder Unglaube daran für unser derzeitiges Leben ziemlich unwichtig zu sein, ja vielleicht werden derartige Vorstellungen überhaupt erst durch menschliche Gedankenkräfte »genährt« und dadurch zu astralweltlichen Realitäten? Es ist da möglicherweise wie mit den Naturgottheiten, die als Seelenwesen von der Glaubenskraft, den Gebeten und gegebenenfalls Opfern ihrer Verehrer abhängig sind.[6]

Eine andere Rosenkreuzergruppe, die durch viel Inseratenwerbung auffällt, ist der AMORC (Antiquus Mysticus Ordo Rosae Crucis, d. h. Alter Mystischer Orden vom Rosen-Creutz). Gegründet 1909 (nach Miers 1916) in New York von Dr. H. Spencer Lewis (1883–1936), der sich die Vollmacht hierfür in Toulouse geholt hatte. Der in (nach Miers) sechzehn Gradstufen eingeteilte Lehrstoff des AMORC beruht im wesentlichen auf der Blavatsky-Ideologie, so daß man ebensogut bei den Theosophen bleiben kann. (13. Grad: Gott ist die Natur. 14. Grad: Christus ist ein Rosenkreuzer. 15. Grad: Jeder ist selbst Gott. Es wimmelt also nur so von Göttern auf unserer Welt!) Der Rosenkreuzer Eberhard Granitor (Pseudonym) vom AAORRAC nennt den AMORC eine Familiendynastie, die das Gedankengut eines Letten namens Kiimaletho verwertet »und mangels jeder historischen Tradition ihr Wissen auf Amenhotep (15. Jahrhundert v. Chr.) zurückführt, was indes eine reine Erfindung darstellt«. Mit autorisierten Rosenkreuzern habe dies nichts zu tun.[7]

Meinen bisher gewonnenen Eindrücken zufolge scheint der AAORRAC (Antiquus Arcanus Ordo Rosae Rubeae Aureae Crucis, Alter geheimer Orden des rubinroten Goldkreuzes) historisch noch am glaubwürdigsten fundiert zu sein. Hier wird Rupert von Moosheim (1493–1555) als Ordensgründer vorgestellt, der das verhüllte Urwissen atlantisch-arisch-keltischen Ursprungs »zum ersten Mal überhaupt schriftlich zusammenstellte und festlegte«.[8]

Im wesentlichen scheinen die Rosenkreuzergruppen, ebenso wie die sich mit ihnen führungspersonell oft identitätsgleichen Templer-, Freimaurer-, Grals- und sonstigen Gesellschaften, auf pansophischer Grundlage zu beruhen. Unter Pansophie verstand man im 17. Jahrhundert eine hauptsächlich von Paracelsus und Comenius herstammende religiöse Naturphilosophie, deren Grundanschauungen neuplatonischer Herkunft sind. Der pansophische Weg wird betrachtet als ein solcher von unten nach oben, wogegen auch kaum etwas einzuwenden wäre. Im verborgenen mag es sicherlich echte Rosenkreuzer gegeben haben und vielleicht noch geben. Nach Welretor (Pseudonym) indes ist keine der jetzigen Rosenkreuzer-Gesellschaften im Besitz des Universalauflösungsmittels oder AZOTH der Weisen noch im Besitze der weißen oder roten Tinktur. Zudem könne der Crowley-orientierte O.T.O., der »Orientalische Templer-Orden«, »als die Muttergesellschaft aller neueren sogenannten Rosenkreuzer-Gesellschaften angesehen werden«, von denen es derzeit etwa vierzig (!) gebe, die alle nach 1900 entstanden sind. Diese seien »Rosenkreuzer ohne Kreuz und Rosen«. Welretor zufolge hat die hermetische Tradition noch heute lebende Nachfolger, »die allerdings kaum in den öffentlichen ›Rosenkreuzer-Vereinen‹ zu finden sein dürften«. – Mögen die Rosen an ihrem Kreuze blühen!

Kahir bekennt, noch keinem echten Rosenkreuzer begegnet zu sein. Surya warnt in seinem Roman »Moderne Rosenkreuzer« vor »in den letzten Jahrzehnten in Europa und Amerika gegründeten sogenannten ›Rosenkreuzer-Gesellschaften‹, denen es meist nur um die Werbung reicher Mitglieder zu tun ist und die nicht mehr Wissen besitzen«, als

heute jedermann im einschlägigen Schrifttum zugänglich ist.
Er, der ein gewiß sehr toleranter Mann war, empfiehlt: »Man
gehe also ›rosenkreuzerischen‹ Vereinen aus dem Wege!«[9]

Druiden

Die Druiden, die »Hochweisen«, waren im vorchristlichen
Gallien, Britannien und Irland die Priester keltischer Völkerschaften und genossen hohes Ansehen. Ihnen oblag die Wah-
rung und Pflege aller kulturellen Faktoren wie Religionsausübung, Rechtsprechung, Heilkunde, Astronomie, Unterricht
und Sozialordnung. Die Weitergabe ihres umfangreichen
Wissens geschah nur mündlich in Versform und soll an die
zwanzig Jahre beansprucht haben.
Caesar schreibt über sie in »De Bello Gallico« (Sechstes Buch
14, 5–6): »Ihre Hauptlehre ist, daß ihre Seele unsterblich sei
und nach dem Tode von Körper zu Körper wandert. Das
halten sie für den kräftigsten Antrieb zur Tapferkeit, wenn
man den Tod nicht scheut. Außerdem lehren sie noch vieles
von den Himmelskörpern, ihrem Lauf, der Größe der Welt
und der Länder, dem Wesen der Dinge, der Macht und
Gewalt der unsterblichen Götter und bringen das alles der
Jugend bei.« Kaiser Claudius verbot den Druidenkult mit der
Begründung, er sei mit Menschenopfern verbunden.
Die druidischen Symbole waren das vierblättrige Kleeblatt
(Frühling), die Eiche (Sommersonnenwende), für den Herbst
die Kornähre und zur Wintersonnenwende der Mistelzweig.
Speziell die Mistel wurde hochgeschätzt.[10]
Den Druidenpriestern wird nachgesagt, sie seien als Träger
und Wahrer hyperboräischen und atlantischen Wissens auch
Hüter des (geistigen) Grals gewesen. Die verchristlichte
Gralsrittersage von König Arthur sowie die nachmaligen
Tempelritter hätten demnach hier ihren Ursprung. Die Drui-

den selbst sollen an Kämpfen nicht teilgenommen, sondern währenddessen in regungsloser Meditation verweilt haben. 1781 entstand in London ein Druidenorden als Geheimgesellschaft. Heutige Mitglieder derselben kann man zuweilen an vorgeschichtlichen Kultstätten wie Stonehenge beobachten. Das Wissen und Können der alten Druidenpriester jedoch, die keine Kelten und schon vor diesen dagewesen sein sollen, werden ihre in etliche Gruppen aufgespaltenen Nachahmer wohl kaum erreichen. Die Insel Iona vor Schottland gilt übrigens als Insel der Druiden, und eine alte gälische Prophezeiung besagt, Christus würde zuerst von dort wiederkommen.

Gralsorden

Das Wort »Gral« stammt aus dem Französischen und bedeutet Schüssel. Einerseits verlautet, die Sage vom Gral sei syrisch-persischen Ursprungs und mit den Kreuzfahrern nach Europa gelangt, andererseits stamme sie von Irland her. Sicher scheint bloß ihre christliche Umformung zu sein.

Der Sage nach handelt es sich bei der wundertätigen Gralsschale um einen Kelch, der aus einem beim Sturze Luzifers aus dessen Krone gefallenen Jaspis geschnitten ist. Engel brachten den Kelch zur Erde. Jesus benutzte ihn beim letzten Abendmahl, und Josef von Arimathia fing in ihm das Blut Jesu bei dessen Kreuzigung auf.

Diese Fassung der Legende scheint im 12. Jahrhundert von britischen Klöstern ausgegangen zu sein und fand dann in Frankreich literarische Bearbeitung. Wolfram von Eschenbach übertrug sie ins Deutsche und gab ihr die jetzt bekannte Form, der zufolge Josef von Arimathia mit einigen Gefolgsleuten bis nach England gelangt sei. Nach seinem Tode nahmen Engel die Schale wieder in Obhut, bis Titurel, ein französischer Königssohn, sie fand. Er brachte das kostbare

Gefäß auf den heiligen Berg Monsalvatsch, in die dortige, im Schutz tiefer Wälder gelegene Burg.[11]

Zur Bewachung des Heiligtums entstand nun der Orden der Gralsritter oder Templer (nicht zu verwechseln mit dem Orden der Tempelherren). Nur ein Berufener kann zu dieser erhabenen Bruderschaft gelangen, und nur ein Reiner kann ihr König sein. Parsifal schließlich, nachdem er während langer Irrfahrten alles Weltliche in seinem Denken abgelegt hatte und sein Sehnen dem Göttlichen zuwandte, errang damit die höchsterreichbare irdische Weihe, nämlich die Würde des Gralskönigs; und die höchste himmlische Gnade, die Einheit mit Gott. – Ihre Aufgabe sahen die Gralsritter im kämpferischen Eintreten für Recht und Gerechtigkeit. Nach ihrem Aussterben nahmen Engel das Gralsgefäß wieder in Verwahrung. Richard Wagner legte das Gralsmotiv seinen Opern »Parsifal« und »Lohengrin« zugrunde.

Was nun die verschiedenen Gralsorden der Gegenwart anbelangt, so stimme ich Horst Miers zu, wenn er in seinem Lexikon unter diesem Stichwort vermerkt, die Gralssage sei im Laufe der Zeit von vielen Scharlatanen mißdeutet und für pseudoesoterische Zwecke mißbraucht worden. Gegenwärtig sind mir mehrere Gruppen bekannt, die sich mit dem Gralsbegriff schmücken.[12]

Im Jahre 1893 gründete der Deutschamerikaner Dr. P. Braun einen Gralsorden. Miers erwähnt ihn und nennt als Ziele die Verbreitung von Selbsterkenntnis und Nächstenliebe. Braun schuf die üblichen drei Grade (Lehrling, Geselle, Meister) und nannte sich »Großmeister des Gralstempels im Westen«. In Deutschland kam es später zu Gruppenbildungen, die mit Braun anscheinend keinen Kontakt mehr pflegten. Dieser hatte damals in Arkansas billig Gelände erworben. Mit seinen Schriften und der Werbung für eine christliche Gralskolonie lockte er Interessenten an, denen er Land parzellenweise und zu respektablen Preisen verkaufte. Dieses war jedoch felsig und zu einem Drittel unkultivierbar. Auch der damals 83jährige Dr. Georg von Langsdorff (1822–1921), ein namhafter Spiritualist, vertraute Braun und reiste im Jahre 1905 zu ihm. Bald darauf wurde das unehrenhafte Verhalten des Gralstempelgründers, dessen Doktortitel ebenso falsch war wie seine Großmeisterwürde, offenkundig.

Die zur Zeit im deutschen Sprachraum bekannteste Gralsorganisation dürfte die 1928 von Oskar Ernst Bernhardt (1875–1941) gegründete sein, die Miers als eine »Glaubensgemeinschaft auf pantheistischer Grundlage und mit dem Vokabular des Christentums« charakterisiert. Das Zentrum dieser Gruppe befindet sich auf dem Vomperberg bei Schwaz in Tirol. Bernhardt nannte sich Parzifal und glaubte, »Immanuel, der wiedergekehrte Menschensohn«, zu sein, der von Jesus verheißene Tröster, der schon zur Zeit des Moses auf Erden weilte und diesem »die Kraft schenkte zur Aufnahme der Zehn Gebote und zur Befreiung des jüdischen Volkes«. Seine Anhängerschaft glaubt, er habe vor Gott die gleiche Stellung inne wie Christus; während letzterer die Gott-Liebe verkörperte, repräsentierte Bernhardt den Gott-Willen. Durch ihn sei die Schöpfung entstanden (!). Er ist Mittler zwischen Gott und der Welt, ja er trägt das Weltall. Als die Menschheit dem Fluch der Erbsünde verfiel, wurde ihm die Aufgabe zuteil, Luzifer entgegenzutreten und ihn zu überwältigen. – Bernhardt legte sich den Namen Abd-ru-shin zu und identifizierte sich mit der in der Johannes-Offenbarung genannten Zahl 666, die er – in Umkehrung des biblischen Sinnes – positiv deutet.[13]

Den Lehren Bernhardts kann eine gewisse Faszination nicht abgesprochen werden. Sein Werk »Im Lichte der Wahrheit« wurde zur Bibel der Gralsgemeinschaft, die von ihm nur in der dritten Person spricht: ER ...

So manchem ehrenwerten Menschen bedeutet diese Geistesrichtung viel oder gar alles, andere mögen Bernhardt für größenwahnsinnig halten. Verständlich, wenn ein Wahrheitssucher sich angesichts des vielfältigen Wirrwarrs an philosophischen, religiösen und esoterischen Lehrsystemen zu fragen beginnt, ob unsere gute Mutter Erde wohl das Irrenhaus des Universums sein mag?

Anmerkungen
»Wisse, wolle, wage, schweige!
Von Rosenkreuzern, Druiden und Gralsorden«

1 R. Heller und M. Kießig, »Handbuch Religiöse Gemeinschaften«, Gütersloh, 3. Aufl. 1985, S. 424. – Der preußische Staatsminister Joh. Chr. Wöllner (1732–1800) sah in der obersten preußischen Schulaufsicht eine Angelegenheit des Ordens. Auch Friedrich Wilhelm II. war Ordensmitglied.

2 ZfO 1929/30, 540. Die Illuminaten waren 1776 von dem Ingolstädter Israeli Adam Weishaupt (1748–1830) gegründet worden. Er lehrte eine vernunftbegründete Religion ohne Gott, der zufolge der Mensch keiner obrigkeitlichen Regierung und auch keines Gottglaubens bedarf, wenn Vernunft obwaltet.
   Weishaupt nannte seinen Orden anfangs »Perfektibilisten-Orden«, erst später »Illuminaten« (die Erleuchteten). Freiherr von Knigge, Mitglied sei 1780, arbeitete einen Teil der Ordensgebräuche aus und führte der Gesellschaft Mitglieder aus hochstehenden Kreisen zu. Goethe war ebenfalls dabei, besuchte die Zusammenkünfte aber nur sehr selten. Miers schreibt (Lexikon, S. 207): »Da Weishaupt für seinen Orden nur schwer Anhänger gewann, gab er ihn bald für die ›echte‹ Freimaurerei aus und versuchte, sich ganze Freimaurerlogen zu unterstellen. Ob Weishaupts Motive redlich waren, ist noch immer umstritten.« Von Gegnern werden die damaligen Ziele des Ordens als frühe Form des Anarchismus und mitverantwortlich für den Ausbruch und die Greuel der Französischen Revolution angeprangert, bei der das Christentum abgeschafft und durch einen Kultus der Vernunft ersetzt werden sollte, was Tausenden das Leben kostete (vgl. Goethes »Faust«: Er, der Mensch, »nennt's Vernunft und brauchts allein, nur tierischer als jedes Tier zu sein«). Weishaupt

mußte Herrn von Knigge eingestehen, daß die geheimnisumwitterten »hohen Oberen« ebensowenig existierten wie die höheren Grade, auf die Knigge ständig vertröstet worden war. Er verließ sodann den Orden.

3 Mitbegründer war seinerzeit der sich »Freiherr von Sebottendorf« nennende Theosoph Ing. R. Glandeck. Johannes Welretor weist (in MuSch 9. Jg., Nr. 14,6) nach, daß dessen Schrift »Die Praxis der alten türkischen Freimaurerei« (Freiburg 1954) Unsinnigkeiten enthält und sehr wahrscheinlich von J. B. Kerning entlehnt ist.

4 Wenn das Begreifen so schwierig ist, dann wird wohl auch der von ihm proklamierten »weltumfassenden modernen gnostischen Bewegung« kaum ein großer Erfolg beschieden sein, der sich anzuschließen nach dem September des Jahres 2001 nicht mehr möglich sein soll (J. v. Rijkenborgh, »Die Gnosis in aktueller Offenbarung«, Haarlem 1956, S. 22, 45, 281).

5 Von den Mitgliedern wird u. a. strenger Vegetarismus verlangt, Verzicht auf Nikotin und Alkohol sowie auf das Tragen von Pelzen und Federn. Abgelehnt werden ferner alle synthetischen Stoffe in Nahrungs- und Heilmitteln. Fernsehen, Kino, Zeitunglesen etc. sind verpönt. Auch an esoterischer Literatur ist nur das zu lesen erlaubt, was vom Lectorium stammt. Kirchen-, Partei- und Vereinsmitgliedschaften gelten ebenfalls als unvereinbar mit der Lectoriums-Mitgliedschaft. Im »Lexikon des Geheimwissens« von Horst Miers (Freiburg 1970, S. 117, 249, 344) findet die Rijkenborgh-Gesellschaft keine positive Beurteilung; mit dem klassischen Rosenkreuzertum habe dies alles nichts zu tun.

6 Ein Beispiel hierzu: 1974 befand sich in einer Besuchergruppe der Externsteine ein hellsichtig veranlagter Teilnehmer (die »Eggesternsteine« sind als Ort der Kraft ein uraltes germanisches Heiligtum). Unerwartetermaßen gewahrte der Mann am Fuße des Turmfelsens eine weiße, nebelhafte Erscheinung. Beim Nähertreten verdichtete sie sich immer mehr zu einer weiblichen Gestalt von erhabener Schönheit. Auf die ehrerbietige Frage, wer sie sei, antwortete sie mit leiser Stimme: »Ich wohne schon seit uralten Zeiten hier. Früher haben mich alle Bewohner in weitem, weitem Umkreis gekannt und verehrt. Die Mädchen erhielten hier ihre Weihen. Aber heute kennt mich niemand mehr, und darum habe ich keine Kraft.« Nach Befragung nannte sie ihren Namen: »Ve-Eda.« Und: »Ich nähre mich von der Liebe meines Volkes.«

Sigrun Schleipfer-Friese schreibt (in »Irminsul«, Nr. 6/1976), ihr sei sogleich klargeworden, daß es sich hier um unsere Volksmutter »VON EHE DA(mals)« handelt, »die berühmte WELEDA oder ihre Lehrerin, die einstmals dem germanischen Feldherrn Armin Kunde über die bevorstehende Schlacht im nahe gelegenen Teutoburger Wald gab.« – Jede Nation hat ihren Schutzgeist auch in der Seelenwelt, und es war noch nie gut, wenn ein Volk seiner mystischen Wurzeln entsagen zu dürfen meinte. Hätte man jüdischerseits ebenso unklug gehandelt, gäbe es heute wohl kein Israel.

7 MuSch 9. Jg., Nr. 2,9. – Dies dürfte der Wahrheit entsprechen. Es mutet überdies merkwürdig an, daß der AMORC in dem sonst extrem amerikafeindlichen Kuba frei arbeiten und werben darf. Mit dem nach außen hin propagierten »esoterischen Christentum« scheint es demnach nicht weit herzusein, denn solches würde in keiner marxistischen Diktatur geduldet.

E. Granitor bemängelt a.a.O. auch gegenüber Theosophie und Anthroposophie, daß sie »wesentlich durch teils phantastische Verbrämung und Verdünnung des echten Weistums entstanden« seien. Frau Blavatsky hätten Teile der Rosenkreuzerlehre zur Verfügung gestanden und es sei unnötig gewesen, historisches Weistum europäischer Herkunft nach Indien zu verlagern. – Wir sehen, eine esoterische Gruppe macht der anderen den Rang streitig, man wirft einander Unwahrheiten und Irrtümer vor! Bedingungsloses Vertrauen zu esoterischen Aussagen ist daher unangebracht. Gewiß, lernen kann man überall, aber im Alleinbesitz überragender oder gar aller Wahrheiten ist sicherlich niemand.

Der AMORC hat ebenfalls einen geheimen »Oberen« alias »Meister«, der mit dem sagenhaften Kut Humi der Adyar-TG ranggleich sein und Amatu heißen soll. Angeblich besitzt er eine geheime Bibliothek mit der Geschichte der Rosenkreuzer bis 800 000 v. Chr. und verkehrt nur über den jeweiligen »Imperator« (Ordensleiter) mit unserer Welt (Miers, a.a.O., S. 21).

8 MuSch 9. Jg., Nr. 1,7 – Hier gilt die jüdische Kabbala als ein Plagiat ursprünglich arisch-keltischen Weistums, vom Rabbi Mose Ben Schentop von Leon ins Hebräische übersetzt. Die keltische Fassung wurde zum »Sepher Jezirah«, die westgotische zum »Sepher Sahar« alias Sohar. Erstere sei in der Zeit vom 6. bis Mitte des 8. Jahrhunderts aufgetaucht, letztere zwischen 1204 bis 1492. Da Karl des Sachsenschlächters blutige Ausrottung heidnischer Kulte sich vor allem gegen die Armanenschaft als Träger und Hüter heiliger Überlieferungen richtete, beschlossen diese, Rabbinern ihr Wissensgut

anzuvertrauen (vermutlich der Synagoge zu Köln), um es vor dem Vergessenwerden zu retten. Eberhard Granitor gibt genaue Daten an, an wen und an welchem Tage Abschriften der Moosheimschen Lehren weitergegeben wurden. Johannes Reuchlin, Rupert von Moosheim und Paracelsus wären demnach die ersten Hierarchen des (auf der materiellen Wirkungsebene neu konstituierten) Rosenkreuzerordens gewesen. Als deren Schüler werden genannt: Trithemius, Giordano Bruno, Agrippa von Nettesheim, Rico von Mirandola, Friedrich III. sowie die rheinischen Kurfürstbischöfe von Mainz, Köln, Trier und Speyer, bei denen sich Moosheim nach seiner Flucht aus Passau aufgehalten haben soll.

Sodann taucht der Name Anna Sprengel auf, die im Besitze Moosheimscher Schriften gewesen sein und 1887 einen britischen Kreis, der sich »Hermetic Students« nannte, in diese Lehren eingeweiht haben soll. Frau Sprengel (oder Sprengels) sei »Heilsrätin im höchsten Adeptengrad« der Nürnberger Loge des Moosheimschen Geheimordens gewesen. Auf dieser Basis entstand im gleichen Jahr der »Orden der Goldenen Dämmerung«, welchem am 7. 3. 1890 William Butler Yeats und am 18. 11. 1898 Aleister Crowley beitraten. Spätestens mit ihm sowie mit »Zar« Peladan und Guaita beginnt dann der vielverzweigte pseudoesoterische Morast, und es besteht kein Grund mehr, auf diese rosenkreuzerische Sukzession (Rechtsnachfolge) stolz zu sein. Granitor betont denn auch, das alte Weistum sei vergessen worden. Das Gesamtwissen Moosheims befinde sich ausschließlich im Besitze des AAORRAC auf Burg Krämpelstein bzw. an verschiedenen geheimgehaltenen Orten.

9 Pfullingen 1930, 9. Aufl. 1937, S. 118. – Auch in diesem Fall tut es mir leid, kein besseres Ergebnis meiner Nachforschungen vorlegen zu können. »Wahre Nachfolger der RC-ler zu sein beanspruchen auch Theosophen und Anthroposophen, ja im Grunde überhaupt alle esoterischen Gruppen der Gegenwart«, schreibt Pfarrer F.-W. Haack in »Geheimreligion der Wissenden. Neugnostische Bewegungen« (Stuttgart, 6. Aufl. 1985, S. 52). – Die angeblich derzeit älteste Rosenkreuzer-Gesellschaft soll in England die von Dr. R. Wentworth Little 1865 gegründete SRIA (Societas Rosicruciana in Anglia) sein, die jedoch nur Freimaurer aufnimmt (Miers-Lexikon, S. 383).

10 Nach Plinius (in seiner »Naturgeschichte«, Bd. XVI, Leipzig 1881, S. 248) fand das Mistelpflücken um Neujahr statt, so daß dies zu einem druidischen Hauptfeiertag wurde. Der Oberdruide im weißen

Gewand bestieg den Baum, erntete die Mistelzweige mit einer goldenen Sichel und legte sie in ein weißes, von zwei weißgekleideten Druiden gehaltenes Tuch; denn sie durften die Erde nicht berühren, wenn sie ihre magischen Kräfte behalten sollten. In der keltischen Sprache hieß die Mistel »All-heal«, die Allheilende, welche die Kräfte von Sonne und Mond in sich vereinigte (das Gold der Sichel bezog sich auf die Sonne, ihre Form auf den Mond). Als wirkungsvollste galt die auf einer Eiche gewachsene Mistel.

11 Die Lage der sagenhaften Gralsburg ist umstritten. Neben den Pyrenäen wird der Montserrat bei Barcelona genannt. Andere wollen in Monsalvatsch den altfranzösischen Namen für Wildenburg bei Amorbach im Odenwald erkennen. Für die Bewohner der Bretagne ist es die malerische Felseninsel Mont Saint-Michel mit der prächtigen 709 gegründeten Benediktinerabtei. Auf diesen Felsen sollen sich einst die letzten Druiden zurückgezogen haben, als auf dem französischen Festland das Christentum gesiegt hatte. Auf dem Gipfel des Mont Saint-Michel soll die letzte Weihestätte ihrer Gottesverehrung gewesen sein. Auch Österreich steht in dem Rufe, Gralsland zu sein. Nach dieser Version gilt als Monsalvatsch der Berg Vac in der Nähe des Städtchens Pettau in der Untersteiermark, jetzt zu Jugoslawien gehörig. Auf seinem Gipfel sollen sich die Reste eines Venustempels befinden, und in seinem Innern soll ein See sein.

12 Ein Gralsordengründer wohnt in Niederbayern und betreibt einen schwunghaften Handel mit Fernlehrkursen für Astrologie und Parapsychologie. Eine andere Gruppe wird geleitet von »Frater Parzival von Montsalvat, Ritter vom hl. Gral« in der Schweiz, der sich als »erblicher Nachfahre von den Tempelrittern« betrachtet. Auf meine Frage, ob andere Gralsgemeinschaften ihn nicht als Konkurrenz empfinden würden, erwiderte er, daß er sein Gralsrittertum vom Großvater überkommen habe. Seine Legitimation sei die Gabe der Prophetie mit einer Trefferquote von 94 Prozent. Soweit mir seine veröffentlichten Voraussagen bekannt wurden, fallen diese allerdings unter die restlichen sechs Prozent. Dennoch bin ich überzeugt, daß dieser Mann es gut meint.

13 Wiedergegeben aus »Seher, Grübler, Enthusiasten« von Kurt Hutten, Stuttgart, 11. Aufl. 1968, S. 725. – Die nachfolgende Aussage stammt aus Heft 6 der Schriftenreihe der Stiftung Gralsbotschaft, Stuttgart 1968, 17 ff. – Abd-ru-shin soll arabisch sein und »Sohn des Lichts« bedeuten. Nach dem arabischen Wörterbuch von Hans Wehr allerdings nicht, schreibt Miers, sondern eher das Gegenteil.

Die Behauptung Bernhardts und seiner Anhänger, er sei der von Jesus verheißene Tröster und »Menschensohn«, ist bei genauer Kenntnis diesbezüglicher Bibelstellen unhaltbar, wenn man sie in die Muttersprache Jesu – ins Aramäische – rückübersetzt. Außerdem ist an jenen Stellen im Neuen Testament, wo Jesus von einem Tröster spricht, der als Heiliger Geist für immer bei uns bleiben werde (Joh. 14,16 und 26; 15,26; 16,7; in der Zürcher Bibel heißt es »Beistand«, Hermann Menge übersetzt u. a. »Anwalt«), von einem Menschensohn keine Rede. »Schon das Wort selbst ist ein Mißgriff«, schrieb mir der Aramäisch-Experte Dr. Günther Schwarz, denn der Terminus »Menschensohn« sei eine Fehlübersetzung des aramäischen »Bar Nascha«, das einmal mit »der Mensch« und ein andermal mit »der Menschensohn« übersetzt worden sei; »mit letzterem immer dann, wenn Bar Nascha – willkürlich – als messianischer Hoheitstitel Jesu gedeutet wurde«. Das zugrundeliegende aramäische Wort Bar Nascha sei eine Umschreibung von »ich«. In der Tat sprach Jesus, den Evangelientexten zufolge, oft von sich in der dritten Person, z. B. Matth. 16,13: »Für wen halten die Leute den Menschensohn?« (mit Vers 15: »Ihr aber, für wen haltet *ihr* mich?« nach der Übersetzung Menge). Oder Matth. 16,27: »Denn der Menschensohn wird in der Herrlichkeit seines Vaters mit seinen Engeln kommen ...« (Menge; vgl. auch Matth. 25,31).

Jesus sprach galiläisches Westaramäisch. Die durch unrichtige Übersetzungen und andere Einflüsse stellenweise verdorbenen griechischen Texte des Neuen Testaments können dem mutmaßlich ursprünglichen Wortlaut logischerweise nur im Zuge einer exakten Rückübersetzung ins Aramäische angenähert werden. Dieser hochbedeutsamen Aufgabe unterzog sich Pastor Dr. phil. Günther Schwarz in dankenswerter Weise. Freilich wird man hinsichtlich einer Anerkennung seiner Arbeiten durch die Kirchen keine zu großen Hoffnungen hegen dürfen. Von einigen Ausnahmen abgesehen, wurden sie bis jetzt weitgehend ignoriert oder in ihrem Wert herabgesetzt. Vielleicht hatte der namhafte Theologe Prof. Dr. Adolf Köberle nicht ganz unrecht, wenn er schrieb: »Theologen sind im allgemeinen durch Theologen nicht zu belehren, nicht zu bekehren. Man kann sie bestenfalls überleben« (in »Impulse« Nr. 19/1983, herausgegeben von der Evangelischen Zentralstelle für Weltanschauungsfragen, Stuttgart, S. 6). – Meines Erachtens wären die Arbeiten von Dr. Günther Schwarz geeignet, eine Neubelebung der christlichen Lehre einzuleiten: »Jesus, der Menschensohn« (Stuttgart 1986), »Und Jesus sprach« (2. Aufl. 1987) sowie »Jesus und Judas« (1988) und »Die Muttersprache Jesu« (Übersetzung des Buches »An Aramaic to the Gospels and Acts« von M. Black, Kohlhammer 1982). Ferner »Fehler in der Bibel?« und »Wenn die Worte nicht stimmen« (beide München 1990). In Vorbereitung ist eine Zusammenfassung unter dem Titel »Das Jesus-Evangelium«, das sicherlich sehr aufschlußreich sein wird.

Spiritismus und Spiritualismus

Hier wäre zu unterscheiden zwischen Nekromantie, Spiritismus und Spiritualismus. Spiritismus wird fälschlicherweise oft und gern mit Nekromantie verwechselt. Nekromantie ist Totenbeschwörung mit Hilfe schwarzmagischer Prozeduren und in jedem Fall abzulehnen. Im modernen *Spiritismus* entfällt jedweder Zwang. Die Jenseitskontakte vollziehen sich zumeist via Medien, d. h. über sensitive bzw. entsprechend begabte Personen. Unter *Spiritualismus* schließlich ist die Weltanschauung zu verstehen, die sich aus den experimentell und erfahrungswissenschaftlich gewonnenen Erkenntnissen dieser Forschung ergibt.

Strenggenommen darf jeder als Spiritualist gelten, der irgendwie an Auferstehung und ewiges Leben glaubt, auch wenn er sich als Materialist gebärden mag. Letzteres wird allerdings kaum mehr möglich sein, wenn man das Wesentliche dessen, was die moderne Todes- und Jenseitsforschung erarbeitete, zu erfassen in der Lage ist.[1]

Der Beginn des sogenannten modernen Spiritismus setzt mit dem Jahre 1848 ein; demselben Jahr, in welchem durch die Verkündung des Kommunistischen Manifestes eine große antispirituelle Gegenbewegung ihren Anfang nahm (was wiederum bestätigen würde, daß jeder Kraft sich eine gleich starke entgegensetzt). Während der Spiritismus von Anbeginn für Religion eintrat und das nachtodliche Weiterleben zu beweisen versuchte, brachte der Marxismus blutige Religionsverfolgungen mit Millionen Opfern, kategorisch erklärend: »Mach dir's im Leben gut und schön, kein Jenseits gibt's, kein Wiedersehn!«

Beide Strömungen schwollen zu Massenbewegungen an, und

um die Wende zum 20. Jahrhundert schien aufgrund der Leistungen hervorragender Medien, mit denen die damals bekanntesten Wissenschaftler der Welt experimentierten, der endgültige Sieg über den Materialismus als Weltanschauung nahe zu sein. Zwei entsetzliche Weltkriege jedoch sicherten dessen Herrschaft aufs neue, und erst seit zwei, drei Jahrzehnten ist das öffentliche Interesse an spirituellen Dingen wieder im Kommen. »Ihr Deutschen habt es in der Hand, den Spiritualismus zum Siege zu führen«, erklärte im Jahre 1860 der Führer des amerikanischen Spiritualismus, Andrew Jackson Davis (1826–1910) gegenüber dem deutschen Vorkämpfer auf diesem Gebiet, Dr. Georg von Langsdorff. »Aber erst nach Beendigung eines Europa erschütternden blutigen Krieges.«

Auslösender Faktor jener Bewegung, die als »moderner Spiritismus« in die Annalen der Geschichte einging, war der berühmt gewordene Spukfall von Hydesville (New York). In seinem Buch »Prinzipien der Natur« hatte Davis 1846 vorausgesagt, daß nach Ablauf zweier Jahre Beweise für das Weiterleben nach dem Tode geliefert würden. Daraus ging in den USA der sogenannte amerikanische Spiritualismus hervor. In Europa entwickelte sich auf gleicher Basis der romanische Spiritismus, unter Führung des französischen Professors Hippolyte Rivail, der sich später Allan Kardec (1804–1869) nannte.

Der Unterschied zwischen beiden Richtungen, die schon bald Millionen Anhänger zählten, lag lediglich in der Wiederverkörperungslehre: Kardec befürwortete sie, Davis lehnte sie ab. Heute hat sich dies weltweit zugunsten der Reinkarnationsidee verschoben, nicht zuletzt durch das Wirken des weithin bekannt gewordenen US-Mediums Edgar Cayce, genannt »der schlafende Prophet« (1877–1945). Von Bedeutung ist der organisierte Spiritismus gegenwärtig nur noch in Brasilien, und zwar die kardecianische Richtung, deren Mitglieder auf etwa vierzig Millionen geschätzt werden. Ungefähr ebensoviel Anhänger weist der dort zur Volksreligion gewordene Umbanda-Kult auf. Bei ihm handelt es sich um christlich verbrämten niederen Spiritismus, der sich aus afrikanischen und indianischen Elementen zusammensetzt. Umbanda versteht sich als weißmagische Richtung und betrachtet sich als Religion der Zukunft. Schon jetzt macht sie der katholischen Kirche, gemeinsam mit den Kardec-Spiritisten (obwohl letztere sich von den Umbandisten distanzieren), schwer zu schaffen. Die Gegenkraft hat sich hier in der schwarzmagischen Quimbanda-Bewegung etabliert, wozu in erweitertem Sinne Candomblé, Macumba, Woodoo usw. gehören.

An sich gab es spiritistische Phänomene schon immer. Der Beginn des modernen Spiritismus ist mit Emanuel Swedenborg (1688–1772) anzusetzen. Ihm folgten F. C. Oetinger (1702–1782), Franz Anton Mesmer (1734 oder 1744–1815), der Arzt Justinus Kerner (1786–1862), der die Phänomenologie zu studieren begann und als erster deutscher Parapsychologe gelten darf, ferner J. Ennemoser (1787–1854) und andere.

Im deutschen Sprachraum erlebten Spiritismus und Spiritualismus ihre Blütezeit ungefähr von 1890 bis zum Ersten Weltkrieg. Ab 1897 erschien im Leipziger Oswald-Mutze-Verlag die »Zeitschrift für Spiritismus und verwandte Gebiete« als sechste Publikation dieser Art. Unter Leitung der Brüder Fritz und Dr. Rudolf Feilgenhauer (beide Lehrer in mehr als zehn europäischen Sprachen) entwickelte sie sich zum Organ des Zentralverbandes deutscher Spiritisten und Spriritualisten, das 1915 umbenannt wurde in »Zeitschrift für Seelenleben und neuere Psychologie« und erst bei Kriegsbeginn 1939 ihr Erscheinen einstellte.[2]

Nach 1945 konnte sich der deutsche Spiritualismus nie mehr so recht erholen. Stärker denn je dominierte der Materialismus, im Westen repräsentiert durch den Amerikanismus, im Ostblock durch das Sowjetsystem. Trotzdem gibt es im Westen Entfaltungsmöglichkeiten. In marxistisch regierten Ländern war dies bis vor kurzem völlig ausgeschlossen, ja mit Lebensgefahr verbunden, wie die dortige, im Westen schamhaft verschwiegene Christenverfolgung deutlich genug erkennen läßt.[3]

Es fällt auf, daß in der New-Age-Szene bzw. ihren ideologisch dominierenden Strömungen der Spiritismus keine gute Beurteilung erfährt. Da seitens der etablierten Wissenschaften und der Kirchen gleichermaßen geurteilt wird, scheint damit quasi festzustehen, daß bloß Leichtgläubige oder Betrüger dem Spiritismus etwas Positives abgewinnen können. Ob dieser nun zu Recht oder Unrecht in Verruf geriet oder absichtlich diskriminiert wurde, sei dahingestellt; doch lohnt es sich fast immer, das, was öffentlich allzu einhellig verdammt wird, vorurteilsfrei zu untersuchen. Unter Punkt G des Kapitels über Theosophie (»Kritische Anmerkungen«) nahm ich zum Spiritismus bereits Stellung. Soweit es die gebotene Kürze erlaubt, sei dazu noch folgendes vermerkt.

Hinsichtlich des Todesproblems wird in der Parapsychologie mit zwei Grundhypothesen gearbeitet, mit der animistischen (vom lat. *anima* = Seele) und der spiritistischen. Soweit auf ein nachtodliches Weiterleben hinweisende Phänomene unter Mitwirkung eines Mediums zustande kommen, deuten dies die Vertreter der animistischen Theorie als unbewußtes Hellsehen, als Telepathie, Persönlichkeitsspaltung, Leistungen des Unterbewußtseins und ähnliches mehr. Fazit: Ein persönliches Überleben des Todes ist weder beweisbar noch widerlegbar.

Anwender der spiritistischen Hypothese sehen die Dinge nicht so einseitig. Unter Anerkennung animistischer Argumente ziehen sie darüber hinaus ein nachtodliches Weiterleben als Denkmöglichkeit in Betracht und halten wenig von allzu phantastisch ausgeklügelten Deutungsversuchen, die unser Unterbewußtsein zum Wunder aller Wunder machen. Wer das umfangreiche Forschungsmaterial zum Todesproblem einigermaßen kennt, der weiß, daß es in seinem Aussagewert konvergierend und unmißverständlich auf ein ichbewußtes Weiterleben nach dem Sterbevorgang hinweist.

Die zentrale Rolle bei alledem spielt der Mensch in seiner von der Medizin noch unerkannten Wesensstruktur. Schon das Altertum kannte einen äußeren und einen inneren Leib. Man wußte, daß letzterer – bei den Griechen »Eidolon« genannt – sich unter bestimmten physiologischen Voraussetzungen zeitweilig aus dem physischen Körper herausbegeben, sich von ihm bis zu einem gewissen Grade trennen kann. »Astralleib« wurde zur gebräuchlichsten Bezeichnung für jenen in uns befindlichen feinstofflichen Organismus, der im Falle von Austrittserlebnissen unser Persönlichkeitsempfinden beherbergt. Wenn er sich dann genügend verdichtet, kann er auch gesehen werden; daher der weltweit verbreitete Geister- und Gespensterglauben. In der Parapsychologie wird hier von Bilokation oder vom Doppelgänger-Phänomen gesprochen, wenn man sich – wie von Klinisch-tot-Gewesenen häufig versichert wird – außerhalb des physischen Leibs sieht und man dennoch einen Körper, der oft als »Lichtkörper« empfunden wird, besitzt.

Schon Carl du Prel sah hierin den Schlüssel zur Lösung des Todesrätsels, indem er argumentierte: Was beim Doppelgänger-Phänomen ohne *Benutzung* des fleischlichen Körpers möglich ist, nämlich daß man außerhalb desselben und ohne Bewußtseinsverlust existieren kann, das muß auch ohne *Besitz* dieses Körpers möglich sein, nämlich nach dem sogenannten Tode, der dann nichts anderes wäre als ein Ablegen und Zurücklassen des irdischen Leibes. Dann wäre logischerweise ein Dauerzustand, was im Erdendasein nur ausnahmsweise erlebt werden kann.

Dies würde der spiritistischen Hypothese entsprechen. Wobei es weniger auf eine allgemeinverbindliche Definition von Geist, Seele und Leib ankommt als vielmehr auf die Einsicht, daß der Mensch offenbar ein Bürger zweier Welten zugleich ist: des für unsere Sinne erfaßbaren Diesseits und des Jenseits, das schon von der Logik unserer Sprache her existieren muß. Das vielumrätselte Jenseits wäre somit lediglich der jenseits unserer Wahrnehmungsfähigkeit liegende andere Teil der Natur. Beide Bereiche wären eigentlich nur eine Sache des Frequenzunterschiedes und könnten somit – räumlich betrachtet – durchaus an ein und demselben Ort gleichzeitig existieren, ohne einander zu behindern. Da nun Jenseitige weiter nichts sind als Menschen ohne physischen Leib, müßten Kommunikationsmöglichkeiten unter bestimmten Voraussetzungen möglich sein.

Ob der Satz von der Erhaltung der Energie in seiner Verlängerung auch für unser Persönlichkeitsbewußtsein gilt, darüber zu spekulieren sei anderen überlassen. Wir halten uns vorerst an erlebbare und somit erfahrbare Tatsachen, wie sie von der Parapsychologie aufgezeigt werden. Ob man die Ergebnisse der modernen Todes- und Jenseitsforschung ablehnt oder für wahrscheinlich hält und daraus weltanschauliche Konsequenzen ziehen mag, muß jedermann selbst anheimgestellt bleiben. Es ist auch wenig empfehlenswert, auf die Anerkennung solcher Forschungsergebnisse durch die offizielle Wissenschaft warten zu wollen. Das kann erfahrungsgemäß sehr lange dauern, weil – um mit Max Planck zu reden – die Gegner neuer Erkenntnisse erst aussterben müssen.[4] Trotzdem besteht Hoffnung, denn auch zur Anerkennung der anfänglich erbittert bekämpften Hypnose brauchte es Jahrzehnte.

Zu den Einwürfen gegen den Spiritismus insgesamt oder im einzelnen sei grundsätzlich betont, daß sie nur bedingt richtig sind. Stets kommt es darauf an, unter welcher Motivation man sich damit beschäftigt. Die katholische Kirche verbot zwar am 24. 4. 1917 (also reichlich spät) die Teilnahme an spiritistischen Sitzungen, aber nicht die Forschung. Aus reiner Neugierde jedenfalls sollte man sich nie mit derlei Experimenten befassen und auch nicht ohne ausreichende theoretische Kenntnisse bzw. einen erfahrenen Leiter.

Zu den hauptsächlichen Einwendungen gegen den Spiritismus wäre folgendes zu sagen:

1. Das biblische *Verbot des Totenbefragens* nach 5. Mose 18,10 ff. bezieht sich eindeutig auf die Nekromantie, vor allem auf *geistig* Tote, nicht auf Verstorbene schlechthin. Das besagt u. a. auch der Ausspruch Jesu (Matth. 8,22): »Laß die (geistig) Toten ihre (leiblich) Toten begraben.« Daß sich Gestorbene gegenseitig beerdigen können, ist wohl auszuschließen. Im biblischen Sinn ist »geistig tot«, wer keinen Gottglauben hat, ob er nun Bewohner des Diesseits oder des Jenseits sein mag. Von Bedeutung aber ist – und das wird meist übersehen –, daß Tote (Verstorbene) befragt werden *können*, also müssen sie irgendwo existieren! Und ebendas sollte Anlaß genug sein für wissenschaftliche Untersuchungen, um mehr Klarheit über Wesen und Sinn der menschlichen Existenz zu erlangen.

2. Das *Zitieren Jenseitiger*, auf welche Art auch immer, ist daher als Nekromantie abzulehnen. Zudem kann es mit beträchtlichen Gefahren verknüpft sein. Anders ist es, wenn ein Kontakt spontan geschieht oder durch Gebet zustande kommt. Im übrigen nutzt Zitieren überhaupt nichts, wenn die andere Seite nicht kann, will oder darf. Aus den erdnächsten Astralregionen drängt man sich jedoch gern an mediale Menschen heran; nur ist das, was von dort kommt, qualitativ der Menschheit ebenbürtig. Deshalb läßt

3. die *Qualität von Jenseitskundgaben* im allgemeinen sehr zu wünschen übrig. Kontakte mit der anderen Welt sind jedoch ein komplexes Geschehen, und es können viele uns unbekannte Faktoren beteiligt sein. Dabei kann die Art der Manifestation (z. B. durch Klopflaute) mitunter gar nichts aussagen über das Wesen des Urhebers, der durchaus kein ehemaliger Mensch zu sein braucht. In den meisten Fällen wird das nötige Energiefeld unzureichend sein, um eine bessere Verständigung zu gewährleisten.

4. Durch den Tod wird man kein anderer. Er verändert in keiner Weise unsere Persönlichkeit, sondern bloß unsere Lebensbedingungen und die Art unserer Wahrnehmung. Es ist daher irrig zu meinen, man könne von Hinübergegangenen viel erfahren. Manche wissen noch nicht einmal, daß sie gestorben sind, weil sie von alledem keine Ahnung hatten und sich nunmehr in einer Art Traumzustand befinden. Wer jedoch schon zuvor um diese Dinge wußte, findet sich rascher zurecht.

5. *Widersprüche und Offenbarungsspiritismus.* Die widersprüchlichen Aussagen auch von unzweifelhaft hoher Warte haben ihren Grund vornehmlich in der unterschiedlichen Erkenntnisstufe der Kommunikatoren. Verzerrungen können auch beim Heruntertransformieren von Informationen aus höheren Seinsbereichen entstehen. Daher gilt grundsätzlich die Weisung 1. Joh. 4,1: »Prüfet die Geister, ob sie von Gott sind«, d. h., ob sie eine christliche Einstellung vertreten, und 1. Thess. 5,21: »Prüfet aber alles, und das Gute behaltet.« Gut kann in diesem Zusammenhang nur das sein, was uns unsere Bestimmung besser erkennen läßt. Nutzen von alledem hat infolgedessen bloß derjenige, von dem man sagen kann, daß er durch seine Beschäftigung mit Spiritismus und Geheimwissenschaften zu einem besseren Menschen wurde.

Beim Phänomen der sogenannten Jesus- oder Vatermedien ist es irrig zu glauben, es sei in jedem Falle Jesus, der sich persönlich manifestiert, oder Mutter Maria oder sonst ein hoher Geist. Zwar kann sich eine Wesenheit wie Jesus sicherlich über tausend Kanäle zugleich manifestieren; zu beurteilen jedoch, ob Mitteilungen wirklich aus höchster Quelle stammen, ist nur anhand des Niveaus des Empfangenen möglich.[5]

Daß Gott selbst sich manifestieren könne, dürfte energetisch eine Unmöglichkeit sein. Uns in tiefer Depotenz Befindlichen würde das Urlicht in direkter Einstrahlung atomisieren. Erst über viele Stufen heruntertransformiert und unserer Aufnahmefähigkeit angepaßt, kann uns höheres Wissen zugänglich gemacht werden.

6. Der Spiritismus kann *keine neue Religion* sein, und es obliegt ihm auch nicht, die alten zu bekämpfen. Er ist aber geeignet, einen besseren Zugang zur Religion zu ermöglichen. »Ihr seid nicht gesandt worden, die Kirchen zu zerstören« (wie jene linkspfadige Meister-Hierarchie), »sondern sie zu erfüllen im Geiste der Wahrheit durch Glaube und Liebe«, heißt es in einer Jesus-Kundgabe. Friedrich Funcke hat gewiß recht, wenn er schreibt: »Wer sich in seinem Glauben wohl fühlt und die Bedürfnisse von Vernunft und Gemüt durch ihn befriedigt sieht, wer sich nicht nach höherer Erkenntnis sehnt, der bleibe bei seinem Glauben, er ist für ihn der richtige, und es ist kein Grund vorhanden, sich von ihm abzuwenden. Wenn er die von Christus gegebene Lehre tatkräftigst befolgt, wird er dereinst an den ihm gebührenden Ort kommen, und es macht wenig aus, ob er an Geister geglaubt hat oder nicht.«[6]

7. Die *Identifizierung Jenseitiger* gehört zu den schwierigsten Problemen des Jenseitsverkehrs. In Anbetracht der geringen Kontrollmöglichkeiten (geeignete Hellsehmedien sind rar) ist der jeweilige Identitätsnachweis nur

selten und bestenfalls privatim für die Bezugspersonen überzeugend zu erbringen. Überdies müssen es nicht in jedem Falle Verstorbene, d. h. ehemalige Erdenmenschen sein, die sich bei Kontakten manifestieren. Als Kommunikationspartner können auch Naturgeister oder Wesenheiten dämonischer Art auftreten. Bei alledem schützt Unkenntnis gewisser Gesetzmäßigkeiten nicht vor »Strafe« in Form der Folgen falschen Verhaltens. Wenn große Namen genannt werden oder der erhoffte (gestorbene) Verwandte oder Freund sogleich zur Stelle ist, sei man auf der Hut. In 99 von 100 Fällen sind Täuscher am Werk.

8. *Auch Lebende können sich manifestieren.* Da unser Ich nicht in jedem Falle vom physischen Organismus abhängig ist, kommt es vor, daß ein noch auf Erden Lebender sich in einer spiritistischen Sitzung manifestiert. Zu der Zeit wird sich der Betreffende im Schlaf oder in einem außergewöhnlichen psychischen Zustand befinden, z. B. Übermüdung oder Erschöpfung. Gelegentlich einer Materialisationssitzung in Ofen (Stadtteil von Budapest) war unwissentlich ein Lebender zitiert, und dessen Tod ist durch falsches Verhalten eines Sitzungsteilnehmers herbeigeführt worden.[7]

9. Die *Gefahren* spiritistischer Betätigung sind, obwohl sie oft überbetont werden, keineswegs zu unterschätzen. Vor allem die des Belogenwerdens ist groß. Wer nicht reinen Herzens an derlei Dinge herangeht, der lasse lieber die Finger davon. Wie bei der magischen Praxis können auch hier psychische Störungen und sehr unangenehme Belästigungen die Folge des Verlassens gottbestimmter Gesetze sein. Man lasse auch nie das Anziehungsgesetz des Ähnlichen außer Betracht: Wir empfangen überwiegend das, was uns »zusteht«, was unserem eigenen innersten Wesen entspricht. Und da bei Kontakten naturgemäß zuerst die erdnächsten Astralzonen angezapft werden, ist von dort

kaum etwas Erbauliches zu erwarten. Als Folge unsachgemäßen Verhaltens kann es zu Spukerscheinungen kommen, zu lästigem Stimmenhören und schlimmstenfalls zur Besessenheit. Vor jedweder Übertreibung ist daher dringend abzuraten.

10. *Schwindelmedien, Betrüger* und *Geschäftemacher*, auch auf diesem Gebiet, berühren nicht das Wesen der Sache. Es ist deshalb töricht, die Verdienste des Spiritismus zu ignorieren oder einfach abzutun mit dem Hinweis auf »Schemen und Astrallarven« oder »Ergebnisse der dramatisierten Spaltung der Gruppenseele« und wie ähnlich ausgeklügelter Unsinn sonst noch genannt werden mag.

11. *Gegen den dialektischen Materialismus* liefert der Spiritismus und im Verein mit ihm der christliche Spiritualismus die schärfsten Waffen. Die Kirchen hingegen erweisen sich als ohnmächtig. Er ist zwar nicht die letzte Wahrheit, aber ein bedeutender Schritt zur Erkenntnis dessen, was man sich unter Wahrheit vorzustellen pflegt. Der experimentell und erfahrungsgemäß untermauerte Spiritualismus als Weltanschauung unterscheidet sich schon in seiner Grundforderung diametral vom ideologischen Materialismus: Weltverbesserung nicht durch gewaltsamen Umsturz mit Blut und Tränen, sondern Selbstverbesserung des einzelnen. Je mehr Menschen das einsehen, um so gerechter und angenehmer muß logischerweise das Gemeinschaftsleben werden. Hier ist sogar die simpelste spiritistische Offenbarungsschrift dem durchfeiltesten sozialistischen System, das an Neid-, Mißgunst- und Haßgefühle appelliert und ohne Unterdrückkung Andersdenkender gar nicht vorstellbar ist, ethisch himmelhoch überlegen. Nirgends in der von mir studierten umfangreichen spiritistischen Literatur fand ich auch nur eine Spur von Haßgedanken; hingegen stets die Grundtendenz zu vernünftigem Denken und Handeln im

Sinne der Bergpredigt. Darüber hinaus ist keine andere Denkrichtung so wie der Spiritismus geeignet, die ausgerechnet in der Christenheit so extreme Angst vor dem Sterbenmüssen zu beseitigen. Als spiritualistische Lebensphilosophie läßt er zudem die Härten des Daseins leichter ertragen und würde sowohl Selbstmordzahlen als auch Kriminalität drastisch senken, wenn diesbezügliche Kenntnisse Allgemeingut würden.

12. Ein recht verstandener Spiritualismus – der freilich auf die »Hypothese Schöpfergott« nicht verzichten kann – vermittelt ein für unsere derzeit allgemeine Entwicklungsstufe angemessenes *Verständnis für die göttliche Weltordnung,* für den gesetzlichen Ablauf allen Geschehens im Kleinen wie im Großen, für unsere vorgeburtliche und den Leibestod überdauernde Existenz, über Sinn, Zweck und Ziel unseres Daseins sowie über die kausalitätsbedingte Selbstverantwortlichkeit des Menschen für sein Denken und Verhalten. Damit ist der Spiritualismus – im Gegensatz zum Materialismus – in der Lage, ethische Verhaltensregeln glaubwürdig zu begründen und ohne Vermassungstendenzen ein tragfähiges Fundament zu gestalten für ein friedvolles Miteinander aller Menschen guten Willens. Ob man sich dabei zum Christentum bekennt oder zu einer anderen oder gar keiner Religion, dürfte für die Allgemeinheit von minderer Bedeutung sein, wenn nur Liebe und gegenseitige Achtung dominieren.

Wenn der Materialismus im Vorstehenden schlecht wegkommt, so möchte ich auch hier eventuellen Mißverständnissen vorbeugen und auf keinen Fall den Eindruck erwekken, als seien Materialisten samt und sonders primitiv und weniger achtbar als Gottgläubige. Mitnichten! Denn erstens finden sich überall sämtliche Schattierungen menschlicher Existenz, weil Charakter und Weltanschauung zwei grundverschiedene Dinge sind (wiewohl ersterer durch letztere geformt werden kann). Zweitens haben wir der wissenschaftlichen Methodik des Materialismus unseren technischen und wirtschaftlichen Aufschwung sowie allerlei Bequemlichkeiten und noch vieles andere zu verdanken (daß dies auf Kosten unserer Lebensgrundlagen geschah, weil man rücksichtslos und von falschen Voraussetzungen ausging, steht auf einem anderen Blatt). Und drittens stellt der Materialismus im Grunde genommen auch nichts anderes dar als einen *Glauben* im Sinne von Fürwahrhalten, eine Religion, jedoch ohne Gottbezogenheit. Denn ob man nun glaubt, alles sei von selbst entstanden oder alles wurde geschaffen, läuft doch in letzter Konsequenz auf dieselbe Unbegreiflichkeit hinaus und damit auf die Kapitulation menschlichen Verstandesdenkens![8]

Wir müssen zugeben, daß ein Dasein Gottes nach exakt wissenschaftlicher Methode ebensowenig beweisbar ist wie der materialistische Glaubenssatz, wonach Geist sich aus Materie entwickelt habe. Verstandesmenschen können die Existenz einer allem übergeordneten, unvorstellbar intelligenten Macht bestenfalls *erahnen*; aber kausales Denken führt uns da in eine Sackgasse, weil dann ja auch Gott eine Ursache haben müßte, die ihrerseits wieder von einer anderen Ursache herrührt – usw. Zuletzt bleibt nur entweder Resignation oder Glaube, was Emanuel Geibel (1815–1884) treffend mit den folgenden Worten beschrieb:

> Studiere nur und raste nie, du kommst nicht weit mit deinen Schlüssen;
> das ist das Ende der Philosophie, zu wissen, daß wir glauben müssen.

Ein kindlich-einfaches Gottvertrauen, ohne Wenn und Aber, erwies sich in den Stürmen des Lebens noch stets am tragfähigsten und hat so manchen vor dem Verzweifeln bewahrt.

In hoffnungsloser Gefangenschaft z. B. konnte man das anschaulich beobachten. Doch auch im Jenseits, so wird uns von dort versichert, sei der religiöse Mensch im Vorteil, denn dort gestalte sich dies zu einem inneren Licht ...

Was jedoch die Religionsgemeinschaften ganz allgemein angeht, so stehen diejenigen in der Gefahr des zeitlichen Überrolltwerdens, die sich weiterführenden Kenntnissen und Erkenntnissen – und damit dem Strom des Lebens – beharrlich verschließen. Möge ihnen die Geschichte untergegangener Religionen eine Warnung sein, die sich zu ihrer Zeit auch als die allein richtigen dünkten.

Nach der kommenden großen Wende soll ja auch die Religion »ausgeputzt und gereinigt« werden, wie es in einer ernstzunehmenden Prophezeiung heißt.[9] Leo Tolstoi (1828–1910) schrieb kurz vor seinem Tode, es werde eine Zeit kommen, wo die Welt kein Bedürfnis mehr haben werde für Armeen, scheinheilige Religionen und »entartete« Kunst.

Anmerkungen
»Spiritismus und Spiritualismus«

1 Vgl. Emil Matthiesen, »Das persönliche Überleben des Todes. Eine Darstellung der Erfahrungsbeweise«, 3 Bde., Berlin 1936–1939 (nach dem Krieg in Neuauflage). Dieses in seiner Art unerreichte Grundlagenwerk wurde noch nie widerlegt. Ferner: R. Passian, »Abschied ohne Wiederkehr? – Tod und Jenseits in parapsychologischer Sicht. Erlebtes, Erfahrenes, Erforschtes«. Mit einem Vorwort des 1989 gestorbenen Vaters der Weltraumfahrt, Prof. Hermann Oberth (Buschhoven, 4. Aufl. 1984). Das Buch ist mehr volkstümlich geschrieben. Nach dem Lesen dieser Bücher dürfte man zumindest nachdenklich werden.

2 Schon 1872 begann der Verlag Oswald Mutze mit der Herausgabe einer »Spiritistisch-rationalistischen Zeitschrift« von Prof. Julius Meurer und Dr. Josef Chavanne. Ab 1874 folgte die Fachzeitschrift

»Psychische Studien« (1926 umbenannt in »Zeitschrift für Parapsychologie«), die als beste ihrer Art bis 1934 erschien. Ferner erwarb sich der Verlag große Verdienste um die Herausgabe der »Bibliothek des Spiritualismus in Deutschland«, mit Übersetzungen und Originalwerken bedeutender Autoren. Nach dem Englandflug von Rudolf Heß am 10.5.1941 wurde alles beschlagnahmt und der Verleger inhaftiert. – Ein hervorragendes Fachorgan war auch das bei Max Altmann in Leipzig (von 1907 bis 1933) verlegte »Zentralblatt für Okkultismus«.

3 Es mutet merkwürdig an, daß nicht nur in der New-Age-Literatur, sondern auch in den Massenmedien zwar ausgiebig die NS-Verbrechen angeprangert, jedoch die kommunistischerseits an Christen verübten Abscheulichkeiten weitgehend ignoriert werden. Warum eigentlich?

Als Vorsitzender der Vereinigung »Kirche in Not« schrieb der vormalige Präsident der deutschen Bundesanstalt für Arbeit, Josef Stingl, im November 1985: »Vor einigen Wochen wurde ein Priester mit sechs seiner Mitbrüder nach 25jähriger Haft aus dem Gefängnis eines Ostblocklandes entlassen. Durch unmenschliche Haftbedingungen und Folter sind sie gesundheitlich schwer geschädigt. Sie leben jetzt in einer unvorstellbaren Not. Für das tägliche Brot und den Unterhalt sowie für Medikamente sind sie auf unsere Hilfe angewiesen.« Und: »Warum schweigen die Medien, wenn das geistige Leben von Millionen Menschen, namentlich in den Ostblockstaaten, bedroht, geknebelt und bekämpft wird, wenn die geistige Not Entbehrung, Arbeitslosigkeit und Hunger nach sich zieht? – Das große Heer der Christen in Not wartet und hofft!«

Ja, warum wohl schweigen die Medien? Und vor allem die Kirchen? Hat hier jemals ein Weltkirchenrat interveniert wie in der Schweiz, als Tamilen in ihre Heimat zurückgeschafft werden sollten? Warum, um Gottes willen, verweigert man leidenden und verfolgten Christen und ihren Familien jedweden Trost und auch materielle Hilfe?

Einer aus dem Heer von Glaubensverfolgten ist der aus Rumänien stammende protestantische Pfarrer Richard Wurmbrand. Als Sohn jüdischer Eltern wandte er sich in jungen Jahren dem Kommunismus zu und wurde dann überzeugter Christ. Sein Bekenntnis brachte ihm vierzehn Jahre Haft in kommunistischen Gefängnissen ein, bis er im Zuge modernen Menschenhandels freigekauft werden konnte. Erschütternd ist sein Buch »Gefoltert für Christus« (Stephanus-Verlag, Uhldingen). Er sagt, in seinen Büchern habe er die massivsten

Verbrechen verschwiegen, weil sich sonst kein Verleger gefunden hätte! »Noch verhältnismäßig harmlos« nennt er es, wenn Bewachungssoldaten in die Münder der vor ihnen knienden Christen urinierten!

Pfarrer Wurmbrand wurde für DM 40 000,– von Rumänien freigekauft, begab sich in die USA und baute dort ein Hilfswerk für verfolgte Christen auf. Dafür wurde er von kirchlichen Dachverbänden sowie vom Lutherischen Weltbund und dem Weltkirchenrat massiv kritisiert! Keinen Pfennig gaben sie für sein Hilfswerk, aber riesige Summen an die SWAPO und andere gewalttätige Organisationen. Von 1970 bis einschließlich 1989 zahlte der Weltkirchenrat 8 716 000 Dollar ohne Kontrolle über die Verwendung.

In bezug auf führende Kirchenkreise in der Bundesrepublik erklärte Wurmbrand: »Obwohl man durch die brutale Teilung des eigenen Landes eigentlich hätte wissen müssen, wozu der Kommunismus fähig ist, hat man vor allem in den evangelischen Landes- und Freikirchen einfach nicht wahrhaben wollen, was jetzt vor aller Welt offenbar wurde: daß die bewußten Christen unter dem Kommunismus teilweise entsetzlich zu leiden hatten. Dazu ein Beispiel: 1966 lud mich der amerikanische Senat ein, über die Situation in meiner Heimat zu berichten. Ich schloß mein Zeugnis damit, daß ich die Folternarben auf meinem Körper ... zeigte. Die Evangelische Kirche in Deutschland (EKD) meinte dann in Stellungnahmen, das wären Narben von einer Lungenentzündung. Ich werde diese Infamie nie vergessen! Jeder Arzt kann bestätigen, daß eine Lungenentzündung nie solche Narben hinterläßt. Ein anderes Beispiel: Mitte der sechziger Jahre besuchte der damalige Präsident des kirchlichen Außenamtes der EKD eine Pfarrerkonferenz in Rumänien. Alle Pfarrer hatten Schreckliches hinter sich. Doch der deutsche Kirchenmann wollte es offensichtlich nicht wahrhaben. In das Schweigen der Anwesenden hinein erzählte er Witze, um die Situation aufzulockern. Merkte er gar nicht, daß keiner lachte?« (Aus »Stimme der Märtyrer« Nr. 3/1990, 7.) Auf die Frage, ob er sich einmal um ein Gespräch mit dem jetzigen Generalsekretär des Weltkirchenrates, Emilio Castro, bemüht habe, erwidert Wurmbrand: »Ja, ich habe mit Castro gesprochen. Aber er war nicht interessiert an meinem Bericht über Rumänien. – Seine Vorgänger hatte ich um Hilfe aus dem Sonderfonds des Antirassismusprogramms gebeten, aus dem auch die gewaltanwendenden kommunistischen Gruppen wie SWAPO und ANC unterstützt werden. Ich bat um Geld, um den Angehörigen von inhaftierten Christen helfen zu können ... Doch man lehnte ab. Inhaftierte Christen im Kommunismus gab es für sie nicht.« Mit Verlaub: Es könnte einem speiübel werden, wenn man die Verlogenheit selbst in kirchlichen Spitzenkreisen zur Kenntnis nehmen muß! Doch wolle man mich auch hier nicht mißverstehen, denn jeglicher Haß liegt mir fern. Wer nämlich wirklich gelitten hat, der verlernt das Hassen. Denjenigen, die mich wegen nichts und wieder nichts zu 25 Jahren Zuchthaus verurteilten, die mir mit zahllosen anderen eine Hölle auf Erden bereiteten, die mich um Gesundheit und die besten Lebensjahre brachten, habe ich längst vergeben und würde ihnen Hilfe nicht verweigern, wenn sie in Bedrängnis kämen. Aber niemand kann von mir verlangen, ein System zu bewundern, das aus Menschen Bestien macht. Haß, Lüge und Gottlosigkeit sind die Hauptverursacher namenlosen Elends in der Welt. Der Marxismus, so viele seiner sozialpolitischen Forderungen auch berechtigt gewesen sein mögen, wurde zu einer Ideologie des Hasses und der Intoleranz. Nur zwei Beispiele: »Die Erziehung zum Haß ist notwendig. Haß ist in unserer Zeit als politisch-moralisches Gefühl ein ebenso hoher sittlich positiver Wert wie die Liebe«, lautet eine Aussage in der DDR-Zeitschrift »Pädagogik«! – Die in Halle/Saale erscheinende SED-Zeitung »Freiheit« brachte am 6. 11. 1959 folgendes Gedicht:

Haß! – Schreit doch den Haß in jede Wohnung,
    lernt doch zu hassen ohne Schonung!
Haß! – Tragt ihn hinein in die stillen Gassen,
    lernt auch die Blumen heiß zu hassen!
Haß! – Allerorts und zu jeder Stunde,
    Haß auch in trauter Kaffeerunde!
Haß! – Sei jetzt mein Freund, sei mein Gefährte,
    führe die Hand an meinem Schwerte!
Haß! – Kehre in meine Feder nieder,
    werde das Lied jetzt aller Lieder!
Haß! – Und keine Liebe? Keine Liebe!
    Haß nur übt Vergeltung. Übe!

Warum dieser abgrundtiefe Haß? Und was soll denn eigentlich vergolten werden? – Aber der Westen schweigt. Er schwieg zu den »sozialistischen« Konzentrations- und Zwangsarbeitslagern mit ihren Millionen Toten ebenso wie zur Erziehung zum Haß schon im Kindergarten und zum vormilitärischen Drill von Kindern ...

Etwas Derartiges wird man im vielgeschmähten Spiritismus vergeblich suchen. Als Gegenstück zum vorstehenden zwei medial empfangene Gedichte:

Ein guter Mensch wird nie in Haß verbittern,
mag er nun Undank oder Leid erleben;
er wird trotzdem für seinen Nächsten zittern
und liebevoll dem Feinde selbst vergeben.

Die eigne Not wird minder schwer empfinden
wer edles Mitgefühl bewahrt im Herzen;
ein starker Geist wird Sorgen überwinden
und lindernd stillen noch der andern Schmerzen.

Und vom jenseitigen Dichter Ephides, der sich über das Medium Hella Zahrada zu manifestieren pflegte:

Ihr würdet nicht so leichthin Böses denken,
erschauet ihr des Bösen Angesicht.
Ihr würdet euer Haupt betroffen senken
und schweigend ihm ein stummes Mitleid schenken,
das ferne ist von Rache und Gericht!

Ich sah des Bösen Augen einst im Spiegel.
Sein Antlitz, es war mein und es war dein
und trug noch auf der Stirne Gottes Siegel.
Es schlief, ich rief und löste so den Riegel
und ließ das Böse ins Bewußtsein ein.

Auch Luzifer ist einstens rein gewesen.
Verzweiflung ist des Bösen tiefster Grund.
Das Böse dürft ihr hassen, nicht *den* Bösen.
Ihn hassen bindet, Liebe nur kann lösen;
ein Wort der Güte spreche euer Mund.

(Aus »Ephides, ein Dichter des Transzendenten«, Hemsbach 1984. Die sehr wertvollen Ephides-Gedichte erschienen in verschiedenen Verlagen.)

4 In seinem Vortrag »Ursprung und Auswirkung wissenschaftlicher
   Ideen«, veröffentlich in der »Zeitschrift des Vereins Deutscher
   Ingenieure«, Jg. 1933, 780.

5 Emanuel war gefragt worden, ob es denn wirklich Jesus selber sei,
   der sich im »Verein geistiger Forscher« in Budapest über Trancemedien
   kundgibt, deren Gesichter bei solchen Anlässen »erglänzten«,
   ja was überhaupt von dem eigentümlichen Phänomen der »Vatermedien«
   zu halten sei, über die angeblich »Jesus-Vater« spricht. –
   Aus Emanuels Antwort: »Es ist ja nicht notwendig, daß er selbst
   stets persönlich nahe sei, und dies ist nur selten der Fall ... Wer von
   seinen Dienern dann das Wort ausspricht, das er gesprochen haben
   will, ist Nebensache; es ist doch der Meister, der gesprochen (hat).
   Ihr sagt ja doch auch, das Gebäude wurde von jenem Bauherrn
   erbaut, wenn er auch nicht einen Stein mit eigener Hand niedergelegt
   hat. Ihr könnt doch nicht sagen, der Maurer habe das Haus gebaut?«
   – Und weiter: »Bedenket das Wort ›Ewigkeit‹, und bedenket die
   Langmut Gottes, die alles auswirken und ausklingen läßt, die keinen
   Ton unterbricht, sondern ihn verhallen läßt« (Bernhard Forsboom,
   »Das Buch Emanuel«, München o. J., S. 215 ff.).

6 Friedrich Funcke, »Christentum als Weltanschauung und Lebenskunst«, Lorch 1929, S. 310.

7 ZfS 1930, 183.

8 Prof. Hermann Oberth: »Der Materialismus ist ein bloßer Glaube
   und ist entstanden durch die Reaktion intelligenter, aufrechter
   Menschen gegen Volksverdummung, Unduldsamkeit und Heuchelei;
   und schuld daran, daß er gekommen ist, waren die Kirchen!«
   (»Katechismus der Uraniden«, Wiesbaden 1966, S. 59.) – Dr. Max
   Kemmerich: »Das, was ›Philosophen‹ und ›Naturforscher‹ an die
   Stelle der Religion setzten, ist gleichfalls Religion, nur daß sie an
   den Glauben ihrer Anhänger weit größere Anforderungen stellen als
   irgendeine Religionsgemeinschaft« (»Das Weltbild des Mystikers«,
   Leipzig 1926, S. 212 ff.).

9 Beitrag von F. Renner in »Neue Wissenschaft« Nr. 11/12–1955,
   371. – »Wir sagen nicht, was später kommt, denn das wissen wir
   nicht«, erklärte ein Jenseitiger dem anglikanischen Geistlichen
   Stainton Moses (1839–1892) gegenüber. »Aber für jetzt sagen wir,
   daß euer und unser Leben regiert wird von Gesetzen, welche ihr
   finden könnt. Gesetzen, welche – wenn ihr ihnen gehorcht – euch
   zu Glück und Frieden führen, so sicher, als sie euch ins Unglück
   stürzen, wenn ihr sie absichtlich verletzt.«

Und bei anderer Gelegenheit: »Es ist unsere Aufgabe, für das Christentum das zu tun, was Jesus für das Judentum getan hat. Wir wollen die alten Formen wegnehmen, ihren Sinn vergeistigen und sie neu beleben. Wir wollen kein Jota aus der Lehre entfernen, welche Jesus der Welt gab. Wir wollen aufräumen mit den menschlichen, materiellen Ansichten und ihnen den verborgenen geistigen Sinn zeigen, den sie verloren haben. Wir wollen euch mehr und mehr von der Herrschaft des Körpers befreien (helfen) und euch zu einem *geistigen* Leben führen, das euch für den entkörperten Zustand geeigneter macht.«

Und des weiteren: »Es ist nicht möglich, den ganzen Schrecken der Verzweiflung und des Elends zu schildern, den ein verfehltes Leben zur Folge hat. Es gibt kein spezielles Gericht ... an einem weit entfernten Tag, in welchem der Sünder zur ewigen Höllenstrafe verdammt wird. Es gibt keine Hölle, aber die Flamme der Reue frißt sich in die Seele und reinigt sie wie durch Feuer. Und dies geschieht ... sofort nach dem Tode, sobald das Bewußtsein erwacht« (ZfS 1929, 178, 186).

Esoterik und Neues Zeitalter

Wenn von New Age die Rede ist, vom neuen alias Wassermannzeitalter, so darf man sich darunter keine einheitliche Weltanschauung vorstellen. Die gibt es nicht. Es handelt sich vielmehr um ein buntes Sammelsurium unterschiedlichster Geistesrichtungen, doch sind fast alle mehr oder weniger auf eine ideologische und gesellschaftliche Neuorientierung ausgelegt. Dabei spannt sich der zum New-Age-Symbol gewordene Regenbogen von der extremsten Alternativszene bis zu Denkmodellen wissenschaftlicher, philosophischer und sozialpolitischer Art.

Auf diesem Boden wuchs eine bedeutende Bewegung heran, die in Form Tausender Gruppen und Organisationen sehr wohl – von unten her – eine gründliche Veränderung bisheriger Gesellschaftssysteme herbeizuführen imstande sein könnte. In auffallendem Maße kommt hierbei das Gedankengut aus dem Schrifttum von Helena Petrowna Blavatsky und Alice Ann Bailey zum Tragen. Ob sich allerdings die anderen Rassen abermals einem Diktat der Weißen unterwerfen werden, ist mehr als unwahrscheinlich.

Interessant ist, was der Zürcher Religionswissenschaftler Dr. jur. Robert Kehl an der New-Age-Ideologie neu und hervorhebenswert findet. Aus seinen »Gedanken zum neuen Zeitalter« nachstehend die wesentlichsten Punkte in ergänzter Zusammenfassung:[1]

1. Der *Rationalismus* mit seinem einseitigen Verstandesdenken wird nicht mehr alleinbestimmend sein. Verstand ist entseelte Vernunft. Als Reaktion auf den seelenlosen Wirtschaftswachstums- und technologischen Machbar-

keitsglauben breitet sich ein neuartiger Irrationalismus aus. Kein Wunder, denn das Leben selber ist ja irrationaler Natur und wissenschaftlich ebenso unerklärbar wie das Wesen des menschlichen Geistes. Während beispielsweise die Bibel theologischerseits entmythologisiert und damit eines wesentlichen Teiles ihrer Aussagekraft beraubt wurde, bieten manche Richtungen der New-Age-Szene neue Zugänge zu ihrem Verständnis und erweitern sogar ihr Weltbild.[2]

2. Der *Materialismus* scheint durch spirituelle Auffassungen zurückgedrängt zu werden. Materie wird definiert als verdichtete Energie, wobei alles beseelt gedacht wird und einer naturgesetzlich allmählichen Umformung und Höherentwicklung unterworfen.

3. Des weiteren führt Dr. Kehl den *Holismus* an, »d. h. das Prinzip, daß alle Wesen und Dinge im ganzen Kosmos wie ein riesiges Uhrwerk eine Einheit, ein Ganzes bilden, zusammengehören, voneinander abhängig, miteinander in feinster, ja subtilster Art vernetzt sind. Es ist ein großes Miteinander, ein Zueinander-hingeordnet-Sein, was nach der Vernunft des Ganzen auch ein Füreinander sein muß.« Und: »An die Stelle des Dualismus tritt im New Age neben dem Holismus und als Ergänzung desselben das Prinzip von Yin und Yang, das auf den ersten Blick funktionell eine gewisse Ähnlichkeit mit dem Dualismus aufweist, aber von ihm radikal verschieden ist.« Damit liefert New-Age-Denken die ideologische Grundlage für den Umweltschutz und bewirkt eine höchst wünschenswerte Hinwendung zur Natur in Erkenntnis einer schicksalsverbundenen Gemeinschaft mit ihr, mit der Mutter Erde und letztlich dem ganzen Kosmos. »Für religiös denkende New Ager ... verdichtet sich diese Haltung zu einer ausgesprochenen Naturmystik und Naturreligion.«

4. In der als möglich erkennbar gewordenen *Persönlich-*

keitsentfaltung durch *Bewußtseinserweiterung* sieht Dr. Kehl einen besonders markanten Vorzug des New-Age-Denkens. Zwar habe auch die Industriegesellschaft einen neuen Menschentypus hervorgebracht, aber der sei als rücksichtsloser, arroganter und genußsüchtiger Ellenbogenmensch außerstande, eine friedvolle Welt zu schaffen. New Age hingegen erstrebe den ethisch weit höher stehenden Menschen. Hierzu würden vielerlei Methoden und Wege als praktische Hilfen angeboten. Das erreichbare Spektrum umfaßt u. a.:

a) ökologisches Bewußtwerden im Zusammenhang mit globalem und kosmischem Bewußtsein (»Handle lokal, denke global!«);

b) ein neues Selbstverständnis der Frau, die sich ursprünglicher Funktionen wieder mehr bewußt werden soll (was oft mißverstandenermaßen zu einem Abklatsch des Mannes führt);

c) das Bewußtwerden des Höheren Selbst, der jedem Menschen innewohnenden Göttlichkeit. – Dem wäre noch hinzuzufügen:

d) das Bewußtsein der Unvernichtbarkeit unseres Ichs und daß die menschliche Existenz mit diesem Erdenleben weder begonnen hat noch enden wird.

5. Der Hinweis auf Erschließung bislang wenig bekannt gewesener Hilfsquellen zur besseren und *bewußten Lebensgestaltung* wie positives Denken, Meditation, Yogaübungen, das Arbeiten mit Kabbala und Tarot, die Entwicklung und Anwendung paranormaler Fähigkeiten wie Hellsehen, Pendel-, Wünschelrutengehen etc., die freilich allesamt nichts Neues sind, aber nie so breitflächig propagiert wurden wie heutigentags. Daß alles profaniert und kommerzialisiert werden kann und auch wird, ist ganz normal und liegt in der menschlichen Natur begründet.[3]

6. Der Versuch einer *Spritualisierung exakter Wissenschaf-*

ten. Bei der Physik dürfte dies zuerst gelingen, ja sich sogar als unumgänglich erweisen, nachdem man bei der Erforschung der Materie deren Grenzen bereits überschritten hat.

Die bisher genannten Punkte, im Sinne unserer menschlichen Bestimmung aufgefaßt, könnten im großen ganzen als Lichtseiten der Esoterik empfunden werden. New Age bewirkt allerdings auch Einbrüche in herkömmlich religiöses Denken, vor denen kirchlicherseits da und dort bereits gewarnt wird. Dabei reichen die Beurteilungen vom »anderen Evangelium« über »Pseudoreligion« bis hin zum »Anti-Christentum«. Begründet wird mit einer Reihe von Vorwürfen, wovon hier die bedeutsamsten wiedergegeben und kurz kommentiert seien:

1. Gott als unpersönlicher Weltgeist, als neutraler Energiefluß, wird zu einer überall verfügbaren und beliebig manipulierbaren Kraft degradiert. Während für den traditionell Gottgläubigen ein ansprechbares Du vorhanden ist, bleibt in der New-Age-Religion bloß das vergötterte Ich übrig. In Krisensituationen des Lebens dürfte dies ein kläglicher Trost sein.
   Kommentar: Diesen Vorwurf halte ich für berechtigt. Die von der Theosophie übernommene These »Gott ist in dir, du selbst bist Gott, außerhalb deiner gibt es keinen« stellt ein absolutes Entweder-Oder dar; ein Sowohl-Als-auch scheint mir wirklichkeitsnäher zu sein. Besagte These dürfte sich nämlich spätestens dann als hohle Phrase erweisen, wenn man von tiefstem Seelenschmerz heimgesucht wird, wie etwa beim Tode eines geliebten Menschen. Ob dann das Bewußtsein der Selbstgöttlichkeit ausreichend zu trösten vermag? Vielleicht beim Vorliegen hoffnungsloser Gefühlsarmut; doch kann solches wohl

nicht Ziel eines höheren Menschentums im neuen Zeitalter sein.[4]

2. New-Age-Denken mündet in eine weltweite Einheitsreligion, in welcher neben Luzifer auch einer »Hierarchie Aufgestiegener Meister« sowie heidnischen Gottheiten und Naturwesen Verehrung gezollt wird. Das jüdisch-christliche Gottesbild verfällt wegen seiner patriarchalischen Struktur der Ablehnung.

3. Die Bibel wird einerseits anderen heiligen Schriften gleichgestellt und geht damit ihrer Einmaligkeit verlustig, andererseits wird sie von christlichen Esoterikern als unzulänglich betrachtet. Man wendet sich sogenannten Neuoffenbarungen zu in der Meinung, göttliches Geistwirken habe niemals aufgehört.

4. Von christlich-esoterischen Gruppierungen abgesehen, gilt Jesus nicht mehr als Erlöser und Weltheiland. Luzifer und die Meister-Hierarchie treten an seine Stelle. Der als Weltlehrer des Wassermannzeitalters propagierte »Maitreya Christus« hat absolut nichts mit dem Jesus der Evangelien zu tun.[5]

5. Christlicher Erlösungsglaube weicht im New-Age-Denken der esoterischen Vorstellung von Karma und Wiedergeburt. Begriffe wie Gnade, Endgericht, Lohn und Strafe scheiden aus. »Erlösung durch Erkenntnis« lautet die Parole. Der Mensch hat sich selbst zu erlösen, indem er Erkenntnis und Wissen zu erlangen sucht, negatives Karma abträgt und kein solches mehr zu schaffen sich bemüht.

Kommentar: Niemandem gelingt ein fehlerloses Erdendasein. Ob man mit Weltflucht, Askese und Wunschabtötung Karma abzutragen vermag, ist füglich zu bezweifeln. Auch esoterisch dürfte es eine Unmöglichkeit bleiben, sich am eigenen Zopf aus dem Sumpf zu ziehen. Auch nicht auf dem Sisyphos-Wege zahlloser Inkarnationen.

6. Die Erbsündenlehre wird verworfen und ersetzt durch die Theorie der karmischen Belastung aus früheren Erdenleben. Der Mensch ist kein gnadenbedürftiger Sünder, sondern anlagemäßig göttlich. Selbstverwirklichung artet in Selbstvergottung aus.

7. Statt der Schöpfungslehre gilt die Evolutionstheorie.

Kommentar: Das muß kein Widerspruch sein, beides läßt sich miteinander vereinbaren.

8. An die Stelle des gottvertrauenden Gebets tritt positives Denken.

Kommentar: Gedanken sind nun mal reale Energieformen, wie parapsychologische Experimente zweifelsfrei bestätigen. Es ist deshalb vom Kausalitätsprinzip her keineswegs gleichgültig, von welcher Qualität unsere Gedanken sind. Zwar kann auch diese Lehre pervertiert werden, doch wer da meint, positives Denken erübrige das Gebet, befindet sich im Irrtum. Der übliche Einwurf, die wenigsten Gebete fänden Erhörung, entbehrt insofern der Stichhaltigkeit, als auch praktiziertes Positivdenken oft erfolglos bleibt. In beiden Fällen wäre es angebracht, über das Warum des Mißerfolges nachzudenken. Meiner Meinung nach sollte man das eine tun, nämlich keine negativen Gedanken produzieren, und das andere, das vertrauensvolle Gebet, nicht lassen.

9. Jedweder Dualismus wird abgelehnt, es gibt nur Polarität. Gut und Böse, Licht und Finsternis sind keine Gegensätze mehr, sondern zwei naturnotwendige Prinzipien, Plus- und Minuspol, wie es das Mandala des Yin und Yang versinnbildlicht.

Kommentar: Hier besteht die Gefahr einer Grenzverwischung zwischen Gut und Böse, die auf der irdischen Ebene nun mal beieinander sind. Im Jenseits nicht mehr, dort wirken andere Gesetze, und jeder gravitiert zu seinesgleichen. Allein schon diese in der Todes- und Jenseitsfor-

schung vielfach vorgefundene Angabe läßt die außerordentliche Bedeutung unseres Erdenlebens ermessen.

Es ist unrealistisch, so zu tun, als gäbe es Gut und Böse
im Grunde genommen gar nicht. Das mag auf höchster
Ebene der Fall sein, aber noch sind wir hinieden. Gern
wird auch gesagt, das Böse sei der notwendige Schatten,
damit wir das Licht schätzenlernen; er sei dem Licht
gleichwertig. Allein, wie kann man nur den Primat des
Lichtes so gründlich verkennen? Der Schatten verdankt
doch ihm seine Existenz und nicht umgekehrt! Ausgerechnet ein hoher tibetanischer Lama, der gewiß kein Techni-
kum besucht hatte, erklärte Dr. Th. Faucheur gegenüber:
»Alles *Gute* ist zentripetal (zum Mittelpunkt strebend), es
führt zu Gott, dem Zentrum hin. Alles *Böse* ist zentrifugal
(vom Mittelpunkt wegstrebend) und führt von Gott, dem
Urquell des wahren und ewigen Lichtes, weg nach der
Peripherie, wo der Tod allen Lebens lauert, in die ewige
Finsternis.« Das deckt sich völlig mit der christlich-spiri-
tualistischen Überzeugung, wonach die Macht des Bösen
begrenzt und vergänglich ist und die Macht des Guten
deswegen weiter reicht, weil es in Harmonie mit den
Schöpfungsgesetzen steht und wirkt. Das dem Guten Gegensätzliche jedoch unterliegt den Rückführungsgeset-
zen.[6]

An dieser Stelle halte ich eine Erinnerung an den genialen
Forstmann und Biotechniker Viktor Schauberger (1885–
1958) für angebracht, der mit seinem »Implosions-Ro-
tor« nachwies, daß unsere Technik naturwidrig zentrifugal arbeitet. »Ihr bewegt falsch!« rief er den Technikern
zu. Unsere Technologie beruht auf dem zentrifugalen
Explosionsprinzip (Druck, axial-radiale Bewegung, Elektrizität, Feuer, Hitze, Abstrahlung) und baut damit biologische Lebensformen ab. Implosion hingegen ist Zentri-
petalkraft, Ansaugung, radial-axiale Bewegung; ist ele-

mentar Wasser, Magnetismus, Abkühlung und Einstrahlung von atomaren Kräften, die das Aufbauende allen organischen Lebens bilden.[7]

Zurück zum New Age: Der propagierte Menschentypus des Neuen Zeitalters wäre an sich durchaus zu bejahen, aber es fehlen allgemeinverbindliche Richtlinien zur dringend gebotenen Charakterveredelung gemäß Goethes »Edel sei der Mensch, hilfreich und gut«. Abgesehen von einzelnen Gruppen und Gemeinschaften, scheinen ethisch hochwertige Zielsetzungen, wie sie beim christlichen Spiritualismus selbstverständlich sind, in der New-Age-Szene keinen sonderlich hohen Stellenwert zu besitzen. Zwar klingt es begeisternd, wenn es im Song »Aquarius« des Musicals »Hair« heißt:

»Harmonie und Recht und Klarheit,
Sympathie und Licht und Wahrheit!
Niemand wird die Freiheit knebeln,
niemand mehr den Geist umnebeln.
Mystik wird uns Einsicht schenken,
und der Mensch lernt wieder denken,
dank dem Wassermann, dem Wassermann!«

Aber gewisse Ideen führender New-Age-Verkündiger machen stutzig und lassen erkennen, daß den großen Versprechungen nicht unbedingt zu trauen ist. Beim Studium der reichhaltigen New-Age-Literatur stellt man sehr bald fest, daß oft lediglich ein verfeinerter Materialismus gepredigt wird, allerdings etwas weniger primitiv als der herkömmliche, dem wir die endlose Krisensituation in der Welt zu verdanken haben. Zwar werden lauthals Freiheit und Unabhängigkeit des Einzelmenschen im künftigen Äon verkündet, zugleich aber wird versichert, es gäbe keine absoluten moralischen Grundsätze; jegliche Ethik sei selbst auferlegt und somit eine menschliche Erfindung. Auf dieser durch die moderne Sterbeforschung längst widerlegten These fußend, mutet es nur logisch an, wenn die Grundhaltung führender »Nju-Eijtscher« dem Leitmotiv Crowleys entspricht: »Tue, was du willst!« Einer von ihnen, Mark Satin, formuliert das kurz und bündig so: »Ein spiritueller Weg ist für uns nur dann gültig, wenn er unseren Bedürfnissen, die wir selbst definieren, angemessen ist.«[8]

Auf den ersten Blick mag es bestechend anmuten, wenn der hochverehrte »Prophet der Zeitenwende«, Hermann Hesse (1877–1962), schreibt: »Der Weg der Erlösung führt mich nach links und nicht nach rechts, er führt ins eigene Herz; und dort allein ist Gott, und dort allein ist Friede.« Aber des Dichters Lebensweg war kein solcher des Friedens, sondern des »Tue, was du willst« mit Drogenromantisierung und dem Hingezogensein zur »Unterwelt der Seele«. Wie es in einer Würdigung Hesses heißt, entlarvte er den »guten Christengott« als ein kastriertes Wesen, denn er sei ja nur (!) eine Lichtgestalt, also nicht vollkommen. Das Vollkommene müsse Licht *und* Finsternis in sich vereinigen. In seinem »Demian« nennt Hesse den Namen des Gottes, der seinen Vorstellungen entspricht: Es ist Abraxas, der gnostische Demiurg (= Weltgestalter), der ein helles und ein dunkles Gesicht hat. Abraxas aber ist einer der Namen Luzifer-Satans, dem Hesse sich sein Leben lang verbunden fühlte.[9]

Mit Skepsis ist auch der schöne Traum von einer verbrüderten Menschheit zu betrachten, soweit dies auf dem Wege einer Völkervermischung erreicht werden soll. Jedes Volk hat eine Kollektivseele und stellt übersinnlich ein seelisch-geistiges Kraftfeld dar, dessen biologisches Zentrum in der Astralwelt liegt. Wird dieses zerstört – und das geschieht durch den angestrebten Völkerbrei –, so erfolgt Vernichtung statt Entfaltung, Kulturzerstörung statt gegenseitig befruchtender Völkerfreundschaft. Wie schön sind beispielsweise die verschiedenen Baustile einzelner Kulturkreise, und wie öde ist die geistlose, ewig gleiche Bunkermentalität moderner Architektur in aller Welt! Das massive Verächtlichmachen alles Heimatverbundenen und Bodenständigen, wie dies besonders kraß im deutschen Sprachraum beobachtet werden kann, beruht auf dem Denkfehler der Begriffsverwechslung von national und nationalistisch (ähnlich jenem von sozial und sozialistisch). »Wo Gott dich hingesät hat, da sollst du blühen«, lautet ein Sprichwort. Volkstypische Kräfte sind stets bewahrender, das Kulturerbe pflegender Art und somit naturgemäß, sonst verliert ein Volk seine Identität und besiegelt damit seinen Untergang.

Völkerschaften und Rassen entsprechen der natürlichen Vielfalt des Lebens. »Solange unsere Erde verschiedene Klimate, Zonen, Pflanzen- und Tierreiche hat«, schreibt der an anderer Stelle bereits genannte Musikwissenschaftler Willy Hess, »so lange werden auch die Menschen durch ebendiese Zonen und Klimate geprägt ... Auch die echte Kunst wird nie international sein, denn sie wurzelt im Heimatboden, und das Nationale ist ein Schmuck, aber keine trennende Schranke. Wie bezaubernd das Norwegische bei Grieg, das Spanische bei de Falla, das Österreichische bei Bruckner! Nehmen wir das weg, dann entwurzeln wir die Kunst ... Immer kommt zuerst der innerste Kreis der Familie, dann der Verwandtschaft, dann eines Ortes, eines Landes, und immer größere Kreise werden gezogen, bis wir als letztes uns als Erdenbürger fühlen. Aber auch der größte Baum hat seine Wurzeln im Boden, und auch der universellste Erdenbürger wurzelt in seiner Heimaterde und den Seinen.«[10]

Mein ausgiebiges Studium der New-Age-Szenerie führte mich zu dem begründeten Verdacht, daß hier von maßgeblichen Kräften die Esoterik mißbraucht wird, um ein ungeheures Potential an gutem Willen für machtpolitische Zwecke fehlzusteuern. Auf der Basis eines Edelmaterialismus mit Luzifer- und Maitreya-Kult läuft das Ganze auf eine Weltdiktatur à la Orwells Schreckensvision »1984« hinaus, die durch den Einsatz modernster Technologie in den Bereich der Möglichkeiten gerückt ist. An sich kann im Interesse nachfolgender Generationen und der mißhandelten Natur die Hoffnung von Millionen gutgesinnter Menschen auf ein lichtvolles neues Zeitalter und ihre Bereitschaft zur aktiven Mitarbeit nur begrüßt werden. Aber das negative Prinzip verstand es schon immer, jede spirituell positive Bestrebung, kaum daß sie sich zu formieren begann, entweder kaputtzumachen oder zu unterwandern und umzufunktionieren. Der Volksmund trifft auch hier ins Schwarze mit dem Ausspruch: »Wo der Herrgott eine Kirche hinbaut, stellt der Teufel eine Kapelle daneben.« Beispiele hierzu aus Vergangenheit und Gegenwart ließen sich mehr als genug anführen.

Wer beständig gegen die Liebe als das Grundprinzip der Schöpfung verstoße, besagt eine Mitteilung aus höheren Bereichen als jenen der Blavatsky-Baileyschen Meister-Hierachie, werde *durch* dieses Prinzip – am Ende eines Äons – ausgeschieden und müsse zu gegebener Zeit auf einer noch dichteren Sinkstufe als der irdischen, unter erschwerten Bedingungen, mühselig wieder von vorn beginnen. Dem derzeitigen Niedergang und Verfall muß demzufolge ein neuer hoffnungsfroher Aufstieg folgen, wofür allein schon das Ausgleichsgesetz sorgen wird. Eins bedingt das andere, und Hochmut zieht bekanntlich den Fall nach sich. Deshalb sind die Aktivisten des negativen Prinzips im Grunde genommen zu bedauern. Ihren Haß zu erwidern wäre allerdings töricht, zumal sie den Folgen ihres Tuns ja doch nicht entfliehen können. Als »Kraft, die stets das Böse will und doch das Gute schafft« (Faust), tragen sie durch ihr gottfernes und leidbringendes Wirken dennoch und ungewollt zum geistigen Erwachen vieler Menschen bei, die auf andere Weise nie oder nicht so bald zur Besinnung gekommen wären.

Nach dem bald fälligen Reinigungsprozeß unseres »Raumschiffes Erde« wird sich der kommende Weltenmonat unter dem Zeichen des Wassermanns mit Sicherheit anders gestalten, als es den Absichten der genannten Planer entspricht. Aus den Trümmern der alten Zivilisation wird eine neue Kultur erblühen, deren Grundtendenz auf allen Lebensgebieten das Gegenteil dessen sein wird, was wir jetzt als naturwidrig empfinden. Sich darüber in Andeutungen näher ergehen zu wollen hieße, des Lesers eigene Denk- und Folgerungsfähigkeit zu unterschätzen.

Wenn vorhin von einer Ausscheidung gegensätzlicher Kräfte die Rede war, so dürften in diesem Zusammenhang einige alte und neuere Prophezeiungen erwähnenswert sein, in denen von einer tiefgreifenden Zeitenwende gesprochen wird, die etwa um 2000 n. Chr. als Folge weltumfassender Geschehnisse eintreten soll. Matth. 25,32–33 erwähnt hierbei eine »Trennung der Schafe von den Böcken«, eine Scheidung der Geister, wobei rechts und links in ihrer mystischen Bedeutung abermals aufscheinen.

Im Zusammenhang mit den angesagten Geschehnissen ist oft von einer dreitägigen Finsternis die Rede. Ein bewährter Seher neuerer Zeit, Alois Irlmaier (1894–1959), schaute dies im Rahmen eines Krieges. Er sagte, mit Hagelwetter und Erdbeben würde es beginnen und plötzlich finster werden. »Dann geh nicht hinaus aus dem Haus. Der elektrische Strom setzt aus, nur Kerzen brennen. Mach die Fenster nicht auf, häng sie mit schwarzem Papier zu ... Draußen geht der Staubtod um. Es sterben sehr viele Menschen. Nach 72 Stunden ist alles vorbei ... Laßt die geweihte Kerze brennen und betet! Über Nacht sterben mehr Menschen als in den beiden Weltkriegen zusammen.«

Ergänzende Angaben hierzu findet man in den Schriften von Hans J. Andersen, »Polwende – Zeitenwende« und »Polsprung und Sintflut« (Fürth 1977 und 1980). Andersen spricht von einem riesenhaften Kometen, der in sehr großen Zeitabständen bereits fünfmal ungeheure Katastrophen auf unserem Erdball hervorgerufen haben soll. Den Beschreibungen antiker Berichterstatter zufolge müßte es sich bei diesem Weltkörper, seiner Größe nach, eher um einen kleinen Planeten handeln, und als solcher wird er von verschiedenen Sehern der Gegenwart beschrieben. Auch ich erlebte 1947 eine visionäre Schau dieser Art, und erst nach mehr als dreißig Jahren fand ich bei Andersen eine Erklärung: Es handelt sich anscheinend – sofern die Schauungen echt sind – um *Typhon*, eine ungeheuer große feurige Kugel, die sich der Erde nähert und in die Bahn zwischen ihr und der Sonne gerät (Typhon ist der griechische Name des ägyptischen Gottes Seth,[11] des Prinzips der Finsternis und des Bösen). Laut Talmud (Traktat Sanhedrin 108b) soll dieser Weltkörper schon vor ungefähr fünftausend Jahren eine Erdachsenverlagerung und Polumkehrung mit entsprechenden Folgen für die Kulturen der damaligen Zeit bewirkt haben. Archäologische Forschungen deuten, nach Andersen, auf einen neuerlichen Durchgang von Typhon hin, angeblich um 1200 v. Chr. Das jähe Hereinbrechen der Eiszeiten, das ebenso plötzliche Verschwinden wie Auftauchen mächtiger Kulturen fände hier eine mögliche Erklärung. Polverlagerungen müssen schon vorgekommen sein, denn im jetzigen Nordpolargebiet herrschte einmal subtropisches Klima.

In den Schauungen der Seher nun gelangt Typhon in den Bereich zwischen Erde und Sonne. Infolge der dabei auftretenden atmosphärischen Reibung wird er glühend und verliert ein gewaltiges Stück Masse, das in die Sonne stürzt und auf dieser eine riesige Explosion hervorruft. Typhon soll dann die Sonne umkreisen und wieder auf die Erde zukommen, wobei er einen langen Schweif glühender Gesteinsbrocken, Staub und Gase hinter sich herzieht. Ein weiteres großes Stück löst sich von ihm und fällt in den Atlantik, was sich katastrophal für dessen Küstenländer auswirkt. Mit dem beträchtlichen Verlust an Masse tritt logischerweise auch eine Energieminderung ein, und das wiederum könnte der Grund sein, warum Typhon aus dem Kraftfeld zwischen Erde und Sonne nicht mehr herauskommt und infolgedessen in eine Sonnenumlaufbahn gezwungen wird.

Ein derartiges Geschehen, wenn es so käme, würde zwei prophetische Angaben plausibel machen: erstens die große Finsternis, verursacht durch die von der Sonne ausgehende Explosionswolke, und zweitens eine Erdbahnänderung plus Achsenverlagerung und damit Polverschiebung.

Die entstandene Rauchwolke verfinstert den Himmel. Nach 72 Stunden zieht sie ab, Sonne, Mond und Typhon werden sichtbar. Orkane und Meeresüberflutungen lassen nach, ein neues Zeitalter beginnt ...

Angenommen, Typhon verbliebe tatsächlich in unserem Sonnensystem, so würden sich dessen Verhältnisse gravierend umgestalten. Damit verlöre auch unsere bisherige Zeitmessung ihre Gültigkeit, und hierdurch wiederum würde die mystisch anmutende biblische Prophezeiung einer Verkürzung der Tage und Jahre verständlich, wenn es in Offb. 8,12 heißt: »Und es ward geschlagen der dritte Teil der Sonne, und der dritte Teil des Mondes, und der dritte Teil der Sterne, daß ihr dritter Teil verfinstert ward, und der Tag den dritten Teil nicht schien, und die Nacht desgleichen.« Andersen meint hierzu, diese merkwürdige Drittelung käme zustande durch eine beschleunigte Erdrotation, denn diese bestimmt ja die Zeitspannen von Tag und Nacht. Ändern könnte sich dies nur, wenn die Geschwindigkeit der Erdumdrehung eine andere wird. Das aber wäre ein Energieproblem: Dreht sie sich langsamer, so müßte ihr Energie entzogen worden sein, und der Tag-Nacht-Zyklus wäre länger. Um rascher zu rotieren, wäre die Zuführung entsprechender Bewegungsenergie erforderlich. Im Zusammenhang mit der visionär erschauten Sonnenexplosion jedoch und der nunmehrigen Erdnähe von Typhon würden unserem Globus ungeheure Energien zugeführt, nicht zuletzt in Form eines dichten Regens von Feuerbrocken und Blitzen.[12]

Wenn die Erde sich geschwinder dreht, so wäre denkbar, daß Sonne, Mond und Sterne um ein Drittel ihrer zeitlichen Sichtbarkeit »geschlagen« würden, indem der Tag-Nacht-Wechsel nur noch sechzehn Stunden beträgt.

Ob die Natur sich so rasch umstellen könnte, bleibt eine andere Frage; aber das Ganze hätte noch eine dritte bedeutsame Neuerung zur Folge, denn wenn sich die Erde schneller dreht, so nimmt sie logischerweise eine höhere Frequenz, eine höherstufige Schwingung an … Das wiederum müßte nicht bloß physische Auswirkungen, sondern auch seelisch-geistige haben und würde einhergehen mit einer spürbaren seelischen Zustandsänderung tiefgreifender Art. Und wenn es bei Matth. 24,22 (und Markus 13,20) heißt, nur durch eine zeitliche Verkürzung der in jeder Hinsicht katastrophalen Zustände könnten Menschen »selig« werden, so bedeutet das sehr wahrscheinlich, daß erstens nur derjenige überleben wird, der infolge seiner Denk- und Lebensweise eine höhere Schwingung bereits aufzuweisen hat, und daß zweitens die dann noch Lebenden (sowie die fortan auf Erden inkarnierenden Menschen) ihre geistig-seelischen Anlagen – also das, was wir jetzt Medialität nennen – besser und leichter werden entfalten können als bisher; und auch allgemeiner, denn bislang sind es ja gerade die Bedingtheiten der Materie, die uns eine bewußtseinserweiternde Erkenntnis und den Kontakt mit höheren Seinsebenen so ungemein erschweren.

In der Esoterik spricht man da von einer »Manasischen Vibration«, einer höhergeistigen Energieschwingung, die schon jetzt im Menschen wirksam werden kann, sofern man »immer strebend sich bemüht« (Faust). Der Begriff »manasisch« kommt von »Manas« (Sanskrit), was soviel bedeutet wie »Denkvermögen in Verbindung mit dem Gottesfunken in uns«; mit dem, was uns vom Tier unterscheidet und zur Formbildung des Mentalkörpers beiträgt. P. O. Hesse erklärt in seinem Buch »Der jüngste Tag«, die manasische Vibration sei jener Seelenzustand, der die Empfindung der Liebe auf die Umwelt ausströmt. Und genau diese Art der Schwingung wird künftig die lebensfördernde Kraft auf Erden sein. Wohl dem, der sie sich erwarb oder – wie es bei den meisten Kindern der Fall ist – schon mitbringe (»Wenn ihr nicht werdet wie die Kinder ...« [Matth. 18,3]). Denn die mit den Wendezeitereignissen verbundenen Vorgänge werden, laut P. O. Hesse und anderen Autoren, so schreckhaft gewaltig sein, daß unvorbereitete Menschen zwangsläufig zugrunde gehen, weil ihnen die psychische Voraussetzung zum Weiterleben auf der gereinigten Erde fehlt. – So also wäre die Scheidung der Geister vorzustellen, eine »Sonderung der Schafe von den Böcken«. Dies hinwiederum deckt sich mit den Aussagen vieler Visionäre, wonach bei den kommenden Katastrophen wahrhaft gottverbundene Menschen auf oft wunderbar anmutende Weise verschont oder so abgerufen würden, daß sie nicht leiden müßten.[13]

Mit anderen Worten: Wer die richtige geistige Einstellung hat und auch danach zu leben bemüht bleibt, der braucht keinerlei Angst zu haben. Mit besonderer Eindringlichkeit versichert uns dies auch der bereits an anderer Stelle angeführte »Eremit«. Er empfiehlt uns als sichersten Schutz ein starkes Gottvertrauen und sagte, wir sollten uns durch keinerlei Katastrophenprophezeiungen irgendwelcher Art aus dem Gleichgewicht werfen lassen; denn diese »wirken nur auf Menschen, die weder Vertrauen zu sich selbst noch zu einem höchsten Wesen, zu Gott, haben.«

Und an anderer Stelle: »Laßt euch nicht bange machen durch Ankündigungen von bevorstehenden Katastrophen. Solche werden zwar kommen müssen, aber ihr, die ihr euren Gott gefunden habt und ihn innerlich erlebt, ihr braucht nichts zu befürchten! Entweder werdet ihr bei solchen Katastrophen so abberufen, daß ihr die Schrecknisse gar nicht erst kennenlernt, oder aber ihr seid so geschützt, daß alle Schrecknisse euch nichts anhaben können.«

»Was ihr daher nur zu tun habt«, schließt der Eremit, »ist: Glaubt an Gott! Nein, mehr: Vertraut auf Gott! Nein, noch mehr: *Erlebt* euren Gott, und nichts kann euch geschehen!«

Anmerkungen
»Esoterik und Neues Zeitalter«

1 Aus »Universelle Religion«, Organ der Gesellschaft für echten religiösen Pluralismus (Frymannstr. 82, CH-8041 Zürich), Nr. 23/1988, S. 7 ff. – In seinem Südwestfunk-Beitrag »Vom buntscheckigen New Age. Neue Menschen für ein neues Zeitalter?« bemerkt Gerhard Adler ganz richtig, daß die Kirchen ein geistiges Vakuum hinterließen, »das, weil es um die ganz großen Fragen geht, nicht einfach unbesetzt und leer bleiben konnte. Angesogen von diesem Vakuum wurde die ... New-Age-Bewegung, von der wiederum sich viele Suchende angezogen fühlen, die nirgends sonst eine geistige Heimat gefunden haben. Verübeln kann man es ihnen nicht. Wohin sollen sie gehen?« (»Material-Dienst« Nr. 1/1988, 14.)

2 Kehl verweist hier auf R. Passian, »Neues Licht auf alte Wunder. PSI klärt Bibelwunderstreit« (Buschhoven, Neuauflage 1985).

3 Die Esoterik- und New-Age-Vermarktung zeitigt tolle Blüten. Hier eine kleine Auswahl: »Mit dem ›Automatischen Geistesbefehl‹ werden Sie Herr der Lage. Sie brauchen sich nur etwas zu wünschen und dann die *Kraft* einzuschalten, schon können Sie zusehen, wie man rundum sofort alles fallen läßt, um Ihre Anweisungen zu befolgen«, heißt es in einem vierseitigen Prospekt, in welchem ein Buch angepriesen wird.
»Ich zeige Ihnen den einzigen Weg zu Reichtum und Glück«, verspricht eine ganzseitige Anzeige. Man solle nur sein Schicksal vertrauensvoll in die Hand von ... legen, »dem begnadetsten Weissager unserer Zeit«. Unter dem Konterfei des Wundermannes steht: »Schon sein Anblick kann Ihr Leben verändern! Schauen Sie einmal

tief in des Großmeisters Augen. Spüren Sie die gewaltige Kraft, die er ausströmt? Es ist gut möglich, daß er in diesem Moment telepathisch Verbindung mit Ihnen aufnimmt, ohne daß Sie sich dessen bewußt sind!«

Andere versprechen Rituale und Zauberworte, um Geld und Wohlstand und »Macht über andere Leute zu erlangen«. – »Mein Ring auf Ihrer Hand, und Sie können Ihr Glück gar nicht mehr stoppen!« verspricht »der größte Hellseher unserer Zeit« und bietet 777 Käufern für »nur« DM 364,– einen Meditationsring an, der »die letzten Geheimnisse der Parapsychologie offenbart«. Das sei kein gewöhnlicher Ring, versichert der Anbieter, »das ist ein Ring, der die magischen Kräfte von mir auf Sie übertragen wird«!

»Streng persönlich: Vertrauliche Mitteilungen von Dr. ...«, stand auf dem Umschlag eines Computerbriefes. Inhalt: eine »offizielle Privilegkarte«, auf der anzukreuzen ist, was man am dringendsten braucht: Geld, Liebe, Gesundheit, neues Auto, Ferien nach Wunsch usw. – Erwirbt man für 79,– Schweizer Franken die Studie »Die Erwählten«, so gehört man zu den Privilegierten. – »Wie Sie sich der geheimen Bruderschaft anschließen können, um ein wunderbares neues Leben mit Geld, Freunden und Macht zu genießen«, »Wie man zu Geld kommen kann, ohne zu arbeiten«, »Wie man in zehn Sekunden hypnotisieren kann«, lauten andere Angebote. Angepriesen wird ferner »Kosmogalaktische Psycho-Kybernetik« (im »Magazin 2000« Nr. 1/1981), und ein »Yogameister bildet junge Leute zu Wettermachern aus«. Werden kann man »Esoterik-Berater mit Zertifikat«, auch »Tarot-Berater« in nur zwei Tagen! Auf Esoterik-Messen gibt es die unwahrscheinlichsten Dinge zu kaufen, vom Chakra-Salböl über die »Aura-Dusche« bis zum Pyramiden-Drahtgestell, das auf den Kopf gesetzt wird und »die außersinnliche Wahrnehmung verstärken« soll.

Für den Kauf eines »Bewußtseins-Erweiterungs-Programms« wird mit der Behauptung geworben, in den USA würden mehr als achtzig Prozent »der Topmanager, die innerhalb von fünf Jahren den Gewinn ihrer Firmen verdoppelt hatten«, übersinnliche Kräfte besitzen. Das eben könne man auch, wenn man besagtes Programm erwirbt. Unter Nutzung parapsychologisch-esoterischer Möglichkeiten werden Reichtum, Liebesglück und Erfolg als erreichbares Ziel vorgegaukelt. So arbeitet z. B. die US-Verkaufsorganisation »Amway« nach solchen Kriterien, wobei sogar Jesus als Musterbeispiel positiven Denkens herhalten muß. Besonders geschätzt wird das Buch von Napoleon Hill, »Denke nach und werde reich«. Es lehrt, »geldbewußt« zu denken (S. 28 ff.). »Der eigentliche Vorgang der Umwandlung eines Wunsches in bares Geld beruht auf der Anwendung der Autosuggestion, die uns das Tor zum Unterbewußtsein und seinen ungeheuren Kräften erschließt ... Sobald der von Ihnen erreichte Gefühlszustand Sie das ersehnte Geld tatsächlich vor sich sehen und mit Händen greifen läßt, wird der Reichtum Ihnen auf völlig überraschende Weise und von unerwarteter Seite zuströmen. Setzen Sie einen bestimmten Betrag fest, und seien Sie dabei nicht bescheiden – je größer die Summe, um so besser. Bestimmen Sie auch den genauen Zeitpunkt, zu dem Sie die festgesetzte Summe zu besitzen wünschen« usw. (S. 70 ff.).

»Mit esoterischem Gruß« (wie ein solcher aussieht, konnte ich nicht in Erfahrung bringen) bot ein »Psychologe« Kurse zur Medienausbildung an: von der Telepathie über Geistheilung bis zum automatischen Schreiben mit Geisterzitierung. In einem vierzehntägigen Intensivseminar schafft man es sogar bis zum UFO-Kontaktler. Während der Ausbildung wird Kontaktaufnahme mit verschiedenen Rassen und Wesen des Universums aufgenommen. Kostenpunkt: 1200,– Mark.

Auch unter Astrologen findet man viel unseriöse Leute. Eine mir bekannte Dame, Yogalehrerin, konsultierte wegen eines Problems einen Astrologen. Dieser sandte ihr einen »Vorzugsgutschein für eine dringende Intervention« plus Fragebogen, der handschriftlich (und damit ist immer Vorsicht geboten!) ausgefüllt sein mußte. Versprochen wurden Problemlösungen, Ratschläge, ein Horoskop, Glückszahlen und ein »biomagnetisiertes Schutzmittel gegen astrale Einwirkungen«. Leider las jene unerfahrene Dame die Werbeunterlagen des »Meisters R.« vom »Rat der Astrologen« nur oberflächlich (es wurde u. a. von einer Zusammenarbeit mit dem »Großen Meister P.« gefaselt). Sie bekam jedenfalls ihren »biomagnetisierten Astralschutz« in Form eines Talismans mit den zwölf Tierkreiszeichen, »absolut einmalig, wie es auf der Welt keinen zweiten gibt«. Durch ihre langjährige Yoga- und Meditationspraxis war die Dame sehr sensibel geworden, wozu sexuelle Enthaltsamkeit noch ein übriges beigetragen haben mag. Bald stellten sich bei ihr typisch schwarzmagisch bewirkte Zustände ein. Sie fühlte sich telepathisch und sexuell in übelster Weise belästigt. Als sie sich beim »Meister R. vom Rat der Astrologen« beklagen wollte, antwortete er nicht mehr. Sein Postfach in Basel lautete auf eine fingierte Anschrift.

Meine Berichterstatterin schrieb daraufhin auf das Inserat eines angeblichen spiritistischen Mediums, das kostenlos Rat und Hilfe anbot. Damit kam sie vom Regen in die Traufe, denn das angebliche Medium entpuppte sich als »magisch-spiritueller Weißmagier«, der Fotos und eine Haarprobe verlangte. Zum zweitenmal beging jene Dame diesen Fehler. Schließlich konsultierte sie noch andere Medien und geriet immer mehr in Teufels Küche. Helfen konnte ihr niemand, und nur ihre religiöse Einstellung bewahrte sie vor dem Selbstmord. Zwei der »hellsehenden Magier« hatten sich als in Gelsenkirchen wohnhafte Gauner entpuppt, die dann in Untersuchungshaft wanderten. – Man meide diesen okkultistischen Sumpf!

4 C. Humphreys schreibt »Karma und Wiedergeburt« (München, 3. Aufl. 1981, S. 55): »Es sind ihrer viele, die in den Fesseln der Umstände ausrufen: ›Ich beuge mich vor dem Willen Gottes.‹ Da es aber keinen Gott gibt außer demjenigen in uns, dessen Instrument das Karma ist, haben wir nur *eine* Entschuldigung für unsere Knechtschaft, nämlich, daß uns der Wille fehlt, frei zu werden.« – Fürwahr, eine grandiose Philosophie!

Vom Erfahrungsgut der Sterbeforschung her gibt es zu denken, wie völlig anders sich das Sterben bei Gottgläubigen zu vollziehen pflegt, im Gegensatz oft zu anderen. Lenin, der gesagt hatte: »Ich bin der persönliche Feind Gottes« und »Jede religiöse Idee von Gott selbst, jedes Kokettieren mit einem Gott ist eine unsagbare Abscheulichkeit. Millionen von Sünden, Gewalttaten, Gemeinheiten oder Seuchen physischer Art sind weniger gefährlich …« (zitiert von Dr. K. Hubschmid in der Schweizer Zeitschrift »Sonntag« Nr. 43/1989), ebendieser Lenin starb geistig umnachtet und hatte zuvor noch Tisch und Stühle um Vergebung gebeten.

Auch der Spötter Voltaire soll vor seinem Tode die ganze Nacht um Verzeihung gefleht haben. – Als der nicht minder berühmte Heinrich Heine, der eigentlich Chaim Bückeburg hieß, todkrank darniederlag, bekannte er:

> Zerschlagen ist die alte Leier
> am Felsen, welcher Christus heißt!
> Die Leier, die zur bösen Feier
> bewegt ward von dem bösen Geist.
> Die Leier, die zum Aufruhr klang,
> die Zweifel, Spott und Abfall sang.
> O Herr, o Herr, ich knie nieder,
> vergib, vergib mir meine Lieder!

Religions- und besonders Christenhasser aller Schattierungen sollten über dieses Damaskus-Erlebnis eines Israeli einmal nachsinnen! »Ein guter Mensch, in seinem dunklen Drange, ist sich des rechten Weges wohl bewußt«, heißt es im »Faust«. Ein solcher Mensch braucht auch keine Angst vor dem Sterben zu haben; er wird von Lichtgestalten empfangen, und lichtvoll wird sein weiterer Weg sein. Es gibt aber auch Gegenteiliges. In einem Falle war es eine »kleine schwarze Jünglingsgestalt in einem schwarzen Umhang. Solch eine tiefe Schwärze hatte ich niemals vorher gesehen«, berichtet W. Th. aus R. (in »Die andere Welt« Nr. 6/1967, 555). »Der Kopf hatte die Struktur eines Totenschädels. Dagegen war das Gesicht lebendig ... Die Zähne leuchteten in einem gelblichroten Glanz ... Ich war wie gelähmt, konnte nicht sprechen und spürte, wie alle Kraft von mir wich. Auf dem Kopf trug die Gestalt eine Art Mütze ... An der Stirn lag diese Mütze wie ein Diadem an und hatte die Struktur zweier ineinander verschlungener Schlangen ...« Der Vater des Erzählers, dem diese Erscheinung galt, nahm sie ebenfalls wahr und starb ein Jahr darauf. Er gehörte einer Geheimgesellschaft der »Brüder des Schattens« an.

5 »Es werden viele kommen unter meinem Namen und sagen: ›Ich bin Christus‹ und werden viele verführen« (Luk. 21,8 sowie bei Matth. 24,5). Erstaunlich, wie derartiges vor so langer Zeit so zutreffend vorausgesagt werden konnte!

6 Für uns hienieden ist das Böse ein Lehrmeister wider Willen, der uns unmißverständlich veranschaulicht, wie wir es *nicht* machen sollten, wenn wir vor nachhaltigem Schaden bewahrt bleiben wollen. Kahir schreibt: »Im üblichen Sinn sind Gut und Böse natürlich Gegensätze wie Licht und Schatten. Aber, wie der Schatten an sich erst entsteht, wenn ein Hindernis das Licht verdrängt, so ist auch das Böse kein Absolutes, sondern nur eine Erscheinungsform, die so länge währt, als eben das Hindernis vorhanden ist. In die Welt der Moral übertragen: Gott, Geist, das Gute, ist ewig und durchstrahlt ewig die Schöpfung. Das Hindernis jedoch, welches das Böse erzeugt (Schattenwerfer), ist der geschöpfliche Eigenwille der Naturreiche und des Menschen.« Dadurch entstehen Schatten in Form von Unzulänglichkeiten, Leid und Disharmonie. Macht sich der Mensch jedoch willentlich »für die Strahlen des Geistes durchlässig, so müssen zwangsläufig alle diese Schatten ins Nichts zerfallen« (MuSch 4. Jg., Nr. 15,17).

7 Schauberger schrieb: »Bei meinem Apparat handelt es sich um ein

naturgetreu kopiertes Venen-Arterien-System irgendeiner organischen Lebens- oder Wachstumsform. Ein Spezialdüsensystem meiner Umpolungsmaschine ermöglicht es, ein Durchflußgut (Wasser oder Luft) schraubenartig radial-axial so fest zusammenzudrehen, daß der eingespulte Wasser- oder Luftstrahl auf eine homogene Spitze zulaufend mit Überschallgeschwindigkeit austritt. Er wird sodann durch Druckdüsen derart gebremst, daß eine zusätzliche Rückstoßkraft in der Laufrichtung der Implosionsmaschine frei und wirksam wird. Diese Kraft ist stärker als jene, die auf explosivem Wege als Vorstoßkraft in einem modernen Düsenflugzeuge wirkt. Diese elementare Auf- und Vortriebskraft, absolut lautlos wirkend, verwenden die UFO, deren erstes Modell ich 1940/41 in Wien bauen ließ und das vom Oberkommando der deutschen Wehrmacht beschlagnahmt wurde« (MuSch 9. Jg., Nr. 16,8). Schaubergers Idee eines Heimkraftwerkes, im Modell realisiert, hätte jedermann die kostenlose Gewinnung von Energie aus der Luft ermöglicht. – Als ein Linzer Ingenieur und Mitarbeiter Schaubergers einen Vortrag über dessen Ideen gehalten hatte, besuchten ihn zwei elegante und sehr selbstbewußt auftretende Herren aus Wien, die ihre Namen verschwiegen und ihm eröffneten, daß er – falls er weiterhin für Schauberger in Wort und Schrift eintrete – in Österreich niemals mehr mit einer Anstellung als Ingenieur rechnen dürfe. So »arbeiten« die »Brüder des Schattens«, die schon so manche nützliche Erfindung zum Verschwinden brachten (MuSch 9. Jg., Nr. 21,7).

8 M. Satin, »New Age Politics: Healing Self and Society«, New York 1979, S. 122. – Der Physiker Werner K. Heisenberg erklärte: »Wo keine Leitbilder mehr den Weg bezeichnen, verschwindet mit der Wertskala auch der Sinn unseres Tuns und Leidens, und am Ende können nur Negation und Verzweiflung stehen. Die Religion ist die Grundlage der Ethik, und die Ethik ist die Voraussetzung des Lebens« (zitiert in »Ambivalenz und Ganzheit« von Max Josef Zilch, Regensburg 1973, S. 94). Zum Einwand gegen die christliche Religion, daß ihre Anhänger sich genauso schrecklich aufgeführt hätten wie Nichtchristen, bemerkte Heisenberg: »Das ist leider wahr, aber die Menschen bewahren in ihr ein klares Unterscheidungsvermögen von gut und böse; und nur dort, wo dies noch vorhanden ist, bleibt die Hoffnung auf Besserung« (ebenda, S. 93).

9 Aus dem Beitrag »Hermann Hesse. Ein großer Dichter prophezeite die Weltwende« in »Das neue Zeitalter« Nr. 38/1987, 27 ff. – »Man muß die ganze Welt verehren können, also muß man entweder einen

Gott haben, der auch Teufel ist, oder man muß neben dem Gottes-
dienst auch einen Dienst am Teufel haben«, meint Hesse.

Es ist wieder einmal die vielbeschworene »Heuchelei der christlichen
Moral«, die zur Rechtfertigung des Hasses gegen das als spießbür-
gerlich empfundene Christentum insgesamt herhalten muß. Bei
allem Verständnis für seine Neigung zur Rebellion gegenüber einem
übertrieben frommen Elternhaus (der Junge hätte Priester werden
sollen) ist nur schwer zu verstehen, wieso der betont linkspfadige
Hesse den Christengott so heftig ablehnte und dem Gott seines
Ideals den Namen Abraxas gab; gleiche Eigenschaften hätte er auch
in Jahwe finden können. Abraxas (eigentlich: der Abrasax) besitzt
als ehemals gnostisches Geheimwort den griechischen Zahlenwert
365 (höchste der angeblich 365 Himmelsphären), wurde von Basi-
lides und seiner gnostischen Gruppe im 2. Jahrhundert als Name
des höchsten Urwesens aufgefaßt, auf Gemmen, Steinen etc. dargestellt als menschlicher Rumpf mit Hahnenkopf und Schlangenfü-
ßen! In Zaubertexten wurde und wird dieser Name als magische
Formel gebraucht, vor allem um Schaden zu stiften.

In der Esoterik repräsentiert *links* immer das dämonische Prinzip.
Links ist nach Adelma von Vays »Geist, Kraft, Stoff« (Berlin, 6.
Aufl. 1968) stets Derotation, *rechts* entspricht der naturgesetzlichen
Rotation. Das Bibelwort »Werfet das Netz zur Rechten des Schiffs«
(Joh. 21,6) könnte von daher einen tieferen Sinn haben. (Kommu-
nisten scheinen das eher zu begreifen. Als Pfarrer Richard Wurmbrand an einem Ostersonntag über diese Bibelstelle gepredigt hatte,
wurde er am nächsten Tag verhaftet und geschlagen mit dem
Vorwurf: »Warum hast du konterrevolutionäre Propaganda gemacht?« Wurmbrand erwiderte, er habe kein Wort über Politik
gesprochen. »Warum hast du dann gesagt, daß man die Netze auf
die rechte Seite werfen sollte, also die der Faschisten und amerikanischen Imperialisten, und nicht auf die linke?« [»Stimme der
Märtyrer« Nr. 3/1990, 5]). – Linkshirniges Denken ist analytisch-
kausal und führt zu äußerer Anpassung; rechtshirniges ist intuitiv-
schöpferisch und steht in Verbindung zur inneren und jenseitigen
Welt. Konventionelles Lernen stellt eine einseitige Belastung der
linken Gehirnhälfte dar und läßt kreative Fähigkeiten verkümmern.
– Links bedeutet verkehrt, entgegengesetzt. »Spiegelverkehrt wider-
spiegelt der Spiegel die Spiegelung.« Er vertauscht links mit rechts
(aber nicht oben mit unten, letzteres sagt der Volksmund den Hexen
nach, die man angeblich daran erkennt, daß man sich in der Pupille

ihrer Augen kopfstehend sieht). Über die tiefgründige Mystik von rechts und links, auch vom Hinduismus her, ließe sich eine aufschlußreiche Abhandlung schreiben.

10 Der Dichter Wilhelm Kotzde schrieb: »Ein jedes Volk ist ein Organismus aus des Schöpfers Hand ... Wohl an seinen Grenzen flutend wie alles Lebendige, aber doch in sich geschlossen, von seinem eigenen Gesetz getragen. Dieses ist das ihm gegebene Gebot Gottes, in welchem ihm Ziel und Weisung liegt. Jede irdische Macht, welche diese Weisung verwirrt oder trübt, versündigt sich an Gottes Gesetz.« Ein Volk aus seiner angestammten Heimat zu verdrängen ist daher gegen Gott und die Natur gehandelt. Nach Dr. Franz Hartmann ist auch die gewollte Verfremdung einer Sprache – esoterisch betrachtet – ein Verbrechen an der Volksseele. Gerade die deutsche Sprache, so erklärte er, sei »eine der wenigen Ursprachen, deren Worte dem innersten Sinn einer Sache Ausdruck geben. Würden (doch) die Deutschen die Kraft erkennen, die in ihrer Sprache schlummert ...« (zitiert bei Surya, »Moderne Rosenkreuzer«, Pfullingen 1930, S. 203). Nach Schopenhauer (in seinem Aufsatz »Über die Verhunzung der deutschen Sprache«) hat die unsrige den Vorzug – wie ihre Schwestern, das Schwedische und Dänische –, eine Tochter der gotischen Sprache zu sein, die unmittelbar aus dem Sanskrit stammt. – Seit Jahrzehnten können sich unsere Massenmedien nicht genug daran tun, ständig neue Anglismen einzuführen, die den meisten älteren Menschen unverständlich bleiben.

11 Seth, in der Bibel der dritte Sohn Adams (1. Mose 4,25 und 5, Verse 3 und 6), galt den alten Ägyptern als Gott der Materie, Seth-Saturnus. In den Pyramidentexten betet der Eingeweihte: »Stehe fest, o Leiter des Horus!« (Das ist die ins geistige Reich aufwärts führende Leiter.) »Stehe fest, o Leiter des Seth!« (Diese führt abwärts in die Materie und damit ins pure Verstandesdenken.) Beim Totengericht ist Seth der »Fresser der Seelen«; wen er verschlingt, der darf nicht aufsteigen zu den Göttern (»Ägyptisches Totenbuch«, 125. Kapitel; zitiert nach Johannes Vehlow in »Die Weltanschauung der Astrologie«, 2. Aufl. 1933, S. 52 und 62). Luziferischen Intellektualismus lassen auch jene Seth-Kundgaben erkennen, die über das Medium Jane Roberts zustande kamen. Seth nennt sich hier einen »Energiepersönlichkeitskern, der nicht mehr in der physischen Form konzentriert ist«. – Hohe Vertreter der göttlichen Ordnung pflegen sich nicht so geschraubt auszudrücken; die einfache, schlichte Sprache des Herzens ist eine andere!

12 Eine Gefahr, die man erst in jüngerer Zeit als solche erkannte, droht
    durch die fortgesetzte Anreicherung der Atmosphäre mit Kohlen-
    dioxid, Methan- und anderen Gasen. Hierdurch wird sie immer
    weniger durchlässig. Die kurzwellige Sonnenstrahlung erwärmt
    bekanntlich unsere Erde, die ihrerseits eine längerwellige Wärme-
    strahlung zurücksendet. Letztere prallt jedoch an der gasgesättigten
    Atmosphäre ab und kehrt zur Erde zurück. Dadurch entsteht der
    verhängnisvolle Treibhauseffekt, d.h., die Temperatur auf der Erde
    erhöht sich ständig, wodurch eine stärkere Wasserverdunstung auf
    den Weltmeeren erfolgt. Azoren-Hochs und Island-Tiefs, die bislang
    unser Wetter bestimmten, haben sich bereits merklich nach Norden
    verschoben. Dies wird in vermehrtem Maße zu milden Wintern
    führen, zur Ausdehnung der afrikanischen Dürregebiete, zum Ab-
    schmelzen des Polareises, Anstieg des Meeresspiegels und somit zur
    Klimakatastrophe allgemein. Das profitorientierte Abholzen der
    Regenwälder tut ein übriges. Bei alledem wäre nun auch denkbar,
    daß sich eines Tages das in der Atmosphäre angesammelte Gasge-
    misch entzündet und dann »Feuer vom Himmel fällt«, wie die
    biblische Prophezeiung lautet. In einer auf medialem Wege erhalte-
    nen Voraussage aus dem Jahre 1876 ist von einer Vernichtung des
    Bösen durch Feuer die Rede. Es heißt da: »Ein feuriger Reif lagert
    sich um den Erdball, das ist das Element der Erlösung. In diesem
    Element wird der Schmutz verbrannt, um eine neue Welt zu schaf-
    fen. Gottes Gesetz heißt ›Fortschritt‹, und der Fortschritt dieser Welt
    kann nur ein Fortschritt vom Bösen zum Guten, nicht aber vom
    Bösen zu noch Böserem sein ... Was nicht mit dem Fortschritt geht,
    muß durch das Feuer der Erlösung gehen, muß verbrannt werden,
    um ein neues Ding zu werden.«
    Viele Seher schauten eine erneuerte Fruchtbarkeit der Erde. Die
    Unschädlichmachung der radioaktiven Verseuchung (durch gebor-
    stene Atomkraftwerke) scheint durch kosmische Kraftfelder (und
    möglicherweise durch den Typhonschen Aschenregen) während
    jener finsteren drei Tage zu erfolgen.
13 So heißt es im prophetischen »Lindenlied von Staffelstein«: »Glei-
    ches allen Erdgeborenen droht, doch die Guten sterben sel'gen Tod.
    Viel Getreue bleiben wunderbar frei von Atemkrampf und Pestge-
    fahr.« Pater Pio sagte: »Wie wenige sehen sich vor auf die ungeheure
    Verwandlung, die sie werden durchmachen müssen ... Viele werden
    wie verdorrtes Gras sein ... und die Ruchlosen werden zu Boden
    geschmettert, damit die übrigen neu beginnen können.«

Ausklang

Zum Wichtigsten im Leben gehört die Religion. Diese Einsicht ist zumeist die Frucht leidvoller Erfahrung, wenn einem in auswegloser Lage nichts anderes mehr verblieb als die Zuflucht zum Gebet. Ohne religiösen Glaubensrückhalt fällt man nur zu leicht der Verzweiflung anheim und kann schließlich meinen, Selbstmord sei die Erlösung von allem Übel. Und doch ist Glaubenslosigkeit nur eine Folge von Nichtwissen. Wenn allein im Jahre 1989 in der Bundesrepublik rund zehntausend Menschen sich willentlich ihres physischen Körpers entledigten, so bezeugt dies nicht bloß eigene Unwissenheit, sondern auch das permanente Unvermögen der Kirchen zu wahrhafter Seelsorge. Statt dessen ziehen die theologischen Fakultäten überwiegend linkshirnig getrimmte Rationalisten heran, die von anderen Realitäten als den sicht- und meßbaren keine Spur einer Ahnung haben, weil ihren Lehrern offenbar jedweder Sinn für Transzendenz abhanden kam. Wen wundert es, wenn solch blinde Blindenführer außerstande sind, Trost dort zu spenden, wo er am nötigsten ist: am Grabe innig geliebter Menschen?

Religion, das ist inneres Erleben und spürbare Beziehung zur Personifikation eines höchstvorstellbaren Wesens, in dessen Liebe man sich geborgen fühlen kann; ist die Überzeugung vom Vorhandensein einer sittlichen Weltordnung und des schützenden Begleitetseins durch unsichtbare Freunde sowie der persönlichen Fortdauer nach dem sogenannten Tode. Religion sollte mit unserem täglichen Denken untrennbar verbunden und nicht bloß sonntags in der Kirche eine Stunde lang aktuell sein. Religion bedeutet keineswegs nur Glauben im Sinne von Nichtstun, sondern erfordert das Erbringen einer Eigenleistung in Form bewußter Charakterveredelung und Arbeit am inneren Menschen, um diesen vorzubereiten für ein Leben auf höherer Stufe als der gegenwärtigen. Religion soll Lebenshilfe bieten zur naturgemäß richtigen Gestaltung und Nutzung unserer irdischen Existenz und uns aufklären können über den metaphysischen Sinn unseres Daseins. Logischerweise muß Religion auch für die Zeit *nach* unserem Erdenleben ihren Wert behalten und ein brauchbarer Kompaß bleiben können durch jederzeit mögliche Aneignung richtungweisender Kenntnisse.

Was jedoch esoterische Lehren und Anschauungen anbelangt, so sollten diese erst recht zu gottbezogener Erkenntnis (griech. *gnósis*) führen; zumal bei Esoterikern als feststehend gelten darf, daß unser Erdendasein nur einen begrenzten Abschnitt darstellt in der Kontinuität unseres Seins. Lehrt uns nicht die Natur selbst eine gesetzmäßige Entwicklung aus dem Formlosen zum Gestalteten, vom Niederen zum Höherstufigen? Und wenn die Physik nachweist, daß nichts verlorengeht, so besteht keinerlei Veranlassung, dies für den Bereich der Psyche und des Geistes auszuschließen. Schon anlagemäßig und seinem Wesen nach muß der Mensch mehr sein als ein sinnvoll zusammengefügtes Konglomerat von Organen und Zellverbänden. Das Ganze ist sowieso stets mehr als die Summe seiner Einzelteile, und solange die Naturwissenschaft bloß eine beschreibende bleibt, nicht aber das *Wesen* der Dinge erklären kann, so lange wird die Religion – wenn sie dogmatischer Erstarrung entsagt – unangefochten und lebensnotwendig bleiben.

Leo Tolstoi vermerkte am 29. 4. 1918 in seinem Tagebuch: »Die Welt entwickelt, vervollkommnet sich. Aufgabe des Menschen ist es, sich an dieser Entwicklung zu beteiligen, sich ihr einzufügen und an ihr mitzuwirken.« Mit anderen Worten bringt dies ein alter Spititualisten-Leitspruch zum Ausdruck: »Dem Ganzen zum Heil tue jeder sein Teil.« Und in einer medial empfangenen Erläuterung zum Lukas-Evangelium heißt es: »Das Streben nach Erkenntnis ist Aufgabe, und das Leben nach dieser gewonnenen Erkenntnis ist Pflicht. Die euch (dabei) zuteil werdende Hilfe und Erleuchtung aber ist Gnade oder Lohn für diese Pflichterfüllung.«

In der Wahl seines Weges zu Gott und der Gestaltung seines künftigen Schicksals ist jeder von uns frei. Emanuel dürfte daher zuzustimmen sein, wenn er empfiehlt, niemandem eine Lehre aufzudrängen. Er sagt: » Laßt jedem auf solchem Wege sich seinem Ziel nähern, der ihm sympathisch ist. Mit der Zeit reift seine Erkenntnis, und er wird vielfach gewundene Wege verlassen, um direktere zu betreten« (a.a.O., S. 239). Dies mag insonderheit auf esoterischem Gebiet gelten, wobei die Mahnung des Esoterikers Dr. Herbert Fritsche nicht überhört werden sollte, wenn er in seiner Einführung erklärt: »Jeder, der sich in das Weltbild der Esoterik hineinbegibt ohne ein festes Abhängigkeitsverhältnis *Gott* gegenüber, erhält dort *Gift statt Balsam!*« Und: »Jede Esoterik, die nicht unterbaut ist durch den Geist der Zehn Gebote und der Bergpredigt, kann luziferischen Mächten als Aktionsbasis dienen.«

Fritsche wußte, wovon er sprach. Wie sehr seine Warnung berechtigt ist, veranschaulicht dieses Buch, dessen Verfasser allen ehrlichen Wahrheitssuchern GUT LICHT auf ihrem Wege wünscht!

Rudolf Passian

Personen- und Sachregister

AAORRAC 424
Abd-ru-shin 150, 429
Adam; Adam Kadmon 242, 360
Ätherleib 21 f.
Affinitätsgesetz 60, 446
Aggartha 423
Agrippa von Nettesheim 434
Ahriman 83
Alchemie 16, 397ff.
Alcyone s. *Krishnamurti*
AMORC 218, 424
Amulette 277
Andreae, Valentin 419
Andersen, Hans J. 468 ff.
Animismus 440, 446
Arkanschule 137
»Arme Seelen« 224
Asgard 423
Astralleib 21 ff., 382
Astrologie 379 ff.
Atemübungen 416
Atheismus 15
Atma 22, 26
Atombombe 139
Aura 24 ff.
Aurobindo, Sri 99, 410

Backward-masking-Verfahren 443
Bäzner, Erhard 359
Bailey, Alice A. 27, 136 ff., 457
Baphomet 168, 178
Bardon, Franz 194 f.
Bennett, John G. 176

Bernhard, Oskar Ernst
   s. *Abd-ru-shin*
Besant, Annie 70 f., 84
Besprechen 270, 292
Bhagwan, Shree Rajneesh 173, 203 ff.
Blavatsky, Helena Petrowna 16, 49 ff., 70, 349
Blutkuren 287
Blutmagie 279 ff.
Bo Yin Râ 191
Braid, James 295 f.
Branham, William 274
Braun, P. 248
Buchela, Margarethe 239
Buddhi 22, 26 f.

Carsjens, Rolf 319
Castaneda, Carlos 181
Cayce, Edgar 438
Chakras 23 ff., 243, 272
Channeling 223
Charon, Jean 41
Choc de retour 343
Collins, Mabel 59
Creme, Benjamin 142, 145
Crowley, Edward A. 160 ff., 336, 435

Dämonen / Spaltpersönlichkeiten 280, 365
Davidstern 268
Davis, Andrew J. 438
Deismus 15

Knaur®

Astrologie

Knaur Ⓚ

Träume als Wegweiser

Knaur®
Esoterik

Ernst Aeppli
DER TRAUM UND SEINE DEUTUNG
Mit 500 Traumsymbolen

(4116)

Knaur®
Esoterik

Ann Faraday
DIE POSITIVE KRAFT DER TRÄUME

(4119)

Knaur®
Esoterik

Jack Maguire
TRAUMARBEIT UND TRANSFORMATION

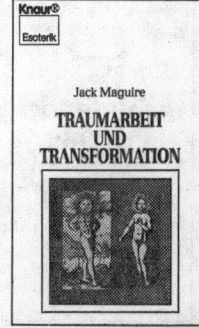

(4242)

Knaur®
Esoterik

Hildegard Schwarz
Aus Träumen lernen
Mit Träumen leben
Originalausgabe

(4170)

Knaur®
Esoterik

David Ryback
Letitia Sweitzer
WAHRTRÄUME –
ihre transformierende und übersinnliche Kraft

(4222)

Ein Leben nach dem Tode

(4124)

(4167)

(4230)

(4209)

(4160)